U0846521

Luo Jia Yehuo Ji

珞珈野火集

刘道玉·著

人是需要一点野性的，所谓的野性也就是独立精神、叛逆精神、批判精神，这些都是创造力之源。我欣赏野性，大凡特立独行的人，都有一点野性。

——刘道玉

四川人民出版社

图书在版编目（CIP）数据

珞珈野火集 / 刘道玉著. —成都：四川人民出版社，2016.3（2025.7 重印）

ISBN 978-7-220-09755-3

Ⅰ.①珞… Ⅱ.①刘… Ⅲ.①教育工作-中国-文集 Ⅳ.①G52-53

中国版本图书馆 CIP 数据核字（2016）第 007440 号

LUOJIA YEHUOJI

珞珈野火集

刘道玉 著

出 版 人	黄立新
责任编辑	唐 婧
封面设计	叮 叮 李其飞
版式设计	李其飞
责任校对	蓝 海
责任印制	刘雨飞
出版发行	四川人民出版社（成都三色路 238 号）
网 址	http://www.scpph.com
E-mail	scrmcbs@sina.com
新浪微博	@四川人民出版社
微信公众号	四川人民出版社
发行部业务电话	(028) 86361653 86361656
防盗版举报电话	(028) 86361653
照 排	四川胜翔数码印务设计有限公司
印 刷	成都东江印务有限公司
成品尺寸	170mm×240mm
印 张	28.75
字 数	456 千
版 次	2016 年 4 月第 1 版
印 次	2025 年 7 月第 3 次印刷
书 号	ISBN 978-7-220-09755-3-01
定 价	68.00 元

■版权所有·侵权必究

本书若出现印装质量问题，请与我社发行部联系调换

电话：(028) 86361656

目录

冷眼看教育

桃李满天下

科技双刃剑

社会广角镜

人生五味斋

悠悠思念情

序跋与书评

自 序

唐代诗圣杜甫在一首诗中曾感叹"人生七十古来稀"，这就是说，在他那个时代，70岁的老人是很稀有的人群了。在1200多年前的唐代，人的平均寿命只有50岁左右，而诗仙李白和诗圣杜甫分别活到62岁和58岁，他们算是长寿之人了。如今，我国人均年龄已经达到72岁。截至2014年，我国60岁以上的人口已经超过2亿，占人口总数的14.9%，由此可见，我国老年人不仅不再是稀有人群，而且我国也已步入老龄化社会了。

人的老化是不以人的意志为转移的客观规律，但是脑力劳动、良好的心态和健康的生活规律，是可以推迟或延缓人的机能老化的。据日本科学家对200名20到70岁的人跟踪调查，发现长期从事脑力劳动的人，他们在60岁时仍然能够保持像20岁时那样的思维敏捷。对此，我有切身的体会，现在我已是82岁的老人了，但我的思维依然敏捷，记忆力尤佳，似乎没有感觉到老年的困扰。

这是什么原因呢？因为我至今仍然以孔子的"三忘"（发愤忘食、乐以忘忧、不知老之将至——忘记年龄）精神勉励自己。我迄今仍然保持学而不厌、思考不止、诲人不倦、笔耕不辍的习惯，朝夕闻道是延年益寿的最佳营养品。我一生热爱教育，即使在被免职后的20多年中，依然没有停止对教育的研究和关注，义无反顾地为教育改革呐喊。这期间，先后出版了5部教育著作，发表了150多篇教育论文，是我一生最多产的时期。

此外，从70岁开始写札记，把我对教育、社会和人生百态的观感以随笔的形式写出来。我记得第一篇是写于2004年4月14日，最后一篇是2015年3月4日写就，前后坚持了十余年。当然，不是全天写作，而是有题材时才会有感而发。我之所以写随笔，是缘于一种对教育的精神寄托，它既锻炼了我的意志和思维能力，也给我带来巨大的乐趣，使我的身心更健康。这本文集共收入137篇文章，有三分之一以上在报刊上公开发表过。所幸的是，这些文章的观点得到了广泛的认同，也影响过不少人，对此我很知足了。

这本文集内容涵盖七个方面：冷眼看教育、桃李满天下、科技双刃剑、社会广角镜、人生五味斋、悠悠思念情、序跋与书评。我把书名定为《珞珈野火集》，这是经过几度易名最后选定的。珞珈山是武汉大学所在地，它是闻一多先生于1928年任文学院院长时所赐的名字。据说，它的前身曾有“落驾山”（楚庄王平叛安营之地）、“落袈山”（观音路过落袈之地）和“罗家山”几个传说。至于哪个传说是真的，这并不重要，重要的是“珞珈山”这个蕴含着诗意的温馨名字，成为一代又一代莘莘学子梦想的圣地，成为过往珞珈山学子们的美好记忆，也成了一座高等学府的永恒标志。

我爱珞珈山，已经在这里学习、工作和生活了62年，算是一个地地道道的珞珈人了。过去，至少有过5次机会下山高就，但我却执意婉拒，这既反映我的价值观，也体现出我对这片山水的挚爱。由此可以看出，我对“珞珈”二字确实情有独钟，书名冠以“珞珈”也就是必然选择了。“野火”是取自“野火烧不尽，春风吹又生”之句，它是白居易16岁时的成名作。“野”与“家”是对应的，人类社会经过几十万年的演变，现今绝大多数的动植物都是从野生到家养的。显而易见，野生的动植物一旦被驯化，它们就失去了野性，也就失去了独立生存的能力，成为嗟来之食的依附物种。人是不可以被驯化的，如果有谁企图把人当作驯服工具，那他不仅亵渎了人性，而且还将把现代社会拉回到2500年以前的奴隶社会。

人是需要一点野性的，所谓的野性也就是独立精神、叛逆精神、批判精神，这些都是创造力之源。我欣赏野性，大凡特立独行的人，都有一点野性。我的学生中出现了不少著名作家，有叫野夫的，有叫野莽的，也有叫野牛的。我尊敬的刘绪贻教授，于2013年百岁华诞时出版了一本文集，书名叫《野老丹心一放翁》，我曾为该书写了一篇序言《风骨凛然的杜鹃精神》。该文集博大精深，浩浩150万字，体现了他一生追求的野火精神。他现在已102岁了，思维依然清晰，精神矍铄，仍然关心着国家的政治体制改革，他是备受尊敬的学者，是广大知识分子的楷模！

在《珞珈野火集》中，对教育的观察和评论差不多占据了一半以上的篇幅，这既是我的兴趣之所在，也与我从事的职业有关。我出版这本文集的目的之一，是借以呼吁推进我国步履艰难的教育改革，希望发扬一种野火的精神，让教育改革的烈火越烧越旺，烧掉陈腐的教育观念、僵化的教育体制，迎接“大智慧之光”教育新时代的到来！

冷眼看教育

《现代汉语词典》对“冷眼”有两个解释：一指冷淡、轻视的态度，一指冷静客观的态度。以轻视的态度看人是不可取的，但以冷静客观的态度观察和评论事物是正确的。本章收入了39篇文章，正是我置身于体制外，从民本位立场出发，以冷静客观的态度，对教育诸多问题提出的一孔之见。

我的创造教育观是如何形成的

每一种教育形态都有支持它的教育理念，而有什么样的教育理念，就会有什么样的教育制度、教学方法，也就会造就与这种理念相符合的人才。例如，古希腊柏拉图的理想主义教育，德国赫尔巴特的三段式教育，美国杜威的实用教育，英国贵族学校的天才教育，中国陶行知的大众教育，等等。所以，教育理念是很重要的，它指导人们的教育实践活动，规范着人们的行为。有一位叫马尔库塞的西方学者曾高度评价观念的作用，他说："观念形态的东西是不能改变世界的，但它们能够改变人，而人能够变革世界。"

什么是教育理念呢？所谓理念，就是观念或观点，是指人们观察事物时所处的位置或采取的态度。理念是思想意识形态，是客观事物在人的大脑中留下的概括形象。教育理念是从教育实践中产生的，这种理念一旦上升到理论，它又对教育实践起着指导作用。

实际上，每一个教育工作者都有自己的教育理念，他们的一切教育活动，都是在其教育理念的指导下进行的，无非是自觉或不自觉而已。有人说，中国没有教育家，也有人说，中国只有两个半教育家（指孔子和蔡元培，半个指陶行知）。当然，这种说法是不对的，是散布教育家神秘论。教育家并不神秘，应当说每一个热爱教育、热爱学生和具有丰富教学经验的教师都是教育家，一个拥有自己教育理念和论著的学校领导者也是教育家。我国是一个大国，在各类学校受教育的人数相当于美国全国的人口，有着广阔的教育实践天地，应当产生许多教育家以及他们所代表的教育理论。但可惜的是，我们并没有产生有国际影响的当代教育家，亦没有形成属于我们自己的教育理论。究其原因，主要是大一统的教育体制造成的，只强调统一思想、统一行动，于是造成了"千校一面，万人一格"的局面。很明显，在这样的体制下，很难形成不同风格的学校，也难以产生不同的教育理念。因此，我们必须转变观念：不必害怕观点的多样化，相反，应当欢迎这种多样化，把它看作有根据解决问题的前提。

我毕生从事教育工作，热爱教育、热爱学生，崇尚教育改革，力图探索办学的新模式。我自学了国内外许多教育家的论著，希望从他们的教育思想中吸取有益的经验，但我又不囿于他们的思想。在教学改革中，我注意研究新情况，尝试新办法，总结新经验。我先后从事高等教育领导与管理工作24年，其间我撰写了“创造教育书系”（5种），参加编写的著作多达20种，发表的论文近300篇。在长期研究与思考的基础上，逐步形成我的教育理念——创造教育观。

这个教育观是怎样形成的呢？应当说，一个观念的形成既需要一定的实践基础，又必须经历相当长的历史时期。回顾起来，我的创造教育观的形成，主要基于以下三个方面。

首先，它是我少年时梦想的延伸。在初中一年级的时候，我偶然读了一本关于诺贝尔发明无烟炸药的故事书。我深深地为他的创造精神所感染，决心向他学习，立志做一个发明家，把一生献给人类最美好的事业。进入大学以后，这种欲望更加强烈，我无时不在做着发明家的梦。为此，在学习中，我尝试着自学，成立业余科研小组，努力培养自己独立分析和解决问题的能力。但是，那时教学方法完全是满堂灌，要求的只是死记硬背的能力。我对那种教学方法越来越不满意，但又无能为力。那时，我虽然不知道什么是创造教育，但却很想尝试一下另类教学，这就是我最早的关于创造教育的朦胧意识。

其次，在苏联留学期间，我尝到了独立自主学习的甜头。我在当时的苏联科学院元素有机化学研究所攻读副博士学位研究生，由于中苏关系恶化，我被迫中途辍学。虽然我在苏联学习的时间只有一年半，但是那种自由的学习方式却使我难以忘怀。按照苏联授予学位的规定，我们需要通过三门必修课的考试。但是，导师既不给我们上课，也不指定教科书，更为出奇的是连考试时间也不做规定，学生认为准备好了，可以通知导师进行考试（口试）。这样，我就有很大的主动权，采取备考与科学研究并举的方法，以备考促科研，以科研带动备考，最有效地利用了时间。在科学研究上，导师十分尊重学生的兴趣和选择权，从科研选题到研究方案设计，都由研究生独立完成。导师的作用是启发和引导，他们十分乐意听到学生不同的意见，鼓励开展争鸣。那时，苏联虽然是社会主义国家，但他们的文化基础与价值观念仍是西式的，所以他们的教育理念也更接近欧美教育。这是我最早接触的西式教育，它使我体验到了与我国传统教育完全不同的教育，并使我产生了要改革我国教育的想法。

第三，在我任武汉大学校长期间，从大量实践中我看到了传统教育的弊端，促使我下定决心进行教育改革，大力推行创造教育。本来，我被任命为校长是一种历史的误会，是被赶着鸭子上架的。我自少年时代起，就梦想当一个发明家，可是当了校长以后，使我失去了发明创造的舞台——化学实验室。在这种情况下，我知道自己再从事发明创造已不现实，于是我不得不转换角色，把我的发明梦想转化为另一个梦想，即培养出更多的创造性人才。应当说，从这个时候开始，我的创造教育思想已经初步形成了。但是促使我下定决心的还是那些富有创造性的学生，他们是我进行教育改革的依靠力量。一个最典型的例子是77级学生王小村，他本是历史系学生，但是他对历史毫无兴趣，要求转到生物系学习。为了尊重和保护学生的兴趣，尊重他们的选择权，我同意了他的要求。的确，他对生物学很感兴趣，在学习期间，他到野外考察，开展科学研究，写出了数篇论文。由于他不重视课堂学习，特别是不愿死记硬背，所以到毕业时，他有两门主课考试不及格，经补考仍然不及格。按照学籍管理规定，他只能获得结业证书，不能发给毕业证和学士学位证书。但是，他并不服气，拿着一摞论文来找我，并对我说："校长，你是主张培养学生独立分析问题和解决问题的能力的，我的这些研究成果是不是我能力的表现？试问全校有几个学生能达到我这样的水平？因此，不发给我毕业证和学位证书是不合理的。我希望校长破例，作为特殊情况准予发给我毕业证和学位证书。"我的确被他说服了，我的理念不允许我剥夺他应该得到的权利。这是我任职期间唯一的破例，但后来的事实证明我的决定是正确的。

问题并没有到此为止，后来他又给我出了一个更大的难题。毕业以后，他被分配到湖北省肿瘤医院所属的肿瘤研究所工作，应当说这是符合他的特点的。但是，两年以后，他又拿着一摞论文来找我说："这是我两年的研究成果，没有给校长丢脸。但是肿瘤研究所对我不合适，我希望调到一个英雄有用武之地的单位。为此，我希望校长能把我调回到母校工作，以便加强学校的科学研究。"这的确是个难题，当年他毕业时是破例发的毕业文凭，现在要调回来，谈何容易？说实在的，我内心里是很欣赏他的，问题是如何说服生物系的领导，因为他们一直对王小村持反对意见。为此，我三番五次地做生物系领导的工作，但他们始终不同意把他调回来。在不得已的情况下，我只得行使否决权，最后还是把他调回来了。我对生物系的领导说："让我们观察他五年，如果他是个人才，那是学校的幸事。如果他成不了才，请你们拿我是问。"令人欣慰的是，两年以后，他在匈牙利布达佩斯第 14 届肿瘤学术会议上一炮打响，他的论文引起了强烈的反响。会后，他被聘为英国皇家生物化学学会会员，同时他又被美国哥伦比亚大学邀请去做博士后研究。有谁能想到，一个连学士学位都拿不到（如果不破例的话），更未能得到硕士和博士学位的人，居然被邀请到美国著名大学去做博士后研究，难道这不是对他水平的认可吗？

这件事使我进一步认识到，创造性的人才成长是不容易的，我们不仅要善于发现他们，而且还要敢于保护他们。当然，像这样的人才不只王小村一个人，还有其他许多例子。应当说他们是在教育改革中成长起来的，同时他们的成功又进一步增强了我实施创造教育的决心。此时，我对创造教育不是停留在感性认识上，而已经上升到理性认识，并且形成了我较为系统的创造教育观念。

（本文发表于《学校文化》2010 年第 2 期）

我们需要怎样的教学评估

据报道，教育部在早先试点的基础上，于2003年正式宣布，对普通高等学校本科教学建立周期性的评估制度。按照安排，从2003年到2007年，将对592所本科高校教学进行评估，到2007年底，已有500多所大学接受了评估。这意味着，教育部安排的首期本科教学评估工作业已告一段落。

从教育部的主观动机来看，针对“大跃进”式的扩招，对本科教学质量进行一次全面的检查与评估，确实有其必要。这对于加强本科教学、提高教学质量、规范管理、促进教学改革都有现实意义。同时，从国际大学教育发展趋势来看，也在逐步重视本科教学。美国博耶研究型大学本科教学委员会于1998年提出了“重振本科教学——研究型大学发展蓝图”的报告。针对本科教学存在的问题，该报告提出了10条改革的意见，对提高教学质量起到了积极的作用。

因此，无论从国内的需要或是国外的经验来看，对教学进行评估是必要的。问题是，我们应当以什么指导思想来进行评估，怎样进行评估，由谁来进行评估，评估的目的是什么？很显然，以正确的指导思想和方法进行评估，就能够达到促进教学和提高教学质量的目的；反之，不仅达不到预期的目的，还会助长不良风气，甚至造成破坏作用。

据教育部2008年4月8日发出的《关于大学教学评估结论的通知》，在审核的198所大学中，160所获得优秀，占80.8%；获得良好的，占19.2%；没有不合格的。另外，根据我统计的2004年到2007年被评估的427所大学，获得优秀的有310所，占72.5%；获得良好的有100所，占23.1%；获得合格的仅有17所，占3.98%。这是一个皆大欢喜的结果，是一个平均主义的结果。

这样的评估结果有多大的可信性呢？这是令人怀疑的，因为它与以下的实际情况不符：首先，自1999年到2005年，是我国高校招生大发展时期，每年平均以20%～25%的速度扩招，造成教室、实验室、图书馆、运动场等条件紧张，导致教学质量下降，这是有目共睹的事实，也是民众议论最多的问题。在这种情况下，怎么可能有那么多的大学本科教学达到优秀的标准呢？

其次，自1998年开始，提出要建设世界一流水平的大学，于是大学合并、改名、升格、攀比、赶时髦成风，学术造假、剽窃屡见不鲜。在这种情势下，本科教学怎么能够受到重视呢？学校领导的精力能够放在本科教学上吗？

第三，在建设研究型大学的鼓噪下，拼命地扩大研究生规模，不仅重点大学，而且连那些本是教学型的大学也要拼命地上硕士点和博士点，一心想挤入研究型的大学，导致大学功能定位混乱。在这种情况下，本科教学怎么能够得到重视呢？又怎么能够保证本科教学质量呢？

第四，近年来，高校的学风不佳，已是社会广泛议论的焦点。不少教师创收、捞外快，教学不认真，大学生们普遍对教学效果不满意，怎么一评估又成了“优秀”呢？

第五，教学改革是提高教学质量的关键，实施创造性教学是培养创造性人才的根本途径。试问：我国有哪一所大学是按照创造教学模式进行教学的？本科教学又做了哪些改革呢？钱学森先生2005年7月29日当着温家宝总理的面说：“现在中国没有完全发展起来，一个重要的原因是没有一所大学是按照培养科学技术发明创新人才的模式去办学，没有自己独特的创新的东西，老是冒不出杰出人才。”既然钱学森先生说没有一所大学能够培养创新人才，那么80％以上的大学本科教学质量优秀是怎样评选出来的呢？

总之，这一次为期5年的本科教学评估是不够真实的，是轰轰烈烈、认认真真地走了过场，不会也不可能对我国大学本科教学的改革起到促进作用。所以，广大教师甚至包括部分参与评估的人员都说，像这样的评估今后无论如何不能再搞了。怎么会出现这样的情况呢？原因有三：

第一，自编、自导、自演、自评和自奖的评估机制有问题，实际上这还是大一统的教育领导体制在起作用。参与评估的所谓专家，要么是教育部的官员，要么是从各大学借调的干部或教师，实际上是同行评议。大家心照不宣，今天你评我，明天我评你，彼此彼此，何必认真呢！

第二，这种集中运动式的评估，势必导致走过场和搞形式主义。上面统一布置、统一标准，下面就提前准备、认真对付，当作压倒一切的中心任务。几乎每个大学都召开动员大会，抽调大批人员组成迎评工作班子，印制豪华的招贴画和标语，甚至停工停课彩排、预检。所以群众说，运动来了一阵风，运动过后无影踪，这是对形式主义评估最好的讽刺。

第三，功利主义的评估，对被评估学校造成很大压力。为什么要超规格地接待评估专家组？为什么大学的全体领导出面接待一个评估组的小秘书？因为评估的结果关系到大学的排名，关系到学校某学科能否进入重点，甚至关系到大学的经费拨款等，而评估组却掌握了被评估大学生杀予夺的大权，故千万不得怠慢。因此，只有远离了各式各样功利目的的评估，才是最真实的评估。这就像是做学问，只有淡泊名利和远离媒体潜心求索，才能达到光辉的顶点。世界上每一个伟大的发现与发明，无一例外都是这样的典范。

尽管我国教学评估存在许多问题，但毕竟迈出了第一步。作为教育部的领导，应当抱着“兼听则明，偏听则暗”和“闻过则喜”的态度，甚至专门召开持批评意见者的座谈会，不仅听取他们的批评意见，而且还要请他们献计献策，研究如何搞好我国大学的教学评估。

我个人认为，一种有效的教学评估机制，必须做到三性：即独立性、随机性和非功利性。所谓评估独立性，指由教育行政领导部门和被评估大学以外的第三者，对大学教学进行独立的评估，既不受教育部的领导和干预，也不受被评估学校的公关和利用。独立的教育评估机构，应当由具有深厚学术背景和热心教育事业的专业人员组成，依据教育规律制定教学评估的条例，依据条例对大学进行科学的、实事求是的、严格的评估，并根据评估结果出具证明。

但是，独立评估又是一个极为困难的问题，就像我国大学独立考试、独立招生、独立办学一样难于实施。历来，集权与独立、统一与分散是对立的，只要大一统的教育领导体制不废除，要独立地开展一切教育活动都是困难的。我国教育体制必须改革，不然我国大学就不能与国际接轨，也不可能真实地进行教学评估。

我说的随机性，是从广泛意义上说的，既包括随机方法在教学评估中的应用，又泛指随机抽样调查。人们都知道，真实存在的东西是没有掩饰的，是不经过乔装打扮的，更不能是伪装的，而这种东西只有在不经意的情况下才能发现。我们的教学评估需要展示的是教学常态，而不应该是应付检查时展示的状况。所以，最真实的教学评估，应该是在没有准备的情况下，应用随机抽样调查得到的结果。因此，应当以随机评估代替周期性的评估，变运动式为经常性的抽查，这样就可以避免造假和形式主义的不正之风。

功利主义或功用主义，是一种以实际功效或利益为道德标准的伦理学说。它往往是以狭隘的目的为行事的出发点和落脚点，受强大物质利益的诱导，往往就会走偏方向。例如，大学合并就是以功利主义为指导的。因为合并就能成为教育部的直属大学，成为部级或副部级单位，并增加教育经费。于是，本不赞成合并的院校也不得不同意合并，以便得到实惠。同样地，以这种思想来评估教学，就会使评估走偏方向。为了达到某种目的，不惜采用各种手段，甚至弄虚作假，这是导致我们这次教学评估出现诸多问题的重要原因。

我们应当树立一种正确的教学评估观，评估是适时地对教学水平的真实情况做出客观的判断，它不是为某一狭隘的目的服务。

一种正确的评估机制，对于达到科学评估的目的是重要的。但是，无论制度或机制，都要依靠人去执行。我们常常看到这种情况，正确的制度不能贯彻执行或出现偏差，国外好的经验一传到中国就变味了，为什么？说到底，是人的素质。我们不应该回避中国人素质中的某些痼疾，如“少栽刺多种花”，“见人只说三分话，未可全抛一片心”，“人情留一线，日后好见面”，“打人莫打脸，说人莫揭短”，等等。这些千古以来的至理名言，对人们的思想起了潜移默化的作用，致使许多人包括知识分子在内，不愿说真话，不好意思质疑，不敢辩论，宁可随波逐流、人云亦云，做一个“和事佬”。在我国，“人情大于王法”颇有市场，以至于答辩、评估、鉴定、评审等都渗进了很重情面的因素，所以很难做到公正、公平的评审。

看来，在我国要建立独立、公正和公平的评估制度，是一件很困难的事。即使有了好的制度和机制，人的素质也难于保证做到公正和公平的评估。但是，千里之行始于足下，我们应该从实践中完善评估制度，在改革中提高人的素质。

应当相信，路总是能够走出来的，只要我们头脑清醒，方向正确，措施得力，经过持久的努力，一定可以建立起独立的、科学的、公正和公平的评估制度！

（本文刊发于《学习月刊》2008 年第 11 期）

校长实名推荐制不是改革举措

北京大学于2009年11月8日正式对外宣布，在2010年的招生中，将试行中学校长实名推荐制。根据北大公布的方案，将有北京、天津、重庆、江苏、浙江、广东、湖南、湖北、河南、黑龙江、吉林、陕西、新疆等13个省区市的39所中学获得享有推荐的资质。招收实名推荐的学生，占当年招生总数的3%，大约在100名之内。同时，还规定了实名制推荐校长资格的认定、公示，推荐名单的认定、公示、考试和复试、录取等程序。

消息公布以后，在全国引起轩然大波，网民们纷纷评论，大约有70%以上的人持反对意见，几乎没有人喝彩。但主事的单位依然我行我素推行自己的方案，而主管部门也一定会支持单位的行为。北京大学称这是进行改革试验，而教育部也声称支持北大的改革。

校长实名推荐制果真是改革吗？改革的重点又是什么呢？改革的真正意义在于，以新的观念、新的制度、新的体制、新的方法代替相应旧的一套做法。北大所推行的校长实名推荐制，就内容看主要涉及自主和推荐这两点上，国内早就实行过，更不用说已是国外最通行的做法了。因此，人们认为北大的做法是噱头，目的是提前招揽优秀的学生，对统一高考制度和按分数高低录取学生的传统做法，没有起到任何积极的改革作用。

相反的，北大所谓校长实名推荐制，存在着许多问题，最大的问题是隐藏着诸多不公。中国教育中的不公现象本来已十分严重，北大的做法将进一步加剧招生中的不公平现象。

首先，13个省区市相对于全国的省区市来说是不公的，难道其他省区市就没有优秀的学生吗？为什么剥夺他们应该享有的推荐权呢？39所高中相对于16000所高中来说，也是极不公平的。尤其是，江苏省有10所学校拥有推荐的资质，占了全国高中的四分之一，这是很大的不公。

其次，应当说每一个任课教师和班主任，比校长更了解学生，他们都应拥有推荐权利。只承认指定学校的校长有权推荐，对于那些任课教师和班主任来说是不公平的。在推荐学生的权利上，人人是平等的，如果他们愿意推荐和承担责任的话。

再次，被推荐的考生，在录取时可以降低30分，这也是不公。既然推荐又要参加高考，相比于过去免试推荐来说是倒退，依然还是迷信考试，这哪里谈得上什么改革呢？在高考录取时，按分数高低录取，一分半分就可以决定一个考生的命运，关系到能否进重点大学或是能否进大学的大问题。推荐生居然降低30分，这是一个什么概念？对于众多的考生来说，这是很大的不公。这是高考中的马太效应，成绩越好还要降分，这是什么逻辑！

如果说降分是为了照顾偏科的学生，那么这个目的也达不到，因为对于这类学生，降低30分还远远不能把他们录取到大学来。过去像吴晗、钱钟书这样的杰出人才，仍然进不了清华大学，而今天像韩寒、丁俊晖这样的怪才依然还是会被拒之大学门外的。因此，改革需要有智慧，需要有胆识，一旦认定为杰出人才或是怪才，那就应当打破常规，不拘一格录取人才。

怎样评判一项措施的成效呢？依我看，主要标准有两个：一是这种做法与常规的方法相比，究竟是更简便了还是更复杂了，效益是提高了还是降低了；二是校长实名推荐的学生与常规录取的学生比，杰出的人才是多了还是少了。从前者看，实名推荐制明显是环节多了，耗费了巨大的人力物力，是得不偿失；从后者看，现在尚不能定论，至少还要跟踪若干年，从实践中得出结论。不过可以预料，在同样的环境中，接受同样的教师的教育，实名推荐的学生也不可能好到哪里去。

北京大学是全国重中之重的大学，应该在教育改革中起带头作用，正确地引导我国高等教育健康地发展。校长是大学的灵魂，有什么样的办学理念，就会有什么样的大学。每思及此，人们不免怀念蔡元培时代的北京大学，希望尽快转变办学理念，致力于研究高深之学问，营造民主自由的学术环境，尽快建成世界一流的大学。

（本文刊发于2009年11月17日《长江商报》）

校长应当是理想主义者

新华通讯社于1981年8月21日发出电讯稿称："国务院最近任命刘道玉为武汉大学校长，他是中华人民共和国后自己培养的大学生中第一位担任校长的人，也是我国高等院校中最年轻的一位校长。"对于这个任命，我没有丝毫思想准备，事前既没有上级领导约见谈话，也没有任何征兆，是真正被舆论赶着鸭子上架的。自古华山一条路，我已没有退路了，只有硬着头皮往前走！

此前，我虽然在大学和教育部担任过某些领导职务，但作为一个大学校长，如何领导好一所重点大学，我心里却没有一点儿谱。怎么办？我初步打算从两方面做起：一是向校内有经验的教授和领导干部学习；二是向国内外著名的大学校长学习，借鉴他们的治校经验。当时，学校正值暑假，我先后走访了校内60多个教授和干部，认真地听取他们的建议；与此同时，我如饥似渴地研读了蔡元培和陶行知的论著，从中汲取他们教育思想的精华。

在此基础上，我立下了鸿鹄之志，一定要励志改革，振兴新中国成立后因"左"倾错误而衰败的武汉大学，并发出了"卧薪尝胆、十年雪耻"的誓言。同时，我要学习蔡元培和陶行知先生，做一个理想主义的教育家。我认定，大学应当是培养有理想的人才，只有富有理想的大学校长，才能影响和培养有理想的学生。那么，一个大学校长的理想是什么呢？那时，我已经有了一个朦胧的轮廓，那就是以追求终极目的为理想，以追求卓越为目标，做到止于至善。

1982年秋天，我接待英国上议院一位资深的老年议员，他向我提出："校长先生，你认为一个大学校长的使命是什么？"我感到有些突然，稍稍凝思片刻后回答道："议员先生，我很荣幸回答您的问题。我认为，一个大学校长不仅仅是属于学校的，他同时也是属于社会的。他的使命主要有两个方面：一是以先进的教育理念，培养和向社会输送杰出的人才；二是校长应当是思想家，要有远大的理想，应当始终站在社会变革的最前沿，关注科学和社会未来的发展方向，以自己的超前思想，影响科学和社会不断地向前发展。"议员频频点头，表示赞成我的观点。那一刻我也不知道从哪来的勇气，竟然做出这样一个大胆的回答。也许，有些人认为一个大学校长做好学校分内的事就行了，哪还有精力关注社会，更遑论去影响社会的发展了。

其实，我的回答是带着理想主义的色彩，是从终极目标出发的，并不意味着我能够做到这一切。如果人们没有理想，人的想象力一旦枯竭了，那么人类的创造就会停止。我们当今生活的世界，人造卫星、大型潜艇、直升机、电视机、塑料等已经不再是稀罕之物，可是有谁知道这些事物，竟然是在100多年前由法国天才的作家和预言家凡尔纳提出的，他虽然不是科学家，但他有理想和非凡的想象力，这正是他做出这些重大预言的思想之源。

几乎毫不例外，每一个有成就的校长，他们都是理想主义者。蔡元培为什么发布《不肯再任北大校长的宣言》，因为他有追求大学独立和学术自由的理想，无论是对他个人或是北京大学，都创造了10年的辉煌。陶行知先生为什么要辞去东南大学教授和教务长的职务，亲自创办晓庄学校呢？他的目的是要在中国推行大众化教育，实现“募集100万基金，征集100万位同志，创办100万所学校，改造100万个乡村”的理想。

我们再来看看那些国外著名的大学校长们，凡是任职时间长且有重大建树者，没有一个不是具有远大抱负的理想主义者。例如，化学家艾略特曾任哈佛大学校长40年，他于1869年履职时哈佛大学还仅仅是哈佛学院，但他提出：“要在查尔斯河畔创建世界上最伟大的大学。”经过一代又一代人的努力，哈佛大学果真成了世界上最伟大的大学，它一直引领着世界大学改革的潮流，以至于有评论说：“美国先有哈佛（1636），而后才有美利坚合众国（1776）。”可以毫不夸张地说，是理想主义造就了哈佛大学，在这座“人才炼狱”里造就了一批又一批领袖式的杰出人才。

有谁能相信，一个民族连国家都没有，怎么能够创建一所大学呢？这所大学就是以色列希伯来大学，它是1932年由生物化学家魏茨曼创办并担任第一任校长的，是先建校后建国的典型。根据第二届联合国《关于巴勒斯坦将来分治的决议》，犹太人于1948年5月14日宣布建立以色列国，魏茨曼实至名归被选举为第一任总统。如果没有魏茨曼的理想和远见，以色列怎么可能成为“智慧的民族”，成为世界高等教育最普及的国家？因此教育乃是一个强大的以色列崛起的决定因素。

同样的，英国纽曼于1851年创办了都柏林天主教大学，并担任了第一任校长，出版了《大学理想》一书。他是自由教育的伟大倡导者，他的教育理念影响了西方世界。日本福泽谕吉是私立庆应义大学的创办者，是日本明治维新时期6大著名教育家之一，他的思想对日本明治维新有着重大的影响。为了纪念这位思想家，日本万元纸币的头像不是天皇而是福泽谕吉。德国教育改革家洪堡于1809年创办柏林大学，提倡学术自由、教学与科研相结合，柏林大学不仅成为德国现代大学的楷模，而且也导致了研究型大学在20世纪大行其道。

美国哈珀是芝加哥大学的创始人和首任校长，是一个天才式的人物。他10岁上大学，16岁成为耶鲁大学的研究生，19岁获得博士学位，24岁当教授，35岁出任校长。他雄心勃勃，为了办好芝加哥大学，他竟然说服了8位在职的大学校长和20位系主任到芝加哥任教，令大学投资人洛克菲勒倾倒，这也成为美国教育史上空前绝后的佳话。哈珀被称为教育革命者，他使芝加哥大学成为既有思想又有学派的学术重镇，并给芝加哥大学留下了宝贵的"哈珀遗产"。一个建校尚不到120年的大学，获得了75个诺贝尔奖（全美第一），获得了12个国家科学奖，有60个科学院院士，有世界上第一个社会学系、第一个希伯来文研究所、费米实验室，享有"大学预科教育之父"等荣誉。这所大学被誉为"苦修学术的孤岛"，一座真正的象牙之塔。

上述一切成就，不正是理想主义者所期盼的吗？试想，如果没有这些风骨凛然的理想主义大学校长，那么世界也许将是另一个样子，或者历史进程将会大大推迟。

那么，校长为什么应当是理想主义者呢？我从自己切身的经历中，归纳出了三点理由：首先，理想主义使我走上了教育改革的不归之路。理想主义与现实主义的区别在于：前者是追求事物的完美性，对于现存的事物中不合理的成分，总是希望去改变它，以达到至善至美的地步；而后者是维护现状，对于现存事物中不合理的东西司空见惯，见怪不怪，不愿去变革它们。正如培根所言："习俗之所立，虽不优良，不失为适合时世，这是真的；而新事物则与旧者不甚契合；它们虽有用，可是因为与旧的事物不融合，所以会引起纠纷。"这就是为什么改革阻力重重，改革者总是遭非议的原因。改革本是火与剑的拼搏，如果不是理想主义者，没有敢于下地狱的殉道精神，是不可能走上改革的不归之路的。自20世纪80年代初，我励志教育改革，虽然遭到罢黜和被剥夺各种待遇，但我至今依然不悔，仍然在不断地研究和呼吁进行一场真正的教育变革。

其次，理想主义驱使我研究和实践创造教育，致力于培养创造性人才。创造是从无到有，做出率先、第一和旷古绝伦的成就，是人类智力发展的最高境界。因此，没有理想主义就不可能进入到这个境界，也不会一直踽踽独行在创造教育研究的道路上。我先后提出了创造性的人才观、审美型的人才观，实施了一系列创造教学与管理制度，设计了实施创造性教育模式，出版了5卷本的“创造教育书系”等。尽管人们对创造教育理解得很少，实施创造教育的阻力重重，但我仍像杜鹃啼血那样昼夜不停地呼喊！

再次，理想主义定格了我的言行。理想主义的特点是完美性、终极性和克我性等。一般来说，理想主义者多是苦行僧，往往苛求自己，甚至去做一些明知做不到的事。我担任校长后，陆续提出了约束自己的箴言，它们是：“案不留牍、文不过夜、来者不拒、有求必应”；“说话不留余地、办事不留后路”；“思若大海，行如天马”；“苦读知书味，创造乐无穷”；“每日必思，思有所得，每日必写，写有新意”；“宁肯人负于我，而我绝不负于人”……这些言论无疑反映出了我的理想主义色彩，但的确是我的信条，将终身笃行不移。

有位哲人说过，思想有多远，就能够走多远。这当然是理想主义者的座右铭，旨在激励人们在理想的道路上不断地进取。其实，理想主义者有不同的层次，追求理想的高度与他们思想的深邃程度有关。我虽然是一个理想主义者，但由于受到自己的天资所限，所以终究未有重大建树。但是，理想主义毕竟使我做了一些事情，如率先实施了一系列崭新的教学制度，不仅开创了武汉大学一段黄金年代，而且还影响了其他大学的改革；为了实现作家学者化的目标，首创了作家班，造就了我国一代作家群体；我所创办的插班生制度，激励了社会上一代青年人，点燃了他们求知的心灵之火；我作为武汉市政府两届咨询委员会主任，率先倡导建立东湖高新技术开发区，它现在是仅次于北京中关村的全国第二个示范型开发区，对于带动该市的经济发展起到了火车头的作用。

理想主义者有时是失败者，例如在我被免职以后，先后设计了创办黄埔经济大学、中国实验大学、东方人文大学、温州企业家学院、海南教育试验城的方案，但最终都没有能够实现。我自认为自己的人生，有成也有败，有苦也有乐，是悲喜交加的人生。但我无怨无悔，希望每个校长都是理想主义者，培养出更多有理想的人才。我深信人类社会的发展总是沿着理想主义者的足迹前进的！

（本文发表于《校长》2010年第11期）

怎样根治大学的学术腐败？

近20年来，中国大学里的学术腐败，似乎越演越烈，大有燎原之势，已经引起社会广泛的议论和民众的强烈不满。根据谷歌引擎的搜索，约有64.8万项符合“学术腐败”的查询结果。又根据方舟子主持的新语丝网站的资料，每年发现的学术腐败约100起。这些不完全的统计说明，中国学术腐败是惊人的，特别是高等学校的学术腐败，更是首当其冲。形成鲜明对比的是，在同一个国度、同样环境和政策下，也是从事学术研究的中国科学院，却很少发现有学术腐败的研究员。工业应用研究部门，也几乎没有学者抄袭和剽窃的例子。这就说明，中国大学的学术腐败，具有典型部门的特殊性，它们与国家对教育的指导、教育体制、政策有着密切关系。特别是大学扩招、大学合并与升格和争建一流大学的“三大运动”，是鼓噪起浮夸风、冒进风、瞎指挥风、攀比风和贪大求全之风的直接推手，正是这“五风”导致中国高等学校问题频仍和学术腐败。

中国大学暴露出来的学术腐败，仅仅是冰山一角，相对于整体来说，涉嫌学术腐败的人虽然是少数，但他们的危害性是极大的，影响是深远的。尤其值得注意的是，并不是所有搞学术腐败的人都被揭露出来了，还有许多变相腐败或抄袭的人，我们姑且把这一类叫作学术不端，那就不是少数人了。

学术腐败的形式是多种多样的，有抄袭的、剽窃的，有搭车签名、冒名盗用他人成果的，有粗制滥造和伪造数据的，有弄虚作假骗取研究经费的，有一稿多投的，有侵占他人权利霸占第一作者的，有个人行为、也有合伙作弊的，等等。至于学术不端或称作变相学术腐败的，也是五花八门，例如自己抄袭自己的，合著者之一申报成果奖时，删去了已故作者的；打着空头主编的幌子，拉拢一批人马编书，赚取科研费和版税的；用拼凑手法的高产的作者和作家，不一而足。

发生在中国大学的学术腐败，已经严重玷污了中国大学的形象，污染了这片圣洁的土壤。这些腐败不仅规模庞大，而且逐步形成三大特点：一是广泛性，学术腐败几乎涉及每个大学，既有重点大学也有普通大学，而且重点大学的学术腐败远远超过了普通大学；其中有大学校长、副校长、院长，也有教授、副教授、讲师；有科学院院士、工程院院士，也有博士生导师；有博士研究生、硕士研究生，也有本科生。2003年SARS病毒肆虐时，媒体报道了一条特大新闻，称某大学的一个中国科学院院士用三天时间合成出了一个短肽抗SARS病毒药，这完全是造假。有专家评论说：只要有一点科学常识的人都知道，这是不可能的，不要说合成不出来，甚至连准备工作的时间都不够，更何况凡是药物都必须经过动物实验和临床应用后，方可被称作是药物。

二是疯狂性，某些学术腐败涉案人，不择手段，明目张胆。不久前被披露的江西井冈山大学两个讲师学术造假案，就是属于这类。他们在两年内，在国际《晶体学报》E版上，共发表了70篇论文，平均每年发表35篇。荷兰教授斯派克用软件发现了造假，宣布一次性撤销全部论文，并将井冈山大学列入黑名单。更有甚者，又披露出宁波大学一个教授两周发表一篇论文，浙江大学一个教授一周发表一篇，而黑龙江大学一个教授平均三天发表一篇，他在五年内共发表了279篇。据说，井冈山那个讲师凭这些论文应获得奖金19.5万元，实际获得3.2万元，而黑龙江大学那位教授因此获得的奖金高达10万元。这几例学术造假，充分暴露了学术界造假和剽窃的疯狂性。

三是学术腐败的产业化，专门出现了论文造假公司，形成了造假人、公司和学术刊物一条龙。2009年6月，武汉市破获了一个论文造假团伙——武汉佑达科技有限公司。该公司有雇员十多名，聘用的论文造假枪手就多达80多名，明码标价，生意十分红火。在其他城市，也发现了类似的所谓学术中介机构，以学术造假牟取暴利。

大学是人才成长的摇篮，教师被人们赞美为人类灵魂的工程师，一旦设计师和工程师灵魂变了质，那么毁掉的不仅仅是他们自己，而必将毒害和影响青年一代。历史证明，好的学风需要几代人培育，能够陶冶一代又一代的青年人；反之，一个好的学风遭到破坏，又将殃及几代人。当前中国大学里的学术腐败所产生的恶劣影响，我们决不能低估，也决不能等闲视之。

近年来，人们对于学术腐败揭露不断，叱责之声日隆，可谓老鼠过街，人人喊打。科技部、中国科学院、中国科协、教育部等部门，都先后颁布了《国家科技计划实施中科研不端行为处理办法》《科技工作者科学道德规范（试行）》或是《关于严肃处理高等学校学术不端行为的通知》等。吉林大学邓正来等40个大学和研究所的109个教授发表了公开信，呼吁大力遏制学术腐败。教育部和一些大学的领导人也纷纷表示，对学术不端行为绝不姑息，坚决采取零容忍的态度。可是，效果如何呢？虽然不能说没有一点作用，但并没有从根本上遏制学术造假的现象。原因究竟是什么呢？这使我想到了白居易16岁时写下的千古名句："野火烧不尽，春风吹又生。"我生活的校园是全国最美丽的校园之一，在图书馆前有一个硕大的草坪，种植了耐寒的麦冬草，到了冬天一片绿油油青草，真是让人赏心悦目。可是，良莠不齐呀，往往是杂草长得更旺盛，两三年就要翻耕一次，重新播下新的种子。每当我在草坪散步时，看到杂草丛生的现象，都感到十分无奈。真是触景生情啊，经济腐败和学术腐败一样，也是野火烧不尽，原因就是它们生长在地下的根没有铲除，所以一旦条件具备时又冒了出来。

那么，大学中学术腐败滋生的根本原因是什么呢？我认为主要是三个：

首先，是高等教育发展太快，就像是一个高度发酵罐一样，不是一般的冒进，简直是到了恶性膨胀的程度。短短十多年的时间，中国已经拥有各类大学约4000所，已经与美国大学的数目不相上下。不仅大学生的数量已居世界第一，而且刚刚实行30年的博士生教育，拥有博士学位授予权的大学也已远远超过了研究型大学最多的美国。近些年以来，各地和各校似乎出现了"英雄"大比武的劲头，都要建万人大学、航空母舰大学、研究型大学，甚至是一流大学。于是，教授数量急剧膨胀，研究生数量急剧膨胀，学术刊物、学报和出版社急剧膨胀，发表的论文数量也急剧增长。本来著书立说是学者们毕生的追求，是从事创造性研究的结晶，但是，现在出版著作已不是高不可攀的梦想，有的教授用买书号的方式，不经过审查就可以出书，作为成果评审、晋升职称或申请奖励的筹码。科学研究是长期积累的结果，贵在原创性的成果，如果急于求成，势必导致掺水或造假。

其次，学术政策导向错误，直接或间接地引起了浮躁和浮夸风。"名"和"利"就像是两根魔棍，驱使人们去争夺。中国当代已经少有安贫乐道的学者了，有些人是一切为了名，无名分的事是不予问津的。

自20世纪80年代初开始，中国某大学以SCI收录论文的数量衡量研究成果水平的高低，并颁发高额奖金。这种做法迅速被各个大学所采用，根据国外学术刊物水平的高低，颁发金额不等的奖金，少则几百多则数千元，在《自然》和《科学》上发表一篇论文，奖金竟高达10万元。这种做法的目的，无非是以此提高学校的知名度，为进入一流大学造舆论。无论是SCI或是奖金，它们都是一把双刃剑，既能够激励研究人员从事创造性的研究，也会诱导某些人弄虚作假。发生在井冈山大学、宁波大学等大学的学术造假，就是这种名利思想诱导的结果，一旦造假得逞，真是名利双收。对此，被称为“SCI之父”的尤金·加菲尔德不无感慨地说：“SCI是一个国际标准数据库，单纯以SCI这个标准来考核科研人员是不合适的，以SCI论文数量评价科学水平更是不合适的。”揭露井冈山大学两个教师学术剽窃的荷兰乌德列支大学的斯派克教授一针见血地指出：“我猜测货币奖励可能是其中的一个很大的原因。如此大范围的造假行为被曝光，说明有人在诚信问题上犯了一个错误。”

第三，高等学校双肩挑的领导体制绝对是不可取的，必须实行大学校长职业化。自20世纪90年代开始，中国高等学校的领导都是双肩挑学者担任的，有院士的大学，校长非院士莫属，没有院士的大学也要选个博士生导师或教授来当。他们既要从事教学与研究工作，又要肩负学校繁忙的领导职务，个人辛苦的程度是自不待言的。国内外的经验都证明，这种体制是不可取的，它不仅容易滋生官僚主义，而且也会使某些人成为叶公好龙式的人物。陶行知先生在80多年以前就深刻地指出：“一个人只可担任一个学校的校长。整个学校应当有整个的校长，不应当有命分式的校长。”“做一个学校的校长，谈何容易！说得小些，他关系到千百人的学业前途；说得大些，他关系国家与学术之兴衰。这种事业之责任不值得一个整个的人去担负吗？”

什么是命分式的校长？中国目前实行的双肩挑的校长，就是命分式的校长，意思是指他们身兼数职，不能专心致志地履行校长的责任。国外著名大学校长是职业化的，民国时期的蔡元培、梅贻琦等校长是职业化的，20世纪80年代以前的蒋南翔、吴玉章、成仿吾、匡亚明、朱九思等校长也是职业化的。他们都是以学校的事业为己任，除了学校的利益外，没有自己的学术山头，没有一己私利，密切联系群众，敢抓敢管，能够从严治校。从实践中，他们都成了职业化的教育家。

可是现在，不仅书记、校长、副书记、副校长都是双肩挑的，甚至连部处长们也都不放弃业务工作，也是一心挂两头。实际上，这种体制是侵占学校的资源，导致教育不公的最大表现。他们在担任教育部学位评审委员、申请科研费、招收研究生、评选科研优秀成果、出版著作等方面，都拥有优先的特权，这是另一种形式的以权谋私。发生在东南大学和武汉理工大学校长论文的剽窃事件，就暴露了这种体制的弊端，但这些只是披露出的明显例子而已。从好的方面说，是他们的研究生剽窃，导师负有失察之责；从严格要求来说，他们都是沽名钓誉，是学术腐败的保护伞。某大学的前校长，在学术界神通广大，广结人缘，除了合作编书外，一生没有一本个人学术专著，但居然成了劳动模范，退休后还混上了一个享受院士待遇的资深教授。还有一个校长，出版了20多本书，但除了一本是个人著作外，其他都是主编或合著的，而且多部著作都获得了各种奖励。这是一种权力寻租腐败的形式，是不被人们察觉的学术不端行为，这种情况在大学里十分普遍。这是一种不正之风，我向来反对挂空头主编的做法，也不赞成合作快速编书的做法。这样的做法，学术观点和体例能做到统一吗？能够做到文责自负吗？实际上，这不仅不能保证著作的质量，而且有变相侵占他人劳动成果之嫌。除了实验科学论文是集体完成的以外，为了严于律己，在教育研究方面，我一生不与人合作写文章和出书，甚至不让人捉刀写发言稿。现在我们有这样的校长吗？

孔子曰："其身正，不令而行；其身不正，虽令不从。"为什么现在的学术腐败遏制不住，就在于我们有不少的校长"其身不正"，所以不敢严格管理。对学术腐败不是零容忍，而是最大的容忍，能掩的就掩，能拖的就拖，实在掩盖不住了，就象征性做个处理，虽然官不能当了，但教授仍然可以当，这不是姑息养奸又是什么？《西游记》中的猪八戒，是一个贪吃、贪色、贪玩的好逸恶劳的角色，但他最终没有腐败。这是为什么呢？因为唐僧一心向善，真心求佛，孙悟空一身正气，对于魑魅魍魉明察秋毫，严惩不贷。孙悟空时时刻刻监督着猪八戒，只要八戒的贪心刚冒头，他就会阻止八戒，使猪八戒不至于堕落为腐败分子。这些经验是值得我们借鉴的。

俗话说："堵漏要查源，治病要找因。"同样的，根治学术腐败，必须要铲除"春风吹又生"的根。我上面所说的三个原因，就是从源头上惩治学术腐败的重要措施。去年年初我在《南方周末》上发表的《整顿高等教育十意见书》，虽然反响十分强烈，但似乎没有引起领导部门重视，未见推出任何整顿的措施，因此大学中的各种问题依旧。大学校长是学校的灵魂，对于领导和治理好学校具有重要作用，必须改革遴选大学校长的办法，把管理能力强的教育家选拔到大学的领导岗位上，并实行职业化的领导体制。如果他们都有孙悟空那样的能力和一心向善的诚心，他们本身就是一面旗帜，使学术腐败无藏身之地，把中国的高等教育引上健康发展的轨道。

（本文发表于《文化纵横》2010 年第 4 期）

一次小型的教育沙龙

2008年3月9日下午，武汉工程大学哲学副教授汪明华邀请我与他的两位研究生座谈，希望回答他们在创造教育方面的一些问题。他说，地点是在武大附近丰颐大酒店的咖啡厅，时间是下午3点。我于2时45分就到达指定地点，可是他们都没有到达，原因是他们驱车到我家里去接我，导致了一场误会。

当他们到达咖啡厅时，已是3点10分。我们要了两壶碧螺春茶，边品边谈，是一次名副其实的茶话会。他的两个研究生都是一年级新生，一个女生叫周艳红，原是医学院的毕业生；一个男生叫戴佳，原来是学经济管理的。他们二人根据导师的要求，各设计了一份青年创业策划方案，希望我对他们的方案提出建议。这种引导学生思考和训练他们独立设计能力的方法，确有创新之处，我表示了赞许。

正当我们讨论时，武汉理工大学的一个研究生和已毕业的学生加入到我们的讨论行列之中。他俩一个叫芦鹏荐，另一个叫操俊贤，他们合作创办了一个“求学人培训公司”，专门对在学或已毕业的大学生进行短期培训。我觉得他们也颇有创意，走着与众不同的路子。

当我们谈兴正浓时，突然又有一批人加盟进来了。其中有华中科技大学文学院副院长、哲学教授蒋小兮，他是华科大的名嘴，甚受大学生们推崇。他是武大哲学系78级学生，他们这一届涌现出了许多优秀的人才。与他同时到来的还有农民工子弟学校校长徐文英、湖北第二师范学院教师黄敏，以及省电视台的两位记者。看来，原来为研究生释疑的计划被打乱了，由于各方面人关心的问题各不相同，实际上变成了一次小型的沙龙，每个人都可以提出和讨论他们自己感兴趣的问题。

首先提问的是周艳红，她说：“我有两个问题，希望得到刘校长的指教：一是什么叫‘大一统’的教育体制，怎么克服这种体制？二是高校债台高筑，应当由谁来埋单？”

我说："'大一统'教育体制是计划经济时代形成的，它有两个特征：一是把持着教育的一切决策大权；二是垄断着一切教育资源。'大一统'的教育体制已经阻碍着我国教育改革的进行，窒息了大学的创造性，到了非改革不可的地步了。怎么改？必须从教育部简政放权做起，保证大学独立自主的办学权利，改革大学校长遴选办法，改革招生办法，转变大学培养人才的模式等。至于大学的巨额债务，是大学合并、追求大而全和相互攀比造成的，是国家教育当局导向错误造成的，当然应当由国家埋单。同时，应当允许大学破产，可以面向国内外拍卖，借以引进外资和国外先进的办学模式，这样既可以减轻国家的财政负担，又可以建成真正高水平的私立大学。"

戴佳问道："政治辅导员制度是怎样形成的？尽管辅导员流于形式，现在看来不仅不会取消，而且还在逐步加强，你怎么看这种现象？"

"80 年代中期，我大胆地取消了辅导员制度，代之以导师制。原因主要有两点：一是年轻的辅导员是一支不稳定的、缺乏权威的队伍，与其流于形式，不如取消为好；二是以导师代替政治辅导员，把教书育人寓于一身，使其制度化。实践证明效果是很好的，完全符合思想工作和教育规律。为什么政治辅导员取消不了，因为这是一个敏感的问题，宁肯它流于形式，也不会有人敢冒天下之大不韪去闯这个禁区。"

徐文英是一位十分朴实的中年女士，她在创办农民工子弟学校道路上已经奔波了 22 年，其精神令人感佩。围绕着农民工子弟学校的出路问题，大家展开了热烈的讨论。比较一致的看法是，这类学校绝不能靠收学费生存，应当鼓励企业和社会各界捐赠，建立教育基金，实行免费或低学费，这样才能使农民工子弟学校不断发展和壮大。

时间已经不早了，有人准备离去，于是我也起身告辞。武汉理工大学的两位学生执意要送我回家，我们边走边聊。芦鹏荐问道："刘校长，您能否以最简明的语言区分一下创造与创新的不同？"我回答道："要把这两个问题说清楚，恐怕需要讲几个小时。简单地说，创造是从无到有，而创新是从旧到新。从思维能力来说，前者需要的是高级的智力——创造力，而后者是次一级的智力——创新能力。从成果上看，前者是首次、第一、前所未有的成果，而后者是原有成果的更新、改造、拓展、延伸。"

听后，他们二人表示赞同，说现在不少人把二者混淆了。实际上，创新一词成了很多人的口头禅，如果没有大无畏的创造精神，无论是创造也好或是创新也好，都是无稽之谈。

说着说着，我已经到了家门口，我向陪送的两位学生表示了感谢。

千万不能死读书

八年前，咸宁市广播电视局一个叫秦垂世的青年作者，通过我的学生汪明华，请我为他即将出版的《传世智慧诗语荟萃》一书写篇序言，我应允了。这本书1999年11月由湖北人民出版社出版。此后，我们成了忘年交，常有书信往来，但我们却一直没有机会谋面。

2008年4月24日，垂世携夫人和儿子来家探望，说这是他多年的愿望，希望我接受他这个未入门的弟子。他的夫人十分认真地说："我们今天特地带儿子秦川一起来，他是华中师范大学中文系一年级学生。虽然他今天上午有课，但我们觉得机会难得，让他听听你的教诲，这是书本上学不到的。"

我为他们一家人的深情所感动，为了不让他们失望，我结合自己的研究心得，谈了大学生如何学习的一些认识。我说，上了大学无疑为成才创造了良好的条件，但是能否成为优秀的人才，关键在于自己，因为只有自己想学才能学好，自己才是命运的真正主宰者。

陶行知先生是伟大的人民教育家，他一贯反对学究式的书呆子。什么叫书呆子呢？他说："书呆子是读死书、死读书、读书死。"这三句话中都有一个"死"字，但它们的意义与作用是不同的。

头一句话中的"死"，是形容书的。什么叫死书呢？所谓死书，是指那些腐朽的书、胡编乱造的书、空洞无物的书和毫无用处的书。什么是死读书呢？这里的"死"是形容读书人的，是指学生读书的态度和学习的目的。死读书的学生，大致有三个特点：一是只读一种书或教材，不知道广泛地涉猎优秀的文化知识，以全面地提高自己的文化素质；二是只注意死记硬背，教师讲说章句，学生背诵章句；三是追求高分，分数就是一切。那么，读书死又是指什么呢？其实，这三个"死"是因果关系，前两个"死"是因，而第三个"死"是果。大凡书呆子读书，不外乎是两种后果：第一，虽然学得了一些书本知识，或者考得高分，但分析和解决问题的能力很差，不能学以致用；第二，书呆子不注意锻炼身体，一味地死读书，最后成了“病壳子”和“药罐子”，最终成了无用之人。

我对秦川提出一些建议：“希望你千万不能死读书，须知方法比知识重要，而素质比分数和文凭重要。我认为，学历、学位和名校、名师对于成才是有一定作用的，但不是成正比的关系。如果这样，那么美国哈佛大学和我国北京大学的毕业生，应当个个都是杰出的人才，但情况并非如此。反之，非名校或者根本没有进大学的人，也有不少人成为优秀的人才。因此，成才与否，关键还是在于自己。要通过学习，逐步发现自己的真正兴趣，有了兴趣就有信念，就会有追求，最后导致成功。”

“听你爸爸说，你很想当教师，所以选了中文系师范类专业。你有这个志向是很好的，教师是非常值得追求的职业，也是最受人们尊敬的职业。但是，当一名称职的和受学生欢迎的教师又是很不容易的。根据我的经验，当一名合格的教师，应当具备四个条件：一是要有真才实学。俗话说，你如果给学生一瓢水，自己必须储备一桶水。只靠现发现卖，或者临时抱佛脚，那是不可能成为一名合格的教师的。二是要有爱心，没有爱就没有教育，没有爱心的教师也不能成为一名受欢迎的教师。三是要有激情，一个教师上课就要像演员一样，必须全神贯注，全身心地进入角色。四是要有良好的口才，教师的口就是知识的溪流，不断地从教师流向学生。古人说：‘一年胳膊两年腿，十年磨炼一张嘴。’这说明口才的锻炼是需要下苦功夫才行，现在为数不少的教师教课不受学生欢迎，大多都与他们的口才不佳有关。”

一个人既然选定了目标，那就应当执着地去追求，我希望秦川同学实现自己的理想，今后成为一名优秀的教师。

当我们结束谈话时，垂世拿出了一份文稿，题目是《一位真实感人的形象——〈一个大学校长的自白〉读后》。他在文中写道：“我挑灯夜战，经过几个晚上的努力，我一字不漏地读完了这本书。随着书中情节的发展，我的心情波澜起伏，主人公的思想和境遇引起我的共鸣。我时而激动不已，时而愤慨至极；时而陷入沉思，时而拍案叫绝；时而哭笑不得，时而泪水涟涟……”

这是一份珍贵的读书心得，说明我与垂世在做人和做学问各个方面获得了共鸣。同时，我十分珍惜我们忘年交的情谊，认同这个不是学生胜是学生的优秀学者。

教师的伟大职责

2008年5月12日14时28分，在四川省汶川县发生了8.0级特大地震，全国14个省区市甚至连台湾地区都有震感。中国网、新华网于14点46分第一时间报道了地震的消息。中央电视台新闻频道于15点整报道了汶川大地震的消息，离地震爆发时间只有32分钟，开创了我国报道特大事件最快的纪录，这说明中国的透明度和开放程度越来越大了。

震讯传出后，温家宝总理第一时间赶到了灾区，视察灾情，布置和指挥抗震救灾工作。解放军、武警、特警搜救队、消防队、救护医务人员、工程兵等救灾队伍从全国四面八方赶到灾区，部分国家救援队也赶到了灾区，一场紧急而有序的抗震救灾战斗打响了。中央电视台各频道24小时直播现场救灾的情况，我们全家也目不转睛地收看到深夜，总希望有更多的奇迹出现，希望搜救队能够救出更多被埋在废墟下的灾民。

作为一个教育工作者，最关心的莫过于在地震中受灾的学校，担心每个教师和学生的安危。从电视现场直播中看到一栋栋坍塌的校舍，我的心受到极大的震撼。灾区一个个学校的名字浮现在我的脑海，如汶川县映秀镇漩口中学、汶川县映秀镇中心小学、北川中学、都江堰聚源中学、都江堰新建小学……据统计，北川中学有2900多名师生，遇难和失踪的就有1300多人。这实在是太残忍了，这些祖国未来的花朵，就这样瞬间消失了，这该是国家多么大的损失呀！

一场大的灾难，一定会涌现出众多的英雄人物，他们以自己敢于担当、不怕牺牲的精神谱写出无数可歌可泣的故事。每当我看到那些教师舍身救护学生的场面，常常感动得热泪盈眶。都江堰龙池镇中心小学校长肖明清，在地震暴发的瞬间，他的妻子被埋在10米外坍塌的教工宿舍，不停地呼救："老肖，救命啊！"可是，他却在抢救学前班的200多个孩子，连背带抱地把他们安全转移到操场。王琬民是都江堰市向峨中学的老师，在地震发生时，她亲眼看到自己87岁的老母亲被埋在废墟下，但她没有去抢救母亲，她说："顾不上救我妈了，先救学生吧！"吴忠洪是崇州市怀远中学的英语教师，发生地震时他正在上课，学生吓得叫喊，他不慌不忙地喊道："同学们，不要慌，什么东西都不要带，跟着我往楼下跑。"这时，有人说教室里还有两个同学，吴忠洪立刻又上到四楼，但他再没有出来了。谭千秋是德阳市东汽中学的教导主任，发生地震时，他张开双臂护着了四个学生。当救援队发现他时，他张开双臂死死护着的四个学生都活了，可是这位教师却永远离开了他的学生。

这样的事迹太多了，多得不胜枚举。人们被教师的英雄事迹感动了，一致感叹："我们的老师真的很伟大！"

在教师们身上体现的是什么精神？是教师的伟大职责，是对学生的挚爱，在必要时他们会用生命保护自己的学生。我们时常说爱生如子，在这生死抉择的瞬间，就是对我们当教师的学生观的考验。应当说，在这次四川特大地震中，千千万万的教师都经受住了考验，他们谱写出了教师伟大爱心的颂歌！

但是，并不是每一个教师都能够表现出这种无私无畏的精神，正像有人在战场上当逃兵那样。据报道，在地震发生的瞬间，都江堰光亚学校的语文教师范美忠就是这样的逃兵。当发现教室摇晃时，他抛弃学生第一个冲到操场。当学生问他为什么不带领学生一起离开时，他却说："是灾难我带你们也会一起死亡，不是灾难，我不带你们，也不会有事的。"他甚至说："在生死抉择的瞬间，除了为救我的女儿可以去牺牲外，连我的母亲我也不会去救的。"这是他的人生观，虽然他坦陈了自己的思想，但却暴露了他极端个人主义的人生观，这与一个人民教师的品德是绝对不相容的。这样的人还有资格当教师吗？

据介绍，范美忠是北京大学历史系97届的毕业生，先后在多所中学教书。范美忠的表现也给我们大学教育敲响了警钟，我们的大学到底该向社会输送什么样的人才。同时也应该反省我们思想教育的内容和方式，一定要坚持人本主义的伦理教育，摒弃那种说教式和唯意识形态的思想教育内容。

四川汶川8.0级特大地震已经过去整整半个月了，我的心却一直没有平静下来，我衷心地希望逝者安息，生者坚强。现在，部分学校已经在临时学校或教室复课了，这是重建灾区的开始。但愿今后建设抗震度更强的学校，配置更好的教学仪器，使灾区的学生受到更好的教育。同时，应当充分运用这次特大地震对全国人民特别是大学生进行一次活的人生观教育。

我听成功素质教育汇报

武汉科技大学中南分校是挂名在武汉科技大学的一所民办大学，成立于1997年，至今已有11年的历史了。该校自认为在开展成功素质教育方面颇有特色，准备召开一次小规模的汇报会，以便听取有关专家的建议。

王元璋教授从我校经济管理学院退休后，在中南分校担任常务副校长，他代表该校校长多次打电话邀请我参加这个会议，我没有答应。后来他又几次登门拜访，亲自送来请柬。我为他的盛情所感动，同意参加这次会议。17日清晨，王元璋教授亲自来接，天下着小雨，汽车行驶了45分钟后到达学校。该校位于江夏区的梅楠山，三面被汤逊湖环绕，景色十分宜人。学校占地1200亩，已经建成了40万平方米的校舍，投资10多亿元人民币，在校学生15000多人，在武汉地区的民办大学中是比较好的一所大学。

除我以外，应邀参加会议的还有华中科技大学前校长杨叔子院士及现任校长李培根院士，武汉大学现任党委书记顾海良，中共湖北省委党校前校长周大仁，武汉科技大学党委书记刘华才，湖北省前教委副主任袁继凤，以及华中师范大学、武汉理工大学的领导人。应当说，这是一个高规格的座谈会，表明各校对成功素质教育的重视。

会议由该校党委书记方思明主持，然后该校校长赵作斌做《成功素质教育汇报》的主题发言，共讲了一个小时，汇报分为两个部分：理论研究与实践探索。在汇报中提出了不少新的概念，如成功定律、成功要素定律、成功要素决定律、目标模式、人才培养模式、教育教学模式、人才队伍建设模式、实践模式、学生工作模式，等等。

从10点钟开始，主持人要求对汇报进行讨论。首先，李培根院士发言，他肯定了该校成功素质教育的一些做法，但是希望不要追求形式上的口号或是概念，重要的是实践，只有通过实践才能不断地总结，不断地改善，不断地前进。

我接着李培根校长的发言也做了即席讲话，代表了我对该校成功素质教育的看法和我的某些观点。我的发言大意如下：

其实，成功教育并不是一个新的教育理念，迄今已有一个世纪的历史了。美国成功教育学家戴尔·卡内基是首创人，由卡内基和他的妻子、妹妹以及门徒撰写的《成功之路》丛书，已被翻译成为各种文字，是继《圣经》之后发行量最大和阅读最广泛的一套书。这说明人人都希望成功，都需要学习和掌握成功的技巧。中南分校是一所新建的民办大学，与许多老大学相比，能够探索实施成功素质教育的精神是十分可贵的，提出的某些教育理念和实践做法也是可行的。

教育、素质教育、成功素质教育是教育学中的几个术语。素质教育本是一个中性词汇，并没有表明素质的指向。对于素质教育的提法，我与国内教育界的顾明远等同人曾经讨论过，我们本不同意素质教育的提法，认为这是“画蛇添足”，可能这是中国的特色。教育的本来意思就是启蒙，是除掉愚昧，开启智慧与文明，也就是赋予人高尚的素质。但是，由于我国以考试和升学为目的的应试教育搞得太过分了，所以我们也同意提素质教育，以便矫枉必过正。

成功素质教育与素质教育不同之处在于，它已不是一个中性的词汇，具有明确的指向，是一个正向的词汇，具有积极的含义，是创业所需要的最重要的素质。也就是说，成功素质教育比素质教育更进了一步，这是值得称道的。提出实施成功素质教育理念是重要的，但一个理念是否正确，还必须经过实践的检验。因此，我建议该校要坚持“实践—认识—再实践—再认识”的认识论规律，不断地实践、不断地总结、不断地改进，直至摸索出一套科学的、有效的、有可操作性的成功素质教育方案。为此，我提出三点建议：

第一，希望以成功素质为主线重新设计课程体系，在改革课程体系上下功夫。长期以来，我国高等学校的课程体系都是以知识为主，这是20世纪50年代初学习苏联专业化教育造成的后果。在20世纪80年代初，武汉大学第一步的改革重点是教学制度，创建了一系列新型教学制度，前后共花了8年时间。我计划第二个阶段的改革重点就是课程体系，也准备花8年时间。可惜，由于我被免职，这个计划没有能够实现，至今也没有看到哪个大学在从事这方面的改革。成功素质教育必须通过新的课程来实施，旧的课程设置不改革，很难落实成功素质教育的要求。但是，课程体系的改革是一项十分艰巨的任务，如果没有敢于第一个吃螃蟹的精神，没有敢于冲破禁区的勇气，那是不可能在实施成功素质教育方面获得突破的。

第二，现在国际上的成功教育研究机构有 1900 多个，我国似乎还是空白点。因此，我希望由中南分校发起成立湖北省暨武汉市成功素质教育学研究会，使实施成功素质教育的实践与学术研究相互促进。

第三，把创造教育与成功素质教育结合起来，创造是成功的基础，没有创造怎样能够获得成功呢？因此，创造与成功是因果关系，创造性的能力是成功素质教育的核心，离开了创造性何以谈得上成功的素质呢？

最后，我赠送两句话给该贵校，愿与各位同人互勉。这两句话是：知因果而真知，因创造而成功。

一桩鲜为人知的逸事

为了纪念张尧庭教授逝世一周年，由武汉大学数学与统计学院发起，2008年6月21日至22日，“统计学的进展与应用——纪念张尧庭教授国际研讨会”在武汉大学召开。张尧庭教授的学生、数学与统计学院教授吴黎明打电话并专门到家里邀请我参加会议，我欣然接受了邀请。21日（星期六）我与武汉大学前党委副书记黄训腾准时到会，与会的代表近百人，有20多位代表来自国外，其中大多都是张尧庭教授的学生。

张尧庭教授于1956年以优异的成绩毕业于北京大学，后留任北京大学数学力学系助教，1962年晋升为讲师，并担任教研室党支部书记。他是北大著名数理统计学教授许宝禄的学生和助手，在数理统计研究方面颇具才华。可是，在1957年那场反右斗争中，他被划为右派分子。可想而知，在之后的日子里，他的处境是十分艰难的，学术研究被迫中断。1976年10月，他被下放到位于贵州省遵义市的水电部第八工程局子弟学校任教，显然是不得已而为之。

那么，张尧庭教授是怎样到武汉大学的呢？这正是本文所要披露的一桩鲜为人知的逸事。1977年至1978年，我任教育部党组成员兼高等教育司司长，时逢拨乱反正的重要时期，工作千头万绪，真是百废待兴。大概是1977年底，我收到一封来自贵州遵义的群众来信，署名张尧庭。信中主要叙述了他的老师许宝禄的学术成就，鉴于先生已于1970年去世，学术上青黄不接，为了许宝禄先生的学术不致中断，他建议应当整理和编撰许宝禄先生文集。

我虽然不懂数学，但却知道许宝禄先生是与华罗庚齐名的著名数学家。我一方面把信转给了北京大学，请他们认真研究处理。同时，惜才之心在我心中油然而生，从本位思想出发，我立刻写信给武汉党委书记纪辉同志，希望他把张尧庭调到武汉大学，以加强武大本来就薄弱的概率统计学的力量。纪辉书记是一位十分开明的党的领导工作者，作风清正廉明，密切联系群众，十分爱惜和保护人才。他表示完全赞成我的建议，并立即转告时任数学系总支书记的黄训腾，要他抓紧办理。黄训腾同志也是一位爱才者，他工作踏实认真，在三个月的时间内，就把张尧庭同志从贵州山沟调入武汉大学，真可谓特事特办。那个时代城市户口控制得十分紧，张尧庭一家 4 口人进武汉市，可想而知困难是很大的。这个问题的解决，也多亏了纪辉书记，没有他在省政府的疏导，张尧庭同志调入武大是不可能的。

我于 1978 年底辞去了教育部担任的职务，回校后又被任命为武汉大学党委副书记、副校长，主管党政的常务工作。由于“文化大革命”的原因，高等学校的职称评定停止了十多年，1980 年恢复职称评定工作后，1980 年我们率先破格晋升张尧庭为教授，后他又被评选为博士生导师。为了加强概率统计学的教学与研究，我们成立统计学系，张尧庭担任首任系主任，后来他又担任了管理学院的院长。

张尧庭教授在武汉大学工作了16 年，不仅是他个人学术生涯中最重要的时期，而且他对武汉大学概率统计学的教学与研究做出了巨大贡献。特别是他的研究方向广泛地涉及交通、石油、气象、海洋等方面，曾经接受许多应用部门的研究任务，完成了许多重大的应用研究课题，开辟了数理统计应用的新方向。由于张尧庭教授出生于上海，所以他“叶落归根”，于 1994 年 3 月又调到上海财经大学，并在多所大学兼职，继续在统计学和数量经济学方面孜孜以求地进行研究，成果丰硕。

2007 年 6 月 30 日，我突然被告知，张尧庭教授于 6 月 29 日因病在上海逝世。对他过早的逝世，我感到无比悲痛，我和黄训腾同志发去了唁电，并委托上海财经大学为我们备置了花圈，以表示对他的悼念。

在张尧庭教授周年祭之际，回忆上面这桩逸事，主要目的是表示对他的怀念。同时，我要特别提到纪辉书记，他是调张尧庭同志到武汉大学的决策者，没有他开明的思想和魄力，兴许不能成就张尧庭教授在学术上的重大成就。可惜，当张尧庭破格晋升为教授后不久，纪辉书记就病故了，享年63 岁。纪辉书记离开我们已经 28 年了，我借此机会对他表示深深的怀念！

教育的智慧

我于2008年11月底收到了第三届鲁迅论坛的通知，邀请我参加于12月18日至20日在长沙召开的会议。这次会议是由上海鲁迅文化发展中心倡导的，由湖南《潇湘晨报》《潇湘周刊》和湖南大学主办。收到通知后，我迟迟没有回复，心想我不是搞文学的，对鲁迅思想也没有研究，似不宜参加这次会议。

正当我纳闷时，我又接到在《潇湘周刊》工作的袁复生的电话，他恳切地邀请我参加会议。复生是武汉大学图书情报学院2004届的毕业生，虽然他不是我任职期间的学生，但他曾经电话采访过我，十分赞同我的教育思想，所以我们也算是知音了。他在电话里说："会议秘书组恳切地邀请您参加，您将是这次论坛最重要的嘉宾。"我说："我对鲁迅毫无研究，我去参加会议似乎是名不副实。"复生解释说："校长，这次会议主题是'教育的智慧'，与教育的关系非常密切。同时，在长沙的校友会也十分盼望您来参加会议，大家盼望与您聚会。"我被复生说服了，也为长沙校友们的盛情所感召，于是我同意去参加会议。

"鲁迅论坛"的发起人是鲁迅的孙子周令飞，他也是上海鲁迅文化发展中心的创办人。此前曾经召开过两次论坛，第一次是在香港，第二次是在深圳。据介绍，这次论坛是为了纪念鲁迅的《文化偏至论》中"首在立人"的思想发表100周年，同时也是纪念鲁迅先生的《狂人日记》发表90周年。这次论坛的主持人是鲁迅的孙子周令飞，他的长相、身高、皮肤、发型和浓黑的一字胡须与鲁迅先生一模一样，简直就是鲁迅的再生，如果要他扮演鲁迅，根本就不用化装。参加会议的还有北京鲁迅博物馆馆长孙郁、上海鲁迅博物馆副馆长王锡荣、美国艺术家范光凌、台湾心理学家李雅卿、香港幼儿教育家张怡筠，鲁迅思想研究专家王富仁、著名教育学家杨东平等，共50多人。

大会于12月18日在湖南大学礼堂开幕，主席台背后的幕布上印有鲁迅的画像，中间写有"教育的智慧"几个大字，突出了论坛的主题。大会围绕着

“教育的智慧”，分为“立人”和“教育”两个专题，上午大会发言是围绕着“立人”展开，下午是围绕着“教育”展开。我被安排在 18 日下午大会发言，我的发言题目是《中国怎样建设世界一流水平的大学》。我本来准备了演示幻灯片，可是湖南大学的大礼堂没有避光的门帘和窗帘，所以幻灯片显示不出来。这可使我有些措手不及，好在我平时练就了不用讲稿的习惯，按照规定在 25 分钟内，正好把论题讲完了。

本来，怎样建设世界一流大学是一个老生常谈的话题，我为什么要讲这个题目呢？演讲开始，我就借题发挥说：“这十多年以来，关于建设一流大学问题已经是老生常谈的话题了，我之所以讲这个题目，是因为我觉得没有比谈论这个问题更多的了，但这又是人们理解得最少的问题了。因此，我借此机会，发表一些与众不同的看法。我不敢说一定是正确的，但一定是言他人之未言，希望引起教育界同行们的研究与讨论。”

当天晚上，武大长沙校友会在南景大酒店设宴款待我，参加聚会的有校友会的会长、副会长和名誉会长十多人。其中，有老学长潘基躓、湖南省人大常委会副主任庞道、湖北师范大学校长刘湘溶、湖南省出版集团总经理张天明、湖南省化工研究院总工程师雷得漾等。特别令我兴奋的是再一次见到了潘老，他是长沙市老市长，是武大农学院 1934 年的毕业生，已经 95 岁了，但耳不聋眼不花。我因右耳听力衰退，所以我坐在他的右侧，我们边吃边谈，历时两个多小时。

那晚我们过得十分愉快。在告别时，潘老握着我的手说：“你在任职期间，对武大的贡献是巨大的，你的教育思想是先进的。虽然我们过去多次见过面，只要我今后再回母校，我一定再去你的府上看望你，我们之间的情谊是没有什么力量可以分割的。”潘老的话令我无比感动，这将是对我最大的鞭策，激励我在教育改革中不断前进！

12 月 19 日上午，在湖南大学集贤楼第 2 和第 4 会议室，分别举行“立人”和“教育”分论坛。我自然参加“教育”组的讨论，我又就《教育改革 30 年的回顾与展望》做了发言。来自美国的范光凌先生听后说：“像刘校长这样的身份，能直言不讳地表达对中国教育的批评，具有如此深邃的教育见解，我还是第一次听到，中国太需要他这样的教育家了。”会后，他特地要与我合影留念，说这次会议最大的收获是听到我的演讲，称赞我是中国当代知识分子中的杰出代表，并希望今后到武汉专门拜访我。我对他说："先生过奖了，我只不过是对教育情有独钟，只想用自己的眼睛观察问题，用自己的头脑思考问题，不愿人云亦云和随波逐流而已。"他说："在中国，能够做到这一点就难能可贵。"

在这次会上，我与范光凌博士都有相见恨晚的感觉，我们都希望在下次会议上能够再见面。

孝心也是创造的原动力

人为什么有创造性？创造的原动力是什么？长期以来，心理学家、教育学家和创造学家们，都致力于探讨创造的秘密。现在学术界已经证明：躁动（激动）、需要、爱心、恐惧都是激励创造的原动力。根据我的观察，孝心也是一种创造的原动力，它能够激发人们无限的创造性。例如，于1996年诞生的克隆绵羊“多利”真正的首创者是基思·坎贝尔（Keith Campbell），他从事这项研究的动因是出于对父亲的孝心，因为他父亲患糖尿病已经双目失明，他希望通过克隆技术研制出新药以拯救父亲的生命。遗憾的是，他没有等到那一天的到来，父亲就不幸逝世了，但他的研究却催生了“多利”的诞生。

深圳市的邵波，本是学物理的，后来下海从事环保工程研究与开发。但是，他利用业余时间写出了52万字的《本征教育理论》一书，激励他研究本征教育的动力，就是出于对父亲的孝心。

我本不认识邵波，经朋友介绍，他于2009年5月2日来家访谈。他来之前曾打电话给我，我们约定上午9时开始，我把住家地址告诉了他。他是从湖南株洲出差到武汉的，从武昌火车站乘出租车到武大，但司机却把他送到原武汉测绘学院的大门口，他以为是武大的正校门，因为门口悬挂着“武汉大学”的牌匾。可是，他进校园以后怎么也找不到我的家，这时他才恍然大悟，“今日之武大”而非“昔日之武大”也！于是，他背着沉重的行李穿过测绘校园，快步地往武大赶，生怕耽误了约会的时间。当他到我家时，已是满头大汗，衬衫完全湿透了。虽然比约定的时间晚了几分钟，但情有可原，给我的第一印象是他是一个诚实、执着和认真的人。

我给他沏了一杯龙井茶，让他解渴，以补充体内水分的流失。他此行的目的是向我介绍他对本征教育研究的成果，他拿出了厚厚的几份资料，足足有3万多字。他边喝茶边介绍，他说他的父亲叫郑浩，曾经是武汉大学外文系的毕业生，早年参加革命。新中国成立后一直从事教育工作，是湖北师范学院（黄石）的创办人之一。1978 年高考时，父亲曾建议他学教育学，但他却填报了物理学专业，违背了父命。1979 年 12 月 4 日父亲去世，在弥留之际，曾把他叫到病床边讲了一段教育的遗言，这就是他研究本征教育的缘起。接着，他逐篇介绍了本征教育的定义、本征教育的描述特征和类型特征、本征教育与经典教育之比较等，向我做了详细说明，我们谈话整整两个小时。临走的时候，他恳切地说："刘校长，您是著名的教育家，我是慕名来求教的，请您对我的研究提出批评和建议，我将不胜感谢！"

我是一个有求必应的人，凡是有求于我的人，一般我是不会让人失望的。我大概用了一个星期的时间，反复阅读他交给我的 3 份资料，希望对他的研究提出一些有价值的意见，但必须实事求是。在 5 月 22 日给他的电子邮件中，附上了我对他的研究提出的 10 条意见，现附录于下：

1. 关于本征教育概念问题。在我国教育学中，目前还没有这一词汇，是作者首次引入的。很明显，他是借用了量子力学中关于本征的概念，如本征函数、本征方程式、本征动力学、本征半导体等。我历来是鼓励创新的，对于作者这种敢于创造的精神，我是极为欣赏和肯定的。所谓本征，就是事物本来的特征，本来的面目，是没有任何修饰或伪装的真实的反映。从原则上说，本征教育的概念是能够成立的，它是研究具有起源、教育本质的出发点，是研究教育普适价值和普遍规律所必需的。

2. 关于如何引出本征教育概念的问题。作者是以自己与导师谈话引出的，我知道他所说的导师就是他的父亲。其实，我觉得干脆直白是与父亲的谈话更好，说明是对父亲的孝心激励自己从事教育研究的。从孝心出发，更能够体现作者的思想境界，也符合从事创造的动因。

3. 怎么克服文献引用的困难？作者无论是与导师谈话或是与父亲谈话，有一个问题无法解决，就是不能作为正式的文献引证。怎么解决这个问题呢？我建议作者写一篇纪念父亲的文章，记叙那一次谈话，在正式的刊物上发表，如《湖北师院学报》等，以后的著作都以此作为出处，这就有了文献的根据。

4. 关于作者父亲提出本征概念的问题。我认真看了作者父亲对作者的那一段谈话，他根本没有提出本征教育的概念，是作者发挥的。而且，作者父亲的那段谈话似乎逻辑不清，前后互有矛盾。例如，他一开头就说："教育是在一些媒介的介入下……"这个前提是不当的，如果媒体介入了，那就不是本征教育了，就会像今天媒体炒作教育那样，把教育搞得一团糟。同时，作者父亲的谈话，存在思维上的混乱，尚不足于引出本征教育的充分依据。

5. 如果作者有意要写一本《本征教育理论》的书，似应当重新拟定大纲，宜按照章节来写，一章一个重点。例如，第一章，本征教育的定义；第二章，研究本征教育的意义；第三章，本征教育的特征描述；第四章，本征教育与传统教育之比较；第五章，不良学风对本征教育的破坏……作者原是以单篇写作，不仅累赘而且多有重复。

6. 文贵精而不在多。据作者说，已写出了 52 万字的文稿，实在是太长了。新的技术革命时代，提倡“小就是美”、“小就是智慧”，而“好大狂”是第二次浪潮的特点，现在已过时了。以我之见，这样一本书 25 万到 30 万字是最恰当的容量。在这一方面，典型的例子是很多的，如沃森和克拉克获得诺贝尔生理或医学奖的论文只有 960 个字，天才纳什获得诺贝尔经济学奖的早期论文只有 27 页纸，大师曹聚仁的《中国百年史》只有 5.5 万字，清末天才学者王国维的《人间词话》只有 4 万字，追求大部头著作是当前学风不正的表现。

7. 文稿重复、累赘之处颇多。例如，在叙述本征教育时，提出了 22 个特征，在教育内涵描述时列举了 15 项内容。实际上，有很多内容都是可以合并的。表述的手段越概括越好，不是列举的名词越多越好，否则，给人以故弄玄虚之感。

8. 在文稿中引入了不少科学或技术术语，有的甚至是生造出来的。例如，离散激励信号、宽成立域、宽描述域、教育函数、教育介质、教育承载平台、教育激励、教育响应、教育资源、教育效果、其原状态零变化，等等。教育理论的论述，必须采用教育界通用的语汇或术语，这样才符合教育学的规范。

9. 本征教育是回答“教育是什么”的问题，它属于教育哲学的范畴。据我所知，已出版的同类著作有：吴宗熿主编《教育是什么》，2004 年商务印书馆出版；张巽根著《教育是什么》，1998 年湖北教育出版社出版。作者不妨参考，以求对教育是什么有一个准确的界定。

10. 从作者的描述来看，我估计其论点国内教育界很难接受，甚至很难找到出版社出版，希望作者要有思想准备。我之所以这样估计，是因为任何教育学的研究，都必须对教育实践或改革有指导作用，但此书稿似乎看不出作者的明确意图。

虽然我是认真研读过资料，但难免有挂一漏万或表述不准确的地方。我本着实话实说的态度，提出了以上10条意见，供作者参考。

我于5月25日收到了邵波的回信，他对我肯定本征教育理论是能够成立的甚为感动，说我是迄今唯一肯定他的研究成果的人，并表示将按照我的建议认真修改，以求日益完善这一理论。

一门被忽视的重要学科

在20世纪80年代，武汉大学的教育改革如火如荼，群众的思想得到极大的解放，创造了许多堪为全国第一的奇迹，如作家班、插班生制度、学分制、导师制、双学位制、摄影艺术班等。凡是经过那个时代的人，每当回忆起那个改革的黄金年代，都是激动不已，对于改革的成果也是交口称赞。

2009年7月18日，是武大第二届摄影班毕业20周年。前一天，彭年生、李晓英和冯卫光三位校友专门家访，邀请我参加他们的聚会。尽管这几天武汉气温高达38度，真可谓热浪滚滚，但盛情难却，我答应参加他们的聚会。我们约定18日下午2点30分，他们开车来接我。彭年生准时把车开到我的楼前，我们到达新闻与传播学院时，提前到达的同学已在那里等候欢迎我们。

这一届的毕业生共108人，前来参加聚会的有70多人，当年任教的教师和管理人员也应邀参加。彭年生原是湖北美术出版社社长，我的《一个大学校长的自白》的封面照片，就是出自他的创作。后来，他创办了嘉宝艺术公司，隶属湖北长江出版集团，营造了更为开阔和自由的创作空间。他作为聚会筹备委员会主任，介绍了筹备经过，介绍了出席聚会的领导和老师。然后，每位同学自我介绍，他们都是三言两语概括地展示了自己，真不乏艺术家的精灵与幽默。

第二届摄影艺术班大班班长叫谢力行，他原是《湖北画报》的编辑，入学时已是43岁，当时的学校教务长吴贻谷开玩笑地对他说："老谢，你不仅是武大而且也是全国年龄最大的学生，可要珍惜这次学习的机会呀！"果然他不负众望，在搞好学习的同时，还担任了许多社会工作，颇受同学们的欢迎和尊重。毕业后，他没有再回《湖北画报》社，而是到深圳市新闻出版局工作，在摄影创作方面多有建树。

他在会上介绍了武大摄影班诞生的经过，他说："在纪念我们毕业20年的今天，我们应当感谢一个人，他就是刘道玉校长，没有他的远见和决定，就没有摄影班。我是提出创办摄影班的第一人，我给刘校长打电话提出这个建议，校长肯定了我的建议。他说，现在已是新技术革命的时代，怎么还用师傅带徒弟的手工方式培养摄影师呢？摄影艺术像许多其他学科一样，应当纳入大学培养人才的计划之中，培养学者化的摄影师。得到刘校长的肯定，我倍受鼓舞，立即赶到武大与教务处签订合作办学的协议。可惜的是，当我申请离职学习时，湖北省美术协会主席周韶华先生不同意，说工作离不开，同意我下一年再脱产学习。可是，1985 年摄影班招收第一届以后，1986 年停招，我于 1987 年才成为第二届的学生，虽然晚了两年，但毕竟有幸成为武汉大学一名合格的毕业生！”

李晓英是摄影班为数不多的女生，毕业后一直在湖南省株洲市群众艺术馆工作，现任该馆馆长、研究馆员。是为数不多的弱光摄影艺术家，拥有许多头衔，如株洲市文联副主席，湖南省艺术摄影学会会长，中国女摄影家协会副主席。2006 年被中国摄影家协会评为有突出贡献的摄影工作者，2009 年获得中国第八届摄影艺术金像奖，出版多部摄影著作，成功地在多个国家和地区举办摄影展。

很多校友在讲话中充满着作为武大毕业生的自豪感，十分珍惜自已来之不易的学习机会。例如，黄丰是江苏省江阴市人，他创办了江阴市黄丰摄影工作室，在江南水乡自由地创作。他说：“尽管江苏有很多著名的大学，但是无论到哪里，我都说我是武汉大学的学生。我走遍了江阴的山山水水，每地都留下了我的镜头。我所有的作品，都是一曲曲动情的歌，是拍我的感情，拍我的感受，拍我的真诚，拍我的心声！”梅洪是北京鼎盛文化传媒机构的总监，他的箴言是“武大，吾大”，充分显示了他的自信心和爱校情结。

在同学们争相发言时，彭年生突然提议请我讲话，我被大家的掌声激励到讲台上。我说：“各位校友，大家下午好！近一周以来，武汉气温高达 38℃，炎热难耐，而你们迎着热浪回母校举行毕业 20 周年聚会，此情令我十分感动！这是什么精神？是对母校的眷恋，对同窗之谊的珍惜！你们的口号是：‘珞珈山，我们回来了！’而我要说的是：‘同学们！你们回来了，我们欢迎你们！’在我的心目中，你们始终是我校摄影艺术的黄埔二期，从你们当中涌现出了许多优秀的摄影艺术家，如彭年生、李晓英、冯卫光、黄丰、熊安平、陈红、林丹、余乐等。我愿借此机会，对你们获得的杰出成就表示最衷心的祝贺！希望你们再接再厉，百尺竿头，再上一层楼!”

接着，新闻与传播学院院长罗以澄教授发言，他说：“今天参加你们毕业20周年聚会，我悲喜交加，喜的是看到你们都成才了，看到你们取得了突出的成就；悲的是摄影艺术班只办了两期就停止了。如果坚持到今天，我校将是全国大学中的第一个摄影艺术系，我国摄影艺术的硕士、博士培养点也肯定在我校。可惜，我们失去了这些机会，以致摄影艺术专业在全国仍然还是空白点。这说明远见卓识对于办学是多么重要，刘校长的远见诞生了全国首个摄影艺术专业；我现在还是教育部学位委员会的委员，我要大声呼吁建立摄影艺术专业。”

许多校友表示，如果武大再办摄影艺术专业，他们自愿回校当兼职教师，重振武汉大学摄影艺术昔日的辉煌。这时全场沸腾，20周年聚会在一片欢呼声中结束了!

与李绍昆教授的会面

早在一个星期前，经我校哲学系朱传棨教授约定，将在学校老干中心会议室与美国退休教授李绍昆先生会面。李先生是美国爱丁堡大学心理学教授，他退休后在武汉丽岛花园购买了一处房产，创办了心理咨询研究所，开展心理学的培训工作。

见面后，他介绍说："20 多年前，我曾获得过你的帮助，但此后一直没有与你联系，特地向你道歉。事情是这样的，1981 年由于光远、钱学森先生倡议，准备召开一个软科学学术讨论会，你表示大力支持，并慷慨捐赠 2 万元作为会议经费，但会议并没有开成。多年后，于光远先生告诉我，原因是我是美国天主教神父，所以教育部不批准。"

我说："事情过去 20 多年了，没有什么值得道歉的，遗憾的是会议没有开成。对于这样的事，我也有亲身的体会。1983 年 11 月，我校举行 70 周年校庆，经过教育部的批准，邀请了美国西东大学校长墨菲先生，因为该校是武大的姊妹学校，也是最早与中国大学开展交流的学校。可是，他于当年 11 月从广州入境时，却因其神父身份，不被准许入境，令其返回美国。得知这一消息后，我感到莫名其妙，他是作为西东大学的贵宾被邀请的，而且教育部批准了的，怎么不准入境呢？我通过国家安全部广州办事处的朋友斡旋，终于使墨菲先生入境问题得到解决，否则真是要闹出国际大笑话来。"这说明，在改革开放之初，我国还是很保守的，特别是教育部门。宗教信仰本来是自由的，怎么能把天主教的神父当作敌人呢？

如果李绍昆先生不提起那件事，我真是忘得一干二净了。我十分感谢李先生的造访，并告诉了我这件往事。李先生这次拜访，是因为他看了我在《南方周末》上发表的关于整顿高等教育的十意见书，他十分赞成我的观点，希望就教育问题与我举行一次交流。他还带了 4 个学生，说他们有些问题需要向我请教。我对李先生说，你是学长，请教实在不敢当，但我愿意就教育问题进行交流，这对我们都是有益的。

他的学生先后提出的问题有：为什么中国的中小学生负担过重？为什么学生存在不同程度的心理问题？为什么现在的教育只有教育而没有教化，有知识而没有文化？看来，这些学生是有备而来的，他们的问题提得很好，直接点到我国基础教育的要害上了。

我虽然对基础教育不甚熟悉，但对我国教育中存在的问题还是比较清楚的。我只是从原则上谈了我的一些初步看法。我始终认为，我国的基础教育仍然没有走出科举教育的误区，不同的是以数理化代替了八股文，以公办学校代替了私塾，而教授方法和考试方法完全是一样的。从学习的目的看，仍然是学而优则仕在起作用，科举考试是以考取仕，而现在的应试教育，也仍然是为了将来进入仕途，官本位的思想在中国根深蒂固，所以钱穆先生一针见血地指出："做官就是中国读书人的宗教。"

中国的基础教育，一直没有走出传授知识的窠臼，而从不对学生进行思维方法的教育，所以学生只有背诵书本知识，而缺乏理解能力、反思能力和分析解决问题的能力。这就造成高分低能的效果，也正如大家所说的只有教育而没有教化。教育、教化，这是两种完全不同的教育理念。为什么学生负担过重，就是因为只强调知识的灌输，似乎知识越多水平越高。灌输多了，考试频繁了，必然造成学生的心理问题。

我国的素质教育倡导十多年了，但仍然实行不了。群众形容说："现在素质教育口号叫得震天响，但应试教育硝烟弥漫，这是对我国教育领导部门极大的讽刺。"为什么会这样呢？因为应试教育有着深厚的土壤，它就是各方面在利益上结成的统一战线。这就是：教育领导部门的政绩感，学校的业绩感，学生的荣誉感，家长的回报感，所以他们就成了应试教育的卫道士。

因此，我国的教育改革任重而道远，需要从教育理念的源头上改起，需要在全体国民中进行教育改革的启蒙，明确什么是教育，什么是教育改革，为什么需要进行教育改革。不经过这样一番艰苦的努力，我国要从根本上改变教育现状是很困难的。

我们的座谈已经两个小时了，由于时间的关系，我们不得不暂时告一段落。李先生最后说："我们今天的座谈很有收获，希望今后再进行这样的讨论，或者请刘校长到我们研究所做演讲，让更多的人受到刘校长教育思想的启迪！"

在江汉大学董事会成立会议上的讲话

各位领导、各位学者、各位企业家：

大家上午好！

今天，我很荣幸地参加江汉大学董事会成立大会，借此机会，向江汉大学第一届董事会的成立表示热烈祝贺！我还要感谢江大杨卫东校长和谭仁杰书记的信任，他们都是武汉大学 20 世纪 80 年代初期的毕业生，时值我担任校长，他们邀请我做理事，或许是他们尊师和怀旧的一种情结。坦率地说，我并不具有担任董事的资格，因为我既不懂事又不理事，担心成为徒有其名而无其实的董事。当然，事在人为，不懂事可以向大家学习，尽量做到要理事，至少关心江大的建设，尽量为江大的建设多出主意。

大学设立董事会，在国外是通行的做法，尤其是私立大学。据我所知，我国大学成立董事会的并不少见，但是与国外大学董事会可能有本质的区别，大多都只有宣传上的意义。然而，卫东校长在构思筹建董事会时，已经摆脱了单纯筹款的思路，他的初衷是希望董事和董事会单位发挥三大作用：一是起到智囊作用，为江大的建设出谋划策，贡献各位的智慧，因为智慧也是金钱；二是希望董事单位成为江大的教学实习基地，因为江大的目标是定位在应用型的高水平的大学，因而实习教学就是十分重要的环节；三是希望董事单位成为江汉大学毕业生的接收基地，这既是江大为地方经济建设服务的机会，也是董事单位为江大毕业生就业分忧排难。我认为杨校长的这个思路是颇有见地的，是对董事会功能的一种创新，所以我表示坚决支持。

江汉大学自 1978 年恢复至今，已有 31 年的时间了，可以说江大是被逼上梁山的产物。原来武汉师范学院是武汉市唯一的一所大学，可是湖北省执意要收归省属大学，并改名为湖北大学。在一无所有的情况下，当时王群书记和黎智市长明确表示，要倾其所有办好江汉大学，朱九思校长和我都是坚定的支持者，武大首批向江大捐赠了 5 万册图书。

经过30多年的努力，江大已经成为一所门类齐全的多学科的综合大学，教学、科研和研究生培养都具有较高的水平。据我所知，江大培养的人才颇受市里各用人单位的欢迎，甚至超过了某些重点大学的毕业生。这是江大历届领导和全体教职员工努力的结果。在此，我谨向江汉大学及全校教职员工表示崇高的敬意，对你们所取得的成就表示衷心的祝贺！

“十年树木，百年树人”，按照教育规律，要办好一所有特色、高水准的大学，没有长期的积累是不可能见效的，任何急功近利或是行政的刻意打造，都是无济于事的。我国大学虽然有水平高低之分，但在个性和特色上却没有任何差别。与我国大学截然不同的是，美国没有一所大学是完全相同的，正像没有两片相同的树叶一样。例如，在领导体制上，哈佛大学是校长当家，耶鲁大学是教授做主，而普林斯顿大学是董事会掌权。在学术风格上，哈佛大学有思想没有学派，耶鲁大学有学派没有思想，而芝加哥大学既有思想又有学派。在办学特色上，华盛顿大学有最好的政治大学，宾夕法尼亚大学是最好的企业家大学，朱尼亚学院是最好的艺术大学。在学校规模上，有10万之众的加州大学，又有拥有11位诺贝尔奖获得者的微型洛克菲勒大学，该校只招收研究生，全校不到300个学生。美国既是教育强国，又是教育多样化的国家，其经验值得我们学习。

江汉大学是一所应用型的城市大学，既然目标确定了，那就要着力制作好这张名片。根据我的经验，制定一个目标是容易的，但要实施其目标并不是一件容易的事。对于江汉大学来说，要建成一所知名的应用型的城市大学，必须从各方面和各个环节采取措施。首先是招生，在招生时不要迷信分数，要把那些真正适合于培养成为应用型的学生招进来，就像哈佛大学的目标是培养领袖式的人才，他们在招生时特别注意考察申请者是否具有作为领袖的潜在素质。其次，要加强对教师的培训，如果教师不具备创造以及分析和解决问题的能力，又如何能够培养出应用型的人才来呢？再次，要改革课程设置，可开设一些有利于训练实际能力的有特色的课程，增加实习教学的比重，真刀真枪地搞好实际能力的训练。古今的事都是说易而行难，希望江大不要贪大求全，也不要盲目地向研究型大学看齐，不要追赶时髦，要像美国的华盛顿大学、宾夕法尼亚大学、威廉玛丽学院和朱利亚学院那样，办出自己的特色，它们虽然不是研究型的大学，但同样也是世界著名的大学。

应该说，江大要办成著名的应用型城市大学是有得天独厚的条件的，有市政府的领导与大力支持，有众多的企业做坚强的后盾，有社会迫切的需要。在这方面，江大既有传统又拥有巨大的优势，有着巨大的发展空间，希望江大经过努力，逐步成为全国应用型的名牌大学！

最后，我预祝大会取得圆满成功！祝愿江汉大学日益兴旺发达，人才辈出！

办几所象牙塔式大学又有何妨

近十年，我国创建世界一流大学的舆论可谓不小，先后召开过多次中外大学校长论坛，发表的文章不计其数，甚至出版了多部专著。究竟什么是一流大学？如果按现行各种指标量化的排名方法，至今我国没有一所大学进入世界大学前100名；按世界一流大学的研究成果排名，我国大学的排名可能在200名以后。某些重点大学鼓噪不已，恨不得哪天早上就挤进世界一流大学的俱乐部。可惜，我国大学离一流水平的目标还很遥远，当下谈论世界一流大学不过是宣传秀。

一流大学："愿学术自由之风劲吹"

我认为最根本的问题是，对世界一流大学的理念和目标认识不清，定位不准。不客气地说，关于一流大学，没哪个国家比在我国谈论得更多，但又被人们理解得那么少的了。世界一流水平的大学，绝非是比学生的规模、教授与发表论文的数量、先进的仪器设备，也不是比校园的面积和豪华的大楼、经费投入的多少。最重要的标准应是：世界公认的学术大师，国际公认的学派，国际水平原创性的重大科研成果，获得包括诺贝尔奖在内的各学科领域里的世界级科学大奖，培育出在世界上有影响的顶尖人才等。没有这些，谈论世界一流水平大学只能是说梦。

世界一流大学需要独特的办学理念，追求学术的终极目标。理念是大学的灵魂，回答大学是什么，大学做什么。康德是近现代哲学家第一人，他第一个回答大学是什么："大学是学术共同体，它的品格是独立追求真理和学术自由。"追求真理与学术自由，几乎是每一所精英大学的办学宗旨。例如，哈佛大学的校训是"与柏拉图为友，与亚里士多德为友，更要与真理为友"；耶鲁大学的校训是"真理与光明"；剑桥大学的校训是"此乃启蒙之地，智识之源”；斯坦福大学的校训是“愿学术自由之风劲吹”，等。

世界大学起源于中世纪。于 1087 年创建的意大利的博洛尼亚大学，是公认的第一所大学。西方大学是自发产生的，自发就意味着大学独立和自治，是一种自由的教育，即不是灌输特定宗教规则和正统的政治思想。自由教育就是自由探讨思想和自由表达思想的教育，目的旨在培养深谋远虑和对新事物反应敏锐的人，他们应当是对人类未来负责的人。实施这种教育，必须营造相应的环境，它就是超越功利的象牙之塔。

法国 19 世纪文艺批评家圣佩韦批评浪漫主义诗人维尼是在象牙塔中从事脱离现实生活的创作。后来，象牙塔就成了一个贬义词，是脱离实际的代名词。但在早期的大学中，象牙塔并不是贬义词。直到 18 世纪末，大学一直与世隔绝，是某种意义上的象牙塔。经过几个世纪的沉淀，逐渐养成了人文主义的传统，形成了西方大学的精髓——独立、自治、民主、自由和批判精神。

二战后，特别是在冷战思维的影响下，美国部分大学逐渐参与到国家的政治、经济和军事活动中，功利对大学的影响越来越大。美国哈佛大学第 25 任校长博克，于 1984 年出版了《走出象牙塔》一书，主张美国大学逐渐融入社会中去。可是，令他意想不到的是，商业社会对大学的冲击，使得某些大学变成了“服务站”。于是，他又不得不警告“醉心于追求利润”对教育体制本身的伤害，甚至称之为“聚敛财富和道德缺失的噩梦”。面对这种局面，他写了一本新书《回归大学之道——重塑大学教育的目标》，以挽回《走出象牙塔》产生的负面影响。

其实，即使今天世界上的某些精英大学，依然没有走出象牙塔，致力于高深学问仍是他们锲而不舍的追求。例如，耶鲁大学被称为“人文科学的殿堂”，一座真正的象牙塔，使得她成为美国人文科学研究的高地。哈佛大学培养出了许多杰出的各界领袖，也是因为她是一座“人才的炼狱”。法国高等师范学校虽然仅仅只是专科学校，但她却是“纯艺术的殿堂”，该校已有 11 人获得诺贝尔奖，8 人获得了菲尔兹奖，4 人获得沃尔夫奖。

普林斯顿大学是一所小而精的大学，没有最热门的法学院、医学院和商学院，但她却创造了许多世界第一，原因之一就是她是一所象牙塔式的大学。该校于 1933 年建立的高等研究所，曾经聚集了世界顶尖的科学家阿尔伯特·爱因斯坦、约翰·纳什、杨振宁、安德鲁·怀尔斯、保罗·克鲁格曼等，她就犹如与世隔绝“闭关修养”的修道院。在这里，没有公司赞助，没有媒体骚扰，甚至连生活也不用发愁。对此，诺贝尔物理学奖获得者杨振宁先生颇有感慨地说：“研究所是成功的象牙塔，这 17 年是我一生研究工作做得最好的时期。”在这座象牙塔里，他完成了两项重大的成果，一是与李政道合作，推翻了物理学界金科玉律的宇称守恒定律，提出了在弱互相作用下宇称不守恒定律，从而两人获得了 1957 年诺贝尔物理学奖；二是他与米尔斯合作，提出了规范场理论，这是人类迄今发现的三大场理论之一。

芝加哥大学被称为既有思想又有学派的圣地，已获得了 53 个诺贝尔奖，获得了 61 个诺贝尔经济学奖中的 24 个，几乎占了获奖人数的 40%。原因何在？她被外界形容是“苦修学术的孤岛”。为了营造专心致志做学问的环境，学校把周边房产统统买下，使之与居住区隔开。在芝加哥大学附近没有商业街，没有酒吧、电影院，甚至没有快餐店。总之，凡是容易引起喧哗的场所，学校一律拒绝。

不应让苏联式的实用主义仍主导中国大学

象牙塔在我国一直受到批判，至少是忌讳的，与其说中国没有世界一流大学，毋宁说没有象牙塔式的大学。与西方精英大学相比，我国大学精神的缺失已是不争的事实。

我国大学与西方大学的起源不同，最早的西方大学都是自发诞生的，因此一直保持着大学独立、自治、自由、民主、质疑和批判精神。我国近代大学是在“中体西用”的思想指导下，从西方引进的，从一开始就打上了实用主义深深的烙印。自 1950 年代初，在一边倒向苏联方针的指导下，苏联专业化的实用主义至今仍然是我国大学办学的主导思想。

本来，北京大学等少数几所大学，应该是我国精英大学的明珠，理应成为象牙塔式的大学，致力于高深学问的研究。可惜，她没有继承蔡元培先生的大学理念，反而曾贬斥他的理念只有“在旧思想占统治地位的半殖民地半封建的情况下，具有特别重要的进步意义”。该校前校长甚至提出：“要从边缘走向中心”，要“成为社会经济发展的发动机”，“要培养更多的蓝领人才”等；另一位大学校长也说：“大学要主动适应，主动服务。”对于办精英大学来说，这些口号是完全错误的。

精英大学到底应当怎样办？德国著名的女哲学家汉娜·阿伦特尖锐地指出："当大学决心于经常为国家、社会利益集团服务的方针的时候，马上就背叛了学术工作和科学本身。大学如果确定了这样的目标，无疑等同于自杀。"姑且不说普通大学，我国的重点大学也深受产业化的影响，它们不都是在自杀吗！

我国高等教育问题丛生，原因就是两根紧箍咒紧紧地束缚着大学，即意识形态上的过于紧张和计划经济思维。因此，这就成了检验大学的重要标准，否则就会被戴上偏离社会主义办学方向的大帽子。于是，象牙塔、天才、贵族精神、乌托邦、空想、纯理论、超越现实等，在中国都成了稀罕。试问：在中国有谁敢冒天下之大不韪，敢于创办象牙塔式的大学？我国没有世界一流大学就是很自然的事了。

必须看到，在建设世界一流大学的问题上，正是"左"倾思想在制约着我们。不肃清"左"倾思想，国外再好的经验也无法借鉴。我国是大国，社会需要是多方面的，无论是走出或是走入象牙塔，都不能一刀切。有的大学是应用型的，有的是精英型的；有的是象牙塔，而有的是"服务站"；有的是造就大款，而有的是培养大师。在数千所大学中，办几所象牙塔式大学又何妨？

象牙塔是从事高深学问研究的必要环境，如此方能耐住寂寞，拒绝铜臭和衙臭，做出旷世的学术成就。我们不能叶公好龙，一边高喊一流大学，又一边拒绝象牙塔。

（本文发表于2010年4月29日《南方周末》）

一次民间的国际教育交流

应武汉大学学生爱乐合唱团的邀请，法国杜埃国立音乐学院院长布拉尔（Frederic Boulard）先生 3 人代表团，于 3 月 28 日至 4 月 1 日到武汉访问，并对武大学生爱乐合唱团进行现场指导。布拉尔院长是法国著名的作曲家，出于友好的表示，特地为武汉大学学生合唱团谱写了一首现代技术无伴奏的合唱作品，并亲自做相关指导。

布拉尔院长是法国最年轻的院长之一，他在 20 岁时作为和声分析专业的学生，被法国巴黎高等国立音乐学院录取。毕业后曾担任里尔国立音乐学院院长助理，自 2004 年开始担任杜埃国立音乐学院院长。

可是，当爱乐合唱团向武大汇报，希望学校领导人出面接待时，得到的回复却是，由于代表团是学生社团邀请的，所以学校领导不能接待。于是学生们不得不找到我这个已离职 22 年的校长，出面为他们解围。根据学生们的安排，3 月 29 日上午 10 时，在生命科学学院的会议室，我以湖北省教育基金会会长的身份，接待了这位法国著名作曲家。很显然，无论是从友好的角度，或出于对大学生社团支持的考虑，学校不予接待均是不妥的。

法国杜埃国立音乐学院是法国最古老的音乐学院之一，创办于 1884 年，并于 1974 年升级为地区国立音乐学院。现在，学院有 1062 名学生，58 位教授，9 个交响乐及合唱团，每个季度为杜埃市市民奉献 5 场音乐会。

会见开始，我以武汉大学前校长和湖北省教育基金会会长的名义，对布拉尔先生的来访表示了热烈的欢迎。我说："院长先生，我十分荣幸地接待一位来自法国教育界的朋友，也很乐意与先生交流教育方面的问题。在 20 世纪 80 年代，我任武汉大学校长时，率先与法国对外关系部签订了合作协议，建立中法合作与交流中心。我们开展了多项交流活动，如建立了法文系、法国问题研究所，出版了双语《法国问题研究》杂志，举办了数学试验班，采用法国教学大纲和教材，培养了大批优秀的数学人才。我先后 4 次访问了法国，贵国的教育、科技和文化，给我留下了深刻的印象。由于我鼎力促进了中法交流，因此法国外交部向我授予了密特朗总统最高荣誉勋章。”

听了我的介绍后，布拉尔先生向我表示了祝贺，希望我今后有机会再次访问法国，特别是能够访问他的杜埃国立音乐学院，欣赏他们师生创作的作品。我对布拉尔先生的盛情邀请表示了感谢。

接着，我介绍了中国高等教育的情况。我说：“中国是一个大国，现在有2000多所大学，在校大学生已有近3000万，于2007年已经实现了高等教育的大众化。可是，我国大学没有特色，所有的专科学校都升为学院了，而原来的单科学院都变成大学了，一窝蜂地都要建万人大学。”

听后，布拉尔先生介绍说：“法国的高等教育有些特别，与其他国家不同。在法国，最好的不是大学，而是专科学校，如巴黎高等师范学校、巴黎高等工业专科学校等，都是法国最有名的高等学校，培养了许多杰出的人才。比如，法国最好的音乐教授是在音乐学院，而不在法国的大学里。”

我接着补充说：“我个人十分欣赏法国的高等教育体制，主要是高等教育的多样化，坚持少而精，重视人才的质量。在这些方面，中国应当很好地向法国高等教育界学习。”

布拉尔先生说：“现在法国教育的问题是，教育经费不足，大学中不少教授都流向美国和其他国家去了。”我说：“教育经费不足是一个普遍问题，也可以说是一个国际性的问题。中国也有财经问题，在20世纪90年代就制定的教育经费要达到GDP的4%，但至今仍然没有达到。”

我们还谈到了大学国际交流的问题。我说，中国每年高中毕业生有1000多万，能够升入大学的只有60%，许多学生进不了大学。然而，欧洲各国的大学生源不足，应当向中国开放，多录取中国的学生，既可以增加大学的学费收入，又可以缓解中国升大学的压力。布拉尔先生完全赞成我的建议，他愿意为此而努力。

此次随布拉尔院长访问的叶自强是杜埃国立音乐学院的留学生，他随布拉尔院长访问，同时兼做法文翻译。叶自强本是武汉大学经济管理学院的学生，2006年毕业。他是一个偏才，2007年法国杜埃音乐学院在中国招生，当时北京、上海等城市许多音乐学院的学生报名参考，但该院只录取了叶自强一个人，可谓百里挑一的优秀人才。他在法国已学习了两年，多次在法国举办个人独唱音乐会，已经在法国崭露头角。一个毕业于经济管理学院的学生，竟然成为声乐的高才生，颇值得反思我国的高考和招生工作。对此，布拉尔院长介绍说："我们招生是很严格的，不是看你考试的成绩，而是实际考查学生是否具有某方面的潜在素质，我们选择叶自强正是看中了他的音乐天赋，相信他会成为一名优秀的歌唱家。"

座谈会之后，布拉尔院长又访问了武汉音乐学院，受到院方热情的接待，并面向该校师生做了精彩的学术演讲。他还游览了黄鹤楼、东湖风景区和武大的樱花。他对陪同人员说，访问武汉给他留下了深刻的印象，他希望不断加强校际之间的交流与合作，祝愿中法两国人民的友谊万古长青！

可贵的探索精神

——夏晓霞与她的幼儿教育

几天以前，在深圳工作的一个学生打电话说，他的同班同学认识一位教育工作者，希望拜见我并请教有关教育问题。不久，一位自称肖勇的校友打电话相约，说是李克炎介绍的，问我当天有没有时间。我说："十分抱歉，今天恰恰没有空，因为我要修改《新周刊》的一篇专访，20日是截稿限期。"肖勇是个很认真的人，20日大清早他又打电话问："校长今天有空吗？我将带一位老师来见您。"我说："好吧，那就今天上午。"

这天清晨下着中雨，稍微觉得有点凉意。肖勇二人根据我告诉的地址，约9时30分来访。见面后，他介绍了同行的一位女士，她叫夏晓霞，是研究幼儿教育的，希望向我汇报她的研究成果。我说，不要说是汇报，我们共同探讨吧！

夏晓霞拿出笔记本电脑和两份装订得很精致的资料，是准备出版的书稿。她介绍说，自己原是一个石化厂的下岗职工，为了教育女儿，开始认识幼儿教育专家冯德全先生，并跟他学习和研究幼儿教育，逐步积累了一些心得和成果。她的教育观点有以下几点：一是用磁卡片教幼儿园孩子识字，在玩中学，在一节课的40分钟内，能够牢记50个生字，而且孩子们非常高兴，都不愿下课。目前，这项成果已经获得了专利，颇受广大家长们的欢迎。二是关于小学语文教学的改革，她认为小学教学改革就是语文改革，而语文改革就是从小学一到六年级背诵课文，她认为背诵可以上瘾，可以加强记忆和理解，这是根据教育自己女儿获得的经验。三是要把社会上发生的有教育意义的事件引入课堂里，激励学生的兴趣，教育学生关心社会，训练他们判断是非的能力，等等。她还带了光碟，本准备放给我看看，但由于时间关系，来不及看了。

我们的谈话已有个把小时了，她希望听到我对她的研究成果的看法。我感觉得到，夏晓霞是一个有个性和激情的人，说到关键的地方，她激动不已，对当前的应试教育、语文教学和楚才作文竞赛甚至是怒不可遏。一位市教学研究室的语文教师对她说，说白了，他们这些语文教师都是在蒙钱（指拿工资不负责任）。

听后，我对夏晓霞说："我对你的改革和探索精神表示赞赏，你取得的某些经验也是有益的，值得推广。相比之下，我们教育界在职的教师和管理人员应当感到羞愧，一个没有教育资源的业余研究者，能够执着地探讨教学改革，而他们到底做了哪些改革呢？这就是一个悖论，有资源的不改革，而无资源的又很想改革，我又何尝不是如此呢？正因为如此，所以我国教育改革举步维艰。"

应当说，夏老师的探索是有益的，我肯定了她的几个教育观点，如幼儿识字法，要大力改革语文教学，把经典名著和某些社会事件引入课堂，教育中应当强调精神力量的作用，等等。但是，我不同意她提出的用六年时间背课文的做法，这不符合现代教育的理念，也不符合教育小学生的规律。我估计她的这个观点，也不可能被教育界所接受，当然也就不能得到普遍推广了。她辩解说，她的做法获得了效果，也有很多家长支持她的做法。我说："要找到这样的个案和家长是容易的，但这些不足以说明背课文是可取的，你的目的是推行素质教育，如果你主张小学语文教学就是背诵课文，又恰恰走到应试教育的老路上去了。什么是应试教育？主要是三点：一是满堂灌，讲说章句，不启迪思想；二是强调死记硬背，囫囵吞枣，不求甚解；三是频繁地考试，一味要求考高分。因此，我希望你认真地再推敲一下，语文教学非常重要，也应当大力改革，但改革的关键到底是什么，需要全面地分析，提出科学的和可行的做法。"

这时，肖勇插话说："刘校长的意见很中肯，希望夏老师认真考虑，看看怎么个提法为好，无论从理论上或是从实践上都能站得住脚。"这时，夏晓霞说："是的，我应该再考虑考虑，进一步修改自己的观点。感谢刘校长的指教，今后还会再次打搅您的，请不吝指教。"

我说："我对基础教育知之甚少，通过你的研究和介绍，使我增加了对基础教育的了解，应该感谢你所做的有益探索。希望我国有更多的像你这样的教育改革探索者，也许这正是我国教育希望之所在！"

赵恢真——教学改革的探索者

古人说："有缘千里来相会"，兴许我与赵恢真老师的会面也是一种缘分吧。2010年7月13日下午，在武大出版社工作的儿媳夏敏玲打电话问我："有一个外地的老师，他想去看望您，是不是可以让他去？"我犹豫了一下说："下这么大的雨，他走来不方便吧？"敏玲又问过那位老师，他说没有关系，他心仪已久了，机不可失。我同意了，并请敏玲把家的住址告诉那位老师。

下午3时左右，他按图索骥找到了我的家，幸好他带了雨伞，衣服没有被雨淋湿。见面后，少不了自我介绍，他说他叫赵恢真，恢复的恢，真理的真。我说是好名字，恢复真理嘛！赵恢真忙解释说，名字是小时候老师给起的，没有特别的所指。

赵恢真是湖北阳新人，早年在安徽蚌埠财贸学院学习，所学专业是棉花加工，现在是湖北沙市职业大学副教授，教授机械制图等多门课程。接着，他像是讲故事一样，讲述了他先后两次来武大的经历。

他说："头一次也是一个暑假，利用回阳新探亲返回武汉之机，想去拜访武大哲学系的一位知名教授。我费尽周折，打听到这位教授家中的电话。当我忐忑不安地打去电话，表明了对这位教授的仰慕之情，可是他家中的夫人接了电话，一口拒绝来访，我感到非常失望。这一次，我也是回家乡探望父母，7月13日到达武汉，希望见到仰慕已久的校长您。当天下午，我冒着瓢泼大雨，来到写着'国立武汉大学'门牌的地方。我正思忖着如何打听到您的地址，忽然发现校门左侧是武汉大学出版社大楼，心里一阵惊喜：这里也许能够买到您的书，于是走进了武大出版社的书店，很幸运地买到了您的'创造教育书系'的五本书，心想带着您的书找您签名总不会拒绝吧！这不，我终于见到了心仪已久的老校长。"

赵恢真老师介绍说，他本想从事哲学和文化研究，但考虑到自己的人文基础，决定还是首先要当一个好教师。他希望我介绍一下，怎么才能当一个优秀的教师？我大致介绍说，教无定法，学亦无定法。也就是说，无论是教或是学，都要因人而异，他人再好的教学法或是学习方法，那都是别人摸索总结出来的，只有自己摸索出来的方法，那才是属于自己的。根据我的观察，做一个优秀的教师，必须要具备四个条件：一是爱心，没有爱的教育不可能是成功的教育；二是激情，没有激情，就没有创意，也不可能吸引广大学生；三是清晰的口头表达能力，言为心声，以幽默的语言来凝聚学生的注意力；四是要有渊博的学识，你要给学生一瓢水，自己必须储备一桶水。一个教师如果做到了这些，我想一定能够成为大学生们欢迎的好教师。

我在 10 年前发表过一篇文章，是关于大学实施创造教学模式的构建，首次提出了 SSR 模式。赵恢真老师是个有心人，他看过我的这篇文章，说他设计的 DIY 模式与我的 SSR 模式很相似，都主张自学和课堂讨论。他从 2005 年开始，先后讲授的课程有机械制图和 Pro/E 课程（计算机辅助设计），都受到了学生们欢迎，学习效果也比以前大大地提高了。按照他的教学法，自学和课堂讨论占 90%的课时，而只用 10%的时间用于启发式的讲授。同时，对考试也做了大胆的改革，全部实行开卷考试，学习成绩由三个部分组成：平时成绩占 30%，课堂讨论占 30%，期末考试占 40%。改革后的变化是，学生学习的积极性增强了，学习成绩上升了，考试舞弊的没有了，学生动手能力强了。可是，他向学校领导汇报时，不仅得不到支持，反而遭到冷嘲热讽："是谁要你搞的，经过学校批准了吗?"他深有感触地说："教学改革真难呀！领导不提倡，反而冷嘲热讽，谁还敢搞教学改革试验?"

应赵恢真老师的要求，我看了他的 DIY 教学法演示。他大约用了 30 分钟演示 Pro/E 课程 DIY 的全过程，真是生动活泼，让我开阔了眼界。我对赵恢真说："实践是检验真理的标准，学生是检验教学改革成效的标准，只要大学生们欢迎，你就应当坚持下去，不管学校领导支持与否。同时，你还应当扩大改革实验的范围，从一门课到多门课，由你自己再推广到其他同事。一个新的教学模式，只有当它成为更多人的自觉行动时，才能够形成改革的效应，使广大学生受益。"

赵恢真老师说："感谢刘校长的肯定和鼓励，我会继续努力的。"我们谈话已经两个小时了，赵老师拿出在武大出版社买的"创造教育书系"五本书，我拿到书房用左手给他签名盖章，作为我们会面的纪念。

我请他留下了联系电话，说我们都励志教育改革，是志同道合者，欢迎以后多交流，也希望听到他的好消息。我送别赵老师，问他当天是否赶回沙市。他说："今天就不回去了，住在同学家里，明天回学校。"

送走了赵恢真老师后，出于对 DIY 模式的兴趣，我对 DIY 教学模式进行网上搜索。从检索中知道，所谓的 DIY 模式，就是 do it yourself，意思是自己动手做。其实，DIY 的理念早在半个世纪以前已在欧美流行，开始仅仅是一种生活理念和方式。随着资本主义生产力的发展，工人工资不断攀高，于是人们逐渐流行自己动手修理汽车、装修房屋等。商家为了适应这种理念，许多商品都配有组装的配件和详细说明书。我在美国访问时，到过不少教授家，他们大多是自己修剪草坪、安装地下室的暖气炉、油漆门窗和粉刷墙壁，所以 DIY 是在欧美十分流行的一个词语。

目前，DIY 理念已经从日常生活拓展到教育领域，成为一种新兴的教学模式，在中小学、大学和职业教育领域普遍受到欢迎。2010 年 7 月 22 日，《南方周末》以《教育的 2.0 时代：大学的 DIY》做了专题报道。这种 DIY 教学模式，开启了全新的虚拟大学的雏形，可以翻译、转帖、浏览国外常春藤大学的公开课，激励头脑风暴，相互激励新思维。美国常春藤大学的公开课，是 1984 年由美国 Chris Anderson 种子基金会创办的 TED（Technology Entertaiment Design）课程，邀请各个领域里最富有想象力的人来演讲，如比尔·盖茨、斯蒂夫·乔布斯、比尔·克林顿、詹姆斯·卡麦隆等，每次 18 分钟，常春藤以外世界各地的学生都可以通过互联网，享受这些精品课程智慧的乐趣。

美国常春藤的大学每个学期，都有一种 shopping 课，既是教授们展现教学风格的机会，又是对大学生们选课的指导。例如，哈佛大学的迈克尔·桑德尔的哲学课就是最受欢迎的公开课，他是唯一能够在哈佛大学举行毕业典礼的桑德斯礼堂做演讲的教授，每次都有千人以上的听众。

耶鲁大学是常春藤另一所著名大学，许多教授都采用了 DIY 教学法，也普遍受到欢迎。例如，耶鲁大学的哲学教授瑟里·卡冈讲授的死亡课，罗伯特·希勒的金融课、保罗·布罗姆的心理学课等，都是坐而论道，激情并发，图文并茂，都成为世界各国学生分享的教育资源，受益者不计其数。

一个沙市职业大学的副教授，能够紧跟时代的步伐，采取 DIY 教学模式，这实在是难能可贵。我们不难预见，由于 DIY 教学模式的推广，过去那种传统的教学模式，一成不变的教师面孔，多年不变泛黄的讲稿，都可能被 DIY 教学模式取代，传统大学的一潭死水将被打破，代之以崭新的教学模式。新的教学模式将体现一种新的教育精神：我的教育我喜爱，我的教育我选择，我的教育我做主！我深信，在这种教育精神的熏陶下，一定会涌现出一大批杰出的人才！

这样的教授现在不多了

8月22日下午上海先施商业管理公司的总经理刘勇来访，我们自由交谈了一个多小时。他是武汉大学80级图书馆学系的学生，是我干女儿徐鸿的同班同学。徐鸿从台湾帮我购买了一本书，她托刘勇当面转交给我，刘勇是从上海到武汉进行商务考察的，准备在武汉创建一家子公司。他早先在上海购买了我的自传《一个大学校长的自白》，借机让我签名留念，我愉快地答应了他的要求。

之后，刘勇畅谈了武大80年代的民主学风，使他受益匪浅。1984年本科毕业时，他报考法学院国际经济法的研究生，以专业课第一名的成绩被录取为姚梅镇教授的研究生。一个图书馆系的学生，为何能够取得经济法专业课第一的成绩呢？原因是武大全面实行了学分制，使他有机会选修国际经济法专业的全部课程。考完以后，他觉得心里不踏实，曾去拜访过姚教授，问道："我不是法学院的本科毕业生，会不会影响我的录取？"姚教授明确回答说："既然有研究生入学考试，那就必须遵循分数面前人人平等的原则。同时，不拘一格选人才，是我招录和培养研究生的原则，不受任何其他因素的影响，即便是我和亲朋好友的儿子也不能例外。"

当年录取名单公布后，刘勇被录取了，而另外两个报考姚梅镇教授的考生被淘汰，一个是本院的毕业生，另一个是中南政法学院的毕业生。对于这个结果，法学院内议论纷纷，说姚梅镇教授是吃里扒外，本系的毕业生不录取，而录取非法律专业的学生。对此，姚梅镇先生说："我才不管这些闲话，是我招收研究生，这是我的自主权，任何人不得干预。"

我与姚梅镇教授比较熟悉，他有真才实学，治学严谨。我曾经专门请教他指导研究生的经验，他颇有感触地说："带研究生要少而精，培养一个是一个，不能误人子弟呀！"正是基于这种理念，他每年一般只招收一名研究生，最多也只是两个。他对研究生要求极其严格，每周安排一个单元时间与研究生面授，或研究生汇报读书心得，或解答研究生学习和研究工作中遇到的疑难问题。真是名师出高徒啊，本文提到的刘勇是一家跨国公司的总经理，他的美国老板曾经夸奖他是其在亚洲见到的最杰出的人才。

与此形成鲜明对比的是，几年前北京某名牌大学，明文规定录取研究生要优先录取本校毕业生，本校免试推荐生的比例要超过50％。这哪里像是名牌大学招收研究生的做法？这种规定严重违背了教育规律，是近亲繁殖思想的反映，违背了平等竞争的原则。名牌大学如此，那些普通大学招收研究生的质量更可想而知了。这就是我国研究生教育异化的表现，是研究生质量大滑坡的主要原因。

招收研究生是第一关口，而严格把住答辩关，更是保障研究生质量的关键。现在多数研究生导师，常常把研究生能否答辩与自己的水平联系在一起，于是千方百计地保研究生答辩过关。但也有严谨治学的导师，严格要求，绝不让不合格的研究生蒙混过关。我校物理学系的田德成教授，20世纪50年代初毕业于清华大学物理学系，后留学苏联，获得副博士学位。1978年由中国科学院金属研究所调入我校工作，曾担任物理学系主任。他是一位严格要求和严格把关的导师，他指导的一个在读的博士研究生，3年后论文没有达到博士水平的要求，田德成不同意他按时答辩和毕业。这个学生找到田教授大吵大闹，说他是中国科技大学的毕业生，学习成绩一贯优秀，为什么不让他按时答辩？田教授回答说："研究生质量是你把关还是我把关？如果是你把关，那你就不要做我的研究生；如果我是导师，我就要履行自己的责任，论文达不到博士水平，我绝不同意毕业。"后来，这个学生自知输了理，他找到田教授，恭恭敬敬地向导师鞠了一躬，希望老师原谅他的错误。田教授说："我不会介意你的态度，也不会因为你与我吵了架而为难你，你的论文达到了要求，我自然会让你毕业的。"经过一个学期的工作，这个学生的论文水平有了很大提高，田教授主动安排他答辩。这个学生顺利地获得了博士学位，他们的师生关系更亲近了。

可是，现在大多数研究生导师都不敢严格要求学生，原因是他们招收的学生太多，既没有亲自查阅文献，对学生的学习情况又不甚了解，所以只能打哈哈。正因为如此，一些大学校长的博士生抄袭、剽窃，导师也在发表的论文上列为第一作者，从好的方面想是不知情，从坏的方面看，实际上是为假作伥，既坏了学风又误人子弟。现在是到了整顿研究生教育的时候了。

创造在这里已蔚然成风

以明朝百科全书式“通儒”许衡命名的许衡中学，是河南省焦作市一所初级中学。她创办于2001年秋天，至今只有8年时间，但她却创造了诸多奇迹：

历年全市初中考试总平均分数和高中上线率，都居全市第一；

中国初中教育示范名校；

新中国教育发展史上三大奇迹之一；

该校校长张璧宏荣获全国十佳中学校长，全国教育改革创新优秀校长，全国课堂教学改革优秀校长，焦作市功勋校长等荣誉称号；

……

也许人们会说，许衡中学的成功是源于办学条件好，教学设备先进，教师待遇好，学生生源好，但都不是。该校地处城乡接合部，校舍普通，教学设备一般，教师工资平均中等，没有任何特殊的地方。于是，许衡奇迹、许衡现象、许衡的密码引起了教育家和教育界同人们的探究。那么，这所学校的奇迹究竟是如何创造的呢？人们从不同的角度，剖析了许衡中学成功的秘密。

在《许衡中学教育奇迹的密码》一书中，学校领导和师生以现身说法总结出了他们的主要经验：营造浓厚的读书氛围；开展群众性的写教育日记活动；走轻负高质的办学之路。他们概括出了八个字：“目标、读书、课改、理想。”有评论家说：许衡中学的成功源于核心发展力——文化，包括理想文化、道德文化、教学文化、管理文化和个性文化等。也有人说，创业的激情和过硬的作风是成功的主要经验。这些总结和评论，是从实际情况总结出来的，都从某一角度解读了许衡中学的办学经验，是值得肯定的。

该校张璧宏校长曾三次驱车到武汉与我见面，通过交谈使我了解到许多情况，他们取得的成绩令我赞叹。同时，我又认真地阅读了《许衡中学教育奇迹的密码》一书，我感受最深的是，“创造”二字才是许衡中学成功的秘密，它是许衡的“灵魂”，已经渗透到学校各项工作中。作为一个毕生研究创造教育的工作者，我欣喜地看到创造在许衡中学已蔚然成风，成了从学校领导、教师到学生的自觉行动。

数学是一门比较抽象的科目，学起来不免枯燥无味，有时甚至连教师也感到头痛。是绕道走，还是知难而进？这是摆在每个教师面前必须回答的问题。许衡中学的数学老师胡东风，为了解决讲授数学二次函数的难题，创造了几何画板的教学模式，以图形将抽象的数学变成感性的认识，寓教于乐，使学生学得轻松愉快，培养出了一大批优秀的学生。

刘永兴是一位有 20 多年教龄的数学老师，他不囿于传统的教学法，大胆改革创新，总结出了“三学四环”教学法。三学是指：自主学习、合作学习、探究性学习；四个主要环节是指：学案、展示、解疑、自测。这个模式体现了学生是课堂上的主人，同时学生也是检验学习效果的主人，这是符合创造性原则的。实践证明，这是一个成功的教学模式，使教师与学生一起享受到创造的欢乐。

语文历来是中学的一门重点课程，究竟怎样才能教好这门课？该校苏国威老师是一位年逾五旬的教师，有 30 多年的教龄，具有丰富的语文教学经验。但他面对新的形势，并没有吃老本，而是不断开拓创新，创造了“自学—交流—质疑—探究—拓展—自结”六步语文教学法，收到了良好的教学效果，他本人也被评为 2006 年全国语文优秀教师。

在初级阶段，政治、历史、地理、生物等科目被称为小科目，常常不被重视。但是，在许衡中学却同样受到重视，体现了副课不副的精神。该校生物老师许小进创造了“十字”教学法，倡导“快乐课堂、当堂完成作业”，结果改变了学生和家长对小课的看法，在推进素质教育中，发挥了小课应有的作用。

许衡中学十分重视学生第二课堂的学习，它是第一课堂的补充和拓展，是实施素质教育的重要途径。这项教学活动的开创者是田小明老师，他有“课外活动专家”之称的美誉。第二课堂分为两类：一是按学科组织的兴趣小组，二是围绕六个节日组织的竞赛活动。通过这些活动，激励了学生的兴趣，扩大了学生的视野，增长了学生的才干，提高了学生的素质。

在单干和各自为政风行的今天，谁能想到一所中学能够实施集体备课的制度？这所中学是一个和谐的集体，智慧来源于思想碰撞，力量来自于群策群力。正如这项活动的创立者郭静静所说：“众人划桨开大船，单干是不行的。”

该校实行周集体备课，具体办法是三定：定时间、定地点和定内容；要求做到“七备”：即备理念、备教材、备教法、备学生、备学法、备教学过程、备作业设计。人们惊讶许衡的奇迹，有了这样严谨的教学态度和教学原则，怎么不能培养出大批优秀的学生呢！

在这所学校洋溢着一种崭新的校风，即团结、紧张、严肃、活泼，这也就是早年毛泽东同志倡导的抗大校风。那么，是什么因素保障这所学校生机盎然呢？毫无疑问，也是创造，是这所学校创造性地开展心理教学活动。这项活动的开创者是庄凤萍老师，她提出“把心锁打开，让阳光进来”，这是非常形象而又有感召力的话语。围绕着心理健康教育，她创造了一套《静心操》，使受练者身心轻松，大大提高了学习效率。

我虽然没有到过这所学校，但研读了《许衡中学教育奇迹的密码》一书，也听了张校长几次向我介绍的情况，我犹如身临其境。的确，创造在这里已经蔚然成风，就连该校司机张利东也提出“安安全全行万里路，高高兴兴读万卷书”，这是在其他任何单位不可能出现的。正如张利东先生所说的：“阅读可以改变命运，阅读可以照亮人生！”

以上由各位老师所创造出来的教学模式或是方法，有一个共同的特点，即一切从学生出发，十分强调学生的自主作业，就连评价学生也强调学生自测和自结。这既体现了创造学的原则，也符合唯物辩证法。大量的教学实践证明，只有从学生出发设计的教学模式，才能调动学生学习的积极性和主动性，才是成功的教学，也才能培养出成功的学生。

长期以来，我们在提高教学质量方面，一直陷入在一个误区，即提高学生的成绩，必须要加班加点，采取培优和补课等措施。可是，许衡中学却步出了这个亘古不变的误区。他们规定教师不得加班加点，如果有人采取补课的做法，学生和家长都可以抵制。这是何等的开明啊，试问在今天有几个学校能够做得到这一点？所以，许衡中学实施的是地地道道的素质教育，是真正地走“轻负担、高素质”的办学之路！

创造为什么能在许衡中学蔚然成风呢？我认为，主要有三个原因。

第一，许衡中学的领导和师生认识到创造的重要性，把创造变成了自觉的行动。什么是创造？创造与创新是不同的，它们分属于不同层次的智力，创造学是一门学科，创造教育也是一门学科，而创新则不是，仅仅只是一个理念或者一个口号。创造是从无到有，是做出第一次、首次、率先、旷古绝伦的成果；而创新是从旧到新，如作家的小说是创造，而剧作家把小说改变成剧本，则是创新。又如，第一款手机是创造，而以后无论功能多么齐全的手机都是创新。因此，创造是比创新更高层次上的智力，我们需要的不仅仅是高喊创新的口号，而是大力提倡创造精神，实施创造教育，着力培养创造性人才。

第二，校长以身作则，带头实施创造教育，支持师生的首创精神。美国哈佛大学国际发展中心主任杰佛里·萨克斯有一个观点，他认为一个创造性的集体，必须有一个带动创造的领头人。在许衡中学，张璧宏校长就是这样的带头人，他提出的“没有成绩过不了今天，只有成绩过不了明天”是非常有见地的教育理念，一语道出了对待成绩的辩证法思路。

第三，创造性的校园文化，催生出大批有创造精神的教师和学生。我十分重视文化氛围的作用，很喜欢用炉火来比喻，当炉火烈焰旺盛时，湿煤添进去也会燃烧起来；反之，当炉火奄奄一息时，即使把干柴加进去也燃烧不起来。同样的，一个学校如果形成了创造的氛围，人们就坐不住了，都会投入到创造的行列中。这就是经济学上的“规模报酬递增”原理的应用，众多有创造思想的人聚集在一起，就会产生链式反应，这也是美国硅谷得以聚集众多的优秀科学家，能够成为“创造天堂”的秘密之所在。

作为一名毕生研究创造教育的工作者，如果需要贡献一点建议的话，我以为许衡中学似可以开设一门训练学生思维方法的选修课，比如《创造思维方法训练》或《科学思维方法》等。在我新出版“创造教育书系”5本书中，就有叫《创造思维方法训练》的书，寓创造思维方法与高新技术和百科知识于一炉，很适合青少年的口味。另外，还建议开展“头脑奥林匹克竞赛”活动，它是由美国新泽西州葛拉斯堡罗州立学院教授塞缪尔·米克鲁斯于1978年发明的，英文名称叫OM（Odysey of mind）竞赛，目的是训练中小学以想象力为主的创造力。OM的原意是漫游，是一连串的冒险，创造就需要有冒险的精神。这项活动于20世纪90年代中期传到中国部分大城市，但一直没有认真推广。其中，OM宣传颇有创意和感召力，不妨把它写下，供大家参考。OM宣言是：让我们成为知识的探索者！让我们在未知的道路上漫游！让我们用创造力把我们居住的世界变得美好！

最后，我要特别强调，许衡中学经验是宝贵的，是有普遍意义的，许衡中学做得到，任何其他学校也能够做得到，特别是那些冠以重点或者示范学校的中学。我曾设想，如果我国10万多所中学中有百分之一的学校，像许衡中学一样实施创造性教学，致力于开发青少年的创造力，那就非常可观了，这不就是钱学森先生逝世前4年提出建言所期盼的教学模式吗？如是也，中国还愁没有创造性的杰出人才吗？

（本文发表于《教师博览》2011年第4期）

我与杨福家校长的对谈

早在2010年10月25日，在华中科技大学工作的一位毕业于武大的教师打电话给秦金贵教授，称复旦大学前校长将于11月初来华科大开会，他想一下飞机就直接去看望刘道玉校长，不知老校长是否同意。我对秦金贵教授说："我很乐意见到杨校长，但到家探望实不敢当，杨校长是远道而来的客人，我当去他下榻的宾馆拜会他，以尽地主之谊。"

10月31日，我又接到华科大光电子国家实验室施华小姐的电话，她说："杨福家先生建议11月3日下午3时，在华美达大酒店24层的会议室与您见面。"我说："届时我将准时到达，因为还隔好几天的时间，希望你在3日上午来电话提醒一下，由于年纪老了怕忘事。"但是，施华上午没有打电话，我计划于下午两点半出发，但两点施华打电话来了，我问她："会见的计划没有变吧?"她说："有一点小的变化，因为杨先生上午参观耽搁了时间，你们会面时间推迟到4点半。"我说："谢谢你及时来电话，差一点我就动身了。"

我比预约的时间早到了15分钟，在他下榻的2407号房间里，我们就教育问题进行了一次愉快的、有益的对谈。我们的对话如下：

杨："我此次到武汉，一个重要的目的就是想见到您，平时看到您的许多文章和访谈，很受启发，希望能够当面听到您对我国高等教育问题的见解。"

刘："杨先生的大名如雷贯耳，我对您的学术成就和治校的政绩十分敬仰，但过去一直没有机会见面，因为您出任复旦大学校长时，我已被免职多年，没有机会在一起开会。其实复旦大学80年代的领导，如苏步青、谢希德、华中一、邹剑秋、强连庆等，我都很熟悉，我对复旦大学也极为敬仰。"

杨："当前，全国各方面人士对高等教育都不满意，可以说是问题多多，希望刘校长谈谈解决中国教育问题之道。"

刘："我国大学的问题确实很多，造成这么多问题的原因主要是两个精神枷锁：一是唯意识形态论，生怕违背了办学的政治方向；二是计划经济思维方式，千方百计地维护大一统的教育领导体制。”

杨：“您的分析十分深刻，击中了我国高等教育的要害。正是这两条精神枷锁，束缚了人们的积极性和创造性，使得我国教育改革举步维艰。”

刘：“听说温家宝总理专门征求您对高教的意见，不知是否采纳了您的意见?”

杨：“那是2006年的事，是请我去参加一个教育的座谈会，我就教育领导体制、大学的独立自主、校长的遴选等发表了看法。刘校长富有改革精神，您应当为国家高层多提建议。”

刘：“我多次提出，我国大学的改革必须从教育部改起，最关键的是要转变领导职能，精简机构，转变作风，坚决放权。同时，教育部要克服工作中的惰性和惯性：前者是贪图安逸，不思进取；后者是因循守旧，墨守成规。”

杨：“您对朱清时创办南方科技大学怎么看?”

刘：“我原来不认识朱清时先生，但对他很敬仰，他在领导中国科技大学时政绩显赫，特别是10年坚持不扩招，真是难能可贵。去年5月下旬，他到湖北讲学，特地通过科大与武大校长办公室联系，约定于5月27日下午见面，我们畅谈了3个半小时。其实，他是有备而来的，他可能已经受命组建南方科技大学，兴许是想听听我的意见，但他没有言明。后来从媒体得知，他已受聘领衔筹建南方科技大学，对此我很高兴，也充满着期待。不过，当时我并不知道他要去深圳办学，否则我会对他提出一些建议。我的建议主要有四点：一是要办真正的私立大学，深圳市政府计划投入10亿或是20亿，不能以拨款的形式，而要以一次捐赠给学校的董事会，包括土地，都属于学校所有，与政府完全脱钩。二是完全独立自治，既不受市政府领导，也不属于教育部领导，行使独立办学权。三是校名不宜用科技大学，走出中国科技大学的模式，中科大是1958年由中国科学院创办的，现在已不合适了。比如说，可以叫鹏城大学或南华大学，或以什么名人命名等。四是实行董事会领导下的校长负责制，不成立学校党委会，学校的党组织只管党的工作。”

杨：“您的意见太对了，也正是我所想的，特别是要政府把土地和钱捐给学校，这样就与政府脱钩了，只有这样才能保证大学的独立性。我要告诉您一个好消息，现在我在宁波创办了宁波诺丁汉大学，学风很好，教学很有特色。我准备在上海再创办上海诺丁汉大学，市政府准备划拨1000亩土地，有家企业准备投资 17 个亿，还有不少企业也准备投资。为什么这些企业不把钱捐给北京大学或是复旦大学呢？因为他们对国家的公办大学已经丧失了信心，所以才赞助办私立大学。在进入操作时，我将采纳您的建议，我们的见解完全相同。”

刘：“福家先生，我真的很高兴，由您领衔创办诺丁汉大学实在是太好了。我相信，凭着您的才华学识、上海的地理优势和您拥有的国际资源，一定能够办出一所有特色的高水平的私立大学。”

杨：“能够得到刘校长的赞赏，我的信心就更大了。到时候，我一定邀请您去指导。”

我们谈话已有一个小时，时间不早了，我起身告辞。杨校长说：“您真的不吃饭了？”我说：“谢谢您的盛情，饭就不吃了，太费时间了。”

杨校长陪同我到会议室，他拿出数码照相机，请服务小姐帮我们拍了几张合影照片做纪念。他一直把我送到宾馆的大门口，我们握手告别。

大学生怎样成为创造性的人才

——对江汉大学大学生的演讲

（2010年12月9日）

江大的各位领导，老师和同学们：

大家下午好！

今天是“一二·九”运动75周年，我将以这次讲座来表达对“一二·九”运动先烈们的缅怀！同时，我也很荣幸地与江大的同学们一起，纪念我国近代史上伟大的学生爱国民主运动，让我们把“一二·九”爱国民主精神发扬光大！

我今天的讲题是《大学生怎样成为创造性的人才》，下面讲三个问题：一是什么是创造性人才；二是创造性人才的特点；三是怎样成为创造性的人才？

一、什么是创造性人才？

首先，我们要回答什么叫创造。古罗马神学家、思想家奥古斯丁在其《忏悔录》中说：“时间是什么？如果不问我时间是什么，我倒知道时间是什么，一旦真的问我时间是什么，我却不知道时间是什么。”其实，创造与时间是一样的，类似的还有像风、观念、思想等，它们都是如影随形的东西，我们虽然触摸不到它，但它却是客观存在的东西，而且无时无刻不存在于我们的周围。

那么，创造的本质究竟是什么呢？创造是一个抽象的概念，它是发生在多维空间人们的心理现象，是集知识、智力、个性和人格于一体的高级思维活动。这种活动直接的结果是，导致第一的、首次的、率先的或是旷古绝伦的成果。创造最主要的特点是从无到有，它与创新是不同的，后者是从旧到新。例如，原子弹、氢弹、宇宙飞船、人造卫星、试管婴儿、克隆绵羊、纳米材料等，都是属于创造。创新的特点是由旧到新，例如一部小说是作家的创造，如果剧作家把它改编成剧本，那只能是创新。又如，第一款手机是创造，无论后来手机的款式怎么变化，无论其功能多么齐全，但都属于创新。

创造与创新既有共同性，但又有区别，它们不是同一个层次上的智力。它们的共同点是都需要发挥创造性思维，但创造是高于创新的智力，创造学是一门新兴的学科，而创新仅仅是一个概念或是一个口号。创造教育也是新兴的学科，是以培养创造性的人才为对象的学科，而创新教育事实上是指教育改革。有人认为创新教育包括了创造教育，这是完全错误的。总的说来，无论是创造或是创新，都是我们所需要的，但我觉得更应该提倡创造，这是我国科学技术跻身于世界先进之林迫切需要的。

创造性是与生俱有的能力，古今中外创造性的人才是不计其数的，而且各行业都有创造性的人才。例如，在科学领域里，有牛顿、达尔文、爱因斯坦、居里夫人、沃森、巴斯德、巴甫洛夫、霍金等；在政治领域，有马克思、恩格斯、列宁、毛泽东、罗斯福、丘吉尔等；在科学发明领域里，有诺贝尔、爱迪生、达·芬奇、富兰克林、莫尔斯、贝尔、瓦特、中松义郎、王选、王永民……这些人都是创造性人才，在不同的领域里都做出了不朽的贡献。

二、创造性人才的特点。

大凡创造性的人才，都有不同于普通人的特点，我以为主要有三点。

首先，要有独立的个性，它是与依附性相对立的。可以肯定地说，没有独立性就没有创造。这种独特的个性主要表现为：敢于冒尖，不怕人家说自己出风头；敢于发表自己的见解，绝不随波逐流；敢于标新立异，不囿于成规旧习；敢于质疑，向权威或名家提出挑战；敢于冒险，不怕失败；敢于超越自我，永不满足已有的成就，等等。

其次，要有好奇心，这是导致每一个发明创造的内在因素。古希腊大哲学家亚里士多德在《形而上学》一书中，把创造的条件归纳为三点：一是好奇心，二是自由的环境，三是闲暇的时间。古希腊是一个十分浪漫和富有创造性的国家，古希腊的艺术、哲学、数学等，对西方的现代文明都起到了重要影响。众所周知，爱迪生一生共申请了1093项发明专利，是20世纪初以前世界发明成果最多的人。原因何在呢？用他母亲的话说："我骄傲，我有一个好奇的儿子！"

再次，需要有执着的精神。创造的道路不是平坦的，是在崎岖的峭壁上攀登，没有百折不挠的毅力，是不可能达到光辉的顶点。如果说是好奇心使法国费马成为举世无双的业余数学之王，那么是执着精神使美国普林斯顿大学的数学家安德鲁·怀尔斯证明了费马大定理。费马是学法律的，是职业律师，但他喜爱数学，于1637年在演算古希腊丢番图算术题时，提出了一个猜想数学题。在此后的358年，一代又一代的数学家们，绞尽了脑汁都没有证明费马的猜想。然而，美国普林斯顿大学数学家安德鲁·怀尔斯，他被称为“隐身人”，在这个象牙塔中苦苦地研究了7年，最终完全证明了费马猜想。他虽然年过40岁，但菲尔兹奖评委会破例地给他颁发了菲尔兹特奖，以嘉奖他对世界数学的卓越贡献。

三、怎样成为创造性的人才？

创造性人才的成长是否有共同的规律呢？我们虽然不能生硬地照搬他人的做法，但仍然有着某些共同的经验。我研究创造教育30多年，据我的观察以下三点是值得借鉴的。

第一，要正确地认识自我，充分发挥右脑的作用。人的大脑具有1000亿个神经细胞，是一个巨大的信息库。但是，人类迄今只应用了2%，即使天才的爱因斯坦也只用了12%。如果我们再开发出10%的思维细胞，那人们的创造性就能够大大提高。人的大脑是分为两个半球的，这是美国芝加哥大学医学院神经外科罗杰·斯佩里偶然发现的，他因此而获得了1981年度的诺贝尔生理学或医学奖。大脑的左半球是担负语言、记忆和推理的功能，所以称为知识脑；右半球是担负着洞察力、想象力、三维形体和艺术欣赏的功能，故称为创造脑。因此，我们要自觉地训练和开发右脑，使自己的创造潜力得以充分的发挥。

第二，要掌握三个创造能力。关于创造力的研究，学术界的认识不尽相同，见仁见智，莫衷一是。我通过长期观察和研究，认为创造力主要是由三种智力构成，它们是创造性的观察能力、创造性的思维能力、创造性的实践能力。这三者是相辅相成的，只有三者彼此协调一致，才能表现为创造力。创造性的观察力是摄取信息的入口，没有信息作为原料，大脑是加工不出创造性的“产品”的。达尔文创立进化论，就是基于他随英国海军贝格尔巡洋舰进行了5年的环球考察，收集到数万种动植物和矿物标本，通过加工对比、分析和推理，最后才形成了他的物种起源学说。俄罗斯的生物学家巴甫洛夫的名言是“观察—观察—再观察”，这成了一切科学家的座右铭。创造性的思维能力涵盖的内容很多，如直觉思维、逆向思维、联想思维、立体思维、双向思维等，如果没有创造性的思维能力，就不可能产生导致创造发明的创意。创造性的实践能力，就是要把创意变成创造性的成果，否则再好的创意也只能是停留在口头上或是书面上，永远不能造福于人类。

第三，一定要掌握自学的方法，这是成为创造性人才十分重要的措施。有许多杰出的科学家，无不是走着这条道路。例如，律师出身的费马，却成了迄今无人撼动的业余数学之王；只上了3个月学的大发明家爱迪生，获得了1093项发明专利；画家兼发明家的达·芬奇，留下了数万件发明资料；发明电报的画家莫尔斯；学法律的诺贝尔经济学奖获得者赫维奇；等等。这样的例子，在中国也是不胜枚举的，如仅有中学学历的学术大师钱穆、梁漱溟、启功、叶圣陶……这些杰出的创造性人才，是怎么获得成功的呢？他们都不是科班出身，都是通过自学而成为发明家或学术大师的。

鉴于自学方法的重要性，我以自学为基础，设计出实施创造教学的SSR模式。我分别用三个英文字母SSR表示。第一个S是Study independently的缩写，表示自学或独立地学习；第二个S是Seminar的缩写，意思是课堂讨论；而R是Research的缩写，代表科学研究。我希望以SSR模式代替三中心（以教师为中心、以课堂为中心、以书本为中心）的模式，三中心模式是由17世纪捷克教育界夸美纽斯提出的，已沿袭了300多年，明显地不适宜以创造为特点的21世纪的需要，必须进行改革。我设计的SSR模式是从实践中总结出来的，它们是由上述有效的学习方法组成的，是有科学依据的，具有普遍适用和推广的价值。我预计，这个模式将成为21世纪大学主要的教学模式，将适用于各类大学的教学。

钱学森先生是我国科学界泰斗，他从自己的求学和研究工作中，认识到创造的重要，一直不停地呼吁实施创造教育。2005年7月29日，他当着温家宝总理的面提出了一个被称为“钱学森之问”的建言。可是，直到他2009年10月30日逝世，这个建言也没有引起教育部和各大学的重视。我早在2000年就正式发表了《关于大学实施创造教学模式构建》的文章，是对“钱学森之问”的直接回答。虽然论文获得了一等奖，但也未引起高等教育界的回应，说明实施创造性教学阻力之大。

我愿意借此机会，建议江汉大学率先响应钱学森先生的建言，请杨卫东校长选择文科一个系或专业，亲自抓一个试点，按照SSR模式进行教学。如果你们做到了这一点，那江汉大学将是全国第一个回答“钱学森之问”的大学，率先在全国实施创造教育模式，将有利于培养江大的创造性人才。

最后，我预祝江汉大学的教学改革获得成功，期盼江汉大学涌现出大批创造性人才！

读书到苦方觉甜

我在自传《一个大学校长的自白》中，以“读书到苦方觉甜”的专章，叙述了我从私塾到大学再到留苏研究生的学习生活。我不是苦行僧，但其经历就归结一个“苦”字，从小在农村受苦，十年寒窗苦读，工作中也是埋头苦干，怎一个“苦”字了得？但我并不觉得其苦，从苦中品尝到了付出代价的分量，也获得了某些成功的欢乐。

苦与甜是相对应的，苦中孕育着甜，所谓苦尽甘来就是这个意思。元朝诗人白朴的诗句“从来好事天生俭，自古瓜儿苦后甜”，就道出了苦与甜的辩证关系。人们在生活中也有这样的体验，苦瓜明明是苦的，可是南方人爱吃苦瓜，虽入口有点苦，但越品越香甜。因此，是苦抑或是甜，完全取决于人们的兴趣和感觉。读书也一样，有人觉得苦，但有人却品尝到乐。宋元间学者翁森写了一首《四时读书乐》的诗，脍炙人口，既生动又绮美。其中有四句是这样的：“读书之乐乐何如，绿满窗前草不除”；“读书之乐乐无穷，瑶琴一曲来薰风”；“读书之乐乐陶陶，起弄明月霜天高”；“读书之乐何处寻？数点梅花天地心”。与此同时，当时民间也流行一首《四时读书歌》：“春天不是读书天，夏日炎炎正好眠。秋有蚊虫多跳蚤，收拾书箱过新年。”这是一首“不学调”，视读书为畏途，总是以各种借口逃避读书。

为什么有人觉得读书是乐事，而另一些人认为是苦事呢，读书的苦与乐的区别，既反映出人们的生活态度，也体现了人们的世界观。正如林语堂先生所说：“有价值的学者不知道什么叫作‘磨炼’，也不知道什么叫作‘苦学’。他们只是爱好读书，情不自禁地一直读下去。……一个人有读书的心境时，随便什么地方都可以读书。如果知道读书的乐趣，他无论在学校内或学校外，都会读书。”

我读书的苦学理念是怎样形成的呢？这既与我的出身和经历有关，也与我所受到的教育和传统文化影响有联系。我所受到的私塾教育，虽然是呆板的，但却奠定了我的苦学理念，也使我初步受到我国传统文化的影响。我的启蒙老师，开宗明义就是要求苦学，他说："苦，苦，苦，不苦何以通今古?"我幼小的时候，虽然不敢奢望成为博古通今的人，但却意识到贯通古今的人，一定是非常了不起的人，并暗下决心要成为这样的人。再后来，接触到"四书""五经"，特别是孟子的名句："天将降大任于是人也，必先苦其心志，劳其筋骨，饿其体肤，空乏其身……"其实，孟子这段话的核心就是一个"苦"字，我从内心里接受了他的教言，认为这是中国传统知识分子"士志于道"的价值取向，是实现"以天下为己任"的人生抱负必经的磨炼过程。

读书人自然是必须立志于读书，但并不是读书的人都能称为读书人。什么人才能称为读书人呢? 1940 年著名学者杨玉清先生曾著文写道："以读书混文凭的人，不是读书人；以读书混官的人，不是读书人；以读书为时髦、为装饰的人，更不是读书人。能辅世长民，能经天纬地，那才是中国之所谓的读书人。"这说明，读书必须有正确的目的，带着任何不纯的动机读书，那就亵渎了读书的真正意义。张载是北宋大儒，他屏居南山之下，终日危坐一室，左右简编，俯而读，仰而思，有得则识之，或中夜起坐，取烛以书。这才是读书人的境界，由于有了这种心境，所以才能发出铿锵名言："为天地立心，为生民立命，为往圣继绝学，为万世开太平。"这是一种理想，一个知识分子的担当，虽然一个人不能实现这种理想，但却能够激励一代又一代知识分子，沿着这种理想前进!

读书、爱书、藏书，这是一种情怀。毛泽东同志不仅是中华人民共和国的主要缔造者，也是古今中外读书人的楷模。他爱书，藏书，嗜书如命。自启蒙开始，读书 80 余年，总共读过十多万册书，对中国的文化典籍，真正做到了烂熟于心。无论是在戎马倥偬长征的途中，还是在日理万机的国事中，他都不忘记读书。直到生命垂危时，也没有停止读书，逝世前 7 分钟，还在听人念书。他的读书方法独特，坚持"三复四温"式阅读和"不动笔墨不读书"的习惯，成为饱学之士。他才华盖世，论文治武功、文韬武略，他都在历代君王和国家领导人之上。他通过读书，真正实现了辅世长民的理想，建立了经天纬地的功绩。

我从古今中外的伟人和大学问家的读书生活中，汲取了许多宝贵的经验，并激励自己酷爱读书。在 20 世纪 80 年代初，我提出了"苦读知书味，创造乐无穷”自勉，30多年这句话一直激励我读书和从事创造教育学研究。在这句话中，读书与创造和苦与乐都是对仗的，读书不是目的，而创造才是我们应当追求的目的。一般而言，读书是学习前人的知识，也就是间接知识，而创造则是发明体现新知识的新产品、新技术和新理论。读书当然是辛苦的，这苦不在于肌体之劳困，而是冥思苦索之苦。人们通俗说书读进去了，就是通过苦索而真正理解了书的要义，这是学习好与学习不好的人最主要的区别。读书虽然很辛苦，但如果能够用学到的知识从事创造，当完成了一项新的发明成果或是诞生一篇得意之作，那就会感到无限的快乐。

中国人与西方人在读书上是有差别的，我国强调“学以致用”，而西方人则更强调“学以致知”。当然，“学以致用”是必要的，但仅仅停留在学以致用上就不够了，应该进一步深化到“学以致知”的境界。“用”和“知”有什么区别呢？这使我想到了德国马克斯·普朗克学会主席彼得·格鲁斯关于基础学科与应用学科的区别，他说基础学科是回答“这是为什么”，而应用学科回答的是“这有什么用”。以此而论，学以致用只是回答应用问题，而学以致知是回答这是为什么，也就是回答真知的问题。因此，在做学问的问题上，我国更需要提倡学以致知，也就是探究事物的本源，以发现以新理论、新技术为载体的新知识。

读书当然应当有选择，不同专业和职业的人，需要选择适合自己读的书。不过，除了各人职业需要读的书以外，还需要阅读一些陶冶人文素质的书籍，例如哲学、美学、心理学、文学、历史等方面的著作。我个人的经验是，尽可能地阅读经典著作，因为之所以成为经典，不仅是经过长久实践的检验，而且获得学术界的认同，一般不会有谬误流传。大凡经典之作，多出自于大师和名家之手，他们严谨治学的态度也反映在书中，如康德、黑格尔、笛卡尔、培根、罗素、弗洛伊德、穆勒、杜威等。在我国的文化典籍中，像《史记》《红楼梦》《三国志》《资治通鉴》等，都是传承千百年的名著，受益者不计其数。

对于读好书或是坏书，这可能是一个极有争议的问题。不过，我认为除了未成年的少年儿童外，对于成年人来说，读一些不同学术见解的书，甚至“反面教材”的书，也未尝不可。在读书中，需要有比较和鉴别，借以提高我们的辨别和质疑能力，这对于提高读者的独立思考和批判能力是有好处的。

当今，网络技术十分发达，不少年轻人喜欢上网，而忽视读纸质书。我个人觉得，虽然网络上存储着巨大的信息，但网络不能代替读纸质书。这是因为网络上的资料，是网站技术人员收集和综合的，往往不系统、不全面，也不见得都是正确的。因此，应当把网上阅读与读经典著作结合起来，做到相互补充。据我观察，目前读书人不买书和不订阅报刊是很普遍的现象，这是与做学问的要求相悖的。有人曾做过一份调查，一个拥有数万人的大学，有5000多名教职工，可是订阅期刊的仅有250人，订阅报纸的只有430人。有些人宁可站在读报栏旁看报，也不肯自己订阅报刊仔细阅读，这与20世纪五六十年代的风气完全不同。那时绝大多数教师都至少订有两种专业杂志和一份报纸，人人专心致志地做学问。现在，校园里停满了各式名牌轿车，居室装修得富丽堂皇，但就是不肯买书和订阅报刊，这不是金钱问题，而是精神导向发生了偏移。这说明，现在不少人精神变得虚脱，信仰逐渐迷失，读书风气日衰，预示着文化的危机，应当引起国家有关部门的高度重视。

读书是毕生的课题，永无止境，所谓“活到老、学到老”就是这种精神的体现。我今年已78岁了，中风已有14年，右手不能写字，右耳失聪，基本上是个残疾人了。但我仍然坚持“每日必读，每月一新书；每日必思，思有所得；每日必写，写有新意”。虽然我的右手不能写字了，但我学会了用左手记读书笔记，只要生命不息，我就读书不止，继续为教育改革而呐喊！

最后，我把高尔基的名言赠送给读者朋友们：“爱书吧，它是知识的源泉！”

（本文发表于2011年2月15日《人民日报》，被中宣部的《学习活页文选》《新华文摘》全文转载）

智慧是逼出来的

——新年寄语南方科技大学

俗话说：急中生智，意思是说忙乱中工作常出差错，而人们在危困中，往往会想出富有智慧的点子或举措。这不，南方科技大学已经筹备3年了，朱清时校长也已履新一年多了，但大学的出生证仍没有颁发，首次招生也遥遥无期。这确实令人焦急万分，在备受煎熬的危困中，朱清时校长大胆提出了“三自”措施：自主招生、自发文凭和自授学位。应当说，这些措施是有智慧的，也是被逼出来的。

这三大措施的出台，直接冲击着我国现行大学设置法和学位法，国家教育当局能够容忍吗？人们在拭目以待，但我希望教育部能够以开明的政策，作为特例认可南科大的“三自”办学权，这将是中国高教发展史上的创举。其实，这种先例不是没有，例如美国哈佛大学比美国建国早了140年，以色列的希伯来大学比以色列建国早了15年，它们不都是没有政府批准吗？当然，担心也不是没有道理的，会不会因此而把潘多拉的盒子打开，引起“多米诺效应”，导致大学设置和学位审批失控呢？我想不会，特例就是特例，深圳南科大只有一个，下不为例。我们必须放弃一刀切的做法，没有特例就不会有经济建设的特区，也就没有现代化城市深圳的出现。

兴许，南科大现在正忙于寒假招生，鉴于中国生源充足，以及南科大丰富的资源，预计招收的50名学生一定能够实现。不过，是否能够招收到优秀的学生，那就是另一回事了。招生也需要有智慧，所谓智慧就是创意与洞见力，善于把真正优秀的学生与高分的学生区分开，推荐绝不讲情面，不重状元而重智力，彻底走出传统招生中重考试而不重选拔的误区。

自从南科大筹备的消息披露后，人们期盼诞生一所完全与众不同的高水平大学。那么，这所大学究竟应当是什么样的呢？我愿意借此文抛一孔之见，向南科大进献三策：

首先，中国不缺少一所高水平的公立大学，倒是急需一所享有完全独立自主的高水平的私立大学。因此，深圳市政府应当以开明的政策，把计划投资的几百亿和数千亩土地，捐赠给筹建的校董事会，向海内外募捐资金，把大学定性为私立大学。从此，大学与政府脱钩，政府不再干预大学的任何事务。这符合诺贝尔经济学奖获得者弗里德曼的名言："政府有责任投资教育，但没有必要经营教育。"其次，建议南科大实行预科制。我国大学培养不出杰出的人才，与现行的教育制度有密切的关系。一次填报志愿管到底，大多数学生并不喜爱所学的专业，却没有第二次选择的机会。预科制的目的是给大学生一个适应期，学校与学生双向选择，对最适合培养要求的学生进行精英化教育，把个别不符合要求的学生分流出去。同时，一年预科期间，强化人文素质、外语和计算机技能，为日后用英语授课和深入学习奠定坚实的基础。

再次，创办新型大学必须走创造之路，绝不能克隆某个大学的做法，更不能图立竿见影之效。建设世界一流大学，不是用金钱垒起来的，不是靠高学位的洋博士扎堆，也不是用各项硬性指标统计出来的。一所高水平的大学需要有学术界公认的大师，有世界公认的科学学派，有包括诺贝尔奖在内的各学科世界大奖获得者。而这一切，都必须要有智慧，要有长期的学术积累，有几代学者培育的优良学风，必须秉持"百年树人"的办学方针。

（本文发表于2011年3月10日《南方周末》）

诚信是学术的生命线

在汉语词汇中，“诚信”一词包含诚和信两层意思：诚是诚实，即老老实实的态度；而信是指信誉、可信和相信等，也就是信而有据的东西。从二者关系来看，诚与信是因果关系，只有诚实的态度，才能做出可信的研究成果；反过来说，凡是可信的东西，也一定是真实的。因此，树立诚信态度，乃是做学问首要的前提条件，它是从事学术研究工作的生命线。

什么是学术？在汉语中，原来没有“学术”一词，这个词是从19世纪末至20世纪初才开始使用的，是借用日本汉字引入的。一般来说，学术和学问可以视为同义语。关于学术的定义，《辞海》的解释是：“指较为专门、有系统的学问。”严复先生认为：“学与术异，学者考自然之理，立必然之例；术者据既知之理，求可成之功。学主知，术主行。”梁启超先生也说：“学者术之体，术者学之用。”总之，学与术是两层意思，但现在通常是做精英意义式的解读，把它作为一个专有词汇使用。如果我们要对学术做更精确的理解，还要追溯到英语Academic一词。《牛津高阶英语词典》的释义强调了两个鲜明的特点：一是与学院（Academy）有关的；二是非实用性的，仅仅是纯理论性的。也就是说，学术是学者在象牙塔中，皓首穷经地为学术而学术创造出来的学问。

德国著名哲学家汉娜·阿伦特在谈到大学的使命时，似乎把这两个特点统一起来了，她说：“当大学决心于经常为国家和社会利益集团服务的方针的时候，马上就背叛了学术工作和科学自身。”这就是说，大学是从事高深学术研究的，而学术研究必须远离功利主义。英国著名哲学家培根在《论学问》的篇章中也说：“因为学问的本身并不教人如何应用它们，这种应用之道乃是学问以外。”依此而论，学术与技术是相对应的，前者是基础学科（理论），而后者是应用学科。学术研究是回答“这是什么”或“这是为什么”，而技术回答的是“这有什么用途”。因此，学术就是研究高深学问，是探索人和宇宙万事万物的本质，揭示它们变化规律的学问，而大学则是独立的、无条件的和不惜一切代价提出这些学术成果的地方。

既然学术是探究真理，而实践是检验真理的唯一标准，只有那些既能够得到证实又不能被证伪的学说方可以称为真理。因此，学术研究必须秉持诚信的态度，树立严谨求是的学风，任何浮躁、浮夸的作风都是必须坚决反对的。同时，为了学术的纯洁性，我们必须理解学术的真谛，既要反对各种篡改或亵渎学术的现象，又必须与一切伪造数据、剽窃和抄袭等学术不端的行为做斗争。

应当说，我国传统文化是非常重视诚信的，这既表现在做人方面，也体现在做学问上。早年我在学习孔子《论语》时，发现他十分重视诚信，他提倡的四教就是指“文、行、忠、信”。据我不完全的统计，在《论语》中，曾经有30处强调了“信”字的重要性，如“谨而信”、“言而有信”、“言必信，行必果”、“信以成之”……总之，诚信是为人之道，是成事之诀，是穷究学问之本。

可惜的是，我国这一优秀的文化传统并没有传承下来，主要是受到政治斗争和商业化行为的破坏，不少人丧失了诚信的道德标准。我国当今学术界出现的种种问题，其背后的根源都与这两个因素有密切的关系。另一方面，我国传统文化中的消极东西仍在起作用。优秀的传统被抛弃了，而消极的思想糟粕又光大了，这怎么不造成人们思想混乱和各种学术不端行为的频频发生呢？

美国人明恩浦于1872年来到中国，在我国居住了54年，一面传教，一面从事兴办学校、扶贫、救灾等慈善事业。通过长期的观察，他写了《中国人的特性》一书，在西方有广泛的影响。他在书中归纳出中国人20多个特性，而“面子观”是居于第一位的，其他的还有“转弯抹角”、“缺乏诚信”、“缺乏公共精神”等。一个外国人，对中国人的个性了解得如此透彻，真可谓旁观者清啊！其实，面子观与缺乏诚信是相互联系的，正因为讲究面子，所以就不能相见以诚，讲话总是吞吞吐吐和转弯抹角。久而久之，这些特性就成了我国国民的劣根性，它们潜移默化，代代相传。

在中国大多数人心中，“人情大于王法”的思想根深蒂固，它几乎成了人们待人处事的准绳。由于有了面子观，所以该表达的意见也不愿表示出来，宁肯随波逐流；为了顾全情面，对他人不正确的观点也不愿提出批评，采取和稀泥的态度；出于情面，对于明明是贪腐和丑恶的现象，也不予以揭露，宁愿做一个老好人；等等。在我国思想界里，为什么批评与自我批评开展不起来？在我国学术界，为什么没有正常的学术争鸣？学生为什么不敢质疑老师？一般人为什么不敢挑战权威？为什么我国大学中的评审职称、成果鉴定和论文答辩走过场？这一切都是源于情面观，也就是人们常说的“打人莫打脸，说人莫揭短”，“人情留一线，日后好见面”。所以，人与人之间常常见到的是“扮演的角色”（伪装的），而不是真实的“本我”的面孔。

有一个问题时常困惑着我，同样都是从事学术研究工作，为什么中国大学中的学术腐败比西方国家要严重得多？为什么我国大学的学术腐败禁而不止？国外大学一般都设有学术诚信官，十分重视诚信教育，拥有健全的法规。《南方周末》曾经报道了一个美国大学诚信官的故事，读后令人感慨万分。我曾经多次访问过伊利诺伊大学香槟分校，这是一所很好的大学，我有好多学生都毕业于该校。该校有一个教授叫迈克尔·路易，他是学校兼职的学术诚信官，他的职责是：既要负责处理本校教师和学生剽窃、抄袭他人的案件，又要处理本校师生遭到别人剽窃的案件；既要监督别人的学术不端行为，又要接受他人对自己的监督，任务十分繁重。在两年的时间内，他一个人查处了8起学术剽窃的指控，而且件件处理得合情、合理、合法，学界人人交口称赞。我国大学中没有学术诚信官，一般是由学术委员会或是纪律检查委员会受理此类案件。可是，与迈克尔相比，即使是一班人马也处理不了那么多的复杂案件，关键的问题是这些委员会都不是独立的监管机构，他们必须秉承学校领导人的旨意，不能够秉公办事。因此，学术诚信官员必须首先要有诚信，方能公平和公正地查处学术不端事件。

怎样才能在我国建立学术诚信呢？冰冻三尺，非一日之寒。要从根本上解决这个问题，必须从多方面着手，并且要经过持久的努力。

首先，必须以立法的形式切实保障学术的独立和自由。什么叫学术？有评论家说：“学术也许是这个世界上需要拿批评、反思当养料的奇怪植物，批评、反思、自审越多，它的成长越茁壮！”美国大学教授协会成立于1915年，随后颁布了学术“三A”原则，即学术自由（Academic freedom），学术自治（Academic autonomy），学术中立（Academic neutratlity）。近百年的实践证明，这些原则既保证了教授的权利，又促进了学术的繁荣。我们不应该隐瞒，我国往往是以政治代替学术，用意识形态来衡量学术中的是非。学术诚信是学术人守身的试金石，只有在学术独立和自由的体制下，由学术人相互激励和监督，才能最终建立起学术诚信，成为他们自觉的行动。

其次，官学不分是我国学术体制的痼疾，领导人就是学术的评判官。这是集权体制造成的，严重地窒息了学术民主的风气。我们只要看看我国各种评选活动，都是受到了领导部门的干预，不仅学者们的正当权利被剥夺了，而且还导致了学术不公和腐败。不久前，某大学的党政领导人全部退出了学校的学术委员会和学位评审委员会，将一切学术权交给学校的教授们，这是向着教授治校的方向前进了一大步，此举非常值得称道。因此，必须将学政分开，官学剥离，杜绝党政领导人干预学术活动，学术中的争鸣和是非，包括对学术腐败的检查和处理，都只能由学术界的学者们来评判。

第三，必须进行一场思想上的自我革命，彻底抛弃爱面子的陈腐观念。西方人无论是师生间，或是学术同行之间，有质疑或是不同的见解，都会开诚布公地提出来，十分坦诚又充满善意。中国人爱面子的思想几乎渗透到一切方面，不仅在学术讨论、论文答辩或是成果鉴定中，甚至是法庭审判，也要找路子、说人情，从而导致了人与人之间盘根错节的复杂关系。爱面子思想是一种虚伪的表现，它与实事求是的作风是相悖的。我们必须看到，爱面子观念是建立学术诚信的最大障碍，不抛弃这一观念就不能树立严谨求实的学风，百家争鸣的风尚也永远形成不起来。

学术诚信是一个学者职业操守的试金石，是从事学术研究工作的生命线。对一个学者来说，如果丧失了学术诚信，那就滑到了学术生命线之下，也就失去了做一个学人的资格，他的工作不是创造学术的价值，而是制造危害社会的垃圾。古人治学十分强调“道德文章”，这说明治学与道德是紧密联系在一起的，也是对一个学者最基本的要求。从本质上说，学术诚信是一个人的品行修养问题，是做一个诚实人的准则问题。目前，我国学术诚信的危机已是不争的事实，它的危害性是绝不可轻估的，轻者能够毁掉一个人的学术前途，重者可损害国家的学术事业。因此，我们必须大力呼唤学术诚信，回归大学精神的本源，在每个学人的心中筑起一道防止学术腐败的堤坝！

教育必须要有博爱精神

我有幸应邀参加武汉爱的教育咨询中心成立会议，被邀请的还有华中师范大学前校长章开源教授，武汉大学哲学学院的朱传棨教授，我们三人都被聘请为这个中心的高级顾问。今天适逢我国第 33 个植树节，这不是巧合，而是特意安排的。据该中心主任李绍崑先生说，这是根据章开源先生的建议安排的，他说，在植树节召开爱的教育咨询中心成立会，具有重要的纪念意义。

从表面上看，爱的教育咨询与植树节，是风马牛不相及的两回事，但从本质上说，它们都是爱心事业。无论是“前人栽树，后人乘凉”，或是“前人栽树，后人摘桃”，都体现了“功在当代，利泽千秋”的奉献精神。同样的，爱的教育咨询更是爱心的事业，通过咨询的形式把爱心播撒到每个受教育者的心田。

爱的教育咨询中心是李绍崑教授创办的，他本是美国爱丁堡大学心理学教授，在哲学、心理学和教育学方面著作颇丰。他虽然长期工作和生活在美国，但依然眷恋着生于斯的故土，所以退休以后在中国创办了中美精神心理研究所，并亲自担任所长。武汉爱的教育咨询中心是这个研究所的下属机构，以普及和开展心理咨询为任务。自 1998 年以来，李教授创办了《精神学研究》刊物，现在又准备创办一本《爱的教育》杂志，以联络和团结一批对“爱的教育”有志趣和专长的同人，共同为推进中国的教育改革而努力。

因绍崑教授点名，我在会上做了即席发言，题目是《教育必须要有博爱精神》。从本质上说，教师和医生本是爱心的职业，虽然不是每个教师和医生都是充满爱心的人，但一个成功的教师和医生，一定是有爱心的人。

苏联著名教育家马卡连柯说：“没有爱就没有教育。”“必须拿出父母般全部的爱、全部的智慧和所有的才能，才能培养出伟大的人物来。”几乎毫无例外，每个成功的教育家都十分强调爱心在教育中的巨大作用，并以身作则地实践爱的教育。

德·阿米琪斯是意大利的著名作家、教育家，他用了 8 年的时间，于 1886 年出版了《爱的教育》，堪为呕心沥血的结晶。这本书出版后的头两个月就重印了 40 多次，后又印行了 100 多版次，发行千万册以上，被改编成为动画片和故事片，成为意大利无数家庭教育孩子的教科书。100 多年以来，《爱的教育》已经跨越了时代和国界，被翻译成数百种文字，成为世界最受欢迎的教育读物。这是什么力量？是爱的力量，把世界不同民族、不同语言和不同信仰的人联系在一起。正如阿米琪斯所说："教育上的水是什么？就是情，就是爱，教育没有了情爱，就成了无水的池，任凭方形也罢，圆形也罢，总逃不了空虚。"

里欧·巴斯卡利雅是美国南加州大学教育系的教授，于 1972 年第一次面向大学生开设爱的课程，开始只有 20 人，后来选课的人越来越多，爱的教育大获成功。他是世界第一个开设这门课程的教师，起因是他对人与人之间的隔阂和疏远感到焦急不安，于是萌发了要以爱的手臂来推倒阻碍人们心灵之间交流的墙。他相信人的本性是善良的，人与人之间的隔阂是能够沟通的，爱的力量在教育中的作用是巨大的。

爱有大小之分。所谓小爱是有条件的，如父母对自己子女的爱，夫妻之间的爱；而大爱是无条件的，是宽广宏大的爱，是施予众人的爱。大爱也就是博爱，如儒家的仁和基督徒的博爱，都是大爱。韩愈在《原道》中说："博爱之为仁。"博爱是指爱一切美好和善良的人和事，要爱大自然，爱生命，爱众生，爱祖国，爱人民。为了做到博爱，必须在心中不再有憎恨，不再有卑劣的欲望，不再有任何损人利己丑陋的邪念。这样，才会有仁爱之心，才会有广阔的胸怀，也才能做到"人间有大爱，大爱无疆界"。古罗马基督教思想家圣·奥古斯丁在《忏悔录》中说："哪里有爱，不存痛苦，纵有痛苦，苦变甘露。"

可是，在教育中贯彻博爱精神，无论是在中国或是西方国家，至今仍然还只是一种理想。孔子早在 2500 多年以前，就提出了"有教无类"的思想，但教育中不公平的现象却无处不在。在阶级斗争的年代里，爱和恨都打上了深刻的"阶级的烙印"，只讲阶级出身，在分数面前是不可能做到人人平等的。在"文化大革命"中，充斥着"自来红"和"老子英雄儿好汉"的思想，很多因为出身不好插队农村的青年，不能招工进城，不少人虽然考了高分但不能被大学录取，他们被剥夺了上大学的权利。

除了阶级的偏爱以外，我通过长期观察，发现偏爱在教育中也十分普遍，主要表现是：爱成绩好的学生，不爱成绩差的学生；爱循规蹈矩的学生，不爱调皮和有个性的学生；爱漂亮的学生，不爱丑陋或是残疾的学生。这些现象在各级教育中都有表现，但在中小学中显得更为突出，而在大学中则主要表现为选拔干部和免试推荐研究生等方面。偏爱是一种思想动机不纯的表现，学习成绩好和漂亮的学生固然可爱，以平等而论，那些成绩不好和身患残疾或丑陋的学生，更需要爱的滋润。爱是一种巨大的转化的力量，如果我们对那些学习成绩暂时不好或是身患残疾的学生施予更多的爱心，相信会获得更大的功效。

爱的教育和惩罚教育是对立的，我不能不遗憾地说，我们在教育中情和爱应用得少了，而呵斥和惩罚的现象却屡禁不止。惩罚教育是一种很糟糕的手段，是不相信教育的力量和教育者无能的表现。无论是学校的管理者或是教师，如果把惩罚视为主要的教育手段，那他们就曲解了教育任务的真正本质。教育的根本目的是，使那些个体性的人真正获得内在的精神自由，进而使得他们的知识、智慧、善良的美德和意志得到解放。为了达到这一目的，必须在博爱精神的指导下，借助于正确的教育理念、教学方法，才能造就真正具有独创性的人才。

自由是教育的核心理念

《青年论坛》是20世纪80年代中期创办的一份新锐刊物，它是解放思想和改革开放的产物。它就像是小荷尖尖刚露头一样，格外引人注目，在它的周围聚集了一批才华横溢的青年学者，又进一步推动着思想解放和改革开放更深入的发展。我荣幸地被聘为该刊的顾问，获赠每一期刊物，使我有机会向国内理论界的青年学者们学习。我历来认为，与青年交朋友，同他们交流思想，是中老年人防止思想僵化的有效方法之一。正是由于这个原因，我在武汉大学率先掀起了一场轰轰烈烈的教育改革，至今我依然保持着与青年交朋友的习惯，以防止自己思想僵化。

今年是该刊创刊28周年，它的创办者们准备编辑一本名为《为自由鸣炮——〈青年论坛文集〉》，我受邀写一篇感言，感到不胜荣幸！胡德平同志在该刊创刊号上发表了《为自由鸣炮》的文章，这是非常切中时弊的。我是一个教育工作者，三句话不离本行，因此我就谈谈教育与自由的关系。

教育与自由到底有什么关系呢？为了回答这个问题，我们不妨考究一下学校的起源，进而说明自由与教育的密切关系。据法国考古学家安德烈·帕罗特的研究，他发现世界上最早的学校在苏美尔，大约建造于公元前3500年，比埃及的宫廷学校还要早1000多年。古希腊是欧洲文明的源头，在公元前500年以前，曾经出现了像泰勒斯七贤那样一大批著名的学者，他们都是自学成才的，而非学校培养出来的。在希腊语中，scole是“休闲”的意思，而英语中的school与希腊语scole一词同源，所以最早的学校就是休闲的意思。古希腊人认为，学习是劳动之余的事，是休闲的组成部分。因此，古希腊人在劳动之余，从事哲学思辨和艺术创作，从而开创了古希腊的灿烂文明。

在教育史上，最早提出自由教育思想的是古希腊的哲学家、教育家亚里士多德，他认为自由教育是“自由人”的教育，在闲暇生活中进行理智活动，从而使人的个性、心灵、智慧得到解放和自由。几乎毫无例外，历史上许多著名的教育家、思想家都是主张自由教育的，这就说明自由是教育必需的前提。

卢梭是法国 18 世纪启蒙主义运动杰出的思想家，是自然主义教育的奠基者。在卢梭看来，遵循自然的教育必然是自由的教育，因为人最重要的自然权利就是自由，每个人生来就是自由的。基于这种理念，他认为教育必须遵循自然的要求，顺应人的自然本性，反对压制儿童的个性，束缚儿童的自由。随着思想启蒙运动的开展，卢梭的自然主义教育思想，也迅速传播到欧美各国，成为这些国家主导的教育理念。

英国著名的神学家、教育家、文学家约翰·亨利·纽曼是 19 世纪自由教育的伟大倡导者，根据他的一系列演讲，于 1852 年合成了《大学理念》一书，书中比较系统地阐述了他的自由教育理念。他认为大学教育应为自由教育而设，以心智训练、性格养成和理智发展为目标，而不为了获得狭隘的专业知识。纽曼的大学理念，代表了一种经典自由教育哲学的思想，具有丰富和深刻的思想内涵。正因为如此，他的《大学理念》出版一百多年后，至今对世界高等教育的发展具有积极的影响。此外，诸如相对论的创立者爱因斯坦、英国大博物学家赫胥黎、法国著名雕塑家罗丹等，都是主张自由教育的，而且他们之所以成为杰出人物也都得益于自由教育。赫胥黎除了成名之作《天演论》之外，还写过《论自由教育》一书，他把自由教育解释为文理兼备的普通教育。他的孙子阿尔杜斯·赫胥黎在《目的与手段》一书中，有一章也专门谈自由教育。抗战胜利后潘光旦先生将《赫胥黎论自由教育》翻译为中文，这本小册子曾被编入《新中学生文库》，对中国近代思想启蒙起过重要的作用。

在西方国家，自由教育已成为共识，人们自觉地践行这一原则。美国是当今世界的教育大国和强国，自由教育原则也贯彻得最彻底。美国大学教授协会于 1915 年成立，该协会于 20 世纪初颁布了三 A 原则，即学术自由（Academic Freedom）、学术自治（Academic Autonomy）、学术中立（Academic Neutrality）。正因为自由对于大学是如此重要，所以有不少大学都以“自由”为校训。例如斯坦福大学的校训是“让自由之风劲吹”，霍普金斯大学的校训是“真理使你得以自由”，加州理工学院的校训是“真理使人自由”，杜尔大学的校训是“自由地接受，自由地给予”，等等。甚至在世界上还有以自由命名的大学，如芬兰的自由大学和柏林自由大学，后者的校训就是“自由、真实、公正”，这所 1948 年创建的大学，“自由和国际化”一直被视为它最显著的特点。特别值得一提的是斯坦福大学，它创办于1891年，不仅不能与声名显赫的哈佛大学相比，甚至与同一地区的加州大学柏克莱分校相比，也显得默默无闻。它在1891年创建时，首任校长戴维·斯坦尔·乔丹选定“让自由之风劲吹”为校训，1974年学校又通过了《学术自由声明》。因为赶上了新技术革命的头班快车，学校获得突飞猛进的发展，特别是它造就了美国的硅谷，成就了一批世界著名的公司，不仅为美国也为世界高技术产业的发展做出了巨大的贡献。

西方大学传入我国，大约是在洋务运动与戊戌变法期间，是“中体西用”口号下直接带来的成果。因此，我国早期的大学，无论是办学的指导思想或是教学制度，在很大程度上都深受欧美教育的影响。北京大学的前身是于1898年创办的京师大学堂，但办学头十多年，校长更换频繁，各种问题频仍，学校毫无起色。蔡元培先生留学欧洲多年，熟悉西方教育的精髓，他受命于学校危难之际。1917年元月，他走马上任，表现出一个教育家的雄才大略。1918年《北京大学月刊》创刊，先生在发刊词中全面诠释了他的办学理念，归纳起来就是“兼容并包，思想自由”，第一次把自由教育引入我国的大学中。

燕京大学是于1919年创办的教会大学，第一任校长是约翰·司徒雷登，他制定的校训是“因真理得自由以服务”，也有人翻译为“自由、博爱、民主”。清华大学创办于1911年，它是在利用庚子赔款建立的清华留美预备学校的基础上发展起来的。1929年6月3日是国学大师王国维先生逝世两周年，清华大学国学院立碑纪念，在碑上刻有陈寅恪先生撰写的《王观堂先生纪念碑铭》。碑铭中“独立之精神，自由之思想”是陈寅恪提出的，后一直被清华大学骄傲地视为该校的大学精神。

自由是人生来俱有的，是人生命的最高目的，是个人或集体保持创造性活力的先决条件。自由与教育的关系极为密切，我国当今教育上存在的问题，都与我国教育缺失自由密切相关。总览我国各大学的办学理念，没有一所学校的校训中有“自由”二字。为什么自由是教育的核心理念呢？这是由教育的特殊功能所决定的，就大学而言，其主要功能有三，而根本一点是培养人才和从事原创性的科学研究。首先，以培养人才而言，育人与造机器完全不同，造机器是依照图纸或标准的模具，放在流水线上进行标准作业，制造出毫厘不爽规格相同的产品。然而，育人就根本不同了，每个人的资质是千差万别的，各人内在的价值取向也不尽相同。因此，必须贯彻因材施教的原则，这就需要自由的环境，尊重每个人选择的自由。现在一些大学乱提口号，把培养目标一味地拔高，什么杰出人才、大师级人才和“顶天立地”的人才等，这些都是不实事求是的。无论是天才或是大师，都不是学校直接培养出来的，也是不可复制的，他们都是在自由的环境中自然成长起来的。大学教育的主要目的是，最大限度地发展学生的智力，训练他们的思维能力，赋予他们创造性的各种素质，使他们能进行清晰的、逻辑性的独立思考，做出准确的判断，为其日后从事创造性的工作奠定基础。

其次，科学研究的本质是探索未知，涉足无人进入的疆域，创造未曾有过的新产品、新技术和新理论。要做到这一切，必须发扬自由的科学精神，允许质疑，允许争鸣，保护科学上的异端邪说，支持冒险精神，为科学上有价值的失败唱赞歌。我们须知，任何伟大的科学发明，最初都是源于个人的新创意，而这些创意都只能在无拘无束自由的环境中萌发，任何约束、管制和干预，都只能扼杀创造性。无数的科学发明创造都证明，创造性的成果既不是由科研规划出来的，也不是由领导重视和号召出来的，更不能靠搞群众运动，而只能诞生在自由的园地里！

当前我国教育改革急需解决的问题是，必须解放思想，打破禁区，确立自由教育的理念。唯有如此，才能从根本上减轻中小学生的负担，走出应试教育的窠臼，解放学生的个性和智慧。只有树立了自由教育的理念，我国大学才能真正行使独立自主办学权，出现风格各异和多样化模式的大学，而不是一味地追求“高、大、全”的航空母舰式的“一流大学”！

（本文刊发于《新校长》2013 年创刊号）

教育的目的是让学生走得更远

教育是以人为对象的实践活动，必须贯彻以人为中心，人的自由、民主、人格、志趣、尊严和选择权等必须得到尊重和保障。那么，教育的目的究竟是什么呢，它究竟应当培养什么样的人才呢？关于这个问题，论者不计其数，可以说是仁者见仁，智者见智，莫衷一是。

教育的目的这个问题是每个教育家思想的核心，是他们教育理论的出发点，也是教育工作的归宿。从古希腊的苏格拉底到中国的孔子，从爱因斯坦、怀特海、杜威到蔡元培，都论述了教育的目的。当然，最权威的还是马克思关于"人的自由全面发展"的论述。但是，就是在这个问题上，我们看到的只是"全面发展"，而删去了"自由"二字。因此，我们只能片面地理解马克思关于人的发展学说，忽视了自由在人的培养与发展中的重要意义。试问：如果没有个人的自由，怎么能够使人得到全面的发展呢？自由是教育的灵魂，由于我国教育中自由的缺失，所以我国当代培养不出创造性的人才，这实在是国家与民族的损失啊！

也许有人会说，我国不也培养出了"两弹一星"科学家，也出现过一些学术大师，我们的神舟飞船不也上了天吗？是的，飞船、高铁、航空母舰、纳米技术、基因组图谱等虽然也做得很大，但那都不是中国人首先发明的，我国仅仅是尾随、赶超而已。据统计，我国现在有各行业的精英知识分子 4200 万人，而且每年还有六七百万大学毕业生输送到社会上。但是，这些只有数量统计上的意义，他们大多是流水线上制造出来规格基本相同的"产品"。从创造性人才的要求来看，我国仍然没有实施创造性的教学，由大学培养出来的创造性人才的比例在世界上是最低的，这就是"钱学森之问"提出的原因。长此以往，我国不仅难于赶超世界先进水平，甚至还将影响到我国建设创新型的国家。

根据教育哲学，教育的目的分为内在的目的和外在的目的。所谓内在的目的，是强调受教育者个人的自由、志趣和选择权，接受他们愿意的或者适合他们要求的教育，实现自己崇尚的理想；而教育的外在目的是认为教育必须为社会生活做准备，强调“教育是立国之本”，培养治理国家的人才。就我国而言，教育作为个人内在需要的目的长期被忽视了，只是从教育外在的目的进行表述和要求。

为什么教育的内在目的是如此重要呢？这是因为在任何情况下，外因是通过内因起作用，所以内因决定外因。也就是说，不尊重自由的教育，不可能是成功的教育，不尊重教育的内在目的，也不可能培养出有理想的杰出的治国人才。那么，什么是教育内在的目的呢？我认为，教育内在的目的就是让受教育者走得更远，包括在追求自己理想的道路上走得更远，在追求终极真理的道路上走得更远，在创业的道路上走得更远！

问题是怎样使受教育者走得更远？我国现行的教育能够使学生走得更远吗？肯定是不能的，因为功利主义已经把我国教育引入死胡同了，教育成了国人满腹牢骚的话题，但又都感到无可奈何。因此，不改革现行教育，学生就不可能从种种有形的或无形的束缚中解放出来，姑且不用说走得更远，甚至根本就不能迈开脚步。因此，我们必须有教育的危机感，再不能受那些所谓的“示范学校”的误导了，下决心走出应试教育的误区。为了让我们学校的学生走得更远，我特提出以下三点措施。

首先是树立远大的理想，要具有为实现自己理想而百折不挠的毅力。什么叫理想？对于这个问题歧义颇大，高调、空洞的意识形态式的口号不是理想，海阔天空的胡思乱想也不是理想。理想是发自每个人内心对好奇的追求，是对人类最有价值问题的求索，是对宇宙终极真理的破解。总之，理想就是他们的至爱，是人们梦魂萦绕的情愫，是其生命的一部分！为了追求理想，他们忘物忘我，如呆如痴，他们的精神已经进入“亦余心之所善兮，虽九死其犹未悔”的境界。

例如，瑞士天才数学家欧拉，他从小喜欢数学，可是身为神父的父亲却希望他成为一个传教士，于是他被送到教会学校读书。由于他不恪守循规蹈矩的保守教学，他被开除了。后来，他通过自学于 13 岁考取了巴塞尔大学，15 岁大学毕业，17 岁获得硕士学位，19 岁开始发表数学论文。鉴于他数学才华出众，20 岁被聘任为俄罗斯圣彼得堡科学院院士，先后共 31 年，后又被德国柏林科学院聘为院士兼物理研究所所长，履职共 25 年。他是与阿基米德、高斯、牛顿齐名的世界数学四杰，他一生共出版专著32部，发表论文800多篇，几乎通晓数学的各个分支，如代数、几何、三角、分析、拓扑、数论等。他28岁时，为了计算彗星的轨道，连续工作三天三夜，导致右眼失明。后来左眼也失明了，但他没有放弃对数学的追求，在黑暗中探索数学整整17年，这该是多么惊人的毅力呀！没有理想的支撑，他怎么能够走得如此之远?!

像这样有理想的成功人士，简直不胜枚举，如居里夫人、爱因斯坦、巴雷尼、爱迪生、富兰克林、贝尔、费马、怀尔斯、卡斯帕罗夫、佩雷尔曼、丘成桐、霍金、拉马努金、朱棣文、陶哲轩、盖茨、艾伦、乔布斯、佩奇、朱克伯格，等等。这些人都是因梦而生，因践行理想而成功！

其次，要掌握科学的方法，这是通往理想的金桥。现实与理想不同之处是，现实是真实存在的，是现在式；而理想是未来式，经过努力是可能实现的，但也有遭受到失败的。现实主义者与理想主义者的区别在于：现实主义者往往认为现存的一切都是天经地义的，一味地去适应它，而不愿改变它；而理想主义者总是希望改变现实中一切不合理的东西，以追求至善至美的状态。

怎么由现实到理想呢？人们是站在现实的此岸，要想达到被汪洋大海隔开的理想彼岸，必须要掌握通达彼岸的方法。这正如毛泽东同志所说：“我们的任务是过河，但是没有桥或没有船就不能过。不解决桥和船的问题，过河就是一句空话。”人们实现其理想也如同过河，不解决跨越汪洋大海的桥或船的问题，就不可能到达理想的彼岸。那么，实现理想的桥或船究竟是什么？这个桥或船就是科学的思维方法。

方法比知识重要，这是人所皆知的道理，但是在我国学校的教学中，重视知识而忽视科学方法训练的情况比比皆是。从小学到大学，我们都是开设单门知识课程，如语文、数学、外语、物理、化学、生物以及各个专业课程等，基本上没有开设思维方法的课程。这种状况必须改变，应当根据学生智力水平的发展，开设出各种思维方法的课程，至少应当占课程总学时的40%。例如，开设科学方法论、创造思维方法训练、开发和运用想象力、逻辑思维方法、创造技法理论与应用、头脑激励法等。人类正处于“知识爆炸”的时代，知识不仅急剧地增加，同时又在不断地过时和淘汰，我们绝不能被淹没在知识的汪洋大海里。掌握了科学的思维方法，人们不仅可以根据市场变化后新的工作学习需要学习新的知识，而且还能够创造新的知识。总之，知识是具体的，有时甚至会成为人们发挥创造的羁绊，而只有方法才能够帮助我们走得更远。

再次，知识不是力量，只有创造力才是真正的力量。英国 17 世纪哲学家培根在未发表的《沉思录》中有一句名言：“知识就是力量。”苏联有一本杂志叫《知识就是力量》，1956 年中国也创办了《知识就是力量》的杂志。从宣传知识的重要性和倡导青少年读书的角度，这句话是有积极意义的。但是，从知识的属性来看，它们仅仅是人们对客观世界的认识附载某种载体的反映，如书籍、发明专利和依据科学知识制造的各种仪器和设备等。但是，这些附载物只有被人们所掌握和使用的时候才能够成为力量，否则它们只是作为一种物品而存在，并不能成为力量。

我国的教育长期重视知识的传授与记忆，而忽视了创造力的开发，从而使得我国大多数人习惯于模仿，缺乏创造性。对此，我亦有同感，只要涉及电子设备、机械、交通工具、医疗检测、科学仪器、通信设备、服饰美容等，几乎没有一件是中国人发明的，更不用说重大科学理论的创立了。虽然我国经济很发达，但那大都是靠引进、模仿，然而这种仿造或制造的模式是不可能持久的，一个国家如果没有原创的技术，特别是属于自己的科学理论储备，到头来不可能有独立的技术，也不可能有独立的经济。

因此，我们必须改革应试教育，实施创造教育，培养学生的想象力，因为想象力是创造力的前提。爱因斯坦说过一句至理名言：“想象力比知识重要，因为知识是有限的，而想象力是无限的。”一项测试表明，我国中小学生的想象力在世界上排名是最低的，这不能不引起我们深刻的反思，改革传统的教育已经到了刻不容缓的时候了。大力开发我国青少年的想象力，让他们在实现其理想的道路上走得更远，这是国家未来希望之所在！

我们必须树立一个理念：以理想带动创造，以创造力来实现我们心中的理想。这是实现中华民族伟大复兴的必由之路，我们千万不能失去千载难逢的机遇！

（本文发表于《学习月刊》2013 年第 13 期）

再谈模仿思维的危害性

思维是人类特有的大脑活动，这是人区别于其他动物最主要的特征。人与动物虽然都有意欲，如食欲、性欲和自我保护欲等，但是人能够运用思维，而动物则不能。什么叫思维？所谓思维是人的一种心理现象，是人的大脑对客观现实的反映，由于客观世界的多样性和复杂性，因此人的思维也具有多样性的特点。根据美国心理学家吉尔福特用因素分析的方法，排出了智力的三维结构，进而他通过排列组合方法推导出120种思维方法，而模仿思维便是其中之一。

对待模仿思维，我们应当一分为二地看待，它是一把双刃剑，既有利也有害，其根本的区别是人们以什么思想去模仿。如果模仿是为了有所发现和发明，那是应该提倡和支持的。例如，人们从模仿蜻蜓的飞行而发明了直升机，模仿海豚发明了声呐装置，模仿鱼的游行发明了潜水艇，模仿乌龟形状发明了装甲车，模仿蝙蝠发明了超声波雷达，模仿袋鼠跳跃发明了越野车，模仿萤火虫发明了人工冷光，模仿野猪的鼻子发明了防毒面具，模仿猫头鹰发明了夜视仪，等等。当然，最典型的还是人工智能的模仿研究与应用，这是科学家们运用计算机模仿人的大脑思维最杰出的成果。正因为有了人工智能，所以才出现层出不穷的网络技术系列发明和运用。

但是，模仿既成的事物，特别是模仿他人的成果，这与创造性的模仿是完全不同的。

在某些标志性建筑的影响下，全国各地争相建设大剧院，建设地标式的高楼，到处可以看到外国城市建筑的复制品，如白宫、埃菲尔铁塔、罗马式的建筑等无限制地被复制。有人讥讽地说："美国只有一座白宫，而中国的白宫遍布城乡，既有办公楼、图书馆、法院、检察院，也有庄园、酒店。据说，某些房地产商和建筑公司还专门派人带着录像师，到美国、英国、法国、意大利、南非去录制他们的标志性建筑，以便在开发房地产建筑时使用，这种复制浪潮已经由大城市蔓延到县级城市。这是典型的抄袭行为，是模仿思维的表现!”

汽车工业被认为是一个国家的基础产业，发展汽车对于带动国民经济的发展，具有举足轻重的作用。但是，怎样发展我国的汽车产业，的确存在一个方向问题，是独立自主设计和发展自己的品牌，抑或是简单地靠引进、复制，这是关系到我国科学技术和经济独立的重大问题。可是，在模仿思维和急功近利思想的指导下，我国汽车行业完全采用了外国的技术和品牌，以争当世界汽车行业的老大地位。

可是，我们再看看这些企业的品牌，它们都是冠以美国、德国、日本、法国、韩国等国家的汽车品牌。因为这些企业都是合资企业，是引进国外企业的生产技术，故必须冠以外国企业的品牌。

其实，我国汽车工业从一开始就是走的模仿道路。在“文化大革命”以前，我国一汽生产的解放牌卡车是模仿苏联的吉斯－150，东风轿车是模仿苏联的伏尔加，红旗轿车是模仿苏联的吉姆，上海轿车是剖解和模仿德国的奔驰。改革开放以后，中国的国门打开了，欧美国家的汽车厂商鱼贯而入，一些省市争相建立合资企业，购买外国的技术，冠以合资的品牌，从而导致了中国至今基本上没有自己独创的汽车品牌。

除了以上两个典型的例子以外，中国人的模仿思维还表现在各个方面，甚至已经被定格化了，这是非常危险的。我记得，大概是 2011 年 6 月开始，由《光明日报》和北京市广播电视台联合举办“寻找最美丽的乡村教师”公益活动，应该说这是一项有意义的举措。这项活动历时两个月，经过自荐、推荐和网上评选，终于评选出了首届 10 名最美丽的乡村教师，他们是石兰松、薛跃娥、庄巧真、李修雄、杜顺、徐其军、任影、张桂梅、达苏和孙影。他们的事迹的确感人肺腑，引起了各界广泛的关注。在这些教师中，有残疾人，有癌症患者，以“最美丽”的词汇来形容他们，并不一定合适，而且也没有点到教育的本质问题。教育是爱心的事业，为什么不以“最有爱心”的乡村教师来颂扬他们呢?

然而，这个并非有创意的“最美丽”的词汇，一下子无限制地被克隆了。于是，被冠以“最美丽”的各项活动纷纷出台，媒体上出现了冠以“最美丽”的各种人物。例如，最美丽的乡村医生、最美丽的乡村邮递员、最美丽的“村官”，最美丽的消防队员、最美丽的建筑工人，甚至还有最美丽的大学宿舍管理阿姨，等等。我国由于模仿思维已成痼疾，以致不少人成了不动脑筋的庸才或蠢材。

本来，中国的汉语博大精深，可以有丰富的词汇用来形容不同职业人的特点，例如“白求恩式的”乡村医生，最不怕苦的乡村邮递员，最勇敢的消防队员，最富有奉献精神的建筑工人，最负责任的宿舍管理阿姨。遗憾的是，中国人已经习惯了模仿思维，不去开动脑筋，只想走捷径，贪便宜。如果再这样下去，我真担心中国人的创造思维不仅会泯灭，甚至会导致国民思维的僵化与退化，那将是中华民族的悲哀呀！

那么，模仿思维到底有哪些害处呢？首先是压抑了我国人民的创造性，这是中国至今不能在诺贝尔科学类的奖项上实现零的突破的根本原因。创造思维是人的最高级的思维能力，它是从无到有的创造行为。我国大者在电子、机械、科学仪器、医疗仪器、通信设备、交通工具等领域，小者在手术刀、包装设备和服饰等方面，完全没有中国人首先发明的产品，这是我们应该感到汗颜的。有人说，中国除了土特产以外，再也没有属于我国发明创造成果的产权了。这话虽然难听，但不得不引起我们深刻的反思。

其次，由于克隆国外的先进技术或产品，侵犯了首创者的知识产权，严重影响了中国在世界上的信誉。山寨货在我国大行其道，不少城市甚至出现了“山寨一条街”。国外对中国的剽窃行为是大有微词的，甚至说中国是“假货天堂”。中国已经是世贸组织的成员国了，我们应当遵守国际贸易规则，打击盗版的山寨货，坚决维护国家的尊严。

再次，模仿思维助长了急功近利的投机取巧行为。我国经历了2000多年的封建社会，而小农经济的思想残余，依然充斥在文化、教育、科技、经济和社会各个领域。小农思想的一个特点是，终日做着发财的梦，一旦看到别人的好东西，马上就想抄袭或模仿，而不是靠创造以达到致富的目的。投机取巧是不道德的行为，抑制投机取巧必须加强道德教育，同时应宣传模仿思维的危害性，转变根深蒂固的模仿思维。

冰冻三尺，非一日之寒。中国人的模仿思维既有历史的根源，又有教育方面的原因。从历史文化根源上说，主要是受到象形文字的影响，幼儿从小就是以临摹字帖习字，模仿名家的书法，久而久之就使模仿思维定格化了。应试教育的一套做法，如范文和标准试题等，都助长了模仿思维。另外，中国人常常忽视精神灵性的培育。教育在培育人的精神灵性方面肩负着重要的责任，而且必须从少儿抓起。美国流行音乐之王迈克尔·杰克逊有句名言：“精神层面上的灵性，是我们创造力的另一个泉源。”人的精神灵性的培育，家庭和学校教育都负有重要的职责。我们应当认识到，只要有了精神灵性，既可以激励人们的创造性，又能够滋养美德行为，这种一举两得的功效，正是我国教育应当坚持的正确方向！

（本文发表于《学习月刊》2014 年第 7 期）

什么是成功的家庭教育

中国是一个十分重视家庭的民族，国家一词就是由“国”和“家”组成，这是任何其他国家语言所不具有的深刻蕴意。早在2500多年以前，孟子曰：“人有恒言，皆曰天下国家，国之本在家。”香港影坛巨星成龙和刘媛媛在国庆60周年的焰火晚会上，演唱了一首名为《国家》的歌曲，引起了全场强烈的共鸣。其中，有几句歌词是：“都说国很大其实一个家，一心装满国一手撑起家，家是最小的国国是千万家。”这说明在汉语中，国与家是不可分割地联系在一起的。正是这个原因，使得中华文明在世界四大文明中，成为唯一香火不断的文明，这是令华夏子孙感到无比自豪的！

既然国与家密不可分地联系在一起，那么家庭教育和国家的教育，也应当是相辅相成的。我国古代就有“家国同构”的教育模式，就是把教化天下的任务分摊到每个家庭承担。这正好体现了家庭是孩子成长的第一所学校，父母是孩子最早的启蒙老师。由此而论，家庭在教育中肩负着不可替代的重要作用，人类的知识、经验和文明的传承，基本上是通过家庭链条进行的。世界事物的发展往往遵循螺旋式上升的规律，比如自学，人类就是由自学发展到学校教育，而且又将会从学校教育发展到以自学为主的网络学习。

我国具有悠久的文明传统，在其发展的历史中，曾经有过不少家庭教育成功的例子。例如，《欧孟仪型》是清朝吴嘉猷的一幅名画，展示的是欧阳修和孟轲的母亲教子的画卷。孟子3岁丧父，从小聪颖，天性贪玩，模仿力极强。为了给孟子营造学习的环境，孟母三迁，终于成就了一位伟大的思想家和教育家，孟子被后人称颂为我国古代的“亚圣”。无独有偶，北宋时的欧阳修4岁丧父，母亲偕他从江西迁到湖北随州，投靠做官的叔父。寄人篱下的日子过得很艰辛，但母亲没有放弃教子之责，用木炭和树枝教儿子识字写字。后来，在自己已经不能再胜任教授儿子的情况下，就鼓励他自学，没有书就四处借书、抄书自学，终于使欧阳修成为“唐宋八大家”之一的大文豪。

实际上，《欧孟仪型》展现的仅仅是家庭教育成功的个别典型，像这样成功的例子是不胜枚举的。我们可以这样说，古今中外每一位杰出人才的背后，都有伟大的父母之爱，以及他们为教育子女所付出的心血。反之，每一个家庭教育的悲剧，从根本上说，也都有父母放弃教育或者教育不当之责。因此，为人父母者永远不要忘记自己的重任，从某种程度上说，父母的正确教育将影响孩子的一生，甚至决定他们的前途和命运！

事实上，我国家庭教育一直是存在的，只不过人们是自觉或不自觉地在进行，是以正确或不正确的方法在进行。从目前的情况来看，我国家庭教育存在两种极端情况，即过度溺爱和棍棒教育，虽然其表现形式迥异，但都是违背教育规律的，因此也都是有害的。就大多数家长而言，他们处于家庭教育的灰色地带，即有心教育孩子，但又不知怎样以科学的方法教育好孩子。由于我国教育市场的兴起，近十多年出现了众多的家庭教师和培训学校，还有网络学校。虽然不能一概否定这些家庭教师和培训学校的作用，但仔细看看，这些培训学校都是市场催生出来的，是改头换面的应试教育。

俗话说，知子莫如父。因此父母应当是最好的家庭教师，我们为什么不承担起自己的职责呢？有些家长宁可送孩子去上补习班，或请家庭教师，也不愿自己学习和研究教育学，担负起教育孩子的责任，这是转嫁或是推卸自己的责任。事实上，现今绝大多数的学生家长，都具有担负起教育孩子的能力，比起欧阳修和孟轲母亲那个时代的水平要高得多，完全能够培养出现今的欧孟那样的杰出人才。当然，现在时代不同环境不同了，但只要我们坚持正确的教育价值观，树立“立学以读书为本”的思想，营造清心寡欲的学习氛围，抵制功利主义的诱惑，排除浮躁和浮夸的影响，家庭教育是大有作为的！家庭教育是由家庭和教育两部分组成的，而东西方在家庭与教育方面的观念又是迥异的。我认为，在进行家庭教育时，东西方完全能够做到互补，既要发扬我国重视家庭的美德，又要借鉴西方教育子女的先进理念，比如，去掉父道尊严，多一些平等和对孩子的尊重；放弃对孩子的支配欲望，多尊重孩子的自由选择权；少一些溺爱，多鼓励孩子独立自主；少一些包办代替，鼓励孩子自立自强；少一些担心害怕，多鼓励孩子冒险；淡化分数和状元情结，着力启迪孩子的智慧和思辨能力；放弃模仿和形式主义，多鼓励孩子探索和创新。总之，我们要在发扬重亲情、爱抚、孝道、诚信、守纪律、朴实等美德的同时，要采用先进的教育理念，让孩子沿着正确的方向成长。

英语退出高考是“短视症”

近来，媒体不断披露我国高考改革总体方案，其中之一就是从2017年起英语将退出高考，代之实行社会化的考试，一年考多次并以最好的成绩计分。看到这则消息后，我不仅不为之叫好，反而忧心忡忡。这是因为我国在普及英语学习方面，经历了太多的折腾，严重阻碍了国人英语水平的普及与提高。

在新中国成立以前，民国时期学校英语教学水平还是很高的，特别是许多教会和私立学校，英语已经达到了十分普及的程度，甚至连学校的工友也能够讲一口流利的英语。可是，到了1952年院系调整时，取缔了私立学校和教会学校，把它们相关的系或专业合并到公立学校，从而把它们统统肢解了。更有甚者，在进行反对“亲美、崇美、恐美”的思想教育运动中，把英语当作“敌国”的语言取消了，凡是教授英语的教师都必须速成学习俄语，改上俄语课。我正好赶上了那个极左的年代，即使想要学习英语，连找一个启蒙英语教师也是“踏破铁鞋无觅处”。在无可奈何的情况下，我只得从俄语的注音学习英语，仅仅学到了一丁点洋泾浜式的英语。

在连续十多年极左运动的影响下，甚至喊出了“不懂ABC照样干革命”的口号，从而长期误导了中国人，致使中国在“文革”以前英语普及水平属于最低之列。拨乱反正以后，我国各级学校逐步恢复了英语教学，加强培训英语师资，聘请英美国家的教师来华任教，使英语教学进入一个新的阶段。特别是实行对外开放以后，大批青年人为了出国学习，积极参加TOEFL和GRE考试，极大地推动了英语的学习普及。大约从1987年开始先后在大学中实行英语四级和六级证书考试，又进一步促进了英语的学习与提高。这些措施的采取，有力地提高了我国青年人的英语水平。但是，我国国民的英语素质，在世界范围内仍然是偏低的。

正在这个关键时期，国家教育主管部门不知出于什么原因的考虑，打算从2017年起让英语退出高考。我认为这是“短视症”，对我国国民的英语素质和在国际范围内的竞争都是极为不利的。据认为，英语退出高考的理由之一是实行社会化的考试，这并不是充分的理由。如果说社会化考试是优越的办法，那为什么语文和数学不实行社会化的考试呢？也许，有人认为英语学习占的时间太多，冲击了语文、数学等所谓主课的学习。值得反思的是，我国从小学到研究生总共要花15年左右的时间学英语，但效果并不好，评论说是“哑巴”英语。这种情况只能说明我国国民的英语水平教学存在的问题很严重，学习了这么长时间的英语，但我国国民英语水平却仍然属于亚洲最差的国家之列。也有人说，英语退出高考并不会降低英语的重要性。这明明是强词夺理，从高考语文、数学和英语满分150分到英语退出高考，这明明是对英语的另眼看待，怎么不是降低要求呢？正确的做法应该是，继续强调英语对于提高国人素质的重要性，同时大力改革英语教学方法，把我国国民的英语素养提高到“极高熟练度”的世界先进水平。

鉴于我国当前英语水平的状况，我真诚地吁请国家教育当局，应当慎重地抉择，不要再折腾我国的英语教学了。我认为，如果采取英语退出高考的措施，将导致以下不良的后果。

首先是将使我国国民英语水平进一步下降，拉大同国际先进水平的差距。2013年，国际英孚教育机构对世界非英语国家的英语熟练程度进行了排名，第一级属于“极高熟练度”的，有7个国家，大多是北欧的国家；第二级是“高熟练度”，大约有5个国家，包括把英语作为国语的新加坡、菲律宾和马来西亚等；第三级是“中等熟练度”，共有8个国家，包括亚洲的印度、日本、韩国、印度尼西亚和越南等；第四级是“低熟练度”，共有6个国家，中国排名在末尾。情况真是令人忧虑，我国英语水平不仅落后于英联邦的印度、巴基斯坦等国，而且也落后于印度尼西亚和越南，我国没有任何骄傲和自满的理由，对英语教学和考试不能有任何放松的思想。

其次是英语水平直接关系到在国际上竞争的能力。一个国家人才的英语素养，在国际人才竞争中具有非常重要的作用。我国在国际组织中担任要职的没有几个，与另一个大国印度相比，简直是相形见绌。例如，美国硅谷诞生于20世纪70年代初新技术革命浪潮中，到80年代硅谷中7%的创新企业由印度人领导，到90年代，这个比例上升为13%。印度被称为盛产国际大公司CEO的大国，如微软的新任CEO赛特亚·纳特拉，其他的还有百事可乐、德意志银行等大公司的CEO。美国《时代》周刊2011年曾预言："印度的头号输出品是CEO。"普遍认为，印度的软件人才很牛，欧美软件人才基地在印度。又据统计，美国30%的医生为印籍，在印度国内几乎所有的医院都通用英语工作，甚至连印度的乞丐也能够用英语化缘。这些都说明，这些国家的英语达到了非常普及化的程度，我国与之相比有着巨大的差距。当今，国际人才竞争，既要求有高深的专业理论和精湛的技术知识，又要有非常熟练的英语工作能力。在这些方面，我们还是竞争不过印度人。香港的用人市场基本被菲律宾人占领了，没有内地输出劳务的机会，显然内地人不懂英语或水平不高是其中一个重要的原因。

再次，当今英语是国际通用语言，没有极高熟练程度的英语，是无法走向世界的。例如，当今全球所有的国际会议都是使用英语，三分之二的出版物是英语，80%的网页是英语。我国现在尚属于低熟练程度的国家，而且排名偏低，这与我国在国际上的地位是极不相符的。我国在普及和提高英语水平方面，既不能自满，也不能有松一口气的思想，而应当继续强化和改革英语的教学，提高对学习好英语重要性的认识。中美两国之间龃龉甚多，但绝不能因此而忽视对英语的高度重视。套用洋务运动的一句话"以夷之长以制夷"，只有掌握了精湛的语言工具，我们才能更好在国际舞台上与之竞争和较量。

俗话说，考试是一根"指挥棒"，我国当今的统一高考不正是在起着这样的作用吗？鉴于现在大学的学风不好，而且大学生们都非常功利，我们可以想象到，如果英语从2017年退出高考，他们之中的不少人肯定会放松对英语的学习，因为他们有后退之路，也就是所谓的社会化考试。然而，这些考试与统一高考的严格性和保密性是不能同日而语的，谁知道将会出现什么样的情况呢？到那时，不是"亡羊补牢"的问题，而可能是自食"失马亡羊"的苦果。

过去，我曾经多次表示反对高中毕业生免试推荐，反对高考一切加分，反对大学毕业生免试读研究生，这些措施的弊端，不幸都被我所言中。现在，就英语退出高考一案再进一言，切勿谓言之不预也！

（本文发表于2014年6月19日《南方周末》）

怎样才能破解“钱学森之问”

——写在“钱学森之问”提出10周年

钱学森先生是我国著名的空气动力学大师，是资深的两院院士和“两弹一星”功勋科学家。他对中国科学技术与国防建设的贡献，无人望其项背，是名副其实的中国“航天之父”和“火箭之王”。他博学多识，除了在航天科学领域的贡献以外，在系统科学、控制论、思维科学、科学艺术等领域亦有重要的建树。先生早年留学美国加州理工学院，师从20世纪空气动力学大师冯·卡门，那里是创造的沃土、大师的乐园和滋生学派的摇篮。他得益于那里自由、创造性的学习和研究，他从自己成功的经历，深切地感知到创造教育的重要。因此，他一直倡导创造教育，其代表性的教育思想集中反映在《集大成得智慧——钱学森谈教育》和《钱学森创新教育的伟大实践》两本著作中。特别是到了晚年，先生最牵挂的还是教育，94岁时，在与温家宝总理的一次谈话中，提出了一个被称为“钱学森之问”的振聋发聩的建言。遗憾的是，这个问题提出已经整整10年了，迄今依然没有得到破解。

什么是“钱学森之问”

2005年7月29日，温家宝总理来到解放军总医院康复楼，探视已94岁的钱学森先生，目的是征求先生对国家制定“十一五”科技发展规划包括重点领域、关键技术和重大项目等的意见。谈完对科技规划的意见后，钱学森先生说：“我要补充一个教育问题，培养具有创新能力的人才问题。一个有创新能力的人，不但要有科学知识，还要有文化艺术修养，没有这些是不行的。”“现在中国没有完全发展起来，一个重要原因是没有一所大学能够按照培养科学技术发明创新人才的模式去办学，没有自己独特的创新的东西，老是冒不出杰出人才，这是个很大的问题。”

什么是“钱学森之问”呢？从谈话中可以看到，为什么老是冒不出杰出的人才或者为什么培养不出杰出的人才，这应当是先生提问的主旨，也是“钱学森之问”的核心问题。其实，这个问题的答案先生在谈话中已经给出了，就是“一个重要的原因是没有一所大学能够按照培养科学技术发明创新人才的模式去办学”。从因果关系看并不难理解，杰出人才是果，而能否按照培养科学技术发明创新人才模式去办学是因。本来，问题并不是十分复杂，我们只需要认真理解和大胆实践就行了，可是我们并没有这样去做。

那么，究竟什么是杰出的人才？迄今尚没有一个统一的界定，每个人的理解可能不尽相同，似乎每人心中都有一个不便言明的标准。但是，我认为宁可严格以求，而不可做庸俗的理解。其实，先生提出这个问题，就是以己量身定制的标准。我愿意以先生为标准，把杰出人才的条件具体化。按照我的理解，符合以下条件之一者，方能够称得上是杰出的人才：获得包括诺贝尔奖在内的世界各学科领域的大奖者；在各学科领域被国际公认的学术大师；创建科学学派的领军人物；出版了传世的学术或文学经典著作者；在科学技术领域里做出了能够引起革命性变革的重大发明者。窃以为，也许只有这样的人才，才是钱学森先生希望看到的杰出人才。

“钱学森之问”的困惑

我研究创造教育学30多年，对有关创新和创造的信息是比较敏感的。钱学森先生与温家宝总理的谈话是2005年7月29日，而《光明日报》是8月23日报道出来的，时差居然长达25天，这绝非是对待一位科学泰斗的重要建言的正常态度。从这个时候开始，我就在等待国家教育当局和各大学的校长们的回应，但我彻底失望了。

2006年11月20日，温家宝总理在中南海第四会议室召开会议，传达和研究钱学森先生的建言，这距钱学森先生提出建言又过去了一年三个多月的时间。参加会议的有6位大学校长和多名教育家，温家宝总理说“就钱学森提出的建言请教大家”。可是，与会者们对“钱学森之问”的解答却是“加大对教育的投入”“加大高等教育的改革”“促进高等教育的大发展”，等等。这些回答完全不着边际，可以说是离题万里。

在钱学森先生逝世后不久，安徽师大传媒学院院长芮必峰等11名知识分子，以公开信的方式致函国家教育部部长袁贵仁，呼吁教育界直面“钱学森之问”，希望“我们一起来深思、来解题……这一天的早日到来，便是对钱老最好的缅怀”。可是，呼吁归呼吁，仍然没有见到教育部对《公开信》做出积极的回应。

上海交通大学是钱学森先生的母校，对先生怀有深厚的感情，2010年10月28日，在钱学森先生逝世一周年之际，举行了“求解钱学森之问”的纪念大会。该校领导人表示：“母校肩负着率先回答学长之问的责任。”可是，时至今日，人们仍然没有见到上海交通大学设计出创新教学的模式，也未能发现该校在推进教育改革和培养创新人才方面采取了哪些措施。

“钱学森之问”牵动全国各界，求解或是破解的人士无以计数，提出的答案也是应有尽有，不妨选择数例摘录于后：

国家教育部回应：改革人才评价制度；

刘人怀院士等学者撰文《试答钱学森之问》，他们提出的措施有：建立可持续发展的教育体系；摆脱教育行政体制对教育的束缚；教育去产业化，摆脱市场化对教育的干扰；教育去关系化，让创新人才脱颖而出……

某院士回答：浮躁情绪是最大的敌人；

其他的回答还有：从幼儿抓起，改革中学教学，举办英才班，等等。

在2015年即将到来之际，北京举办了首届“中国教育三十人论坛”年会，一起求解著名的“钱学森之问”。与会者有经济学家、哲学家、教育家、作家等，这是集多学科专家的一次问诊，也可能是迄今民间规格最高层次的研讨会。经济学认为“均值”高而“方差”小，难出杰出的人才；教育家认为过度行政化影响大学的创造力；哲学家认为培养杰出人才首先要加强人文教育，等等。这些回答未免太学术化了，虽然对人们有某些启发作用，但却无助于破解“钱学森之问”。

以上各种各样的回答，虽然不能说都是不正确的，但至少都没有涉及“钱学森之问”的核心。这就使我感到非常困惑，一个本来并不是非常复杂的问题，为什么大多数人都不能正确地回答？原因就在于迄今70岁以下的大多数人都是接受传统的应试教育，很难有“创造”的思想意识，也分不清创新与创造的本质区别。另外，中西方思维的差异也是一个重要的原因。中国人的思维方式是“求多不求新、求同不求异、求稳不求变”，而西方人则恰恰相反，这就是不能破解“钱学森之问”的主要原因。

完整版的破解之道

值得指出的是，求解“钱学森之问”的答案与求解数学上的猜想不同，后者只需得到一个符合假设条件和逻辑推导的数学证明，而前者不仅仅是一个理性的回答，更重要的还需要付诸实践。因此，可以这样说，“钱学森之问”是答易而行难，它不仅受到教育内外部各种因素的掣肘，而且必须对现行已经过时的大学教学模式进行根本性的变革。

那么，究竟怎么样破解钱学森之问呢？近10年以来，我无时无刻不在思考这个问题，力求从整体上来破解钱学森之问。我设想的破解方案是由三部分组成，它们是互相联系的，而且都具有可行性，每所学校都是有条件实施的。

一、大学可行的创造教育模式。现在大学的教学模式已经沿袭300多年了，它是以课堂为中心、以教师为中心和以课本为中心，简称为“三中心”的教学模式。为了改革这种已经过时了的僵化教学模式，我设计了一种称为SSR的创造教学模式，并撰写了《关于创造教育模式构建》一文，发表在2000年《上海教育发展研究》第12期上，被该刊评选为年度优秀论文一等奖。在改革僵化的教学模式问题上，我与钱学森先生是不谋而合，都主张大学应当按照创造教育模式办学。

什么是创造教学模式呢？我设计的SSR创造教学模式，其中第一个S代表自学（Study independently），第二个S代表课堂讨论（Seminar），而R代表科学研究（Research）。这三种学习方式既是互相联系的，又是由浅入深的推进过程，都体现了学习者独立自主的特点。自学与讲说章句相区别，课堂讨论是双向交流，能够激发灵感，在辩论中增长才干，而科学研究是走自己的路，创造新知识。具体实施步骤是：在普遍自学的基础上，选择一些有代表性的疑难问题，提到课堂上讨论并进行辩论，以达到举一反三的目的。进而，再将课堂讨论中形成的某些有探究价值的问题，在教师的指导下，由学生独立进行研究，达到既提高研究能力又出成果的目的。因此，SSR模式是新颖的，符合创造性教学的原则，是培养杰出人才的重要途径。

同时，SSR模式又是切实可行的，每所大学都是有条件实施的。这个模式的关键是自学，人类的文明传承就是从自学开始的。印度天才的数学家拉马努金12岁开始对数学产生了兴趣，15岁就自学和自己解答数学疑难问题，后被英国剑桥大学著名数学家戈德弗里·哈代发现，被邀请到剑桥大学深造，成就了一位20世纪初叶伟大的数学家。华罗庚先生是由初中毕业生成为世界数学大师，他的学问也都是自学来的。既然抽象的数学都能够自学，那还有什么课程不能自学呢？尤其是单纯表述性的人文社会学科的各门课程，只要具备了高小的文化程度，都是能够通过自学掌握的。然而，现在还完全逐章逐节地讲授，不仅浪费了时间，而且窒息了学生的智慧。因此，必须完全抛弃“三中心”的教学模式，代之以SSR创造教学模式。

二、大一统的教育体制已成为沉疴宿疾。正是这些痼疾，阻碍了杰出人才的成长。目前，大一统的教育体制表现得十分明显：教育部控制了大部分教育资源，教育部的直属大学越来越多，从“文革”前的20所膨胀到现在的75所。此外，还有211工程大学112所，985工程大学39所，它们完全是由教育部指定的，而不是平等竞争产生的。自20世纪90年代初开始，在教育部主导下，全国大学频频改名，大专学校和单科学院升格，大学合并都要建设大而全的航空母舰式的大学，从而掀起了一股攀比风、浮夸风、学术剽窃和造假风。这些歪风邪气是与培养杰出人才相悖的，现在是到了需要用猛药治沉疴的时候了。

科学发展史表明，创造性的果实只生长在自由的园地，杰出的人才只能成长在自由的环境里。科学的态度就是质疑，科学的精神就是批判，因此营造大学独立和自由的学风，就是造就杰出人才的关键。经济体制改革的经验表明，统一得越多，经济越没有活力，管理得越多，基层就越没有主动性和创造性。既然计划经济拯救不了我国的经济，难道大一统的教育体制能够振兴我国的教育吗？因此，教育改革必须以改革大一统的教育体制作为突破口。教育部要率先进行自我革命，首先是从简政放权开始，必须转变教育部领导的职能，精简机构设置，下决心解决大包大揽和瞎指挥的现象。

在进入新的一年之时，教育部门又喊出了打响教育改革攻坚战的口号，这并不是第一次提出类似的口号。自1999年11月13日，国务院批转了教育部《面向21世纪教育振兴行动计划》以来，先后制定了不少教育规划，其中都强调了要加快教育改革的步伐，可都是雷声大雨点小，少有改革的成效。依我看，这一次又喊出了要打教育改革的攻坚战，但又没有选准目标，显然也难见成效。除了高考和招生改革外，其他并不是什么重要的项目，如解决小学就近入学问题，教师师德“红七条”等。这些工作不是不需要抓，而不必由教育部来统管，这样势必导致捡了芝麻而丢了西瓜。

三、创造教育需要从少儿抓起。人才的培养是一个系统的过程，大学只是收获期，而播种和耕耘却是在基础教育阶段。少年儿童正处于身心发育的关键时期，在他们思维尚没有定势之前，是实施创造教育的最佳时期。因此，必须对少年儿童进行正确的教育和引导，这对培养杰出人才是至关重要的。

从本质上说，教育是启蒙和解放。所谓的启蒙就是开启他们的智慧和健康的心灵。教育的解放作用主要表现在，解放少年儿童的个性、好奇心、想象力、求异的思维习惯和冒险精神。这五点是决定一个人有没有创造力的关键，可是在应试教育的压力下，这些重要的素质都被泯灭了。据报道，美国教育进展国际评估组织（NAEP）对21个国家的调查显示，中国孩子的计算能力排名第一，创造力排名倒数第五，而想象力则是倒数第一。生理学家已经证明，人的大脑分为左右两半球，左脑是知识脑，右脑被称为创造脑，前者的功能是语言、计算、概念、分析等能力，而创造脑的功能是想象力、直观、空间、形象等。我国基础教育把语文、数学、外语当作主课，而把音乐、美术、科技制作当作副课，颠倒了智能训练的主次关系，从而导致了想象力和创造力低下的状况。

值得注意的是，我国各级教育主管部门仍然是以上重点、考高分、进名校和高升学率来树立示范学校。现在全国各地有不少应试教育典型，如超级考试工厂、亚洲第一考试工厂和各级示范学校，虽然这些中学升学率很高，不少学生考上了名牌大学，但考上名牌大学并不意味着成才。

考高分与进名牌大学，究竟与成才有什么关系？长期以来，包括国家教育领导部门的不少人都认为，我国的基础教育是最好的，在世界中学生的考试比赛中，都是居于全球之首。其实，这是一个悖论，考高分、进名校与成才没有直接关系。如果我国基础教育最好，照说这些学生进入大学后更有后劲，但为什么我们的大学水平又不高呢？据统计，美国大学生创业率高达20%～23%，而我国大学毕业生创业率不到2%，成功率不到1%。这种差别，正说明我国基础教育存在的问题，我们绝不能再沾沾自喜了。我国基础教育的出路，必须从幼儿抓起，实施以创造力为核心的素质教育，彻底解放他们的想象力和创造力。

上述三点是我对“钱学森之问”完整版的破解，虽然不一定是最理性的答案，但毕竟是我用心求解的。我希望各界的同人都来献计献言，群策群力，共同求解“钱学森之问”。

（本文发表于《同舟共进》2015 年第 4 期）

中国必须创新教育价值观

教育意味着启蒙人、解放人。正确的教育价值观应当是：呵护自由、培育兴趣、掌握知识、启迪智慧、树立诚信、享受快乐。

20 世纪 90 年代初，是中国高等教育发展史上的一个重要拐点。高等教育界呈现了超常规的发展，西方发达国家往往需要 50 到 100 年才能完成的高等教育大众化，而我国仅仅用 8 年的时间就实现了。

这种跨越式发展，虽然对推进中国教育事业起到了一定作用，却也产生了一些问题，教育质量出现“泡沫化”。一些学校盲目圈地造城，不惜债台高筑；一些高校行政化现象较重，官本位思想当道。而不断曝出的名师评选作假、教育评估造假、学术剽窃风波不断，乃至查处的高校经济贪腐现象，令人痛心。高等学术殿堂本是全社会的道德高地，人们尤其难以容忍飘荡出的每一缕乌烟瘴气。

造成这些问题的原因，与这些年教育价值观出现偏差或缺失有直接关系，教育急切地追求“产业化”，“教育工程”思维相当普遍，这些都违反了教育规律。一个明显的例子是：素质教育喊了 20 多年，但直到今天，从学校、学生到家长，无不还在强化应试教育。原因何在？因为学校要提高升学率，教育行政部门要大扩展，家长们望子成龙，学生们想出人头地，而出版单位则忙着兜售教辅书籍和高考秘籍来赚更多的钱……教育影响着每一个人，但大部分人还是置身教育改革外，不管是主动还是被动，残酷的现实就是：人们还在集体“维护”应试教育。

所谓教育价值观，一方面表现为教育的价值取向、教育价值的追求，以及凝聚教育价值的目标；另一方面表现为教育价值的尺度和准则，是人们评判教育价值有无、高低和大小的标准。教育价值观是教育和学校工作的生命和灵魂，如果价值观错了，那么对教育中的许多是与非、好与坏，都会得出截然相反的结论。

人们常说，父母是孩子的第一任教师，可是家长们往往在向孩子灌输什么价值观呢？是分数还是能力、是诚信还是伪装、是学会质疑还是做乖孩子、是享受快乐还是加码补课、是尊重孩子的志趣还是包办代替、是陪读还是培养自立……家长的教育价值观影响着孩子们的成长。同样，学校是传授价值观的地方，如果学校开错了药方，更会在学校教育价值观与社会价值观之间形成恶性循环。因此，我呼吁家长们，请放飞你们的孩子吧！呼吁各级学校的教师们，请解放你们的学生吧！

总的来说，目前我国的教育价值观中，既有传统的也有现代的，既有正确的也有错误的，传统的教育价值观仍占据着绝对的主导地位。而这种传统教育价值观，是以儒家文化价值观为核心，具体表现为：重实用而轻理论、重文凭而轻能力、重传统而轻创新、重视教育的工具价值而忽视教育的内在价值。自古以来，读书做官是文化人的基本价值取向，孔子的“学而优则仕”更是强化了教育的功利性。

值得注意的是，中国社会目前存在一股人心浮躁和利欲熏心的不良风气，拜金主义、功利主义和个人主义大大影响了教育价值观。本文开头所列出的大学种种乱象，都是形式主义和势利价值观造成的。可惜的是，很多大学怕自己吃亏，纷纷跟风，趋同思维造成了更大的恶果，也暴露了一些大学的功利主义、虚荣心和浮肿病。

俗话说，治漏找因，治乱除根。教育价值观是导致我国教育诸多问题的根源，创新我国教育价值观刻不容缓。建立正确的教育价值观，应使教育回归到本来的功能上。教育是以人为中心的事业，从根本上说，教育意味着启蒙人、解放人。从这个基本点出发，正确的教育价值观应当是：呵护自由、培育兴趣、掌握知识、启迪智慧、树立诚信、享受快乐。为了建立这样的教育价值观，必须反对灌输式的教育，反对分数挂帅，反对文凭至上，反对功利主义，反对广告和一切商业行为对教育的干扰，使教育回归到“原生态”，也即专心致志的育人和做学问的“冷环境”，而任何“热环境”都会使人们头脑热膨胀，导致学术浮躁、浮夸和造假。

真诚希望我国各级各类学校，能够认真地进行反思，在树立正确的教育价值观方面，勇敢担当起自己的责任，切实采取有效的措施，不辜负国家和时代对我们的期望！

必须解放中国的“少年派”

2013年新春之际，央视综合频道新推出的《加油，少年派》迅速获得了一片喝彩声。这个节目是由北京光线传媒股份有限公司策划和制作的，目的是为全国拥有丰富才艺和怀有梦想的少年提供一个展示自我的舞台，使他们尽情地展现自己的个性和才艺。我观看了7月5日这一期的节目，其中有一个孩子叫Bjorm（中文名字叫沈必昂），他用琵琶演唱了英文歌曲《I believe I can fly》（我相信我能飞）。这是美国著名歌手阿·凯利（R·Kelly）创作和演唱的一首歌曲，他获得了1997年格莱美奖，并成为电影《空中大灌篮》的主题歌。这是一首励志歌曲，内容积极向上，对广大青少年具有很大的激励与鼓舞作用。

我有理由推测，《加油，少年派》中的“少年派”是从《少年派奇幻漂流记》中借用来的，因为此前我国并没有“少年派”这个词汇。但是，二者之中的“少年派”的指向是不同的，《加油，少年派》是指一批追求展现个人艺术才华的少年儿童，而《少年派奇幻漂流记》中的“派”是指一个人，即17岁的帕特尔。本文也借用“少年派”这个词，而我所指的“少年派”是我国2.08亿正在受应试教育煎熬的中小学生，我呼吁必须从“三座大山”的重压下把他们解放出来。

是危言耸听吗？非也！那么，我国少年派们所受的压迫是什么，是哪“三座大山”？这“三座大山”是指家庭、学校和社会。这是压制少年儿童的想象力和创造性，导致中国人善于模仿而缺乏创造性的最根本的原因。

首先是家庭，确切地说是望子成龙（或望女成凤）的错误家庭教育价值观，给少年儿童造成了巨大的压力。俗话说，家长是孩子的第一任启蒙老师，那么家长们究竟是怎样教育自己的孩子呢？是要求孩子考高分，抑或是开启智慧；是要求孩子加班加点地补习，抑或是让孩子享受童趣；是尊重孩子的自由选择抑或是包办代替；是要求孩子出人头地抑或是做合格的公民；是适当地鼓励抑或是不当的物质重奖；是要孩子争当班干部抑或是鼓励孩子做义工；是要孩子做诚实守信抑或巧伪人………我们必须看到，为数不少的学生家长，并不知道如何正确地教育孩子，存在着过度溺爱和打骂两种极端的情况，它们造成的悲剧是不计其数的。

“父母皆祸害”是一句惊世骇俗的话，听起来似乎有些刺耳，但确实存在这种情况。这句话是出自于英国畅销书作家尼克·霍恩比的小说，是小说主人公杰丝发出的感叹。她的父亲是教育部部长，但他对子女的不当教育，使得姐姐出走，母亲陷入精神病，夫妻关系越来越紧张。这不是英国才有的现象，在中国类似的教育方法不当的父母何止千万，因为我国家庭教育价值观比欧美国家更世俗化和功利化。

我国中小学的应试教育，是把学生们捆缚在考试的“战车”上，使他们都变成分数的奴隶。什么叫应试教育？通俗地说，就是一切为了应付考试的教育，它就是古代科举考试的翻版。应试教育追求的就是高分数、高学历和高学位，这完全是教育虚伪性的表现。谁都知道，高分低能的情况比比皆是，高学位并不真正代表一个人的真实水平。应试教育的种种弊端暴露以后，教育界的有识之士倡导素质教育，以替代应试教育。在 20 世纪 90 年代，对素质教育宣传的力度还是很大的。每年的两会上，代表和委员们纷纷挞伐应试教育，各级教育行政部门也纷纷交流推行素质教育的经验。

可是，进入 21 世纪以后，应试教育越来越猖狂，再听不到两会的代表们对应试教育的批评之声了。这究竟是怎么回事？是应试教育已被完全遏制了，抑或是人们对应试教育已经麻木不仁了？大量的事实说明，情况只能是后者，请看以下的事实。

据报道，现在全国出现了许多“高考工厂”，这是 90 年代以前没有过的现象。安徽毛坦厂中学，位于大别山脚下一个偏僻的小镇，小镇因为这所中学而闻名全国。这所中学有来自省内外的学生 25000 多名，被称为是亚洲最大的“高考工厂”。该校以招收复读生而闻名，每年就有 8000 多名复读生来这里“锻造”，以考上大学为目的。每当放假时，前来接学生的小轿车就多达 4000 多辆，学校围墙外有一棵百年的枫树，家长和学生在此烧香祈祷，香灰就有 1 米多厚。这哪里是什么高考的“圣地”？在学生们的眼中，这个学校就像是“地狱”，是地地道道的应试教育的活样板，学生家长们出于虚荣心的需要，不惜让孩子在这里受煎熬。

河北省衡水中学，被称为是“超级高考工厂”，其超级表现在哪里呢？以2013年高考为例，该校囊括了全省的文理科状元。文理科600分以上的有1760人，占全省的21%；630分以上的有120人，占全省52%；650分以上的有238人，占全省44%；考上北大和清华的就有104人。看了这组数字，衡水中学的确很牛，不仅在河北，即使在全国也是牛气冲天！

那么，衡水中学的高考神话是怎么制造出来的呢？据介绍，该校的经验是采用“量化管理”，或者叫“无死角管理”的模式，量化到每一分钟。从早晨5:30到晚上10:10分，都安排得满满的，学生没有分秒自由的空间，甚至不允许男女生互相说话，学生发呆、吃零食都要扣分。一位女生保存了从高一到高三做的试卷，摞起来就有2.41米高。学生早晨锻炼时还要拿着一本书，做到争分夺秒。2013年考上北大和清华的104名学生的大头像，被张贴在学校的光荣榜栏中，足足有100多米长。对这些“辉煌”的业绩，人们并不完全认同，有人认为这所学校就是一个“黑洞”。甚至连该校前校长、衡水模式的创建者李金池也反省说：“当年搞的就是题海战术，拼学生，累得学生发昏，拼教师，累得教师吐血，做了不少违背教育规律的事。”

令人不解的是，既然衡水模式初创者都说违背了教育规律，但为什么得不到纠正，反而是越来越红火呢？这是因为学校、教师、学生、家长和当地政府都从应试教育中获得了好处。学校获得了荣誉，成为全省示范学校，同时也获得了利益。近十年来，来该校参观和取经的人员多达17万人，参观者还要缴纳600元的所谓会务费。教师自然非常辛苦，但他们获得了高额超时费的报酬。学生们能够考上全国名校，自然得到金榜题名时的喜悦。学生家长们“望子成龙”的愿望得到了回报，认为付出的高代价是值得的。“超级高考工厂”不仅给地方政府增添了荣誉，也拉动了当地的经济。正因为如此，衡水市政府命令把该校的建设项目当作全市人民的“大事”来抓，责令要“看大、看重、看急”。由此，我们不难看出，正是这几股势力结合在一起，使应试教育固若金汤，谁也无法撼动！

毛坦厂中学和衡水中学，绝非个别现象，其他还有江西的临川现象，湖北黄冈秘籍，2012年出现的高考“吊瓶班”、“赤膊班”，等等。总之，中国高考的怪现象层出不穷，它们都是应试教育派生出来的。目睹种种高考的怪现象，我国各界开明的人士发出了呐喊：控诉应试教育！起诉应试教育！终结应试教育！

素质教育与应试教育的根本区别，就在所持的教育价值观不同。其实，考高分，高升学率，上北大和清华，也仅仅只有统计和宣传意义，并不代表这些学生个个都能够成为优秀的人才。然而，这种全封闭式的量化管理，是以牺牲学生的自由、好奇、想象力和童趣换来的，代价是非常沉重的。殊不知，这种强化考试的应试教育，对学生们的心理、个性和智慧的伤害，今后将会逐渐显示出来的。在这样高压下培养出来的人，如果他们将来进入教育界，又会如法炮制，也将成为应试教育的忠实推行者，这就可能形成我国应试教育的恶性循环。

再次是社会因素，确切地说是“老大（或大老）文化”压抑了青少年们的成长。去年以来，香港凤凰卫视和央视有一则广告，广告词是：“少年智则国智，少年富则国富，少年强则国强，少年独立则国独立，少年自由则国自由……”这句话出自于清末启蒙思想家梁启超先生。1900 年梁启超先生年仅 27 岁，他发表了《少年中国说》一文，是流传至今的传世佳作。文章开宗明义地说：“日本人之称我中国，一曰老大帝国，再则曰老大帝国。是语也，盖袭译欧西人之言也。呜呼！我中国其果老大乎？恶，是何言！是何言！吾心目中有一少年中国在。”

什么是“老大文化”呢？所谓的“老大文化”，是指凡事论资排辈，以老为大，以老为尊，老就是权威。自《少年中国说》发表以来，一百多年过去了，中国老大文化思想不仅没有转变，反而较过去是有过之而无不及。

反观美国的情况，美国人敢于冒险，不迷信权威，因此他们成为发明创造大国。同样的，美国青少年发明家也多得不计其数，他们成了推动美国发明创造的尖兵。例如，一个 15 岁名叫杰克·安德拉卡的少年，他发明了一种检测胰腺癌的试纸，既简便又便宜。他的发明动因是他的叔叔患了胰腺癌，这是一种危险性极高的病症，因为胰腺癌没有早期诊断的方法，也没有有效治疗的药物，一旦发现都已到晚期，也意味着死亡。杰克正在读高中一年级，他不急于上大学，决心把这种检测癌症的试纸推向市场，以挽救更多人的生命。杰克的合作者霍普金斯大学肿瘤学教授尼尔班·迈特拉评价说：“杰克就是今天的爱迪生。走着瞧吧，他将给这个世界带来更多的发明和惊喜！”

泰勒·鲍威尔是一个 14 岁的少年，他在自家车库里研制成功了小型核聚变反应堆。有朝一日，可以燃烧核武器的废料，为住宅、工厂或太空移民提供动力。这个装置发电能力为 50 到 100 兆瓦，足够为 10 万户家庭提供动力。他准备推迟上大学，组建了自己的公司，用 5 年的时间把产品推向市场。鲍威尔成为全球 32 个实现核聚变的人之一，是其中最年幼的一个。

美国青少年与中国青少年的价值观是完全不同的，他们并不把上大学当作一回事，像杰克和鲍威尔都准备放弃上大学，而盖茨和朱克伯格等不也都是大学肄业生吗？实际上，美国的科学奇迹和经济繁荣，正是一批少年派们在推动，例如比尔·盖茨、史蒂夫·乔布斯、马克·朱克伯格、拉里·佩奇、谢尔盖·布林、丹尼尔·齐夫、肖恩·帕克、爱德华·萨福伦、达斯丁·莫斯科维茨、斯科特·邓肯，等等。他们都是少年得志，既是发明家又是最年轻的亿万富翁。这也证明了梁启超先生的论断：少年智则国智，少年富则国富，少年强则国强……

中国的“老大文化”，已经渗透到了政治、经济、文化、教育等各个领域。我国各种研究会或是协会，它们的会长或是理事长，大多都是已经退休的老领导或是大学退休的书记和校长担任的，某些企业也聘请一些老迈的专家当顾问。其实，这些会长和顾问，并不能理事或提出有益的顾问意见，他们都是为了宣传需要。因此，老大文化简直就成了中国人的图腾，其实他们都只是“泥塑偶像”而已。

这种老大文化不仅大陆存在，台湾地区也表现得十分严重，这说明大陆与台湾本是一脉相承的。2010 年 5 月 4 日，台湾《中国时报》发表评论文章，题目是《台湾学界从大师文化到大老文化》，披露了台湾教授侵吞研究经费事件，分析认为“深层的因素是学界这二三十年产生了典型的转移：从大师文化转移至大老文化。大师致力于学术精神的开拓，提供后辈与学生追求的风范。大老致力于学术资源的争取，汲汲于各种量化指标的提升。大师一言九鼎，凭借的是独到的见解与对学术原则的坚持。大老喊水结冻，靠的是掌握与分配资源的权力”。这一段评论非常精辟，道出了大老文化的思想本质和根源。

近几年人们纷纷诘问：为什么中国不能实现诺贝尔科学奖零的突破？为什么当今就没有出现过学术大师？道理非常明显，是应试教育窒息了少年的好奇心和想象力，是大老文化压抑了他们的独立、自由、质疑、批判和创造精神！

中国未来的希望在于青少年，我国必须大力改革应试教育，改革高考制度，转变老大文化观念。否则，我国离诺贝尔奖不是越来越近，而是越来越远了！学术大师将会出现断层，甚至可能后继无人了！

我是一个“杖朝之年”的老人，但我是一个挚爱教育的工作者，至今保持着年轻的心态，与广大青少年的心是紧紧联系在一起的。也许，由我来呼吁解放广大青少年可以避嫌，不至于落得“少年狂”的骂名。借此文章，我呼吁家长们，请你们不要再包办代替，放飞你们的孩子吧！呼吁广大教师们，请你们不要再搞题海战术，唯分数高低论人才，请解放你们的学生吧！

我相信只要推翻了压在少年们身上的“三座大山”，他们也能够做到像阿·凯利的歌词中所说的：“我相信我能飞翔，只要我展开翅膀，我相信我能触到天空，我就能成为那个我想成为的人！”奋进吧！飞翔吧！中国的少年们，祖国的美好未来就寄托在你们的身上！

（本文发表于《同舟共进》2014 年第 1 期）

从“哲学已死”看当下高教改革

斯蒂芬·霍金是英国剑桥大学理论物理学教授，被称为继爱因斯坦之后最伟大的天才理论物理学家，是一位“轮椅上的勇士”。他的奇迹主要表现在两方面：一是他于1963年（21岁）患了卢伽雷氏症（俗称肌萎缩性脊髓侧索硬化症），当初医生诊断只能活两年的时间，而病史记载最多也只能活3到5年，可是霍金却在轮椅上与生命抗争了52年，堪为真正的奇迹；二是他在患病后，仍然在思考科学和哲学中一个最根本的问题——宇宙起源，他的主要贡献是提出了黑洞理论，创立了无边界宇宙论，证明了面积定律，证明了“霍金全辐射”，与彭若斯一起证明了奇性定律，为此他获得了沃尔夫物理学奖。人们称霍金为“宇宙之王”，他是当之无愧的，他用意志创造了生命的奇迹，又以天才的思维创造了科学的奇迹！

1988年，霍金出版了《时间简史》一书，这是一本深入浅出、涵盖诸多学科的科普著作，被翻译成40多种文字，发行总数为2500多万册，这是非常了不起的。之后，他又用10年时间，呕心沥血写出了《大设计》（*The Grand Design*）一书，这是在另一位物理学家列昂纳德·蒙洛迪诺帮助下完成的，它的中文版也于2011年1月由湖南科技出版社出版。这本书是用生命刻写的，行文简洁，图文并茂，观点惊世骇俗，它的主题是理解生命、万物和宇宙的存在，是他对科学和哲学探索的成果。

在《大设计》第一页，霍金就提出“哲学已死”的观点，这是一个挑战性的问题，赞同者有之，质疑和批评者也不乏其人。其实，关于“哲学已死”、“哲学的终结”或是“哲学的贫困”等命题，不少经典作家也都论述过，如马克思、黑格尔、尼采、海德格尔等。这显然是一种夸张的说法，虽然他们提出这个问题的背景各不相同，但无非是说出了某一学科的演变，科学上的新陈代谢是经常发生的，以新的学说代替旧的学说是必然趋势。学术的“死亡”并不意味着消灭，一个学科走入低谷正是它走向新生的开始。从这一点来说，“哲学已死”并不是坏事，可能预示着哲学将获得更大的发展。

霍金在解释“哲学已死”时说：“哲学跟不上科学特别是物理学发展的步伐。”他说的这种情况确实存在，特别是在科学技术日新月异的今天，哲学滞后于科学技术发展的确是严重的。我是赞成霍金的观点的，如果说霍金是针对西方哲学界的评价，那么中国的哲学不仅仅是“已死”，而且其尸体已经“腐烂”。这绝非是危言耸听，真实情况就是如此。在如何看待这个问题上，我们应当撇开个人的嗜好和利害关系，站在客观真理一边。

如果更进一步地分析，还有以下原因可以佐证“哲学已死”。

首先当今哲学已经远离了哲学研究的源头。哲学最早产生于古希腊，在希腊文中，哲学一词是“philosophy”，是由 philein 和 sophia 组合而成，意思是“爱智慧”之意。因此，哲学是智慧之学，它不同于知识，知识描述的是现象，而哲学体察的是事物的本质。泰勒斯是古希腊公元前 7 世纪米利都学派的创始人，是当时七贤之一，是科学史上有记载的第一个科学家和哲学家，被称为科学和哲学之祖。他在天文学、数学和哲学方面都做出了巨大的成就。这说明，哲学与科学密不可分，哲学产生于对自然的思考，对世界本质的追问。然而，当今中国的哲学已经被功利化、工具化和庸俗化了，偏离了哲学本应研究的主旨，所以失去了它的生命力。试问：在实用主义盛行的今天，还有科学与哲学兼于一身的人吗？在“一切向钱看”和极端物质化的今天，还有多少人在安贫乐道地追问“存在、生命和宇宙”的真谛？

其次，当今的哲学也已经偏离了哲学的定义。什么是哲学？《辞海》的诠释是：“关于世界观的学说。人们对于整个世界（自然界、社会和思维）的根本观点的体系。自然知识的和社会知识的概括和总结。”在西方学术传统里，对于哲学的作用早有界定，认为哲学具有基础性与整合性，既能为一切知识奠基，又能统合所有的知识。概括起来，哲学的任务就是三句话：培养智慧，发现真理，印证价值。可是，今天的哲学家大都是纯粹文科出身，基本上是科盲，肩负不起“自然知识和社会知识的概括和总结”的任务，因而也就不能发现真理。在古希腊时代，有一句名言：“哲学起源于惊讶。”可是，在我国应试教育的束缚下，广大青少年们的好奇心都被窒息了，而由他们成长起来的哲学家，无论对于自然或是社会的观察，也就“处惊不惊”和“见怪不怪”了。正是这种思想上的僵化，才导致了“哲学已死”。

第三，在人类历史上出现了许多著名的哲学家，如泰勒斯、苏格拉底、柏拉图、亚里士多德、笛卡尔、马克思、康德、黑格尔、尼采、海德格尔、萨特、杜威、罗素、阿伦特、德里达……这些都是大师级的人物，且大都是文理兼通的全才。笛卡尔就是其中的杰出代表，他本是法国普瓦捷大学法律系的毕业生，一直对职业的选择犹豫不定。后来，他到了荷兰参军，随部队远游，开阔了眼界。在军队的一次征答数学问题时，他对数学产生了兴趣，并执着地钻研下去，对现代数学发展做出了重要贡献，成为解析几何的奠基人。他在荷兰居住了20多年，其间又对哲学发生了兴趣，逐渐形成了自己的哲学思想体系。他在数学和哲学方面出版了多部著作，如《折光学》《气象学》《几何学》《方法论》《形而上学的沉思》《哲学原理》《指导心智规则》等。可是，我们现在已没有这样的一批哲学大师，也没有能够写出自然科学专著的哲学家，这也证明了“哲学已死”。

“哲学已死”并不是哲学家的责任，而是培养哲学家的大学教育出了问题。1952年高等学校院系调整时，提出了“一边倒向苏联”，于是实行了“全盘苏化”的政策，包括单科学院设置、专业设置、教学计划、教学大纲、培养目标、课程设置、教材、考试计分标准等，都完全照搬苏联的一套。这次调整的副作用极大，导致理工分家，专业设置狭窄，按照专业化的培养目标，致使大学毕业生难以适应不断变化的产业需要。院系调整已经60年了，但专业化的教育模式至今仍然扭转不过来，以致实施通识教育困难重重，背后的根本原因是根深蒂固的实用主义办学思想。

我国哲学教学与培养模式，也是全部照搬苏联的一套，把它列入人文社会科学的范畴，与理工科完全割裂开来。在应试教育指挥棒的导向下，从高中就实行文理分科教育，而哲学系都是录取文科的学生，大学期间也不学习理工科的课程，致使哲学系的毕业生基本都是科盲。自新中国成立以后，我国大学和研究单位的哲学教师和研究人员，也基本上不懂科学技术。这样的哲学队伍，怎么能够适应兼具科学和哲学特征的哲学研究的需要呢？

我国当今教育改革已成解不开的死结，究其原因与我国教育理论的缺失不无关系。哲学与教育本是密切相连的，哲学是思维科学，而教育是开发人的智慧，所以教育不可须臾离开哲学。纵观世界的哲学大师们，他们既是哲学家又是教育家，而且都直接参与教育改革的实践，以推行某种新的教育理念。例如，古希腊柏拉图于公元前 387 年创办了“柏拉图学园”，以推行自己的教育理念“数学能激励心灵上升到最高理性认识”，并在学园门口写着“不懂几何不得入内”。这个学园延续了 900 多年，培养出了许多著名的数学家和哲学家。其他哲学家办学的还有：捷克哲学家夸美纽斯创办了黎撒中学，亲任校长，以推行他的“泛智论”；德国哲学家黑格尔创办了实验中学，以推行“智力道德”教育；美国哲学家杜威创办了杜威实验学校，以推广他的大众教育理念；英国哲学家罗素创办了比肯山学校，以自己的孩子为对象，全面开发儿童的智力……我国近代史上唯一亲自办学的哲学家是陶行知先生，他辞去了东南大学教务长的职务，创办了晓庄学校，目的是实施大众教育，旨在中国乡村的改造与建设。

然而，十分可惜的是，我国不仅拥有世界最庞大的教育实验对象，也有数量众多的哲学家队伍，但几乎没有哲学家参与到办学或是教育改革的实践中去，因此也就产生不了著名的教育家。许多从事教育学研究的人，又缺乏深厚的哲学功底，也未能形成自己的教育理论。由于这两方面的原因，使得我国基本上没有自己的教育理论，也没有产生过在世界上有影响的教育家。可以肯定地说，无论是教育学家或是哲学家，如果不参与到教育改革的实践中去，不把实践上升到理性的高度，绝不能产生著名的教育家。为什么我国教育改革裹足不前？不客气地说，我国教育改革尚处于蒙昧状态，许多人不知道为什么要改革，不知道需要改革什么，也不知道改革的契机在哪里。因此，我国需要进行一场教育改革的启蒙宣传，这应当是哲学家们义不容辞的职责。

我国“哲学已死”与大学教育的困境是相互联系的，其出路都在于改革。我们应当彻底改造中国哲学，以哲学的改革来推动大学教育的改革。在改革的实践中，逐渐形成我国的教育理论，进而产生有影响的哲学家和教育家，这是振兴我国大学教育的关键。因此，我呼吁哲学家与教育家携手并进，相互学习，取长补短，为改变我国哲学和大学教育的落后局面而努力。

（本文发表于《同舟共进》2012 年第 2 期）

走出选择专业的烦恼

——为高考学生填写志愿解惑

人生不如意的事十有八九，每个人都会有烦恼的时候。每年高考后填报志愿，就会令许多考生和家长陷入烦恼之中。

2011年秋天，我接到一个电话，来电者是我大学的同窗好友。他开门见山地说道："老同学呀，我遇到了一个高级烦恼，请你帮帮忙，解除我的烦恼。"

"老同学，你有何烦恼，而且是高级烦恼，不妨说来听听。"

"事情是这样的。我的小孙子是武汉市外语学校高三的学生，成绩名列前茅，已被免试推荐上北京大学。事情是明摆着的，如果有关系就能被录取到好的专业，如果没有熟人，可能就得进入大家都不愿意学习的冷僻专业。因此，我希望你帮帮忙，能否疏通一下北京大学的关系。"

"啊，原来是这个烦恼！依我看，老兄大可不必为此而烦恼，更不应成为你的高级烦恼，以致陷入寝食难安的地步。"

"那你答应帮我的忙了，简直太感谢你了！"

"不，我帮不了这个忙，我离开大学领导岗位已经20多年了，不仅北京大学就连武汉大学的领导层，我也说不上话了，怎么能够为你的小孙子疏通关系？但是，我可以解除你的高级烦恼，那就是你不必把选择专业看得太重了，专业是死的，而人是活的。即便不能进入自己喜爱的专业，也并不影响自己学习所喜爱的专业，何况到大学后还可以转换专业，通过考研究生又可以第二次转换专业，甚至还会有第三次或更多转换专业或学科的机会。人的一生都是在不断地选择，不断地实现自我。总之，专业不能决定一个人的前程，而只有兴趣才能决定一个人的命运。"

"哎呀，老同学哇，你这么一说，我豁然开朗，高级烦恼没有了。我一定把道理讲给小孙子听，让他正确对待专业问题，支持他选择自己的志趣，重要的是设计自我和超越自我。"

其实，为选择专业而烦恼的何止我的老同学。每年高考填报志愿时，千千万万的高中毕业生和他们的家长都为填报志愿而烦恼。他们四处奔波，疏通关系，各校的班主任们也为学生们填写志愿支招，目的都是为了选择自己称心如意的专业，让它成为通向美好前程的起点。可是，我国绝大多数的高中毕业生们在对待专业的选择上，普遍存在着模糊的认识。各大学的招生工作人员，少有做正确宣传和解释的，更没有从教学制度的改革上，为确保广大学生们的志趣而创造必要的条件。

什么叫专业？专业一词自古有之，但是作为一个职业的概念，还是近代资本主义生产兴起以后的事。随着资本主义生产的发展，特别是各种机器的广泛使用，生产过程愈来愈复杂，于是出现了社会分工，人们的职业也愈来愈专业化。与此同时，教育培训机构也分专业培养所需要的人才。但是，专业化培养人才的模式，还是在 1952 年高等学校院系调整以后，我国高等教育实行全盘“苏化”形成的，包括教学大纲、教学计划和培养专门人才的方针，甚至连考试成绩也采用苏联的“五级”计分标准。

院系调整至今已 61 年了，但全盘“苏化”的后遗症，至今没有完全消除。其中，专业化培养人才的做法，把大学混同于职业技术培训机构。近 30 年以来，尽管教育和科学界人士不断呼吁要淡化专业，实行大专业和宽口径的通才教育，但是阻力重重。目前，我国大学中的专业设置不是减少了，而是越来越多、越来越窄了，专业总数比 20 世纪 80 年代增加了一倍多。例如，一些大学设置了诸如电子信息、国际会计、国际软件、国际商务、物流管理、节目主持等专业，大多都是名不副实，实际上是以时髦的专业名称招揽学生，也误导了很多学生。

专业化的思想在我国已经根深蒂固，一直扭转不过来，因为专业人才的思想有着广泛的社会基础。一年一度的高考一结束，考生们及其家长们就都转入到选择专业的“热战”之中，选择所谓的好专业成为人们的头等大事，似乎选择到一个好专业，就等于拿到了“金饭碗”。但实际情况并不是这么回事，学历史的成了哲学家，学哲学的成了企业家，学外语的成了生物学家，学中文的成为数学家，学化学的成了小说家，学经济学的成了歌唱家，学法律的却成了业余数学无冕之王，这种例子简直不胜枚举。

那么，高考学生究竟应该怎样选择专业呢？根据我多年的观察，我国高中毕业生在填报大学志愿时，一般存在着几种情况：或者父母包办，或者班主任越俎代庖，或者是赶热门专业的浪潮，或者是随大流，等等。也有极少数学生按照自己的兴趣填报专业的，但也有未能如愿以偿而苦恼者。以我之见，无论是父母还是学校的班主任或任课教师，都要做一个开明的人士。在指导学生填报志愿时，一定要尊重学生的志趣和选择权，切不可包办代替。我们须知，是学生选择他们自己所喜爱的专业，是他们自己学习，而不是我们代替他们学习。至于说到热门专业，也必须根据个体具体分析，对张三可能是合适的，但对李四并不一定合适。而且，任何热门专业也都是相对的，热与冷也是会发生变化的，热过头就成了冷门了。例如，20 世纪 80 年代初，在徐迟先生报告文学《哥德巴赫猜想》的影响下，曾经出现过数学热，但后来就不热了；90 年代初，又曾经出现过法律和经济热，全国高校一窝蜂都设立了法律和经济专业，于是这些专业培养的人就过剩了，大部分毕业生难于找到对口的工作。

面对着市场经济，我们必须转变选择专业的思想，过去那种“一次考试定终身”和“一次选择定终身”的时代，必定一去不复返了。在高等教育已经大众化（部分省市已经实现了普及化）的形势下，升大学竞争的激烈程度已大大地缓解了。也就是说，现在我们有了更多的上大学的机会，也有了更多的选择权。在选择专业的时候，我们一定不要委屈自己，要做到：我学习我选择，我选择我喜欢，我的学习我做主，我的未来我主宰。我想如果每个学生做到了这一点，相信他们都是能够找到自己的至爱，能够成为优秀的人才。

一个人的命运到底是由什么决定的呢？是选择一个好的专业，抑或是别的什么东西？当然，一个人成功的因素是多方面的，既有主观的努力，也需要客观的条件。但是，有一点是肯定的，那就是不是决定于专业，而是决定于个人的志趣。有了自己的爱好，就会有执着追求理想的目标，才会有事业上的成功。在科学发展史上，在我们身边，有着无数的事例可以说明这一点。斯蒂夫·乔布斯是学什么专业的？比尔·盖茨是学什么专业的？马克·朱克伯格是学什么专业的？说得更远一些，托马斯·爱迪生是学什么专业的？诺贝尔是学什么专业的？高尔基是学什么专业的？达·芬奇是学什么专业的？齐白石是学什么专业的？毛泽东是学什么专业的？他们大多数人没有上过大学，都是自学成才的。他们的成就是由志趣决定的，而与学历和学位无关，也与专业无关。因此，专业决定命运、学历至上、以文凭高低论英雄的思想都是有害的，必须转变不合时宜的错误观念。需要指出的是，现在大学中的专业、课程体系都沿袭了一两百年了，早已陈旧过时，已不适应新形势的需要，应当通过改革予以更新。

我常常接待不少在读的大学生，他们不少人为自己没有找到喜爱的专业而烦恼。他们问道："我现在不知道喜欢什么，也没有特别的爱好，怎么办?"我回答说："一个人兴趣的形成需要有一个过程，随着知识的丰富和阅历的增加，会逐步找到自己所喜爱的专业。为了及早形成自己的兴趣，应当多读书，多观察周围的事物，对生活要有激情，不断地激发自己的想象力。这样会逐步找到自己所喜爱的事业，然后执着地去追求它，如此这般，每个人都是能够有所作为的。"

有一个典型的例子，对我们选择自己喜爱的事业是颇有启发的。文森特·威廉·凡·高是荷兰著名印象派画家，他出生于牧师家庭，早年热衷于宗教，16 岁到一家美术行当小职员。由于受到环境的熏陶，到了 27 岁时开始对绘画发生兴趣，于是他到了法国南方，执着地欣赏大自然，专心致志地绘画。1888—1889 年，是他思想升华的一年，他创作了《向日葵》《卧室》《星月夜》等不朽的作品，成为闻名遐迩的绘画大师。目前，世界拍卖价格最高的 18 幅画中，凡·高就占了 4 幅，《加歇医生》肖像拍卖价高达 8250 万美元。可是，凡·高兴趣不仅形成得很晚，而且他的生命很短暂，他只活到 37 岁，也就是说他的创作期只有 10 年，但他却成为名垂千秋的艺术大师。这再一次说明，不是学历或学位成就了他的事业，而是兴趣决定了他的命运。

在现代大学专业化教育体制下，那些刚入学的大学生应当如何对待专业学习呢? 通过统一高考和划线录取的大学生，无非有两种类型。一类如愿以偿地被录取到自己所喜爱的专业，他们应当珍惜自己难得的机会，努力去实现自己的理想。但是，人们的专业兴趣也不是一成不变的，随着知识面的扩大和视野的开阔，又可能对别的学科产生兴趣。因此，每个大学生应当适时地调整自己的兴趣，努力追求自己的至爱。另一类是没有被录取到自己所喜爱的专业，不免有一种失落感，甚至会出现不安心学习的状况。我奉劝后一类的学生，你们大可不必闹专业思想情绪，可以积极设法转入所喜爱的专业。如果转专业的目的没有达到，也不用气馁，把专业当作一种"载体"，着重训练自己的学习方法和思维能力，同时不要放弃自己的兴趣，尽最大的努力把自己的兴趣发挥到极致。兴许，最后你的成功不在你所学的专业，而你的兴趣却助你获得了成功。这种例子是屡见不鲜的，例如周锴博士是西方哲学博士，是名师赵林的高足。但是，周锴却对音乐指挥和作曲有着浓厚的兴趣，由他组建的武汉大学爱乐乐团，曾经数次荣获国内和国际爱乐演唱的金奖。他本人也被全国唯一有指挥专业的大学聘任。他把西方哲学和艺术结合起来，无论是演唱或是教学，都获得了极大的成功。

另一个例子是叶自强，他本是武汉大学经济与管理学院的学生，但他挚爱声乐，虽然他没有被国内音乐学院录取，但从没有放弃自己的至爱。他于2006年毕业，参加了法国音乐学院在中国招收学生的考试，他以自己的文化素质和声乐专业知识以及突出的演唱技巧，被法国杜埃国立音乐学院录取。那次参加应招的有北京和上海音乐学院的学生，但他们都没有竞争过叶自强。这就是志趣决定志向，而志向驱动执着精神，有实力才有竞争力。

也许有人说这些都是特例，但特例造就特殊人才，试问：古今中外那些杰出的人才，又有哪一个不是特例呢？这就是说特殊人才是由特例造就的，而通例只能培养普通型人才。这再一次证明，决定每个人命运的是志趣和志向，希望正在面临选择专业的高中毕业生们，要及早地发现和培养自己的志趣，而不是去选择一个自己并不十分热爱的时髦专业。我相信，只要你们做出了正确的选择，执着地去实现自己的志向，每个人都能够成为杰出的人才！

（本文发表于《学习月刊》2012 年第 7 期）

大学如何成为创新的发动机

教育与文化息息相关。从广义上看，教育属于大文化范畴，而校园文化则是文化建设的具体内容之一，是大学精神的具体体现。所谓校园文化，是以校园为主要空间，以学生为主体，以课余的文体活动、文学艺术创作和学术研究与交流活动为主要内容的群体文化。我国历来有“见物不见人”的偏向，即重视学校的硬件条件而忽视软件条件，认为硬件看得见、摸得着，是物质性能够起作用的东西，误以为软件是虚无缥缈的，似乎无足轻重。有鉴于此，我就特别强调校园文化的建设，它是文化力在办学中的表现。从本质上说，文化的价值在于推陈出新，如《礼记·大学》的名句所说：“苟日新，日日新，又日新。”因此，文化的生命力就在于创造，这也是我强调校园文化建设的目的之所在。

英国牛津大学前校长科林·卢卡斯曾深刻地指出：“大学可以成为创新的发动机。”在谈到中西教育差别时，他指出：“提出挑战性的质疑，恰恰是聪明的中国学生所欠缺的。”大学要成为创新的发动机，需要创新校园文化环境的滋养，需要培育独立思考和批判精神。哈佛大学前校长陆登庭也介绍了他们的经验，他说：“哈佛大学给予学生最宝贵的财富，就是自由的公共发展空间。”而且，他自问自答地说：“什么样的条件才能产生最好的研究和教育？在哈佛，创新的空间随处可见。”他所指的空间，就是校园文化环境，是充满创新气息的大学精神。

我们不无遗憾地说，中国没有一所大学能够称为“创新的发动机”。目前，我国在几乎所有科学和工程技术领域设立的单项大奖仍然是零纪录，如菲尔兹奖（数学）、图灵奖（计算机）、沃尔夫奖（物理、化学）、爱因斯坦奖（物理）、推维茨奖（医学）、维特勒森奖（地质学）、泰勒奖（环境生态学）、普利策奖（新闻）、格莱美奖（音乐、美术），等等。这绝非疏忽或是不公，而是我国学术界创造性缺失的表现。

对于中国人缺失创造力的问题，国际各界早有尖锐的评价，只是我们充耳不闻罢了。例如，委内瑞拉驻新加坡大使阿尔弗雷多·托罗·阿迪评论说："中国人的思维受铁的纪律和条条框框的束缚，丧失了自己飞翔的能力。这样一个社会，似乎更适合在明确的指令下繁荣，精英负责思考，其他人负责追随，而不利于鼓励个人的创造力。"他进一步分析说："在这样的模式下，中国永远不能产生像比尔·盖茨和史蒂夫·乔布斯这样的人物。"

那么，中国人为什么缺失评判精神呢？我认为主要原因有三：首先是儒家中庸之道的思想影响很深，许多人无形中接受了"和为贵"和"求同存异"的传统思想。其次，不少人读书蜻蜓点水，不求甚解，也提不出新的见解。再次，中国人思维的特点之一是同向思维，也就是趋同思维，他们信奉"附和哲学"。从创造学上说，没有异见，就不可能有创造发明。

创新校园文化的重要性是显而易见的，它是使大学成为"创新的发动机"的必要条件。那么，我们怎样营造创新校园文化呢？首先，在大学开设创造学方面的系列课程。自20世纪30年代，创造学作为一门学科在美国诞生，可是，创造学于20世纪80年代初才传入我国，而且由于传统思想的阻挠，在实施创造教育方面困难重重。我国大学毕业生创业人数仅有2%，而成功的不到1%，与美国大学生20%～23%的创业率相比，差距实在太大。

其次，普遍开展多学科的讨论会，促进交叉学科的发展。20世纪80年代，武汉大学的学生社团多得像雨后春笋，其中，有一个叫"快乐学院"的社团，是那时武大创新校园文化的一个缩影。这个社团实际上是一个多学科讨论会，参与的学生也是一批富有创造力的人。他们每次聚集都带来新见解，又随时准备批驳别人的观点。他们的宗旨是，为了不一致才走到一起，以获得新知为最大的快乐。我是这个"快乐学院"的顾问，他们经常一人主讲，其他人群起攻之，使主讲人下不了台。但是，他们彼此没有隔阂。

第三，设立创新奖，激励每一个创新者。创新奖应面向学校每一个人，包括教师和学生，因为在营造创新校园文化方面永远没有旁观者。美国管理学家米切尔·拉伯夫曾发现了一个伟大的管理原则，这个原则就是奖励，因为奖励是对创新的认同、肯定和支持。

（本文发表于2014年10月12日《齐鲁晚报》文化人专版）

大学校长应该有怎样的担当

一个大学校长是一校之主，他肩负着传承大学的精神，营造独立、自由、民主的学风，设计大学的特色和发展远景的重任。国内外大学发展的历史都证明，有什么样的校长，就会有什么样的办学风格，也就会有什么样的人才和学术水准。因此，大学校长必须是教育家，而一流大学必须有一流的教育家。

什么是一流的教育家呢？1919 年五四运动前夕，陶行知先生在《教育周刊》上撰文说："敢探未发明的新理，即创造精神；敢入未开化的边疆，即开辟精神。创造时，目光要深；开辟时，目光要远。总起来说，创造、开辟都要有胆量。在教育界，有胆量创造的人，即是创造的教育家；有胆量开辟的人即是开辟的教育家，都是第一流的人物。"按照这个标准来要求，恐怕我国现在绝大多数大学的校长，都不符合一流教育家的要求。我国现在没有世界一流水平的大学，其根本原因是我们没有这样敢于创造和开辟的校长。

我国近代大学诞生于洋务运动与戊戌变法之间，至今也只有一百多年的办学历史。在此期间，大体可以分为三个时期：第一个时期大致从 1919 到 1949 年，前后总共 30 年。这个时期的大学校长，基本上是留学欧美的学者，他们切身体验到西方大学的"真经"，自觉地传播西方大学独立、自治、自由和民主的精神。他们虽然是学贯中西的学者，但并不再从事教学与学术研究，而是心无旁骛地履行一个大学校长的全部职责。他们堪为学者化的职业校长，其杰出代表有北京大学校长蔡元培，清华大学校长梅贻琦，中央大学校长罗家伦，浙江大学校长竺可桢，南开大学校长张伯苓，武汉大学校长王星拱等。

第二个时期是从新中国成立后到 20 世纪 80 年代末，前后大致有 38 年。这个时期大学的校长，基本上是五四和"一二·九"运动的青年领袖，他们投笔从戎，在艰苦的革命年代中受到了锻炼。新中国成立后，他们先后被派到高等教育战线担任大学领导工作，从教育实践中成为革命化的职业教育家。他们出身知识分子，但不再从事学术工作，在大学没有自己的一己私利，能够顾全大局。他们有丰富的工作经验，密切联系群众，作风民主，一心扑在学校的工作上，故深受师生们的欢迎。他们的杰出代表有清华大学的蒋南翔，北京大学的陆平，中国人民大学的吴玉章，山东大学的成仿吾，南京大学的匡亚明，华中工学院的朱九思，兰州大学的辛安亭等。

第三个时期是从20世纪90年代初到现在，有20多年的时间。这是我国高等教育发展的一个拐点，追求"高、大、全"的形式主义主导了高等教育的发展，改革出现了大倒退，只强调发展而舍弃了改革。与此同时，对大学校长的任命也渗进了形式主义的思想。具体表现为，任命了一批学者担任大学校长，凡是有院士的学校，校长非院士莫属，如果没有院士，也要选拔一个拥有指导博士生的教授担任校长，于是出现了美其名曰"双肩挑"的"校长模式"。这些校长一心挂两头，自然非常辛苦，用陶行知先生的话说，这是一类"命分式"的校长（即不专心致志），是很难领导好学校的。

比较以上三个时期的大学校长，无疑第三个时期的校长是最弱的，像民国时期那样杰出的大学校长，在目前2000多所大学中竟然找不出一个，这是非常需要反省的。他们的弱势主要表现在：第一，他们虽然是某个学科方面的著名学者，但却不懂教育学，也没有兴趣和精力钻研教育理论，因此他们提不出自己的教育理念，也很难深谙教育规律。这大概是我国当今大学没有特色和问题丛生的原因。第二，没有经过实际工作的锻炼，不善于联系群众，也不懂"从群众中来再到群众中去"的工作方法，既不善于决策也不擅长管理，这是滋生大学"官本位"的主要原因。第三，"双肩挑"致使他们不能心无旁骛地履行大学校长之职。现在大学规模很大，一所大学就是一个包罗万象的小社会，不专心致志是决然搞不好的。实际上，大多数的校长并不能做到公平的双肩挑，自己的学术研究才是他们心中的重头，有些校长甚至利用职权营建自己的学术山头。

第三时期的大学校长，少有成为教育家的，这与我国大学校长任期制有关。现在像玩走马灯一样任免校长，既不利于他们钻研教育理论，也不能使他们把实践经验上升为理论。这种完全按照政府公务员的任期任免校长，违背了"十年树木，百年树人"的教育规律。这样做的不良后果是，许多大学校长不得不为自己留一条后路，即使他们有心专注于教育的研究，但由于任期的结束，他们不得不告别热爱的教育舞台。

细细想来，一个国家真要想跻身于世界先进之林，一定要有敢于担当的大学校长，他们既是大学的灵魂式的人物，又应当成为国家智囊人物中的一部分。

什么叫担当?《辞海》的解释是："担负，承当。常用于艰巨的任务。"作为个人来说，一定要勇于承担艰巨的任务。你能够承担多大的责任，就能够取得多大的成功。对于用人部门来说，一个人能担什么样的责，就委以什么样的任，这就是知人善任。比如改革大学校长遴选的办法，把遴选、监督和罢免权下放给大学的教授委员会。他们最了解情况，知道该选举什么样的人当校长，一旦校长不胜任或是贪腐或渎职，就启动罢免的程序。有了这样的机制，校长必须对选举人负责，这样就能够促进他们不断地学习和提高，尽心尽力地履行自己的担当。

在我看来，一个大学校长的担当就是事不避难，"敢"字当头，敢作敢为。具体来说应当做到以下几点：第一，一定要说真话，敢于坚持真理。学校是人生的重要驿站，如果在学校不能培育学生说真话、立诚信和求真理的品格，那么到社会上就很难养成这种风气。一个大学校长的言行直接影响到学生们的品行，一个有担当的校长，要能够做到只认得真理，而不晓于利害，也不畏惧刀俎，永不放弃对真理的追求。

第二，敢于改革，始终站立于改革的潮头。改革是破旧立新，破旧必然冲击旧的观念，也必然触犯某些人的既得利益。因此，改革总是有阻力的，如果没有敢于率先"吃螃蟹"的精神，那是很难有所作为的。一个有担当的校长，必须身先士卒，要有我不下地狱谁下地狱的殉道者精神。自20世纪90年代以后，我国大学改革裹足不前，在很大程度上与一些人前怕狼后怕虎的思想有关。

第三，敢于反对错误的潮流，坚持正确的方向。中国历来有"刮风"的习惯，这是中国人趋同思维的反映。20多年来，我国高教界刮起了一股冒进、浮夸、造假的不正之风，例如"大跃进"式的扩招，全国本科教学假评估，大专学校升格等，居然没有大学校长站出来抵制这股歪风，这不能不说是我国大学校长的集体失职。当然，也不是完全没有，例如中国科技大学朱清时校长，就坚持10年不扩招；北京大学全校各系都改成了学院，唯有中文系系主任陈平原教授坚持不改，依然叫中文系；北京师大新上任的董奇校长宣布"四不搞"：

即不申报研究课题，不招收新的研究生，不申报教学和科学研究奖，不申报院士。这些都是值得称赞的。但是，这些人太少，他们的正确行动并没有遏制住错误的思潮。

第四，敢于起用和保护有争议的优秀人才。爱才谁都会说，可是大多数人都只是停留在口头上，甚至不乏叶公好龙似的人物。古往今来，大凡杰出的人才都有这样或那样的缺点，所以他们往往成为有争议的人物。本来，争议只是一个中性词，但有些领导人一听说争议就搁置或抛弃不用，生怕自己承担责任。起用杰出的人才，关键是要不拘一格，而埋没人才也就在这个“格”上。现在大学包括民办大学，都把博士学位作为录用的门槛，实际上这完全是为了评估统计的需要，这样也助长了形而上学的思想。如果按照这种逻辑，那当年陈寅恪、华罗庚、钱穆、陈景润等都会被拒之门外。同样的，如果按照这个所谓的“格”，像国际著名的经济学家杨小凯（仅高中一年级、坐牢10年），国际著名建筑学家张在元（仅仅是讲师），国际著名数理生态学家李百炼（大专），都不可能调入武汉大学，这就会使得这些国际知名的学者被埋没。

第五，敢于承担错误。人无完人，无论是改革或是创新，都可能会招致失败。一个有担当的大学校长，既要敢作敢为，又要敢于负责。做对了，绝不骄傲居功；做错了，绝不文过饰非，而是严于解剖自己，从错误中总结教训，以便更好地前进。话虽然如此之说，但我们却很少见到敢于面对错误的校长。如果一个人有了错误不能面对，文过饰非又可能导致新的错误，这绝非是一个有担当的校长应该抱有的态度。

大学校长为什么应当是有担当的人呢？这是由大学的性质与使命决定的，哈佛大学校长德鲁·福斯特说：“是大学改造社会，而不是社会改造大学，这是大学存在的意义与价值。”在世界高等教育史上，曾经有几位风骨凛然的大学校长。他们是：英国的爱尔兰天主教大学创始人、首任校长约翰·纽曼，他是19世纪自由教育的伟大倡导者；美国哈佛大学校长查尔斯·艾略特，任职长达40年，完成了在查尔斯河畔建设世界伟大学校的宏愿；芝加哥大学创始人威廉·哈珀，10岁上大学，是公认的天才、神童，35岁出任校长，被认为是教育革命者，在该校留下了大量的哈珀遗产；日本的福泽谕吉，私立庆应义大学首任校长，是日本明治维新时期六大思想家之一；德国的威廉·洪堡，被称为教育改革的播火者，开创了教学与科研相结合的新纪元；以色列的哈伊姆·魏茨曼，早于以色列建国前 15 年创建了希伯来大学，担任了首任校长，与此同时创建了魏茨曼科学研究院，为以色列的教育与科学奠定了雄厚的基础，他后来成为以色列的首任总统，也有人称他是以色列的国父。这六人都是有担当的校长，如果没有他们，也许世界或者某个国家的历史将是另外一个样子。

一个有担当的大学校长，应当有非凡的视阈，包括观察事物敏锐的眼光，判断事物深刻的洞见，处理人际关系的练达，以及敢为天下先的胆识。这些都是成为有担当大学校长必要的素质。但是，一个有担当的大学校长，不可能是从天上掉下来的，而只能是从教育改革的实践中产生的。我国不乏这样潜在的有远见的人才，问题是必须进行政治体制改革，营造独立、自由和民主的氛围，通过公开和平等的竞争，才能将有才华、挚爱教育和勇于担当的人选拔到大学校长的岗位上来。这既是建设世界一流大学必要的条件，又是实现中华民族伟大复兴的关键之所在。

（本文发表于《领导科学论坛》2014 年第 2 期）

桃李满天下

"令公桃李满天下，何用堂前更种花。"

——白居易《奉和令公绿野堂种花》

"天下桃李，悉在公门矣。"

——《资治通鉴·唐纪·武后久视元年》

通常，"桃李满天下"形容培养出的学生之多，分布之广。本篇收入的27篇短文，记载了自20世纪80年代至今30多年中，我与学生之间的小故事。

与数学系学生的聚会

每年春、夏、秋三个季节，珞珈山上喜事临门，好戏连台。武汉大学的毕业生们，一批又一批地回到这美丽如画的风水宝地，举行毕业20年或30年、40年、50年甚至60年的聚会活动。我曾担任武汉大学副书记、副校长8年，任校长8年，前后共16年。在这期间，毕业了十多批大学生和研究生，人数两万多人，真可谓桃李满天下。虽然不是每一次聚会我都能参加，但是只要我得到了通知，我就一定会参加，以表达我对那些校友们的怀念之情。

2004年7月11日是星期日，天下着小雨。是日，武汉大学1980级数学系的部分毕业生，如约回母校聚会，我和数学系20多位教师应邀参加。为什么选在7月11日呢？他们解释说，正是20年前的这一天离开学校的，所以他们要在这一天重新聚会，以示永不忘却。

在聚会开始之前，会议主持人拿出精美的8开崭新的橘红色签名折子，请与会的老师们题词或题写赠言。主持人李元香走到我面前，要求我第一个题写，我事先毫无准备，真有点措手不及。稍思片刻之后，我用颤抖之笔（八年前中风后留下的后遗症）写下了两句话："二十年流金岁月，看未来无限风光。"当轮到坐在我旁边的黄训腾副书记时，他说："我就不写了，签个名吧。"然后，依坐序出席聚会的老师们一一题了词或签了名。

李元香教授既是80级数学系的学生，又是现在武汉大学计算机科学学院副院长，他义不容辞地担当了会议主持人。他宣布聚会开始以后，回校聚会的每个校友以最简洁的语言做了自我介绍。他们的介绍的确很精彩，简洁、幽默、富有蕴意。说真的，当我看到他们长大了，成熟了，成功了，我内心确实非常高兴。

紧接着，主持人宣布请老校长刘道玉先生讲话，我起立向大家深深地一鞠躬。然后，我走到主席台，在同学们的掌声之中，我做了即兴讲话。现根据回忆记录如下：

各位老师、各位校友：

七月是收获的季节，此时此刻，你们回到了20年前学于斯长于斯的珞珈山，母校欢迎你们，老师欢迎你们，甚至老天爷也欢迎你们！几天前，武汉热浪滚滚，炎热难耐。可是，从昨天晚上开始下了一场大暴雨，吹来了阵阵凉风，这是你们带给我们的清风，这无疑为我们今天的聚会增添了愉悦的气氛。近几年来，每年都有一批又一批的毕业校友回母校聚会。这是一种情结，是对母校的眷念之情，是对师长的殷殷之情，是同窗之间真诚的友情。而且，随着时间的推移，这种情感还会越来越强烈！

在人类历史上，20年只是弹指一挥间。可是，对于你们创业来说，却是经历了不平凡的道路。无论你们在国外或是国内，也无论你们是从事何种工作，你们都竭尽了全力，取得了巨大的成果。对于你们所取得的成就，我感到由衷的高兴，并借此机会向你们表示衷心的祝贺！陶行知先生在61年前曾说过："教师的成功是创造值得自己崇拜的人。先生之最大的快乐，是创造出值得自己崇拜的学生。"我此刻的心情，就像陶行知先生所深刻指出的那样。

未来的道路还很长，希望你们百尺竿头，再攀高峰。同时，我希望你们10年、20年、30年以后，再回到珞珈山聚首，再传佳音！到时候，如果我还在世的话，我一定会参加你们的聚会！我讲完了。谢谢各位！

接着，黄训腾副书记、路见可教授、胡迪鹤教授等都发表了热情洋溢的讲话，对同学们提出了殷切的希望。大约下午4时，参加聚会的全体师生到樱园老斋舍的平台上合影留念。尽管天下着小雨，但大家的热情很高，都十分珍惜这个值得纪念的时刻。

会议的最后一个议程是座谈，由回校的校友推出的几名代表谈感想，提建议。在发言中，有人说："我们的成功得益于母校老师的教诲，特别是武汉大学的教育改革，刘校长首创的学分制，营造的民主自由的学风，对于我们组成合理的知识结构，培养我们的创造能力，都起到了决定性的作用。"校友聂军现在是美国美林证券公司的部门经理，这是美国最大的证券公司。他深有体会地说："本来我们是学数学专业的，可是我们毕业以后，有的从事计算机科学研究，有的搞金融证券，有的成为水生生物学家，有的从事生物统计学研究，这说明大学所学的专业仅仅只是打基础，至于大学毕业以后从事何种工作，那就要因时因地而异，重要的是要善于自我设计，并努力去实现自我。"

校友们对于目前国内数学学科的地位感到担忧，数学系招不到好学生是不正常的。他们建议要增加数学学科的研究经费，改革数学教学内容与方法，实行因材施教，继续完善学分制。他们甚至建议实行大数学教学计划，在理科学生中实行预科制，强化数学教学，打下坚实的数学基础，这是今后从事各种工作都需要的。他们的建议是来自于实践，不仅体现了他们对母校的关心，而且也表现出了他们依然保持着20世纪80年代的那种改革精神。

我个人认为，他们的建议确有可取之处，希望学校有关领导认真加以研究，借以推动武汉大学的教学改革。俗话说：事在人为。既然武汉大学在20世纪80年代开创了教育改革的黄金时代，那么现在的条件比那时更好，经费更充足，政策更宽松，应当在教育改革上做出更大的贡献。

这既是广大校友们的呼声，也是我真诚的希望！

一个创造性的摄影艺术家

摄影是艺术，而艺术是创造性的工作，没有创造性的灵感就不可能摄制出有创意的作品。那么，创造性的灵感来自于哪里呢？除了技巧以外，创意主要是始于观察，但更重要的还是来自于直觉，也就是悟性。

曼奴艾尔·阿尔雷斯·布拉沃是墨西哥最伟大的现代摄影艺术家，2002年10月19日他在家安详地逝世，享年100岁。世界艺术界对他的评价是："他是一位大师中的大师，他的镜头展现的是超现实世界，他往往能够透过事物的表面，挖掘出一种深邃而微妙的美。"布拉沃为什么能够做到这一点呢？墨西哥著名诗人、诺贝尔文学奖获得者帕斯评价布拉沃说："他是眼睛在思考，思想在看，视角在触摸，文学在燃烧。"实际上，这正是布拉沃观察、思考问题和摄影创作的高超之处，也是每一个画家、摄影艺术家、书法家所必须具备的全方位思考的素质。

彭年生先生是一位著名的摄影艺术家，现任湖北美术出版社社长。他早年对摄影颇有兴趣，佳作连篇。从传统的观点来看，过去摄影工作者所重视的是技术，而对于艺术则缺乏足够的了解。几乎在我校举办作家班的同时，我们又创办了摄影艺术大专班，前者是培养学者化的作家，而后者是造就艺术型的摄影家。为了提高自己的艺术学养，年生于1987年报考了武汉大学第二届摄影艺术专业大专班，以优异的成绩被录取了，扎扎实实地学习了两年，打下了坚实的人文和艺术科学基础，并以优秀的成绩获得武汉大学大专毕业文凭。

大学毕业后，年生又回到湖北美术出版社工作，继续从事美术编辑和摄影创作工作。这期间，他的摄影创作进入到了一个黄金时期，创作了许多摄影佳作，出版了个人摄影专集。1990年，他创作的《思想者》作品，获得全国摄影比赛的金奖，这是湖北省50年历史上摄影作品获得的唯一的金奖。

1997年10月，武大作家班的著名作家哲夫来汉，他邀请了时任湖北省副省长的王少阶，长江文艺出版社的社长周百义、副社长彭年生和我一起在汉口天安假日大酒店聚会。那次聚会给我留下了深刻的印象，哲夫赠送给我他的十卷本《哲夫文集》，在第十卷中收录关于我的一篇杂文《卞和璞·和氏璧·蔺相如》，专门记叙了武大作家班的诞生和意义。年生副社长向我赠送了他的《思想者》系列新作，那是一本人物特写专集。他对我说，希望今后有机会也为我拍摄一幅特摄照片，准备收入到他的下一部专集里去。

我记住了年生的话，但是我一直没有机会来满足他的愿望。到了2005年，我的自传《一个大学校长的自白》准备出版，长江文艺出版社的责任编辑希望我提供一张近照，拟安排在自传的扉页上，或许还要作为封面使用。我知道自己其貌不扬，过去虽然也照了不少的照片，但真正能拿得出手的个人照片，居然找不出一张。这时，我想起了年生，有意请他为我拍一张。当我向他提出这一要求时，他十分愉快地同意了。

2005年4月初，正是珞珈山樱花怒放的季节，年生如约来到我家里。他花了个把钟头，为我拍摄了各种镜头的照片。待照片冲洗出来后，他约我到社里去看他拍的那些样片。我没有鉴赏能力，于是请他帮我选一张，他凝思片刻后拿着一张照片说："我看就这一张。"我也点头认可了，它就是现在正式出版的《一个大学校长的自白》封面的那张照片。

2005年9月，《一个大学校长的自白》正式出版发行，该书在社会上引起了不小的反响，一再加印。与此同时，这本自传的封面照片也获得了一致好评。著名作家野莽评论说："夜色的背景，沧桑的面容，凝眉直视着眼前一具无法捕捉的鬼魂，像是悲剧中的英雄，一个伤痕累累的老哈姆雷特，摄影师抓住了他的神髓……"著名建筑学家、武汉大学城市设计学院院长张在元博士评价道："这是一幅完整的、完美无缺的摄影佳作，神情虽然凝重，但没有忧伤，虽然年迈，但精神矍铄。按照比例，两只手显得特别大，这是摄影家匠心之所在，也是封面人物的信心和力量之体现。"旅法著名作家祖慰对于封面照片也是赞不绝口，他说："这是一幅完全可以与罗丹的《沉思者》相媲美的佳作，只是罗丹的《沉思者》是坐在地狱门口的一尊雕塑，而《一个大学校长的自白》封面上的'沉思者'，是坐在教育改革的风口浪尖上的一张摄影照片。"

总之，凡是看过这本自传的人，包括学者、教授、摄影爱好者、大学生都对这幅照片给予了很高的评价，认为反映了传主执着改革的风雨人生经历，特别是反映了自传作者的本相。人们常说，一人之神在于脸，而一脸之神在于眼。这幅照片的点睛之处就在于抓住了眼神。其实，在拍照之前，我并没有对年生社长提出任何要求，但是他凭着职业素养和摄影家的眼光，一下就抓住了我的特征。这真是：知我者，年生也！对于一个高水平的艺术家来说，他们不仅能够从普通的事物中发现新的美来，而且还能够透过外表洞察出一个人内在的心灵。彭年生先生就是这样一位极富创造性的摄影艺术家。

（本文刊载于《彭年生摄影艺术》，湖北美术出版社，2006 年 12 月第 1 版）

二十年后再聚首

每年都有一拨又一拨的毕业生回到珞珈山聚会，有的是入校 20 年、30 年……也有的是毕业 20 年、30 年……每每见到这种情况，我都羡慕不已，因为我们大学毕业后，直到 1993 年才有机会回来举行入校 40 年聚会。相比较而言，现在的大学毕业生比我们幸福多了，一是他们有了经济基础和休闲时间，二是再没有了那些连绵不断的政治运动，同学之间不会因为政治问题而彼此不敢联系。仅从这一点来说，社会毕竟进步了，人们的生活水平提高了，这是改革开放带来的变化。

由于我在 20 世纪 80 年代初出任了武汉大学的校长，时间长达 8 年之久。那是武汉大学改革的黄金时代，生动活泼的学习与研究氛围，民主自由的校园文化，追求卓越、勇争第一的校风，使得大批优秀的人才脱颖而出。凡是经历了那个时代的人，无论是教师、职工或是学生，无不怀念那个令人难以忘怀的岁月。因此，只要是那个时代毕业的学生回校聚会，他们都会邀请我参加，畅谈教育改革的收获，重温昔日的师生情谊。

今年国庆前，我收到了两份邀请，一是化学系 85 级入校 20 周年聚会，另一个是物理系 85 届毕业 20 周年聚会。

9 月 30 日清早，我和高伟按照习惯先去散步，然后我们一同去菜场买菜。化学系高分子化学教研室的龚树林博士，知道我们每天的路径，便早早地等候在南校门附近，希望把请柬直接递交给我。

她特别强调说："请刘校长一定要参加，同学们都希望见到您。"

"我一定参加，我也希望见到你们。"

按照邀请通知的时间，我于 10 月 3 日晚 6 时，准时达到丰颐大酒店。在酒店大厅，从全国各地赶来报到的同学们见我到来，纷纷走过来与我握手问候，我也一一向他们表示了问候和欢迎。这一届学生共有 120 人，回来聚会的有 80 多人，占全年级的三分之二，确实不容易。在这批学生中，有我指导的研究生，有我给他们题词的，有听过我讲座的，有与我通信的，但更多的是面熟而不知其名的。

在丰颐酒店大厅，同学们要求与我照相留念，有单人的，也有三三两两的。其中，王虹是华中科技大学化学系的副教授，她说："刘校长，1985 年 1 月《中国青年报》发表了关于您的长篇报告文学，正是在您精神的感召之下，我以高分考取了武大，我在武大学到了在其他学校学不到的东西，我为自己的选择而感到自豪。"

叶大志是化学系物理化学专业毕业的，他毕业后分配到珠海工作，他与我有着多年的通信联系。他有理想，对问题有自己独特的看法，写得一手很漂亮的钢笔字。他现在被调到湖南师范大学从事管理工作，工作很有成就。他深有体会地说："在大学学什么专业并不重要，应当把学习方法放在首位，毕业后要因时因地选择自己的职业。只要掌握了方法，就会去获得自己工作所需要的新知识。"

报到之后，全体同学乘车到位于洪山广场附近的太子鲜大酒店聚餐，受邀赴宴的还有各基础课的任课老师、政治辅导员和学籍管理员。这说明同学们念念不忘他们的启蒙老师和帮助过他们的人。晚宴十分丰富，席间大家频频碰杯，相互祝愿，照相机的荧光灯不停地闪烁着，欢声笑语充满整个大厅。

这次聚会的组织者是闪伟强、朱燕铭和袁颂东，他们 3 人当中有两个人是金属有机化学专业毕业的，所以我是熟悉他们的。通过这次聚会，不仅看到了筹备者的组织能力，也看到同学们都成熟了，在工作中都取得了巨大的成绩，我感到由衷的高兴。

当聚餐结束时，朱燕铭告诉我："明天上午 9 时，我们在化学系 101 教室开会，希望您参加，我们希望再次聆听您的教诲。我们毕业时，您给我们的题词：'思若大海，行如天马'，我们至今记忆犹新。"我说："教诲不敢当，但是我愿意与大家相互交流。"

10 月 4 日上午 9 时，我准时到达化学系 101 教室，同学们都已经等候在那里了，现任化学与分子科学学院的党委书记付功成和新老辅导员也参加了。大会开始时，7 位女同学向我们献了鲜花，表达了尊师之情。化学与分子科学学院的党委书记对校友们的到来表示了热烈的欢迎，介绍了今日化学与分子科学学院的发展情况，希望大家关心母校的发展。然后，校友们纷纷发言，畅谈了昔日同窗旧谊和现在的工作情况。

在大家的要求下，我做了即席发言，现追忆如下：

亲爱的化学系85级的校友们：

现在是武汉一年一度的黄金季节，欢迎你们回到母校集会，重温昔日同窗旧谊，追忆师生之情。同时，我要感谢你们邀请我参加昨天晚上的宴会和今天的大会，使我有机会与你们一起回忆那段令人难忘的改革岁月，我愿意借此机会，感谢你们为武大改革所做的贡献！

20年，在人类的历史上只是短暂的一瞬，可是在个人生命中，却是一个不短的时期。昔日，你们尚是风华正茂的青年，今天你们已是如日中天的中年——人生创业的黄金时期；过去，我是所谓全国最年轻的大学校长，可是现在已是古稀老年。

20年，我们都经历了许多事情，给我们留下了太多的回忆。就我而言，20年的经历更是崎岖坎坷，有成功也有失败，有欢乐也有烦恼。但是，我从来没有向命运低过头，从来没有放弃我的信念与追求。并且，通过与命运的抗争，我悟出了一个人生的哲理：一个人不管遇到何种艰难困苦，只要自己不倒下去，就没有人能够把他推倒，即使推倒了，他可以凭借自己的力量重新站起来；相反地，一个人如果躺在地上不起来，那就没有人能够把他拉起来！

20年，是我研究和实践创造教育的20年。我提出了创造性的人才观，围绕着培养创造性人才而实施了一系列创新的教学制度，设计了实施创造教育的SSR教学模式，出版了创造教育三部曲，等等。虽然这些都是先进的教育理念和制度，但是在高等教育界响应者甚寡。尽管如此，我依然踽踽独行在研究与推动实施创造教育的道路上。

教育是一门实践科学，如果没有了学校和学生，那是什么事也做不成的。为此，在部分校友的支持下，我正式注册了湖北省刘道玉教育基金会，建立了网站，开始吸收会员。基金会的宗旨是研究、倡导和推行创造教育，奖励创造性的人才和开展各种教育公益事业。我知道，我个人和基金会的力量是微小的，但是我们依然希望它成为推动我国教育改革的一股力量。这正如清朝黄遵宪的诗句所言："杜鹃再拜忧天泪，精卫无穷填海心。”我们就像是杜鹃和精卫鸟一样，明知大海是填不平的，但它们还是无休止地填呀，填呀！这是什么精神，这是一种理想，是一种执着的追求！

我的讲话赢得了阵阵掌声。讲话结束时全体起立以示敬意。我也频频鞠躬，向大家表示深深的谢意。

这时物理系的85届毕业生罗毅刚冲到主席台对我说：“刘校长，我们物理系的毕业生等您去照相，大家已经排好队了。”可是，化学系的毕业生却说：“不行，我们马上就要照相，还是我们照完了再到你们那里去吧！”我心想也是的，何必两边跑呢，照了再去吧。

好在物理系的同学派了汽车来接，所以我很快到了物理系同学们的集聚地——学校行政大楼东侧，也就是原物理系大楼的门前。我连连向大家道歉：“非常对不起，今天撞车了，耽误了大家的时间。”但是大家齐声高呼：“没有关系，只要校长来了，我们就高兴！”于是，我和物理系的毕业生们照了合影，然后又与每位同学一一照相留念。

是日，天气晴朗，万里无云，大家都过得非常愉快。当我置身于当年的大学生之中，我似乎也变得年轻多了，心情也格外地高兴。这就应了我当年的一个信条：一个人如果与青年交朋友，常与他们通信或谈话，那么他就会不断地从青年中间获得新的思想，这是防止思想僵化的最好办法。

至今，我仍然笃信这一点。不论我的年龄多老，我愿意永远成为青年的朋友！

关爱学生是教师的本分

鲁迅先生是我国真正的文学大师，他关心和爱护青年学生的故事一直被人们传颂。我崇敬鲁迅先生，经常以他为榜样，把爱护学生作为校长的首要职责。基于这种信念，我对学生确立了三个原则：来访不拒，来信必回，有求必应。即使在离开校长位置20多年以后，我仍然保持着这个习惯。

1992年3月，我应广东省新会市委书记冯天佑同志的邀请去考察，正好遇到我校经济学院青年教师提忠望也到广东去。通过交谈才知道，她是带着经济学院汤再新教授的介绍信去广东找工作的。

提忠望本是武大在职教师，为什么要自己到广东找工作呢？原来，她于1989年1月到1991年底，在美国哈佛大学做访问学者，经济学院的党委书记陈昭方却以她逾期不归为由，三番五次要求学校人事处将其除名。实际上，提忠望在进修期满后写了延期申请报告，并得到学校的批准。可是，陈昭方因为提忠望曾批评过他独断专行，借机报复，迫使她悲愤地离开了武大。出于对她的关心，我介绍她到新会去，后来她作为特殊人才被引进，安排在中国国际旅行社新会分社工作。

由于这个原因，提忠望对我心存感激，她与我成了忘年交。2008年7月上旬，小提回武汉探亲，她打电话说要来看我。但是，她来的时候下了大雨，她和一个女孩推着一个大箱子，我还以为她是带着行李准备回新会。当她打开箱子时，里面却是一件她亲手用绢绸制作的漂亮剑兰盆景，原来她是怕被雨水淋湿了才装在箱子里的。她写了一首诗，以剑兰为背景，把它拍成照片过塑赠送给我。现在把诗抄录如下：

问　天

——致我最敬爱的刘道玉老校长

剑兰怒放问苍穹，

此生磊落又勤奋。
呕心沥血育英才，
为何如此难耕耘？

在谈话时，她向我介绍一个她教授过英语的学生，是广东五邑大学管理学院 2002 级的学生。该生大二时一次考试舞弊，学校给他的处分是毕业时不能发学位证书。该生思想包袱很重，他在父母不知情的情况下，毅然报名参军，目的是想磨炼自己的意志。在服役的两年期间，他被评为优秀士兵，被吸收为中国共产党的预备党员。2006 年 12 月，该生复员回到五邑大学复读，两年期间表现良好，各门课程考试也获得了优良成绩。该生反复申请希望获得学士学位证书，提忠望也多次帮助疏通，但校方一口拒绝。

小提问道："校长，我真的很同情这个学生，不知道我是否应当继续关心这件事？"我说："你应该继续关心，关爱学生是每个教师的天职，何况该生以实际行动改正了错误，应当看发展，重在表现嘛！"我建议道："你去找五邑大学的张国雄，他现在是五邑大学党委常委、宣传部部长和社科处处长。他是我的学生，获得博士学位后留历史系当教师，后来因故被我介绍到五邑大学工作。他肯定会帮忙的。"

回到新会后，小提去找了张国雄，果然受到了热情的接待。经过张国雄多次的说服与细致的疏通工作，五邑大学于 2006 年 6 月正式通过了对那位同学的评审，决定发给合格毕业证书和学位证书。当这个学生拿到这两个证书时，他立即打电话对我表示感谢，并颇有感慨地说，一张薄纸却是如此的沉重！我对他说："你不用感谢我们，这是你个人努力的结果，也是你应该得到的，我和提老师只是做了一个教育工作者应该做的事。"现在，这个毕业生已在新会市一家金融机构工作，担任了团支部书记，颇受领导的赏识。

从这个学生的经历看，对一个学生的处分应当慎重。领导部门或者领导人要做出处分学生的决定是极其容易的，但给学生造成的压力是巨大的，其伤害甚至是终身的。我在任校长期间，反复强调不要轻易处分学生，要允许学生犯错误，也要允许他们改正错误，给他们改正错误的机会。我记得 1985 年，全国出现了清查和处分学生的风潮，各校对 3 门课考试不及格的学生一律给予勒令退学的处分。虽然我们也对学风和教风进行了整顿，清查出有 25 人 3 门

（含3门以上者）考试不及格，可是我们一个也没有按勒令退学的规定处理。有的因学习兴趣不对路而导致成绩不好，允许其转专业；有的已学满两年以上，发给大专生毕业文凭并推荐工作。这种做法收到了良好的效果，不仅没有使学生受到伤害，而且使他们各得其所。

那时，我曾经想借用足球竞赛记黄牌和红牌的规则，凡是学生犯错误（刑事犯罪除外），记黄牌给予警示，累计3次黄牌而无悔改者，给予红牌处分（即退学）。这样既体现了处分学生政策的公开性和严肃性，也给学生改正错误留下了很大的空间。可是由于我突然被免职下台，这个设想未能实施，甚感遗憾。“勒令退学”一词，对人有很大的刺伤作用，本是一个教育上的“忌语”，可是竟然没有人质疑，一直沿用至今。

在2500年以前，孔子曾说过：“不教而诛，非也。”现在，人类已经进入21世纪，更应该废除一切惩罚或变相惩罚式的做法。教育者应该相信教育的力量，做到以爱感人，以情感人，以理服人，化一切消极因素为积极的力量，这才是我们教育应当追求的真正目的。

一盆蝴蝶兰

2006 年元月 22 日是星期日，虽然时值寒冬，但天气晴朗，并不觉得太冷。这一天下午 3 时，我突然接到一个电话：

"是刘校长家吗?"

"是，请问你是哪位?"

"我是辜胜阻，是从北京回来过春节的，4 点左右我来看望您，给您拜个早年。"

"谢谢你，我恭候你的到来!"

正好 4 点整，胜阻如约准时到来。我打开门待他进来后，正准备关门，他说："稍等一下，后面还有人。"这时一位男士双手捧着一盆鲜花已经到了门口，我接过花盆，请他到室内入座。他说："不，我还有事，就不进去坐了。"

一个硕大的精制的蓝瓷花盆，生长着正盛开的花朵，还有数十个含苞待放的花蕾。花的叶子酷似君子兰，长长的枝干像是褐色蜡梅枝条，在枝条的顶端开放着粉紫色形似蝴蝶的花朵。我并不知道这是什么花，反正是一盆很别致、高雅的花，而且价钱不菲。夫人高伟说，是蝴蝶兰，在云南乡下到处都是。可是，武汉却很少见到，至少我是平生第一次看到。

胜阻是武汉大学 77 级经济系学生，于 1981 年底以优异的成绩毕业，获得合格的毕业文凭和学士学位证书。鉴于他的学习成绩优秀，毕业后留校任教，并从事人口学研究。那时，毕业生们纷纷想出国留学，胜阻亦心向往之。但是，当时教师队伍青黄不接，急需补充教师队伍中新的血液。于是，我和经济系领导共同做他的思想工作。我对他说："胜阻，出国本不是坏事，可是现在教学需要你，等以后再说吧。出国有两种，一是出去当学生，二是出国讲学，我看后者更适合你。"胜阻是一位通情达理、顾全大局的人，他放弃了申请出国留学的打算，留校安心地从事教学与研究工作。

由于他的教学和研究都很出色，所以经济系曾启贤教授向我鼎力推荐，经过校职称评审委员会的评定，于 1985 年破格晋升他为副教授，他那时才 29 岁，不仅是全校而且也是全省当时最年轻的副教授。

1986 年 7 月，辜胜阻到美国密歇根大学做访问学者，在该校进修了两年硕士学位课程。后来，他又应邀到日本大学、德国杜伊斯堡大学和美国密歇根大学、美国哈佛大学做访问教授。在国外的进修和访问研究，在他的经历中是很重要的，不仅学习了许多西方经济学的课程，而且开阔了他的学术视野，打开了国际学术交流合作的渠道，提高了他的英语水平。

回国后，胜阻继续从事教学与研究工作，由于成绩突出，他很快被晋升为教授、博士研究生导师。与此同时，他还担任了许多社会工作，如武大人口学研究所所长、社会经济与管理研究所所长和战略管理研究院院长等职。

自 1994 年起，他先后被选为中国民主建国会中央常委，民建武汉市委主委、民建湖北省副主委。他是第八届全国政协委员、第九届政协常委。1998 年 1 月至 2003 年 1 月任武汉市副市长，2003 年 1 月又当选为湖北省副省长。可是，时隔不久他就辞去了副省长的职务，调往北京任全国工商联副主席。胜阻刚到天命之年，仕途远大，在国家未来的建设中，将会发挥更大的作用。

我国是礼仪之邦，历来有尊师重道的优良传统。尽管胜阻工作繁忙，但是在任副市长和副省长期间，每年的教师节或春节，他至少要来探望我一次。去年来的时候，我们讨论了共同关心的教育问题，正好我写了一篇文章《试析计划经济思想对中国教育的影响》，本来是应某报约写的，由于观点尖锐，该报不敢发表。胜阻听后颇有兴趣地说："校长，您给我看看，我是搞经济学的，您写的这个问题很重要。"我说："希望你帮我推敲一下，我毕竟不是学经济学的。"打这以后，一年过去了，再加上他工作调动，关于这篇文章的事我们没有再提起。

去年 9 月 25 日，北京校友会和长江文艺出版社共同在北京召开我的自传发行座谈会。我没有料到，那天胜阻也来参加了座谈会，他首先发言说："今天我们是来感恩的，刘校长当年在武大所推行的许多教育改革举措，改变了许多人的命运。我 29 岁提升为副教授，现在看来不觉得有什么稀奇的，但是在 20 世纪 80 年代初中期，在论资排辈还盛行的情况下，能够做到这一点是很不容易的……"他的发言引起了共鸣，赢得了一片掌声。

这次胜阻又来给我拜年，我们的话题又聚焦到人们共同关心的教育问题上。胜阻说："您去年那篇文章的观点是正确的，中国教育体制问题必须改革，您想想，大学合并就是行政行为嘛。除了中国，在任何国家都行不通，这就是大一统的教育体制造成的。"

"是呀，大学合并尽管反对的人很多，但是教育决策者仍然强行合并，这既是违背民意的，也是违背教育规律的。所以，今天教育的诸多问题，归根到底是教育领导部门决策失误所造成的。在大一统教育体制下，管辖越多，主管部门的权力越大，一旦决策失误，所造成的危害就越大。"我说。

胜阻频频点头，表示同意我的看法。

在新年之始，国家召开了科学技术大会，提出了走自主创新的道路。建设创新型的国家。这无疑是正确的，但是怎样才能建设创新型的国家呢？问题的关键还是在于教育，如果不进行教育体制改革，不大力推行创造教育，不着力培养创造性的人才，即使投入再多的研发经费，我国要进入世界先进发达国家之列也是很困难的。

有缘千里来相会

有一天，在基金会邮箱里收到了一个叫贺国庆的学生的邮件。他说他读过我的自传《一个大学校长的自白》，随后他写了一本书稿，叫作《为了明天的事业——写给一个人的书》。他十分关注我的基金会，从网上申请成为基金会会员，交纳了325元的会费。作为一位学生来说，他的这种举动是非常可贵的，我也十分感谢他对基金会的支持。

贺国庆反复表达了一个愿望，他希望带着他写的有关教育改革的文稿到武汉见我，与我交流对当前教育存在问题的看法。考虑到他是一名学生，怕他耽误学习，所以我一直没有同意他前来武汉见面。可是，贺国庆是一个很执着的学生，他不断地提出要来武汉与我见面的要求。我不能让他失望，同意他于11月25日（星期六）到武汉来见面。他就读的中央司法警官学院位于河北省保定，他于当日下午2时到达武汉。我们基金会的黎亮与他约定在武大小观园休闲茶座会面。由于他尚没有吃午饭，所以我们给他点了一份快餐，他一边吃我们一边交谈。

我对他说，由于谈话时间的限制，希望他言简意明地谈谈自己的想法与建议，如果有书面材料就不必重复了，请把资料留下给我们。从他的谈话中我归纳出四个问题：1. 他已经写了一份关于改革应试教育和实施理想教育的方案，他把这个方案称作“101计划”，希望我对他的计划提出修改意见；2. 他希望联络一些知名学者（如钱学森等）具名把这份计划上报给温家宝总理；3. 他希望以此计划申请香港李嘉诚教育基金会的资助，期望能够得到几千万元的研究与实验经费；4. 他希望寻找或建立一个基地来实施他的计划。

小贺根据自己的亲身体验，列举了当前大学教育的种种问题，如大多数人对所学专业没有兴趣，学习任务边缘化，学生心灵空虚，教学效果低下，学不到真本事，教学方法僵化……对于他关心教育改革的热情，我表示了赞扬；对他所列举大学中的问题，我也表示了认同。

作为一个大学生，为什么贺国庆对旧的教育制度有如此深刻的认识呢？这是因为他有着与大多数学生不同的经历。他经历了三次高考和三次高中复读，曾经先后上过两次大学，有过近一年的逃亡、流浪、收容、劳教的经历。其实，他并不是智商低，相反他思维敏捷、知识面广、口才很好、写作能力也比较强，只是他不适应应试教育制度而已。这也是许多有个性、有创造性学生的共同特点，由于应试教育的束缚，他们大都被埋没了。

至于他提出的“实施理想教育的建议计划”，我觉得太空泛了一些，无论是呈报上级领导或是申请李嘉诚教育基金，获得支持的可能性很小，特别是要实践这个计划，更是困难的。但是，我对他说：“如果你有兴趣，我支持你继续研究，你也可以继续尝试你想做的有意义的事。”

最后，我建议道：“鉴于你对教育有着浓厚的兴趣，而且又有许多教育资料的积累，如果自己愿意的话，可以在大学毕业以后报考教育学的研究生。兴趣决定一个的命运。要成为一名教育家，需要三个条件：一是要有深厚的哲学功底，特别是对西方哲学的深入了解；二是要参与教育实践，特别是教育改革的实践，从实践中形成自己的教育理念、理论；三是对旧的教育要有切肤之痛的认识，要有迫切改革的愿望，要有追求卓越的远大理想。”

我们的谈话已有两个半小时了。夜幕已经降临，天下着蒙蒙的小雨，我建议结束这次对话。告别时我说：“如果你还有什么问题，我们还可以通过信件或电子邮件继续讨论。”

贺国庆握着我的手，激动地说：“太打扰您了，能够当面接受您的指教，的确受益匪浅。对于您的教诲，我当牢记在心。”

不能做"飞人"，要当"蛙人"

我与学生易中天的故事，在《大学的名片》一书中曾有详细的记叙，许多媒体也先后有报道。中天离开武汉大学可谓因祸得福，他在厦门大学领导一个美学研究所，成果累累。特别是近年他在中央电视台《百家讲坛》先后主讲的《汉代风云人物》和《品三国》大获成功，他的著作也成了畅销书。

近日，他应邀到武汉参加"长江美联大讲坛"活动，元月6日他做了首场演讲，一千多人听了他妙趣横生的讲座。讲台上易中天风光无限，万人追捧。但是，在讲台下的易中天却是谦虚谨慎，尊师重道，心中永远不忘感激栽培自己的恩师。

7日下午，他专程来到武汉大学，看望师母沈佩珍女士和我。其实，他来武汉之前，就从厦门给我打了电话，告诉他到武汉的消息，并约定7日下午要来探望我。随他来探视的有他的夫人李华，他的师兄、中文系教授李中华和《长江商报》的易清与吴丹。

师生见面，自然是兴奋不已，彼此有说不完的话。中天见到我的第一句话就是："我是校长栽培出来的，今天来就是再一次聆听校长的教诲。"我对中天说："看到你所取得的成就，我感到非常欣慰，借此机会，特向你表示衷心的祝贺。"接着我说："现在大师一词完全被玷污了，无论什么人都冠以大师。"中天插话说："大师不是培养出来的，而是在民主、自由的环境中成长的。"我接着说："依我看，中天你有大师的素质和气度，你正走在通向大师的道路上。问题是，你要排除干扰，选择学术领域里的疑难问题，执着地钻研下去。你现在社会活动太多，大多时间都在飞机上，这样耗费了你的时间与精力。因此，我建议你不能做'飞人'，要当'蛙人'。'飞人'是悬在空中，上不沾天，下不接地；而'蛙人'是要沉下来，目的是寻找、探索和发现。你现在还不到60岁，要活到像季羡林先生那样的高寿，你至少还有40年做学问的时间，到那时你成为大师是不成问题的。"

在结束谈话后，中天向我赠送了他《品三国》的影碟，我也向他赠送了去年出版的自传《一个大学校长的自白》，彼此留作纪念。

与大学生在校园里散步

近来，校内的一名大学生不断地打电话，想与我进行一次交流。实在不巧，这几天我正忙着写一篇文章，所以我对他说："我期待与你交流，只是我这几天比较忙，过些时候再电话约时间。"

4月23日中午，这位学生又打电话来，他说："校长，我知道您有散步的习惯，过去您也常常是在上班的路上边走边听学生的意见。因此，我也想与您约个时间，我们边走边聊吧。"

"好吧，那就今天下午3点，我们在邮局门口见面。"

"哪个邮局，是梅园旁边的邮局吗？"

"是！"我说。

我提前5分钟达到约定的地点。整3点，一位大学生向我走来，他问道："您是刘校长吗？"我说："是的。"

于是，我们在校园里边走边谈。我问他："你叫什么名字，是学什么专业的，什么地方的人？"他说："我叫江森林，是政治公共关系学院一年级新生，是从深圳考来的，是地道的深圳人。"

我听得出来，他是广东人，因为他讲普通话很吃力，带着浓厚的广东口音。我问道："小江，你约我想谈什么问题呀？"

"我想向校长请教，大学生怎样选择目标，怎样才能成才？"

"这是每一个大学生都面临的问题。我想必须明确成才的前提是什么，是好大学，是名师？虽然这些条件是重要的，但成才最重要的因素是自己，具体地说是自己选择自己最喜爱的专业学习，志趣是成才的动力，有志趣才有信念，有信念才有执着的追求，才能成才，也才能获得事业的成功。现在，许多大学生不能选择自己最喜欢的专业，往往受到许多外界的干扰，所以影响了他们成才。"

小江问道："如果现在还没有自己最喜欢的专业怎么办？"

"这不要紧，说明你们刚刚进入大学，对于大学教育的全面情况还不了解。为了做出正确的选择，应当多阅读，多参加各种学术讲座，多与同学交流。也许有了一定的知识积累，你们就会逐步地形成自己的兴趣。"

"在没有形成自己的兴趣爱好以前，我们应当怎样学习呢?"

"我觉得最重要的是要学会自学，这是学得真知灼见最重要的方法。唯有自学，才能提高阅读能力、理解能力、表述能力和写作能力，古今中外一切大学问家、大科学家，无一例外都是靠自学而获得成功的，例如华罗庚、贾兰坡、梁漱溟、钱穆、叶圣陶、启功等都只是中学生，但他们都堪为大师级的学者。"

"可是，现在教学制度不利于自学，上课教师要点名，不上课要扣分。"

"这正是现在教学制度保守的地方。虽然你们不能改变现行的教学制度，教师可以把你们束缚在课堂上，但他们毕竟不能束缚你们的思想，你可以超前学习，发挥举一反三和以一联十的方法，思考你们感兴趣的问题。所以，主动权还是掌握在你们手中，成才最终还是决定于自己。"

小江又问道："校长，现在大学体制官僚化，不仅学生甚至连教师也见不到校长，这个问题怎么解决?"

"说到底，大学体制的官僚化，根子还是在政府，是政府的官僚主义才导致大学体制的官僚化。这个问题不好解决，它涉及政治体制改革的问题，看来只能是水到渠成，勉强是不行的。不过，你们当学生的，不必花精力去考虑这个问题，你们虽然不能改变这种体制，但你们可以改变自己的命运。"

我们的谈话大约有一个小时了，天色不早了，而且有下雨的迹象。于是我说："小江，今天的谈话就到这里吧。最后，我还是想提醒你注意语言的锤炼，要下决心讲好标准的普通话，因为语言是交流的工具，不管今后你从事什么工作，表达能力十分重要。清朝龚自珍说过'言为心声'，就是说语言流畅说明思想流畅，语言幽默说明思想有创意。俗话说：'一年胳膊，两年腿，十年磨炼一张嘴。'因此，希望你下决心练好语言，为你今后的学习和工作奠定良好的基础。"

小江最后说："校长，我记住了您的教诲，我会努力的!"

一个有个性的学生

今天，我的邮箱中收到一封标题为“有些语无伦次”的信，是由饶晓宇发来的。她写道：

“老校长，刚才在武汉大学的贴吧看到一篇写您的文章，我无法表达自己的心情……

“看到别人写您的一些事，眼泪不住往下流，实在是太感动，太佩服您了。这种感情已经很久没有了，也许是见惯了生活中太多的事，人已经麻木了许多，对许多以前很感动的事无动于衷，但是今天，却拾起了久违的感动。

“不知为什么语无伦次……

“我会向您学习，好好做事，好好做人。不求做大官，但求做大事。

“在那篇文章中，引用了您的一首诗：‘珞珈本有梅，如今似无多。傲雪凌霜独自开，何惧风雨泼。无意攀权贵，俸禄如粪土。冷落摧残奈若何？独行我如故。’您的这首诗，我会用毛笔写下裱起，作为我的人生格言。曾经因为社会的黑暗动摇自己的人生信念，但看到您这样，我不会了。无论别人如何，社会如何，我就是我。不论结果如何，我要努力去做，绝不后悔。

“再次向您敬礼。”

我很快回了信。此后，我们经常互通邮件，我也乐意回答她的一些问题。期末考试结束后，晓宇和一批同学相约来家里看望我，我们讨论了大学生如何自我设计的问题。临别时，我问道：“饶晓宇怎么没有来呀?”一个身材修长的女生站起来回答说：“我是饶晓宇。”“哎呀，我还以为你是个男生啦!”

我给她发邮件称她为晓宇姑娘时，她却回复我说：“校长，您别称我为晓宇姑娘了，听起来好别扭哇，您还是像原来那样把我当作男生得了!”一般来说，女性比较柔情，男性比较刚毅。为什么晓宇宁愿我把她看作男生，是因为她有着自信、刚毅甚至叛逆的个性，这也是每个创造性人才所需要的个性。

自认识晓宇后，她时常给我发邮件，反映她对教育、专业学习和人生价值的看法。她的信都写得很长，有的甚至有 4000 多字，少则也有千把字。有的时候她是利用课间休息时间写的，写写停停，像是写日记那样，然后把几天写的信一起发给我。她的知识面比较宽、思维敏捷、文笔流畅，她的文字是想到哪就写到哪。她虽然只是武大外国语学院日语专业大一新生，但她的许多见解都远远超出了她的年龄的限度。她对官本位、腐败现象是深恶痛绝，关心弱势群体，期盼公平社会。

说实在的，我很喜欢她这种个性，也很喜欢她的文笔。但是，在目前的教育体制和世俗的风气下，也许她这种个性是不时兴的，因此我们应当保护这种个性，因为这毕竟是培育创造性人才所需要的。

医院注射室里的谈话

自去年8月感冒以后，一直留下干咳的症状，一个月后虽然干咳消除了，但又出现了似有痰而咳不出的后遗症。症状虽然不是很严重，但应当查清病因，以免因小失大。

8月17日上午，我到人民医院请呼吸内科刘淑华教授诊断，她认为病程时间较长，应当检查清楚。根据她的处方，我需要做胸部CT检查、支原体和衣原体检查、痰样的化验。结果表明：我的双肺下支气管有炎症，痰中有革兰阳性球菌和革兰阴性杆菌。根据症状，刘教授建议注射头孢夫辛钠和沐舒坦针剂，同时口服沐舒坦片剂，需要一周时间的治疗。

17日下午，我在校医院注射室开始打点滴。我把注射单和药品交给护士，等待她给我注射。当护士喊我的名字时，我去接受注射。就在这时，有两个学生突然叫了起来："啊，他就是刘校长呀！"注射完毕后，我选择了一个扶手椅坐定，平静、耐心地等候针剂一滴一滴地注入我的静脉血管。

这时，那两个学生向我走来，他们说："刘校长，能够在这里见到您，真是太幸运了，我们想与您一起照相留作纪念，可以吗？"

"当然可以！你们叫什么名字？"

"我叫熊芳，从江西考来的，她叫陈珥，是从深圳考来的，我们都是经济与管理学院一年级的学生。"

于是，她们拿出了带照相功能的手机，轮流与我合影。她们的举动引起了在一旁打吊针的一个研究生的注意。她叫马红莉，是电子信息学院一年级的研究生，她是患耳鸣病来打针的。

第二天我照样去打针，马红莉也来了，她还带了她的朋友戴璐，说她也很想见到校长。戴璐是学校软件工程所的研究生，她带来了高级照相机，要求与我照相。在一旁打针的信息管理学院的学生和她的男朋友（专门从西安交大来的）也提出要与我合影，我都一一满足了他们的要求。

正在这时，又有一个女生提着吊针走进来了，她见到大家都在与我合影照相，于是她说："我也想与刘校长照一张照片。"戴璐也帮她照了。这个女生是新闻与传播学院一年级新生，她叫郑思斯，是江西省安源人。她问我："校长，您明天还来打针吗?"我说："我还需要打三天的针，明天上午大约9点我会来。"她说："我希望再一次见到校长，有好多问题想问您，可以吗?""当然可以!"

第三天上午9时，我准时到达注射室。大约9时20分钟，郑思斯也来了，她还带了她的一个同学，叫蒋晓达，武汉市人，父亲是湖北省歌舞剧院的教授，母亲是钢琴教师。

我问道："'晓达'是什么意思?"她调皮地说："请校长猜猜!"

"如果我没有猜错的话，你是拂晓出生的。"她笑答："校长猜得好准呀!"这时郑思斯也要我猜猜她的名字是什么意思。我没有猜出来。她解释道："我的名字是妈妈给我起的，我姓郑，是郑成功的郑。第一个思是马克思的思，第二个斯是恩格斯的斯。"

我说："好名字!姓和名都是伟人，希望你像他们那样立大志、做大事!"

晓达问道："校长，我们学新闻专业的学生，应当怎样学习?"

"我不一定能够给你们提出具体的建议，但我愿意向你们介绍一个学新闻出身的著名未来学家，他的成功之路可供你们借鉴。这个人就是阿尔文·托夫勒，他30年写了三本畅销书，第一本是《大趋势》，第二本是《第三次浪潮》，第三本是《权力的转移》。这三本书都被翻译成几十种文字，总共发行量大约有上亿册。它们的价值不在于发行数量，而在于对人类社会发展的预测，指明了未来发展的方向。他的成功与其新闻职业有着密切的关系，例如敏锐的观察能力、广泛涉猎信息的能力、准确的判断能力等。这些都与他的职业训练有关，希望你们在学习中注意这些能力的训练与养成。"

郑思斯问道："个人兴趣与成才有什么关系?"

"关系太大了。可以这样说，兴趣是成才的动力，没有兴趣的学习是枯燥无味的，一个人只有想学，才能够学好。据统计，现在大学里60%以上的学生不喜欢他们所学的专业，以至于产生了厌学的思想。我始终认为，成才与学历、学位不是画等号的，与名校、名师也没有直接的因果关系。那么起决定作用的是什么呢?应该说是兴趣，兴趣决定信念，而信念决定理想，有了理想才会有执着的追求，才能导致成功。这就是为什么有些进了名校或师从了名师的人，并没有成为杰出的人才；而没有进名校甚至没有入大学的人，也做出了重大的成就。他们的区别在哪里呢？我认为区别就在于志趣，因此你们现在学什么并不能决定你们未来做什么，也不能保证你们未来就在这方面获得成功。因此，我希望你们在学习中发现和培养你们真正喜爱的专业，一旦选定了，就百折不挠地去追求，不达目的誓不罢休！我相信，只要你们这样做了，你们都会有美好的前途！”

郑思斯又问道：“校长，我们对您的生活很关心，你愿意回答我们的问题吗?”“当然可以。你们有什么问题，就随便提吧！”

“您现在的生活状况是怎样的，您是否满意呢?”

“我今年75岁，身患多种慢性病，但我的思维和记忆都很好，这是我最满意的。我每天6时起床（冬天是7时），自己做早餐，牛奶麦片粥、馒头夹腐乳或花生酱。上午8时到9时，我和老伴散步到菜场买菜，大约一小时。从9点半到11点半，是我写作的时间。午餐后，从1点到2点，是午睡时间，至少要保证睡一个小时。从2点到4点，又是我写作的时间。4点以后，又是我与老伴散步的时间。晚上，我基本上不工作，有时看看感兴趣的电视或电影，或看看书报。总之，我的生活是有规律的，是充实的，也是满意的。我仍然关心我国的教育问题，继续不断地思考与写作，我力求做到：年老未敢忘忧国！”

听后，两个女生高兴地说：“感谢校长回答我们的问题，衷心地希望校长长寿！”

我与美国人保尔的故事

大概是5月初，我接到来自上海的一个美国人的电话，他的中国话说得比较流利。他自我介绍说："我叫保尔，80年代曾经在武汉大学教英语，您与我的一次谈话改变了我的一生。"他希望专程到武汉来看望我，我表示欢迎。接电话以后，我一直回忆不起来，我的一次谈话，怎么会改变一个美国人的一生呢？所以，我也很想知道究竟是怎么回事。后来他又两次打电话说要来，但都由于临时计划有变，所以一直没有见到他。

6月5日，我又接到保尔的电话，他询问我周末是否在武汉，如果在的话，他将来武汉见我。我表示周末肯定在学校，欢迎他来访。他说："好！我于7日乘飞机到武汉，住在水利学校附近的楚源大酒店，这一次肯定不会再有变化了。"

我们约定6月7日下午3时在楚源大酒店的大厅会面。我乘出租车准时到达，保尔已在大厅等候，不用介绍我们彼此都知道对方的身份了。我们在咖啡厅靠窗旁的双人座位落座，我要了一壶碧螺春绿茶，我们边饮茶边谈话。保尔递上了他的名片，他的英文名字是Paul Ross，中文名字叫保尔。他解释说，保尔·柯察金是苏联卫国战争时的英雄，对50年代中国青年人影响很大，他也很崇拜保尔的英雄行为，所以就用保尔作为他的中文名字。

保尔现在是上海Alcatel·Lucent电讯公司公共关系部总监，已经工作3年多了，这是一家美国与法国合资的公司。保尔颇具语言天才，他能够流利地讲中文、法文和德文。我问他："你在哪里学的中文？"他说："我没有在正规的大学里学过中文，是自学的，主要是个人感兴趣。"

我与保尔的故事，自然是要从他在武汉大学任教说起。他介绍说，1985至1986学年，他应聘到武汉大学英文系任教，教授本科生的英语。学校安排所有的外国教师住在外国专家楼，但是他却不愿住在专家楼，要求与中国学生住在一起。可是学校外事处不同意。外事处解释说，外国专家楼有暖气空调，有专门的西餐厅，而普通中国学生宿舍条件差，不能让外国人居住。在与外事处交涉未果的情况下，保尔要求见校长，我同意接见他。正是这次谈话，给他留下了难忘的印象，用他的话说是改变了他的一生。

他的话引起了我的回忆，使我想起了那次谈话的情况，甚至回忆起他当时的相貌—— 一个学生模样的年轻的美国人。当年我与他谈话时，了解到他来中国前是美国普林斯顿大学的研究生，研究德国文学，因为他有厌学的思想才辍学到中国任教的。我询问他为什么不愿住外国专家楼，而愿意与中国学生住在一起。他说："我本是一个研究生，愿意与中国学生在一起，不愿把我看成是外国专家。这样我就可以体验中国学生的学习生活，可以学习中文，与他们交朋友。"随后，我又询问外事处的负责人，为什么不同意保尔的要求。他们的解释是：第一是内外有别，外国人不能与中国人混杂住在一起，担心泄密或发生其他问题；第二是不便管理，如果外国人生活或是安全出了问题，他们负不起责任；第三不能让外国人了解到我们落后的一面，如乱、脏、差等现象。但是，我认为外事处的人太多虑了，既然改革开放，那我们就要真正地开放，坚持实事求是的原则。再说，是保尔自己要求住到中国学生宿舍的，没有什么秘密可泄，也不会出现什么问题。最后，我耐心地说服了外事处的负责人，同意了保尔的要求，把他安排在枫园 5 栋 5 层的一个单人房间，在研究生食堂就餐。在 20 世纪 80 年代中期，改革开放程度还不算太大，我们能够这样做，无论在外国专家或是中国学生中，引起的反响都是好的。

在谈话时，我了解到保尔是辍学来中国任教的，于是我建议他应该继续完成研究生学业，要珍惜在这所著名大学学习的机会。在谈话结束时，我把《长歌行》中"少壮不努力，老大徒伤悲"的名句赠给了他。他被我的开明和真诚所感动，认为我是一位开明的校长，此事给他留下了终生难忘的印象。

保尔接受了我的建议，一年以后，他回到美国，恢复了普林斯顿大学的研究生学习，获得了该校德国文学硕士学位。保尔回忆说："在继续研究生学习期间，我还掌握了德文和法文，扩大了我的知识范围，为以后的工作奠定了良好的基础。"

自保尔离开武汉大学以后，至今已经 22 年了，他对往事的回忆也令我十分感慨。这说明，真情是不分国界的，是跨越年龄的。我们的谈话很投机，还谈到了他认识的大卫·佩里先生，谈到了我退休后的研究工作，也谈到了我对中国当前教育的看法。保尔已经成家，妻子在新泽西一家银行工作，有一个女儿。他说最近老板告诉他，公司在美国的一个研究所有一个职位，问他是否愿意回美国。出于对我的信任，保尔希望听取我的建议。我对他说："你在上海已经工作3年多了，积累了很多的经验，交了不少朋友，又能讲中文，能够继续在上海工作，当然也是不错的选择。但是，毕竟你的夫人和女儿都在美国，而且研究所的职位很不错，似可以考虑你们老板的建议。不过，你不妨听听你夫人的建议，也许是很重要的，她将帮助你做出最后的决定。"

我们谈话将近两个小时，彼此都感到十分愉快。我向他赠送了《一个大学校长的自白》作为纪念，他向我赠送了一支制作和包装都很精致的"毕加索"圆珠笔。谈话结束后，他陪我散步到东湖边，我们合影留念，然后握手告别。

我祝他回上海一路顺风！

探望服刑的学生张二江

张二江是武汉大学历史系78级的学生，曾担任校第20届学生会主席。在校期间，他热心社会工作，积极开展社团活动，曾经倡导成立了快乐学院，支持艾路明畅游万里长江。他领导的那一届学生会是最活跃的，对于创建自由民主和创新的校园文化，协助学校进行教学改革，都曾经起到了很大的作用。

他毕业后被分配到湖北省纺织工业局工作，后来他被任命为湖北省丹江口市市长。1993年5月在历史系著名世界史教授吴于廑先生的追悼会上，我们曾经见过一次面。后来，他又被任命为湖北省天门市委书记，大约是在1997年他从天门给我打过一次电话，向我问好。虽然我们师生很少见面，但我对他的工作却始终是关注的，希望他洁身自好，保持清正廉明，为民办实事。

大约是2002年夏，我从报纸上看到他因为经济等问题被起诉，后被判处有期徒刑18年。对于他的错误，我感到十分意外，也非常痛心。一个人如果不洁身自爱，不严格要求自己，随时都会栽跟斗，他的错误具有很重要的警示作用。

从他入狱以后，我就想去探视他，可是我的学生们都建议我不去，由他们代我向他表示问候。但是，这些年以来，我始终没有放弃想去探视他的念头，我想作为他昔日的校长，这种探视兴许会给他改正错误增加一份力量。

2008年初，我请学生皮勇建和刘家清帮助安排我去看望张二江。开始他们说初春天寒不便，后来又说奥运会筹备和举行期间不宜安排。本打算国庆节期间去探视，但监狱管理方面说，出于安全考虑，拟安排在国庆节以后。平心而论，监狱管理方面并不是为难我们，而是想安排一个合适的机会。最后商定于10月8日去探视，我原本以为是到监狱去看望，但监狱管理方面认为我不宜去那种场合。于是，他们特意安排在琴断口的酒店见面。

是日，皮勇建和刘家清开车过来接我，汽车大约行驶了45分钟到达了琴断口的酒店。当我们到达三楼的包房时，监狱管理所的人和张二江已先于我们到了。相互介绍后，方知参加的人中有管理所的所长和政委等 6 人，他们既是监督和陪伴张二江的，又是特意借此机会希望见到我的。

所长寒暄几句话后，请我们入席，说边吃饭边谈话。

我的右耳听力衰退，所长特意安排张二江坐在我的左边，说是为了让二江能够与我交流。我拉着二江一起入席，我说："二江，我们 15 年没有见面了，你比那时老了一些，不过气色还不错，比我想象的要好多了。"他说："校长，我都 54 岁了，很快将到花甲之年，怎么不老呢?"我说："不算老，我 60 岁时写了一篇长文，题目叫作《生命 60 始》，发表在《传记文学》上，我今年已经 75 岁了，而且还准备再活 20 年。"二江说："校长，看到您身体健康，学生感到非常高兴。您这么大的年纪，还惦记和来探视我，令学生十分不安。学生这次所犯的错误是不可饶恕的，一定吸取教训，重新做人。"我说："认识到错误，吸取了教训，今后的路会走得更稳当，但永远不要丧失对生活的信心。"

这时，所长接过二江的话介绍说："二江的表现不错，鉴于他年龄偏大，而且又是一个知识分子，所以我们没有安排他干重活，给他配了一台电脑，他可以利用电脑写书，但不能上网。这些年他已写了 5 本书稿，我们对他比较优待，他可以吸烟、喝酒，只是带进来的酒需要经我们改装成塑料瓶，这是管理规定。"

对管教所对二江的教育、帮助，我向所长表示了感谢。所长说："刘校长，您这么大的年龄还来看望和关心二江，这是对我们工作的最大支持。本来今天我们吴局长也要来见您，但他去陪同全国人大法制工作委员会的领导参观，特地要我们向您表示敬意。"

我对二江说："看来你这辈子从政是无望了，经商恐怕也为时已晚，但你可以发挥自己专业的长处，不妨在做学问上下点功夫，干出一番成绩。"二江说："校长，我也是这么想的，我会记住您的教导，一定会努力的，我绝不会虚度时光的。"

告别时所长执意让我们先上车离去。当我们的汽车离开酒店很远时，他们还在酒店门前向我们挥手致意。这次探望的时间不长，但无论是我还是二江，都不会忘记这次特殊的会面。

对黄进校长的临别赠言

2009年2月22日晚上，武汉大学副校长黄进给我打电话说："校长，我刚刚从北京回来，教育部19日已任命我为中国政法大学的校长，近日交代工作后就准备去北京。我想与校长约个时间，去与校长告别，更重要的是向校长请教。"

"首先祝贺你荣任中国政法大学校长。你现在交接事务繁多，我随时欢迎你的到来。"

"好吧，我明天上午9时去拜访您。"

既然黄进是诚恳地拜访我，那我也应当认真地接待他。黄进即将履任新职，我特地准备了三篇资料赠送给他，兴许对他有所帮助。这三篇资料一是陶行知先生的《第一流的教育家》，二是陶行知先生的《整个校长》，三是我发表在《高等教育研究》上的《怎样领导好一所大学》。我早上8时到复印社去复印这两篇文章，不料复印社到8时半才开门，我只好在外面等了半个小时。

上午9时，黄进准时到达，我给他沏了茶，边饮茶边谈话。黄进说："我是您任内培养的学生，你和韩德培先生是我最崇敬的两位师长，你们的恩德我终身不忘。我今天下午去医院向韩先生辞行，再一次聆听了他的教诲。"

我问道："你去中国政法大学，有些什么打算？"

"对这所大学，只是有些表面的认识，现在还谈不上有什么深刻的打算，待到校调查研究以后，再与领导班子商量。"

有鉴于此，我只好先谈谈自己的一些看法。我说："你去政法大学，既有优势也有你的不足。你的优势有：一是你经过武汉大学教育改革的洗礼，沐浴了武大改革的黄金时代的氛围。在武大任副校长6年，有不少的经验积累。二是作为一个法学家领导一个法科大学，是内行领导学校，可以发挥你的专业知识的作用。如果说一个科学院士领导一个综合大学，他的专业知识对于领导大学可能用处不大，而你就不同了。三是你在武大、全国教育界和法学界的口碑很好，这是你做好工作的群众和舆论基础。但是，你也有自己的不足，主要是两个问题：一是你对政法大学不甚了解，一切都需要从头摸索，没有一年半载是不能进入状态的，因此你应当从基础工作做起，扎扎实实地进行；二是你的魄力不大，胆识也有限，这对于一把手来说，是个致命的弱点。一般来说，有个性的校长，才能办出有个性的大学；有创意的校长，才能办出有特色的大学。”

接着，我对他的工作又提出了四点建议：“第一，要成为一名著名的教育家，以教育家的思想治校。教育家并不神秘，但要成为一名著名的教育家，还需要做许多工作，例如要有自己独特教育理念，要有自己教育代表著作，要有自己的教育改革的成功经验，要培育出大批杰出的人才。从做好现在的工作来说，首先是教育家，其次才是法学家。为此，你可能在专业方面要做出某些牺牲，专业与校长的工作，以校长的工作为重点。你现在 51 岁，如果工作顺利的话，你可以连任三届校长，前后总共 12 年，是完全可以干出一番事业的。

“第二，一定要抓改革，以改革调动广大师生员工的积极性和创造性，以改革办出政法大学的特色。改革不是一句华丽的辞藻，而是要身体力行，重在改革实践。现在，叶公好龙式的人物较多，真正锐意改革者并不多。改革需要‘两识’，即卓识和胆识，前者是知道如何改和怎么改，而后者是要敢于改，知难而进，要有排除万难的决心。当前，全国高等教育改革的形势并不是很好，改革的阻力还很大，对此要有清醒的认识。

“第三，人才始终是校长必须关注的第一要务。爱才不能只是一个口号，不能只是吃现成饭，不慕名人，要真正发掘有潜力的顶尖人才。在这一方面，美国加州大学圣塔巴拉拉分校是一个榜样，该校校长杨祖佑任职 10 年，共培养出了 3 个诺贝尔奖获得者，而且都是他亲自发现和支持而获得的，的确难能可贵。

“第四，倾听教师和学生的意见，是校长不可推诿的责任。不能把群众找校长当成麻烦，应当把他们当作动力。随时了解群众的意见，及时解决他们需要解决的问题，使矛盾解决于萌芽之中。同时，群众中有好的建议，可以供我们做决策参考，这就是善于运用外脑的意思。”

黄进问：“校长，您 80 年代抓的教学制度改革，就是抓住了主要矛盾，产生了很好的影响。那么，现在应该从哪些方面抓起呢？”

我回答说："其实，高教领域的改革课题很多，如课程体系的改革，通识教育的改革，研究生培养制度的改革等。在这些方面，你作为一个内行，完全可以发挥很大的作用。"

黄进又问："校长，作为更高层次的改革，应该怎样抓呢?"

我回答说："你这个问题提得很好，这也正是我所关心的。我认为，大学更高层次的改革是，实施创造教育，培养创造性的人才。这是我最想做但又无法进行的一个试验课题，因为我没有实施的舞台。2005 年 7 月 29 日，钱学森先生当着温家宝总理的面提出：'至今没有一所大学按照培养科学技术发明创造人才的模式办学。'可是教育界没有人读懂他的建议。我曾经设计了实施创造教育的模式，也没有人响应，这是一个很大的问题。如果你有兴趣，不妨在一个系或一个专业进行试点，如果获得了成功，然后再普遍推广。如果你抓住了这项改革，那么政法大学很快就能走在全国大学的前面了，对于提升政法大学的地位具有重要的作用。"

最后，我建议黄进读一些西方教育的原著，如法国卢梭的《爱弥儿》，德国福禄贝尔的《人的教育》，德国雅斯贝尔斯的《大学之理念》，西班牙加塞特的《大学的使命》等。我深感中国教育问题的根源在于教育理论的落后，论教育的起源，我国要早于欧洲，可是我国自古就没有产生影响后代的教育理论著作。老子、孔子可以说是教育的始祖，但他们也仅仅只是提出一些有益的教学方法，而没有形成像卢梭那样的自然主义教育观，这个教育观已成了欧美教育的基石。我国的应试教育之所以改变不了，原因也就在于这一点。因此，要想做好校长的领导工作，必须读一些教育经典著作，还是那句老话："磨刀不误砍柴工啊!"

最后，黄进很激动地说："校长，听了您的谈话，真是受益匪浅。我记住了校长的教诲，一定努力工作，不让校长失望!"

往事历历在目

几天以前，我收到上海寄来的一个快件，是学生叶千军寄来的。打开一看，是一封信和一本书，书名是《黄浦江畔珞珈人》。他在信中写道："学生首先给您和全家拜个晚年！祝您今年身体更健康，家庭幸福！这是最最重要的，恐怕也是所有敬仰您、佩服您、怀念您的每位朋友、校友对您的期盼！"

他在信中说："我是一位不知道您是否还记得的学生，今天给您寄上一本书，第173页有一篇小文章，是我去年接受武大同学采访写的，书中我很冒昧地提到了对您和母校的怀念。其实，不知多少次母校来人到上海或是与朋友聊天中，我都有过相似的回忆。因为我始终觉得，您是当今难得的教育家、改革家。但是，历史永远有遗憾，人生缺憾又最终会由历史留下记载……"

对于叶千军，我何止是记得，而且印象太深了。他毕业时原本决定他留校任教，但考虑到他的父亲（华东师范大学中文系教授）年老多病，故把他分配到上海空军政治学院，1996年退役前已晋升为大校军衔。现在，他是上海张江区高科技联合发展有限公司的董事长，事业获得了巨大的成功。

我根据他的邮箱地址给他发了一封信，回忆了当年因研究生宿舍搬迁闹事的一段趣闻，以及对他的一些印象。他询问我的电话，希望与我通电话，我答应了。今天上午8时半，他打来电话，时逢我外出没有接到。下午1时半，他又打电话来，我午休已经醒来，于是我们就在电话中聊了起来。

他说："校长，我太想念您了，虽然我毕业已22年了，但对武大的美好回忆一直没有停止过。我十分感谢母校对我的培养，我离校时与您告别，您问我不是留校吗，怎么又走了呢？校长，您的记忆惊人，一个学生留校的事，您都十分关注，真是令我们感动！我到上海空军政治学院是筹备情报学系，但我自觉担子很重，于是我向领导推荐我的导师张琪玉教授，领导十分重视。我这样做的结果，是挖了母校的墙脚。校长您可能还不知道，今天我向校长坦白，张琪玉教授的调动，是我一手策划的，包括请武汉空军司令员武继元出面，都是我的主意。其实，上海空军政治学院的院长吴峡到武大找您时，我就在武大行政大楼前的汽车里，我不敢出来见您。结果出乎意外，吴院长出来后，满脸笑容地说：'问题解决了，刘校长是个开明、爽快的人，他表示支持军队的建设。'"

我说："千军哪，心去意难留呀！你可知道，为了挽留张教授，我三次去他家谈心。到最后一次谈话时，我俩都哭了，我哭的是未能挽留住他，他哭的是依依不舍地离开武大。但我们毕竟取得了共识，人才是属于国家的，为地方与为军队服务都是一样的。我有一条宗旨，求才但不囚才，天高任鸟飞，只要张教授的才华得到充分的发挥，我就放心了。"

我说起那次吴峡院长来访时给我送了一套十卷本的大英百科全书，我遂转交给校长办公室副主任任珍良，留作校办存用，因为他们经常起草文件用得着。

千军说："这件事我也记得，校长您的记性真好。您真是个开明的好校长啊！我们都为有您这样的校长而感到骄傲与自豪！我是偶然从网上看到您的许多文章，真是太精辟了。我和我认识的人，不管是国内的或是国外的，都认同您的教育观点，今天像您这样的教育家太少了。校长，我们校友们最大的希望，就是愿您健康长寿，继续关注中国的教育改革，希望您的教育思想在中国得到广泛传播，让更多的青年学子受益。当然，我们更关心的是校长您的健康，一定要保重，再保重，这是我们千万学子对您的衷心期盼！"

他最后说："校长，我还有一个愿望，就是希望校长有机会到上海来，让学生尽一份地主之谊，以报答校长的培育之恩！"

我感谢了千军的盛情邀请。我们的电话交谈了 45 分钟，都感到非常开心。

真是往事历历在目哇！

重阳节的礼物

重阳节在我国有着悠久的历史。在《易经》中，把数字六定为阴，而把九定为阳，所以农历九月九日就是双九，即重阳之意。古人认为九是一个吉祥的日子，于是人们就开始过重阳节。重阳节的内容丰富多彩，而且也十分浪漫。到了这一天，人们外出赏景，登高望远，观赏菊花，饮菊花酒，吃五彩重阳糕，吟诗作赋，尽情地享受秋高气爽的闲情逸趣。

九与久是谐音，九九意味着长久和长寿。1989 年我国政府规定重阳节为老人节，也叫敬老节，在全社会广泛开展敬老活动。每年重阳节这一天，武大离退休活动中心都会组织一次登高活动，要么是从中心出发步行到位于狮子山的老图书馆，要么是从中心漫步到珞珈山庄，两条路线的距离大约都是 2000 米。对于老人来说，这样的距离算是比较合适的，一般人都能够坚持走完全程。这种活动的意义，一是激励老人们多走路，二是给离退休的老人们见面的机会，他们彼此谈话和交流信息。老人们的兴致很高，有的老年夫妇互相搀扶，有的甚至坐在轮椅上由家人推着随队而行，令人感慨。为了激励参加者的积极性，组织者每年准备一些小奖品，凡到达终点者，会获取一份奖品，或是一条毛巾，或是一袋洗衣粉。奖品虽然并不贵重，但它能够起到激励的作用。

学校成立了一个学者服务中心，主要是面向老教授或老干部，帮助他们解决生活上的困难。自 2006 年开始，该中心在每年重阳节时，也会组织一次庆祝重阳节的活动。第一届是饮食文化节，由特级厨师当场表演制作精美的小点心。第二届是茶文化节，由专门的品茶名家讲品茶之道。第三届是插花艺术节，专门请插花专家表演插花艺术。今年是第四届，主题是老年人的保健问题，中心专门从湖北中医学院请来一位专家，做了一场老年健身知识报告，深受与会者的欢迎。每次活动，中心也准备了小礼品，或是一盒点心，或是一件工艺品，而今年的礼品是一个真空按摩器，小巧玲珑，操作简便，对于老年人自我保健很是有用。

今年重阳节，时逢大儿子刘维宁从加拿大回国，在武大履行长江讲座教授的职责。是日晚上，他应武大人文素质讲座的邀请，给大学生们做了一场《科学·艺术·人生》的讲座，颇受听众的欢迎。演讲完了以后，居然用了一个小时回答学生们的提问，可见受欢迎的程度是空前的。这次活动的组织者叫肖曼，她是新闻与传播学院大三的学生，也是人文讲座的创始人。演讲结束后，她请刘维宁转交给我一张重阳节的贺卡和她与男朋友杨啸寒在悉尼的照片，她在贺卡上的文字如下：

尊敬的刘道玉校长：

您好！今天是重阳节，又逢刘维宁老师回母校举行讲座，遂通过一张小贺卡转达我们对您——一位老人的问候及祝福！

在今天这样一个特殊的节日，每一个来听讲座的同学都会想起您。作为素质讲座举办者的我们，也面临着很多的压力和尝试。我们深知：让我们一起用人文捍卫这所大学的灵魂，承担着怎样的使命与责任担当！

真诚希望有一天晚辈能得到您的教诲，让我们的讲座办得更加精彩！

贺卡是暑假去澳大利亚玩时买的，暂时没有想到其他的礼物送给您。姑且以个人的名义，捎去我和男友——一个同样尊敬您并获得全国英语大赛决赛季军的学生的祝福！

肖曼 杨啸寒

2009 年 10 月 26 日

同一天，我还收到了来自北京校友贺燕青的电子邮件，他是武大 2008 届经济与管理学院的毕业生，在校读书时经常与我有联系。他的信文如下：

尊敬的老校长：

您好！

我是燕青，今天是传统的重阳节，我特地送上我最真挚的祝福！

今年武汉大学发生了很多事情，韩德培老先生过世、校园枪击案……都是让人心酸而心痛的事情，百年学府的积累和声誉正在逐渐被腐蚀。我现在的工作是做新闻，但是每天看到这样的头条新闻，心里总是一阵酸楚。在80年代，我们有卧薪尝胆、十年破局的豪迈和骄傲，那时我们或许也是头条新闻，但都是捷报，都是让人喜欢的字眼，而如今这一切已然改变。

武汉大学的学生总是怀念过去的辉煌，感伤现实的没落，那天看校园帖子，同学们讲尚重生老师萌生退意，一时间真难以接受。尚重生老师算得上学子们的精神偶像了。易中天老师的离开，就已让人异常惋惜，尚重生老师如果再离开武大，或许我们真的要落泪了。我们有那么多好的回忆，现实为何如此感伤？

老骥伏枥，壮心不已！何时何地，我们都能感受到您生生不息的呐喊，狂野荒原，我们都能感受到您自强不息的力量！只要珞珈魂不灭，只要武大精神尚存，我们就有希望！

特别的日子，最真诚的祝福：重阳快乐，健康长寿！

珞珈梦在，道玉未老，愿心中的最强音永远振聋发聩！

您的学生　贺燕青

2009年9月9日

与此同时，我还收到来自日本、美国的学生的邮件或是电话，他们同声地祝贺我重阳节快乐，健康长寿！一个教育工作者，能够得到如此多的学生们的尊敬和关心，这是我感到的最大的快慰和幸福，此生足矣！

我为什么鼎力推荐周锴博士

大学校长应当是一个真正的爱才者，而爱才绝非是停留在口头上，必须体现在行动上。一个真正的爱才者，必须具有卓识和胆识，前者是要能够辨别什么是人才，而后者是要敢于保护有争议或是受到打击的真正的杰出人才。

在我担任校长的任内，始终把人才问题作为我的首要任务来抓。发现人才贵在事必躬亲，亲自找人谈话，参加群众性的活动；育才重要的是要有开明的指导思想，采用科学的方法，重在培养创造性的素质；发现了真正的人才要大胆启用，或是把他们推荐到能够发挥最大作用的岗位上，做到才尽其用。正是基于这些理念，我乐于推荐大学毕业生，即使在退休后的20多年中，凡是我认为的优秀人才，我都会亲自写推荐信，尽到一个爱才者的责任。

周锴是武汉大学2009级博士毕业生，是武汉大学著名学者赵林的学生，真是名师出高徒。凭我对他的理解，认为他是一个杰出的人才，将会青出于蓝而胜于蓝。一个学西方哲学的学生，居然热爱音乐，担任武大爱乐乐团指挥多年，获得许多国内外的奖项，受到音乐界广泛的赞扬。而且，他的英语水平能够达到应用自如的地步，这是绝大多数文科学生所不能企及的。这说明他具有很强的自学能力，有很高的悟性，也拥有巨大的学习潜力，这是作为一个杰出人才必不可少的条件。他热爱音乐指挥，愿意到全国唯一拥有合唱与指挥专业的江汉大学艺术学院工作，为此，我给他写了一份强有力的推荐信，现抄录如下：

卫东校长、仁杰书记：

你们好！

今来信无别，谨慎重地向你们推荐一位优秀的人才。他叫周锴，是武汉大学哲学学院赵林教授的博士生，专长于西方哲学，现已顺利通过答辩，近日内将正式获得哲学博士学位。除哲学专业以外，该生痴迷于音乐指挥，并精通乐理、乐谱创作。在校期间，他创建了爱乐乐团，并担任指导和指挥。在他担任指挥期间，武大合唱团获得多项湖北省和全国艺术合唱比赛一等奖。特别是在2006年举行的国际第四届合唱比赛中，由他担任指导、指挥的武大合唱团，获得混声室内音乐组金奖和灵歌及福音音乐组银奖，为学校争得了巨大的荣誉。

现代音乐起源于西方，由于周锴精通西方哲学，所以他对西方文化、艺术有更深刻的理解，这是他指挥获得成功的主要原因。我认识周锴，是源于他建立的武大爱乐乐团，一个自发的学生社团组织，校方不拨给任何活动经费。在长达4年的时间中，一直得到我的基金会的支持与资助，因此我对他的才华比较了解。我认为他是一个具有创造性潜质的优秀人才，故特向你们负责任地推荐。他之所以慕名到贵校，是因为江大艺术学院拥有全国唯一的合唱与指挥专业，愿意献身于江大的合唱与指挥教育事业。除此以外，他还可以讲授西方哲学、西方文化学、基督教文化、西方艺术欣赏等选修课，的确是难得的人才呀！

我的一篇12000字的长文《我的人才理念与实践》，将在明年《中国地质大学学报》（社会科学版）第一期以重点文章推出。在爱才和发现怪才、奇才和偏才方面，我积累了丰富的经验，在我任职期间，发现和培养了一大批杰出的人才。如从历史系发现的著名哲学家赵林，从中文系发现的著名存在主义权威彭富春，从物理系发现的著名经济学家李玲（现担任北京大学经济研究中心主任），从哲学系发现的国际著名漫画家周中华（现在日本从事创作），从病毒学系发现的国际金融家和著名实业家葛鸿伟（现在香港创业），从华农荆州分院调入仅有大专文凭的李百炼，他现在是美国加州大学河滨分校终身教授，在国际十多所大学兼职，是国际公认的数理生态学权威，等等。选拔和聘用人才重在不拘一格，学历、学位、专业、年龄、性别等都可能成为压制人才的格。我的经验是，不要过于看重他们所学的专业，主要是看他们的志趣、灵气、悟性和创造性的思维能力。我对周锴的观察，正是建立在这些素质的基础上。他是我向贵校推荐的第一个人，人才成长的周期是10年左右，相信他不会令你们失望，定会为江大争得更多的荣誉！

谨此推荐。如蒙考虑，不胜感谢！

刘道玉

2009 年 12 月 8 日

她们如愿以偿了

连日以来，春雨绵绵，气温在10到14度左右，仍有些寒意。如约，当日下午3时，两位女青年前来家访，一位是天津南开大学化学学院的硕士研究生姚海青，另一位是南京航空航天大学招生办公室干部马一鸥。她们首先说："我们都是学化学专业的，也很关心教育，您既是化学家又是教育家，所以我们特地千里迢迢来向您求教。"我说："请不必客气，我乐于与你们讨论任何问题。"

这次会见是早在10天以前约定好的，而且还绕了一个大圈。原来，姚海青和马一鸥都是河北省保定市人，她们是高中同班同学，2003年高考时姚海青被录取到武汉大学化学学院，而马一鸥被录取到南京航空航天大学化学系，她们都酷爱化学专业，立志将来成为化学家。

事情还得从3年前谈起。2007年3月20日，我们武大化学系1953级同学举行毕业50周年聚会，姚海青作为志愿者帮助做接待和联络工作。其间，她认识了我的同学祝建民，他在天津化工研究院工作。姚海青于2007年考取了南开大学化学学院的研究生，与祝建民常有联系。

马一鸥读了我的自传《一个大学校长的自白》，颇为我的执着改革精神所感动。于是，她就萌生了要来武汉见我的想法，希望与我讨论她所关注的一些问题。她遂向姚海青提出，希望祝建民引荐，而会见的时间正是祝建民与我敲定的。本来，祝建民也打算陪她们一起来的，只因为行前他的腿摔伤，未能成行，失去了我们老同学见面的机会，实属遗憾！

我向她们表示了欢迎，并说："从这次约见看，你们很费周折，这反映出你们严肃和认真的态度。其实，我经常接待不速之客，尽管有时会扰乱我的正常工作，但我还是以礼相待，我不会让每一个来访者失望的。你们不远千里而来，其情令我感动，我想你们一定是有备而来的，如果有什么问题需要讨论，请不必客气，我尽可能地回答你们的问题。"

于是，小马拿出一个精致的32开的笔记本，那里面摘记了我的自传和关于我对教育的许多观点。她说："刘校长，您在自传中说，任校长后在化学研究、教育学研究和大学管理工作三条战线上拼搏，有没有顾此失彼的情况，您是怎样处理好它们彼此的关系的？我之所以关心这个问题，是因为我目前也面临着类似的问题。我热爱化学，但目前又从事招生工作，今年我又正式注册了化学在职研究生，我不知道应当如何取舍？"

我明白了小马的意思，于是我坦诚地谈了我当时的考虑和现在的想法："我是在特殊的背景下出任武汉大学校长的，是一个职称倒置型的校长，意思是说由一个讲师领导一个教授林立的重点大学，我能够压得住阵吗？当然，我知道领导学校并不是靠学术职称和专业知识，而是需要懂得教育学，要有自己的办学理念，具有决策和管理的魄力和能力。基于这种认识，我决定在三条战线上拼搏，当然并不是齐头并进的，如果要划分一个主次，依序应该是学校的管理工作、教育学研究和化学研究。这种选择是辛苦的，需要有极大的精力和毅力，没有这些前提是做不到的。顾此失彼的情况是肯定有的，这就是失之东隅，而收之桑榆。具体地说，在化学研究方面，我牺牲得太多，而在教育改革和教育学研究方面，我取得了很多的成果，这是我感到欣慰的。如果现在让我选择的话，我会完全放弃化学研究，做一个心无旁骛的职业化的校长，这是办好大学所必需的。

"如果我没有理解错的话，你现在从事招生工作，但又注册了在职化学研究生，二者之间是否存在矛盾。我觉得有两个问题需要弄明白：一是怎样全面地理解学以致用，有时所学并非所用。特别是现在，大学生不能按照所学专业找工作，应该说一个普通大学毕业生从事任何工作都是对口的。二是研究生究竟应该怎样学习？我始终认为，方法比知识重要，正确的做法应当是把专业当作一个载体，通过它去掌握学习方法、思维方法，提高自己的悟性、理解力、反思能力、分析与解决问题的能力。这些能力是从事任何工作都需要的。化学是一门实验性科学，其中充满了辩证思维，如氧化与还原、化合与分解、聚合与裂解、裂变与聚变、可逆与不可逆……我从实践中体会到，一个化学家具有很强的观察能力、思辨能力和实践能力，这是从事任何工作都须臾不可少的。因此，国内外有很多杰出的校长都是化学家，如任哈佛大学校长40年的艾略特，早于以色列建国15年前创建希伯来大学的校长魏茨曼等。以我之见，你现在不必犹豫，在做招生工作的同时，完成化学研究生的学习与研究，相信你今后能够发挥更大的作用。”

接着，小马又说道：“刘校长，我把您关于招生改革的观点都记录下来了，我念给您听一听，是否是您的原意？您主张招生实行三权分立，教育部制定招生计划和政策，对招生实行监督与管理；独立的考试院负责组织教育专家研究与拟定考题，组织考试和公布考试成绩，颁发考试证书；各大学根据自己的需要，享有独立的招录学生的权力。”

我说：“这是我的意思。”但小马说：“我觉得难于实施，这是不是一种理想状态？”我说：“是的，这是从长远考虑的，需要经过若干年的努力才能达到这个目标。”

她说：“那我们目前怎么改呢？我知道，您是不赞成北大的校长实名推荐制的，说他们没有抓到点子上，那怎么才能抓到关键呢？”我说，如果要想改革的话，有很多事是可以做的，如北京大学完全可以不参加全国统一高考，采取独立自主招生，或者全国九所大学联盟联合单独招生。但可惜的是，他们没有这样做，而国家最近制定的中长远规划纲要，也没有把大学招生改革当试点来抓，说明教育部不重视大学招生改革。

小马说：“我们对这个长远规划纲要很失望，学校组织我们学习领会，而不是让我们提意见，我们似乎是被遗忘了的群体。”我说：“我写了一篇《八问国家教育中长远规划纲要》，不久将发表出来。我估计，这个规划纲要又可能是一服‘安慰剂’，但愿我的估计是错误的，希望唤醒国家教育当局的良知与智慧。”

我们的谈话进行了两个多小时，她们似乎觉得谈话太长，怕影响我的身体。谈话结束后，我向她们二人各赠送了一本新近出版的《大学的名片》，并说这本书是我的人才理念与实践，相信对她们会有启发作用的。最后，她们希望与我合影留念，我同意了。照完相以后，她们向我告辞，并激动地说：“我们终于如愿以偿。”

冒雨参加读书会的座谈

某年 4 月底，武汉大学的一名女生先后两次给我打电话，说她叫林慧，是政治与公共关系学院大一的学生，她代表“读书会”邀请我参加他们的活动。我遗憾地说：“我已经宣布不再给大学生做演讲了。”她解释说，不是做大报告，而是一个小型的座谈。在电话的那一端，听到林慧的声音有些哽咽，我不忍心让她失望，表示同意参加她们的读书会。于是，她破涕为笑地问：“那是不是就安排在节后的周末，地点就在我们学院？”我说：“好，那就安排在 5 月 8 日下午 2 点半，我准时前往。”

真是天公不作美，5 月 8 日下午下着中雨，气温是 14℃～20℃。午后两点钟，我带着雨伞下楼准备赴会，在屋檐下躲雨的 4 个同学立即迎了上来。我说道：“我们不是说好了吗？不用你们来接，我自己走着过去。”他们解释说：“您年纪大，又下着这么大的雨，我们不放心啦！”

我们穿过防空洞，沿着小路径直向政治与公共关系学院办公楼奔去，总共用了 26 分钟的时间。当我们到达时，其余的同学都在楼前迎候，我们一起进入一层楼的一间教室。会议主持人是江森林，他就是两年多以前约我在校园里散步的学生，转眼间他已是大三的学生了。后来，他创建了读书会，开展了很多有益的活动。为了传承这个学术社团，已经由另一个叫景滔的同学接替了他的职务。接着，每个同学做了自我介绍，各自的姓名和所学的院系、专业，参加座谈会的总共 30 人。在赴会的路上，我还担心是否有诈，会不会给我安排一次大型的报告会。到了座谈会现场，我的担心消除了，看来林慧他们是很诚实的。

在同学们的要求下，我首先做了一个发言，简要回顾了世界读书日的创立与发展：“世界读书日是联合国教科文组织于 1995 年倡导建立的，把每年的 4 月 23 日作为世界读书日，因为世界三位文学大师在这一天同时逝世，他们是西班牙的塞万提斯、维加和英国的莎士比亚，而且这一天既是莎士比亚的忌日又是他的生日，实在是太巧合了。无疑，以这一天作为世界读书日，具有重要的纪念意义。世界读书日的标志是一本打开的书，中间是一颗红心，寓意十分深刻。建立读书日的宗旨是：希望散居在全球各地的人们，无论是年老还是年轻，无论是贫穷还是富有，无论是患病还是健康，都能享受到阅读的乐趣，都能尊重和感谢为人类文明做出巨大贡献的文学、文化、科学思想大师们，都能保护知识产权。”

“世界读书日成立15年以来，已有100多个国家或地区都建立了读书日，开展了多种多样的读书活动。我国不少城市也建立了读书日，但并没有全国统一的读书日，这与有‘书香之乡’之称的国度是极不相称的。同时，我国经济持续高速发展，但文化建设却不甚乐观。自20世纪90年代中期以来，全国图书销售量持续下降，全国国民阅读率也持续走低，这是十分危险的，预示着我国文化的危机。在这种情况下，你们创立了读书会是很有意义的，希望你们一届又一届地传承下去，使读书活动蔚然成风!”

我的讲话大约一个小时，然后同学们自由提问，我们开展双向交流。一个女生提出了极为敏感的问题，她说：“您怎么看待爱国主义?”

我回答说：“首先我们要弄清楚什么是真正的爱国主义，爱国主义就是爱生于斯、养于斯和长于斯的故土，也就是祖国。祖国一词的英文叫‘motherland’这是很形象的，生育我们的是母亲，而养育我们的是祖国，所以我们应当像爱母亲一样热爱祖国。爱国就是爱人民，爱我们国家的一草一木，爱惜国家的一切资源，并用自己的实际行动报效祖国和人民的哺育。世界上任何一个国家，都要提倡爱国主义，这是国家兴衰的力量源泉。美国人爱国，这也是美国强大的主要原因。”

同学们总共提出了七八个问题，如：什么是大学精神？怎样看待当前教育的危机？你发表《办几所象牙塔式的大学又何妨》的用意是什么？面对问题丛生的大学，我们大学生应当怎么办？大学生如何选择自己感兴趣的专业？对他们提出的问题，我都一一做了回答。我们的对话进行了一个小时，江森林同学建议结束座谈会，他担心时间太长影响我的身体。最后，他拿出一张节日的贺卡，上面有30个同学的签名，每人都写了一句话。例如，罗轶之同学的赠言是：“校长，我在您的身上感受到了勇气、顽强和坚持不懈的毅力，而我们的大学教育从来都不教授我们如何勇敢。祝愿校长一切安好!”江森林的赠言是：

“老骥伏枥，志在千里，传扬精神，风骨永存!”在贺卡的信封里，还夹着用纸叠成的一个“心”字，它是一个叫乔倩的女生亲手做的，她的深情令我感动。

这是一场思想的碰撞，是爱心的交融!

大学生应当有梦想

2010年6月8日下午，我接到武汉大学一个女生的电话，她说："刘校长，我是今年的毕业生，马上就要离校了。过去，您给大学生做几次演讲时，我都在外地实习，失去了聆听您的教诲的机会。因此，我很希望在离校前去看望您，并希望听取您对我今后人生道路的建议。"

我历来对大学生们的要求是有求必应的，更何况这个女生马上就毕业了，这是她最后的机会。我愉快地答应了，并说："好吧，那就定在明天下午3点钟，你知道我家的住址吗?"她说："其实我昨天下午就找到了您家的地址，甚至准备按您家的门铃，但在那一刻我犹豫了，因为事先没有征得您的同意，觉得太唐突了。"她的解释更令我感动，她是一个有文明礼貌的学生，是真心要来见我的，因此我决不能让她失望。

按照约定的时间，该生准时到达，她是一个温文尔雅的女孩。我先介绍说，我的右耳听力很差，请你坐在我的左边，这样减少我们交流的困难。接着，这个女生介绍说："我叫朱梦婷，是武大经济与管理学院06级学生，今年就要毕业了。我是武汉市人，父母都在华中科技大学工作，父亲是教师，妈妈做后勤工作。"她的普通话很标准，没有一点武汉话的尾音。

沉默片刻后，我问道："梦婷，你找我的目的是什么？你有任何问题都可以提出来，我尽可能地回答你。虽然我不敢保证自己的意见是正确的，但一定是我的真心话。"

朱梦婷说："校长，我的学习成绩是全专业第一名，已经被保送读我们学院的研究生，如果我愿意的话，也可以选择读北大的研究生。在一般人眼里，这可是梦寐以求的选择，然而我都放弃了，因为我要追求自己的梦想。那么，我的梦想是什么呢？我的梦想是去法国读国家行政学院的研究生，接受精英式的教育。我反复思考过，如果在国内读研究生，鉴于国内高校师资水平低，学风不好，即使完成了研究生教育，充其量只是戴个博士帽而已，并不能达到真正提高素质的目的。”

听后，我打心眼里欣赏梦婷的想法，但我似乎不放心地问道：“那你是否已经被法国国家行政学院录取了或是已经提出了申请呢?”

“我还没有提出申请，打算先到法国去读大学预科，同时向法国国家行政学院提出申请。我知道这样做有点冒险，但我有敢于面对冒险的精神准备。同时，我也有信心，我的有利条件是：第一我专业成绩优秀，全专业第一名；第二虽然法语不是我的主修课，但通过网上法语考试，获得了 B^+ 的成绩，再通过预科学习，我的法语一定会很棒的；第三我的实习经历丰富，获得了指导教师和实习单位的良好评价。”

虽然我对梦婷的理想表示赞赏，但对她选择法国国家行政学院仍然有点不解，于是又问道：“既然你选择法国国家行政学院，那你今后是准备进入公务员行列或者是准备从政?”

“不是，法国国家行政学院不只是设有行政管理类专业，还有经济、金融、管理等专业。我还是希望学习国际金融与贸易专业，研究生毕业后，打算留在法国工作几年，增加国际经验，然后回国准备进入高端经济与贸易公司，继续实现自己的梦想。”

这时我完全明白了，朱梦婷并不是心血来潮，她的选择是经过深思熟虑后决定的，她不仅有梦想，而且对自己人生的每一步都设计好了。我接触的大学生不少，但像朱梦婷这样的学生却不多。我想接受同样教育的学生，为什么有的成功，而大多数都是平淡无奇呢？最大的区别是，凡是成功的学生大多都有梦想，具有叛逆的性格，敢于冒险，因此这些学生成功了。可惜的是，像这样的学生并不多，大多数人要么是遵从父母之命，要么是赶热门，少有真正追求自己理想的。对一个已经获得推荐免试读研究生的学生，这是已经获得了通向高学历的通行证，有谁会轻易放弃呢？然而，朱梦婷却放弃了，这多少有一点叛逆精神。

很显然，朱梦婷同学找我的目的，是希望听取我的意见。我明确表示：“我大力支持你的选择，有梦想才有希望，你的名字中有个‘梦’字，希望你的梦想成真。同时，敢于冒险才能成功，在成才和创业的道路上，是没有平坦大道的，只有在荆棘丛生的悬崖陡壁上攀登，才有可能到达光辉的顶点。也许，你到法国以后会遇到一些困难，但是只要你矢志不移地去追求自己的梦想，你就会有无穷的力量去战胜任何困难。请你相信自己，路是靠自己走的，只要你不停地走下去，你一定可以达到最终的目的!”

为了表示我对朱梦婷选择的支持，我把签了名的《大学的名片》一书赠送给她，并对她说：“希望你今后也是武汉大学的名片，希望武汉大学以你为骄傲!”梦婷向我表示了感谢，并说：“我一定不会让校长失望的!”

她是当代大学生的骄傲

当前，大学的教学质量不高，大学生的素质下降，受到社会普遍的质疑。但是，我们看问题决不能一刀切，当代大学生的主流仍然是好的。即使在当代教风和学风不佳的情况下，仍然有不少品德高尚、积极进取和学习优秀的学生。我时常接待来访的学生，其中就有不少这样的优秀学生，新闻与传播学院2009届毕业生赵晓悦，就是值得骄傲的当代大学生中的一个。

今天下午3时，我校新闻与传播学院应届毕业生赵晓悦来家辞行，她将于近日赴英国伦敦学院攻读研究生。我认识赵晓悦已有3年了，是在一次我给武汉大学学生做讲座时认识的。那是2008年4月27日，应学校“三农研究会”张学荣同学的邀请，在武大人文馆的报告大厅，我给大学生们做了一次演讲，题目是《大学国际化的选择与对策》，参加者有千余人。本来报告是在晚上6时开始，可是同学们从下午4点多钟就去占位子。这是一种好现象，说明广大学生渴望通过一些高端的讲座提高自己的人文修养。

在演示幻灯片的配合下，我的报告讲了两个小时，我预留了30分钟与大学生们交流。同学们提问十分踊跃，都是争先恐后，需要由主持人依序安排。在提问的同学中，有一个女生的提问给我留下了深刻的印象。她叫赵晓悦，是新闻与传播学院二年级的学生。她接过话筒，用标准的普通话问道：“刘校长，在1957年的反右运动中，中国知识分子的脊梁骨被打断了，怎么能够修复呢？中国今后还会有那样的知识分子吗？”她提问之后，会场一片寂静，大家似乎在等待我的回答。这是一个极为敏感的问题，但我又不能避而不答，因为这不是我的性格。更何况，在任何时候，我都不会让学生们失望的。

于是，我拿起了话筒，慢条斯理地回答说：“的确，在1957年的反右运动中，有55万人被打成了资产阶级右派分子，其中绝大多数都是知识分子的精英。他们有的被投进了监狱，有的被下放到农场劳动改造，有不少人被逼得家破人亡。从某种意义上说，他们的脊梁骨是被打断了，从此中国的知识分子就哑然失声了。但是，现代医学技术很发达，相信被打断的脊梁骨是能够修复的，至少一部分已经得到了修复。虽说当代有风骨的知识分子不多了，但仍然会有，而且以后会越来越多，因为毕竟时代在不断进步!”

我的回答得到同学们的热烈掌声，说明大家认同了我的回答。

报告结束后，我陷入了深思：一个大二的女生，打哪来的勇气，敢于提出这样敏感的问题？她为什么对 1957 年反右感兴趣？难道她家中有什么亲人在反右运动中受到了伤害？这些问题一直在我的脑子里盘旋着，希望有机会当面问问她。

说来也是凑巧，一年以后的一天，晚饭后我与夫人刘高伟在校园里散步，只见从马路左侧走过来一个女孩，我看很像赵晓悦。于是我上前问道：“你是新闻与传播学院的赵晓悦吗?”她说：“我是，校长您的眼光和记忆可真好，我就是在您的讲座上提了一个问题，您就记住我了，真是太高兴了。”我说：“你的问题很特别，所以让我对你印象深刻。晓悦，我一直想问问你，当时你怎么会提出那样一个敏感的问题，是不是你家里有人在那场运动中受到了伤害?”她说：“是的，我爷爷在 1957 年被打成了右派分子，受尽了磨难，所以让我刻骨铭心!”啊，她真是有感而发呀，所以那次运动不仅伤害了一代人，而且还影响到他们的子孙后代啊。

自那以后，赵晓悦这个名字就存储到我的脑海里了，并时时关注她的学习和进步。我曾经询问过该院的负责人，他们告诉我这个学生十分优秀，各方面都很突出。后来，我又有机会见到她，那是她受历史系刘绪贻教授的委托，把他的口述自传赠送给我。这本口述自传名字叫《箫声剑影》（上卷），是由香港时代国际出版有限公司出版的。封面上有刘绪贻先生着西装的半身照片，并印有一行“97 岁老人刘绪贻口述自传”的文字。刘绪贻先生是我崇敬的一位学术大师，一位真正的资深教授，可是他在学校却被忽视了。但这并没有影响他做学问，现在他还不断就许多敏感问题发表真知灼见，是人们心目中真正有风骨的学者。

我才知道，赵晓悦一直与刘绪贻教授保持密切的联系。2011 年 7 月，赵晓悦以优异的成绩毕业了，她被英国伦敦学院录取为研究生。但是，她正在帮助刘绪贻先生录制和整理口述自传的下卷，她要了却一位老年教授的夙愿。于是，她向伦敦学院去信，要求请假一年，说明她在帮助整理刘绪贻先生的口述自传（下卷），她的要求获得了许可。

今天，她是来向我辞行的，她说帮助刘绪贻先生整理口述自传的任务已经完成，她可以放心地去英国学习了。俗话说，近朱者则赤，近墨者则黑。赵晓悦所崇尚的人，都是有风骨的人，说明她是以这些人作为自己的楷模，渴望成为一个有道德、有理想和有成就的杰出人才。临走时，她向我赠送了四川省威远县高山“雪芽”新茶，说这些是地道家乡特产，想请我品尝一下。我也准备了一件礼物，把新出版的《大学的名片》送给晓悦，并用左手签了名。我说：“希望你也成为武汉大学的名片，而且是最耀眼的名片！衷心地祝你学习成功！”赵晓悦说：“校长，我明年暑假回国探亲时，一定到武汉来看望您和刘绪贻老先生，你们是我人生的精神导师。”

现在晓悦已经从英国学成归来，在北京一家国际传媒公司工作，依然与我保持着密切的联系。

中国当代学分制的第一个受益者

2010年7月5日下午，我接到一个电话，对方自称姓梁，是武大计算机学院的教师。他说一个武大毕业生在美国大学当教授，这次是来武大讲学，明天就要离开，希望今天晚上来看望我，不知我是否方便。我说没有什么不方便的，欢迎他来访。梁老师说："那就安排在今晚8点左右，我陪他一起去看望您。"

他们非常守时，晚上8点整，我家的门铃响了。我打开门后，两个中年人已站在我的面前，我指着那个高个子说："你是张瀚涛，虽然20多年没有见面了，但你的相貌基本没有变，我一眼就认出了你。"那个矮个子自我介绍说："我叫梁意文，我与瀚涛既是同班同学，又同是孝感老乡。"

我以责怪的口吻说："意文，你电话怎么也不告诉一声，说是张瀚涛来看我。"意文辩解说："我是想给您一个惊喜，让校长好好地猜一猜，没想到校长的记忆力如此之好，一眼就认出了张瀚涛。"

提起张瀚涛，我是永远不会忘记他的故事的，他是武汉大学的骄傲。1980年，武汉大学率先在全国全面实行学分制，瀚涛积极响应学校的号召，他充分发挥学习的积极性和主动性，用两年半的时间修满了4年所需要的学分，提前一年半获得了毕业文凭和学士学位。他是我校实行学分制的第一个受益者。由于武汉大学是全国第一个实行学分制的，所以可以说张瀚涛是中国当代学分制的第一个受益者。在第一批提前毕业的28个毕业生中，大多数都是提前半年或一年，而张瀚涛则提前了一年半，显示了他拥有巨大的学习潜力。张瀚涛提前毕业后，成为武大很多学生的偶像，同学们以他为榜样，努力使自己成为杰出的人才，学校也以有这样的学生而骄傲。同时，从张瀚涛的身上，我们切实体会到学分制的优点，更加增强了我们推行学分制的信心和决心。

1981年寒假，张瀚涛参加了公派出国研究生考试，以全系第一名的成绩被录取赴法国留学。1982年春到上海外国语学院学了半年法语，同年夏天赴法国，在南锡大学读博士学位。1984 年他又以优异的成绩，获得了法国计算机第三阶段博士学位，并准备攻读法国国家博士学位。鉴于他的成绩特别优秀，他的导师建议他转到美国大学去学习，以便受到更好的教育。于是，他转到了美国纽约州的朗萨拉尔理工学院学习，并于 1988 年获得博士学位。毕业后，他被应聘到美国爱荷华大学任教，1994 年获得终身教授，1998 年成为正教授。在计算机研究方面，他一直从事机器证明和自动推理的研究，曾获得美国科学基金会青年研究者总统奖。近十年以来，他一直想利用计算机解决组合理论中的一个世界难题，但是直到现在仍没有获得突破。

张瀚涛到美国后，我们之间还有书信往来，我鼓励他向更高的目标攀登。他在一次来信中吐露了他的苦恼，他的女朋友饶凌是上海华东化工学院毕业生，分配到武汉化工学院工作。他们是在 1982 年初，在北京召开的全国三好学生代表大会上认识和相恋的。在那个对外开放的年代，青年人都希望到美国去学习，他的女朋友饶凌提出到美国陪读。可是，武汉化工学院不同意，反复申请也不批准。后来他的女朋友饶凌来找我，希望给予帮助。我请她放心，我一定成全他们在美国团聚的愿望。我找到化工学院的教务长涂永仁，他是我的师兄，他表示愿意从中斡旋。最后，我们与武汉化工学院达成了协议，同意把张瀚涛的女朋友调入武大计算机系，这样不会影响武汉化工学院教师的队伍。作为对武汉化工学院的补偿，第二年武大分配两名毕业生给化工学院。此事进展得很顺利，饶凌顺利调到武大，她一天班也没有上，我们立即批准她到美国去陪读。

谈到他女朋友出国的事，张瀚涛铭记在心，他说："校长是真心搞改革开放的，也是真正关心学生的，这使我们都很感动，绝不忘校长的栽培和关心!"

一个真正的爱才者，要成人之美，而不是搞关、卡、压那一套。在我任职期间，曾经采取这种曲线的办法帮助许多留学生的配偶出国。熊豫生是化学系 77 级的毕业生，他后来赴美国留学，行前与他的女朋友结婚。他的女朋友叫胡洁，是武大化学系 79 级毕业生，后考入中国人民解放军后勤学院的研究生。按照军队的规定，毕业后必须服务 5 年才能转业，而后再办理出国手续。可是他们不能等待，找到我请求帮助。我通过广州空军司令员武继元，帮助胡杰办理了转业手续，随后调入武汉大学化学系，然后由武大批准出国，前后只花了一个月的时间。

类似这样的例子很多，如朱景仰是中国科学院上海有机化学研究所的博士生，毕业后留所工作。他申请去美国读博后，研究所就是不同意。无奈之中他找到我，希望把他和妻子龚晓平从上海调回武大，然后再批准他们出国。像这样的例子，还有物理学系的毕业生周斌，他在美国匹兹堡大学学习，而女朋友华雪蕾在上海光机所工作，我也是通过这种办法调入武大，然后批准她去美国陪读的。

在20世纪80年代中期以前，国内对外开放的程度并不高，出国的关卡很多。当时，有一种观点是担心人才外流，所以对留学生设卡，逾期不归者不予以换发护照，限制他们的配偶出国探亲或陪读，教育部甚至派出政治思想说教者到国外游说，动员留学生学成回国。这种做法，当然引起了留学生们的不满。

我常常用一个通俗的例子比喻派学生出国留学的事，我说农民要想多收获，就必须多播种。同样的，我们如果希望有更多的优秀人才，那就要多派学生出国留学，用美国人的师资和经费培养我国的人才，这有什么可怕的呢？至于留学生们暂时不回国，也没有什么可怕的，他们为国家服务的方式是多种多样的。何况美国的人才市场也有饱和的时候，相信到时候留学生们还是会回来的。

时隔20多年以后，“海归”们不是一批又一批地回国创业了吗？国家先后推出的“长江学者计划”、科学院“百人优秀人才计划”和“千人杰出人才计划”等，不是引入了一批又一批的留学生回国工作吗？所以，真开放或是假开放，是真爱才或是假爱才，是衡量一个真正改革者的试金石。

做一个诲人不倦的人

1997年3月31日，我应全国民办教育研究会的邀请，赴南京参加“全国民办教育立法问题研讨会”。根据会议安排，我在大会上做了《发挥民办学校的优势，走改革创新之路》的主题报告，受到了热烈的欢迎。

在会议期间，我认识了泉州教师进修学校校长蔡胜铁先生，他思想解放，锐意改革，我们志同道合，似有相见恨晚之感。此后，我们成为莫逆之交。1999年4月初，我趁到厦门和福州讲学的机会，还专门到泉州会见蔡胜铁先生，在他的安排下在泉州做了3场教育演讲。在对教学法深入研究的基础上，他与郭震先生合著的《新学习学概论》于2001年出版，我应邀为该书写了序言。

在教育改革中，我们相互支持，互相鼓励，每当我发表了教育方面的文章，他都会在第一时间打来电话表示祝贺。有时，他通过媒体或别人知道我的身体不好，也会打电话来问长问短，令我十分感动。

蔡胜铁先生出生于书香之家，家人中多人都毕业于名校，乐于以教师为终身职业。兴许是受到教育世家的影响，他的儿子大学毕业后，于2008年考取了西南师范大学教育学的硕士研究生，决心致力于中国的教育改革事业。胜铁多次对我说，儿子蔡一郇喜爱教育学，希望我多多给予指导。作为一个教育工作者，诲人不倦是自己的本分，对任何一个求教的陌生的学生我都不会拒绝，何况是好朋友的孩子呢！

今年5月28日，我收到了蔡一郇自重庆的电子邮件，附上了一篇他写的文章，题目是《中国大学建设中的精神追求——对大学自治与学术自由的追求》。他现在是西南师范大学教育学院一年级的研究生，文章是按照正式论文的格式写就的，全文6500多字，我看得出作者是希望推荐发表的。该文共分4个部分：一、历史悠久不等于一流大学；二、中国大学的起源；三、大学的独立自治与学术自由；四、对如何办好大学的思考。而且，第四部分中，又分了三节：4—1大学的理念；4—2大学的体制；4—3大学人才培养的模式。

在收到一郗的文章后，我给他做了简单的回复，表明文章收到了，稍后我会认真阅读的。由于当时我正在校阅自己的一本著作，直到书稿脱手后，才开始认真地阅读他的文章，并于7月22日给他写了审读意见，兹把意见附后：

一郗同学：

你5月28日的信，以及所附的论文收到了。由于前一段我忙于一本书的订正，后来又接受了两家杂志的专访，所以就把阅读你论文的事搁置下来了。忙完这些事后，我第一时间就看了你的文章。快两个月才回复，实在是抱歉，请见谅为盼！

从文章中可以看出，你酷爱学习，阅读了许多中外教育名著，对国内教育学的研究动向也颇为了解。你是研一的学生，能够写出这样的文章是值得赞扬的，文章观点新颖，文字流畅，引文规范。我本想就这篇文章做一些修改退给你，然后由你寄给杂志社发表。可是，认真推敲后，我不便下手，主要是文章立意太宽泛，观点敏感，需要你自己做较大的调整和修改。现在，把我的意见提出于后，供修改时参考。

首先，文章立意太宽泛。文章分为4个部分，如“历史悠久不等于一流大学”，“中国大学的起源”，“大学的独立自治与学术自由”，“对如何办好大学的思考”。而且，在最后一个问题中，又包括了大学理念、大学的体制和大学人才培养的模式等。实际上，文章中的任何一个问题都可以单独命题成篇，如果综合来写，只能是蜻蜓点水，哪一个问题也说不透。所以，初写论文者，宜窄不宜宽。

其次，作为教育学的研究生如何写文章？以我之见，似乎应当写纯理论性的，或史料性的，或外国教育介绍，或实践调查报告。具体地说，如“历史悠久不等于一流”可以单独成篇，此类例子很多，如中国科技大学的学术水平堪为全国之首，但它却是1958年成立的，其他还有日本筑波大学、台湾逢甲大学、香港科技大学，等等。要以充实的史料论证这个观点，同时指出随意攀延校史是不正之风。

又如，哈佛大学是怎样引领世界教育改革潮流的，可以收集每个时期它推出的改革举措，这些举措又是怎样影响世界高等教育发展的？要以翔实的史料论证，发挥研究生搜索资料的特长，这是别人不可能与你们比拟的。

由于正处在暑假，不知一郲在何处，所以把信寄到家里。

祝你们暑假愉快！

刘道玉

2010 年 7 月 22 日

我于 8 月 29 日收到了一郲的回信，他写道：“您的建议对我启发很大。如您在来信中指出的立意太宽泛的问题，原来在写作过程中也有一点隐约的感觉，但由于阅读量不够，对很小的问题做深入的探讨，颇有力不从心之感，今后需要更加深入地研读。”

一郲毕业后，又考取了厦门大学海峡两岸发展研究院的博士生，研究大陆与台湾教育。他还利用来武汉开会的机会专门拜访过我，逢年过节互有短信问候。我们彼此都很珍惜这种师生的情谊。

可贵的“反骨精神”

在我担任武汉大学副校长和校长的16年期间，我认识不少青年教师。但是，给我印象最深的莫过于4个湖南籍的青年，我与他们都有过密的交往，而且我们都成了忘年交，他们是杨小凯、易中天、邓晓芒和李敏儒。杨小凯，我亲自到湖南找到时任省委书记的毛致用，把坐牢10年仅有高一学历的他，调到武大经济管理系，破格提升为讲师，后又顶住压力批准他去美国留学，他是最有希望获得诺贝尔奖的华裔经济学家，可惜55岁英年早逝；易中天，是新疆维吾尔自治区代培的研究生，是胡国瑞教授培养的唯一美学研究生，导师要求他留校接班，但新疆坚决不同意，我找到时任教育部部长蒋南翔，特批他留校任教；邓晓芒，是以初中学历考取武大的硕士研究生，专攻艰涩的西方哲学，作为尖子人才破格留校；李敏儒是从8年的锅炉工考取四川大学研究生，毕业后分配到武大中文系任教的，现在是美国俄亥俄州立大学亚洲研究中心的教授。

在20世纪80年代初，他们都住在武大湖滨宿舍，有的是单身汉，有的已结婚但妻子在外地工作。他们是同乡同事，志同道合，思维敏捷，精力旺盛，经常通宵达旦地谈论。这个小型的“家庭式学术沙龙”，是当时武汉大学自由民主风气的一个缩影。这种无拘无束的自由谈论，广泛地涉猎哲学、文学、政治学和经济学，对他们活跃思想、开阔眼界和日后的学术研究，都起到了重要的作用。

他们4人都有曲折的求学经历，自学钻研能力特别强，有特立独行的个性，有从事学术创造所需要的“反骨精神”。他们都是真正的杰出人才，学术著作颇丰，在学术界都有极高的声望。从他们的经历中，能够总结出一条重要的成才规律：一个人能否成才，能否成为杰出人才，甚至能不能成为学术大师，并不是取决于按部就班的学习经历，也不取决于是否上名校和学位的高低，而是取决于志趣、理想、自学能力、悟性和执着的精神。他们的经历、经验和成就，是颇值得当代立志成才的广大青少年们借鉴的。

现在，邓晓芒是4人中唯一仍然留在武大任教的，我们虽然不经常联系，但我们心心相印，具有相同的人生价值观和教育观。从我与晓芒的接触中，感受到他身上的反骨精神，这是知识分子实现“以天下为己任”人生抱负不可缺少的精神。这种精神在他身上无处不在，他习惯于不留情面地提出批评，直抒胸臆，针砭时弊，甚至用“是可忍孰不可忍”的言辞抨击学术腐败。为了表达对“以公开发表论文数量多少来评审学位”的抗议，竟不惜辞去博士导师资格来抗争。实践证明，他的意见是正确的，正是这种政策的误导，才导致论文的抄袭和剽窃屡屡发生。当然，这种特立独行的个性，也会给他带来压力甚至麻烦。但只有敢于叱责腐败、保卫弱者、反抗不完美和欺压民众的强权，那才是真正知识分子的本色！

（本文刊发于2010年12月29日《南风窗》）

为师的最大幸福

——在易中天教授文集首发式上的讲话

各位来宾，女士们、先生们：

大家下午好！

今天我十分高兴，专程从武汉前来参加这个首发仪式，借此机会，我谨向易中天教授取得的巨大学术成就表示衷心的祝贺！向上海文艺出版社为这套文集出版付出辛勤劳动的责任编辑和社长、总编辑表示衷心的感谢！向组织这次首发仪式的上海文艺出版社和新浪网表示衷心的感谢！

这次首发式特别之处是，易中天教授邀请了八位见证人，他们是（以年龄为序）：张思之（著名的大律师）、茅于轼（著名经济学家）、江平（著名法学家、中国政法大学前校长）、资中筠（社科院美国所前所长）、刘道玉（武汉大学前校长、教育家）、陶斯亮（著名作家、陶铸的女儿）、叶选基（著名企业家、叶剑英的侄儿）和胡德平（社会活动家、胡耀邦之子）。我很荣幸作为这套大型文集出版和发行的八位见证人之一，我们见证了这套大型文集的出版和发行，亲身感受到这项巨大的文字工程的艰辛和分量！我受主持人贺卫方教授的委托，作为见证人的代表讲几句话。

面对此情此景，我想起了陶行知先生在60多年前讲的一句名言，他说："教师的成功是创造出值得自己崇拜的人。先生之最大的快乐，是创造出值得自己崇拜的学生。"我愿意补充一句，教师的最大幸福也是创造出值得自己崇拜的学生，易中天教授就是我任校长期间培养出来的众多的值得我崇拜的学生之一，我也是他的粉丝。我与易中天与其说是师生关系，毋宁说是志同道合忘年交的朋友关系。我们都具有特立独行的个性，都具有追求自由民主的思想，具有反骨精神。当我看到易中天16卷大型文集出版之时，就犹如沐浴在巨大的幸福之中，这是一位功成名就的学生带给校长的荣光和幸福！

易中天成名之后，不少大学生和媒体都向我提出了一个相同的问题：易中天成才的经验是什么？根据我对易中天的观察，同时从人才成长的规律来看，我以为他成才和成功的经验主要有三点：

首先，他有很强的自学能力，具有很高的悟性，这是他成才的基础。他不是考不上大学，而是从一所重点中学毕业后，抱着“解放全人类”的理想自愿到新疆军垦农场当战士。可是10年之后，他发现连自己都解放不了，何以能够解放全人类呢？于是，他刻苦自学，后来当了中学教师，又从中学教师以同等学力考取了武汉大学中文系美学研究生。他不是按部就班成才的，而恰恰是自学成才的成功典型。

其次，他具有追求自由民主的思想，具有反叛精神，这是从事高深学问研究和追求真理的关键。易中天教学是最受欢迎的教师，这是因为他富有激情、出众的口才和渊博的知识。在学术研究中，他富有开创精神，敢于打破禁区，敢于批评和争鸣，所以他总是站在学术研究的前沿，每每做出惊世骇俗的成果。

第三，他做学问不囿于一个专业，而是广泛涉猎。台湾国学大师钱穆先生也没有上过大学，但他却是真正的学术大师。他曾说：“大师者，乃是通方之学，超乎各部专门之上而会通全部之大义者是也。”易中天教授正是走着这样的道路，他的学术研究广泛涉及美学、文学、国学、史学、哲学、政治学、社会学等。他自己戏称是个“流寇”，但实际上这是他的学术风格，没有极深的学养和创造性的能力，是不可能做到这一点的。

易中天的成功经验，是值得我国教育部和各大学反思的，我们应当坚决改革专才教育的模式，这是1952年院校调整时“全盘苏化”导致的恶果。我国大学现在都成了综合大学，那么综合大学的目的是什么呢？按照英国理想主义教育家纽曼所说：“综合大学是一个传授综合知识的场所。”传授综合知识，就必须实行通才教育，以培养具有全面素质的通才。同时，易中天教授的成功经验，也是值得那些希望成才的广大青年们借鉴的。借此机会，我把易中天成才的经验介绍给大家，希望对现在大学生们的学习与研究有所帮助。如果能起到这样的作用，那将是我最大的欣慰了！

今天，面对易中天所取得的巨大成就，我再次想起陶行知先生说过的话。易中天就是我崇拜的学生，从他的成就中，我获得了快乐和幸福！

千里迢迢来从师

2011年8月22日，基金会收到了一封来自吉林的电子邮件，邮件写道："刘校长，我是您的粉丝，非常喜欢拜读您的文章。最近正在看您那本《创造：一流大学之魂》，其中264页与280页的叙述有错误……我很喜欢和欣赏您写的文章，真实、理性且感染人。您是教育界的名人，是大教育家，我是普通人，但我很想采访您，哪怕只有5分钟。"邮件署名为袁一夫。

基金会把信转给了我，鉴于是给我的书指误的信，我立即回了信。我写道："一夫老师：早上好！首先感谢你指出我书中的笔误，我将会勘误，以免谬误流传。袁老师在什么学校执教，又在哪所大学读研究生？如果就近的话，欢迎与你交流高等教育问题。"通过交流后才知道，袁一夫是她儿子的名字，她是个女老师，叫郑丽先。此后，我们开始了频繁的信件往来，差不多每天一封。她聪明善良、思维敏捷、性格耿直、富有爱心、是非分明，但对腐败和官僚主义又疾恶如仇。我在回信中说，她的这些性格似乎就是我的性格的克隆。她十分敏感，联想到既然是克隆，那就有血缘关系，于是她要做我的干女儿。她在信中说："我看了您的自传，您有两个儿子，没有女儿。我妈有俩女儿三个儿子，让我就做您的女儿好了。"郑丽先感情丰富，她后来给我写信，干脆以"导师爸爸"或"刘爸爸"称我，她既要当学生又要做干女儿。

郑丽先本打算于9月初专程来武汉看望我，并说是特地来拜师的。但9月初全国大学新生开学，火车票难于买到。于是，我们相约9月中旬见面。她后来以电子邮件告诉我，已订好了9月12日的机票，于当天5点15分到达武汉天河机场。我提前为她预订了培训公寓的房间，告诉她由机场到达培训公寓的路线和电话。

是日正好是中秋节，我带了月饼和水果，在培训公寓大厅等候她。我说："你割舍了亲情，放弃了与家人过中秋节来武汉，让我有些不好意思。"她说："我来与导师爸爸过中秋，这是千载难逢的机缘啦！"

9月13日全天是与郑丽先交流，上午是围绕她研究生论文的题目，下午是有关她今后发展的方向。她的研究生论文题目是《中国高等教育家的成长及其影响》，这是一个非常宏大的题材，要写好是不容易的。我向她介绍了中国近代史上几代高等教育家的概况，并建议她选择几个典型分析，突出重点，观点与材料结合。我认为一个教育家既要有“见”，即远见卓识；又要有“行”，即要勇于参加教育改革的实践。她把我的讲话全部录下来了。

为了她写论文的需要，我收集了7本书送给她，特别是《中国现代教育家传》（湖南教育出版社，1988年版）和《当代中国高等教育家》（上海交通大学出版社，1995年版），非常珍贵。我对郑丽先说：“这两本书对你写论文具有重要的参考价值，目前只有我与你各保存一套，希望好好珍藏。”

从长春到武汉是2300公里，由她工作的松原市到长春又有约200公里，全程总共5000华里，是真正的千里迢迢来从师啊！可是我年岁老迈，到底对她能有多大的帮助？可能精神上的鼓励多于实际的作用。鉴于她是第一次出远门，也是第一次到武汉，虽然我不能陪她观光，但我建议她14日参观黄鹤楼、湖北省博物馆和东湖风景区等地。她表面上接受了我的建议，可是14日她并没有去参观，而是去了书店，她嗜书如命，回到公寓都是在看书。

她9月15日乘火车回长春，由于是5点58分开车，我怕找出租车不易，故从武大车队要了一部车送她。我清晨到达培训公寓时汪师傅早已到达。我把她送上车，并嘱咐汪明利师傅说：“请你一定准时和安全地把她送到武昌火车站，她是千里迢迢来拜师的。”汪师傅说：“校长放心，您的事绝对误不了。”

我目送郑丽先乘车离开培训公寓，车越走越远，渐渐消失在晨曦的薄雾之中……

他想成为教育企业家

我虽然离开校长职务20多年了，但是与校内外的大学生们的联系始终没有中断过，时常接待校内外来访的大学生，有时也应邀参加他们的报告会和座谈会。2012年6月5日，武大素质教育讲堂邀请我参加一个座谈会，他们考虑得很周到，为了不使我走远路，座谈会就在我家对面的离退休干部活动中心举行。参加座谈会的有20位同学，作为负责人之一的文龙也参加了。这20位同学都是社团的活跃分子，他们即将毕业，实际上这是一次送别的座谈会。座谈会气氛热烈，发言踊跃，有些同学甚至是热泪盈眶，令我十分感动。会后我与同学们照了相，与文龙单独合了影，成为我们这次座谈会的永久纪念。

后来，文龙与我的联系越来越多，他热爱教育，真诚地要拜我为师。我了解到他从小立志要成为教育企业家，在武大学习期间，他曾利用课余时间创办了凤凰教育公司。他在大学期间，全部学费、生活费和出国旅行费，都是由公司的营利支出的，既没有找家中要钱，也没向国家贷款。毕业后，他既放弃了公务员职位，又放弃了几家世界500强公司高薪录取的机会，而是去北京加入刚刚成立的在线教育公司。他只是想对在线公司的实际运行增加些认识，他依然有着当教育企业家的梦想。

2013年4月，文龙又放弃了北京那家公司的高薪和期权，回到武汉开始酝酿他的教育公司。从哪里开始呢？他又一次联系上我，向我表示要做一次教育万里行，希望我给他介绍教育界一些知名的学者。我表示大力支持，并把国内几位教育名家的联络方式告诉了他，请他自己联系。他专门准备了一件白色T恤衫，作为教育万里行的标志，我率先签了名。

此前，文龙还到云南省边远地区，调查农村教育的状况，目睹了教育不公平的种种表现。文龙的教育万里行，从2013年7月初开始，9月14日回到武汉，总共60多天，经过了武汉、南京、深圳、厦门、金华、杭州、北京等7个城市，行程两万里。他拜访的著名教育家有顾明远、朱永新、朱清时、刘海峰、桑新民、眭依凡等。万里行是非常艰苦的，他乘火车是坐硬座，晚间都是睡在青年旅社、学生寝室、沙发、地铺，偶尔也住过经济旅馆。在旁人看来，这是非常艰苦的，但他却觉得很有滋味，是人生难得的磨砺机会，学到了大学课堂中学不到的智慧。在调查和访问期间，文龙写了许多心得，从而丰富了他对教育内涵的理解，这些将会在创业之中发挥重要的作用。

教育万里行是创业的准备，他常常回味在调查中的感受，有一种无限的满足感。通过调查，他逐步明确了自己应当怎样成为一个教育企业家。我曾经对他说，中国公立教育太强大了，我们无法挑战他们，也无法改变他们。那么，我们创业的空间究竟在哪里呢？总的来说，公立大学不愿意做或不能做的领域，就是我们民间力量创业的空间。

大约是 2014 年秋天，文龙告诉我说："老师，我的方案已经形成了，就是创办云大学。"听后，我十分高兴地说："你的方向选准了，它既是当前教育的热点，也是未来发展的趋势。"我甚至鼓励他说："马云要用网络改变商业服务，雷军要用网络改变制造业，那你就用网络改变教育。"当然，马云和雷军都是中国数一数二的富豪，实力雄厚，而文龙刚刚起步，显然道路还是很艰难的。但是，我对他的创业充满了期望，只要假以时日，他一定会实现教育企业家的梦想，也一定能够用网络改变教育。

我的期望并不是无根据的，而是建立在对他的了解的基础上。我们认识两年了，他是我未授业的学生，有过频繁的思想交流。他具有三个优越条件：一是他大学学的是计算机专业，具有坚实的计算机软件技能，对网络技术运用自如；同时他热爱教育，研读过许多教育名著，这是其他学计算机或是学教育学的人都不能比的。二是他非常勤奋，能够吃苦耐劳，具有成功创业者需要的坚韧不拔的毅力。三是他的人脉很好，他认识不少全国各地有才华的创业者，经常交流和切磋。现在，他有一个创业团队，核心成员梁欢乐和彭超是他大学的同班同学，他们志趣相投，都有创大业的雄心壮志。更难能可贵的是，在他的周围有一批不要薪酬的志愿者，帮助他们做运营、文字编辑和微信平台管理等工作。

目前，云大学刚刚运行了一年，通过云大学微信平台，受益者已达到 850 万人次，参与分享有 55 万人次，粉丝有 3.5 万人。他们已经开发出云大学手机软件，将探索用手机提供技能课程的可行性，以及用手机应用软件进行阅读、讨论和实践的教学方法，让更多的人受惠于云大学。我敏锐地感觉到，也许10年内，他们会创建一个成功的教育网络公司，云大学将弥补现行大学的不足，给更多的失学和待业青年带来好处。

文龙有一个女朋友，叫郑清之，是中南财经政法大学2014届的毕业生。我曾经见过多次，她举止大方，谈吐温文尔雅，给我留下了深刻良好的印象。清之是文龙创业的坚定支持者，毕业后，他们二人再次拜访我，他们诚恳地请我当证婚人，我愉快地答应了。真诚地祝他们创业成功！祝福二位年轻人真心相爱、永远幸福！

为了教育孩子的实验

我一生从事高等教育，但到了古稀之年以后，却关心起基础教育来，可以说这是我的教育情结的延伸。教育理论和方法具有共性，比如博爱的情怀，启发式教学，因材施教，提倡阅读和自学，开启悟性，培养学生的想象力，发现学生的志趣，尊重学生的选择权，保护学生的个性等，无论是高等教育或是基础教育，都需要遵循教育规律。显而易见，因应了这些规律，就是成功的教育，反之就将导致教育的失败。

石家庄有一位叫杨文雅的青年女教师，她有一个10岁的儿子，2012年夏天儿子的教育出现了危机。用她的话说："既然称其为危机，存在的困难肯定不小，单靠一己的智慧是搞不定的。"为此，她于2013年6月，专程去美国亚特兰大参加全美教育年会，会后又参与了课堂教学，明白了美国教育的核心与实质。2014年1月，她思忖着："这个学期该去哪呢？脑子里就出现了刘道玉先生的名字。"她通过网络查找到刘道玉基金会的联络方式，于是她给基金会写了一封信：

> 基金会敬转刘道玉先生垂阅
>
> 先生台鉴：
>
> 为一帮小儿教育事，乞请谒见先生，以求就有道而正焉……读先生之书《心印》《创新教育》《思维方法训练》《大学名片》等，认同先生思想，赞赏先生精神，望素心之诚，祈得以缘，一岁之始，得以拜于堂前，以聆教诲。

起初阅读信文，我猜想写信者可能是一位上了年纪的男性，因为很少女性使用这些文绉绉的字眼。结果见面后发现她却是一位年轻的女性，她善于遣词措意，其文采令我惊讶。2014年元宵节时，她专程来到武汉，打算住一周时间等待我的接见。她既然已经来了，我不忍心让她等待一周，于是我立即约她见面，我们交流了两个半天时间。2014 年 2 月 17 日下午见面时，她真的要下跪拜我为师，我感谢她的真诚，但我劝阻了她的跪礼。

我对杨文雅的第一印象非常好，她才思敏捷，文笔流畅，热爱教育，研读过古今中外很多教育名著，所以我愿意与她一起共同研究如何教育少儿。据她介绍，她原来在北京一家大型电力公司工作，薪俸也不错，她还获得了北京外国语大学英语翻译专业的硕士学位。她为了教育儿子，毅然辞职了。她的儿子叫朱易从（小名从从），年仅10岁，读小学三年级。他的优点是思维敏捷，学习和做事都很快，但字写得潦草，做习题时总是出错，运动时爱摔跤，做事毛手毛脚，拿东西不是打了就是洒了。由于这些原因，他的学习成绩不太理想，几乎各门课程的成绩都偏低，老师对他的印象不是太好，这些都令她十分担心。

我们围绕着以下问题进行了坦诚的交流：怎样看待爱动的孩子，怎样看待现行的学校教育，怎样看待分数？她甚至对我提出："假若您站在文雅的角度，您希望自己 10 岁的儿子接受怎样的基础教育？受到怎样的高等教育？"

我简要地回答了她提出的各种问题。至于说少儿应当接受怎样的基础教育，我认为，我国现行的基础教育仍然是灌输式的应试教育，培养循规蹈矩的乖孩子，追求高分，剥夺了儿童的童趣，忽视了启蒙他们的个性、好奇心和想象力。对待少儿要淡化对高分的要求，分数并不代表一个学生的优劣，它带有很大的随机性。现在流行的培优、补习和奥数班，都是不可取的，这些都无形中增加了学生的负担。一个孩子到了上大学的年龄，不必追求名校，也不必刻意地追求选择所谓的好专业。一个人的成功与否，不决定于名校和名师，而只决定于自己。我们应当把重点放在培养孩子的思维能力，养成良好的阅读和自学习惯等方面，重在启迪悟性，要树立远大的理想，并要为实现自己的理想养成自立、自强、自律的能力，这些才是他们未来成功最关键的素质。

谈话结束后，我们都觉得意犹未尽，我对文雅说："以后你有任何问题，我们随时可以通过电子邮件或是短信进行交流。"她同意了。临别时，我向她赠送了几本书，包括我的自传《拓荒与呐喊》《创造思维方法训练》和英文原版《The Way of Happiness》，她欣然接受，并表示要认真拜读。

英国权威的《自然》杂志，本来是刊发自然科学新发现的杂志，但却在

2014年10月号发表了教育的封面文章，题目是《大学实验：作为实验的校园》。该刊还发表了社论，并提出："大学必须像科学研究一样，因为只有通过实验，才能最终知道究竟哪一种方式适合自己的学校。"同理，对少年儿童的基础教育更需要实验，而苏联教育学家苏霍林姆斯基就是进行教育实验的杰出代表。我还发现中外著名的教育家有一个共同点，他们都是进行教育实验的先驱，如古希腊的柏拉图，17世纪捷克教育家夸美纽斯，德国哲学家黑格尔和教育学家洪堡，美国教育家杜威，甚至连英国哲学家罗素也创办了比肯山学校，以自己和朋友的孩子为实验对象。我国近代的陶行知、晏阳初等，在围绕改造农村的乡村教育方面，也做了大量的实验，积累了丰富的教育经验。

什么是教育实验？它是以受教育者为实验对象，使用某种设计的理念或是方法，对孩子施以教育，以达到预想的正面效果。我向文雅详细介绍了苏霍林姆斯基的实验方法，她极为欣赏，并表示愿意进行尝试。当然，杨文雅是教育实验的实践者，而我只是间接的参与者。文雅的教育实验不只是自己的儿子，她还创办了一个"文雅学园"，招收一批少儿学习英语和文化课程，开启他们的智慧。一年以来，我们通过100多封邮件，也相互发过许多短信，随时交流教育实验中的各种问题。

我们的实验面对的是一个顽皮好动的男孩，实验从哪里开始呢？兴趣是最好的老师，发现孩子的兴趣，是施教的入口。从从喜欢拉丁舞，开始爸爸不同意，但文雅因势利导予以了支持，获得了很好的效果。后来孩子对化学感到好奇，于是他的父母专门建设了家庭化学实验室，购买了化学实验的材料和指导书，使孩子对什么是空气、什么是盐和水的三态有了感性认识。化学试纸是检验物品的酸碱性的，从从十分好奇，他自行用试纸将酱油、醋、可乐、牛奶等测试一遍，甚至别出心裁把唾液、尿液、养鱼池的水和不同颜色的花卉酸碱性都测试了。他觉得非常好玩，从实验中获得了乐趣。

后来，从从对数学又有了兴趣，而且能够超前地自学和解题。2014年暑假，文雅带自己和朋友的儿子到河南陈家沟学习太极拳，历时一个月，使得孩子的力和气都得到了提升，为他们日后的学习奠定了基础。那里的条件很艰苦，一个月下来，孩子们都变得像是"土著人"一样。

写字是中国幼儿学习的启蒙课，怎么练习写好汉字，也是需要正确引导的。我提出可以参考书法名家的字体，但最好不要让孩子用临摹字帖。临摹是一种模仿思维，久而久之会潜移默化地形成模仿思维的习惯，从而扼杀孩子的创造性。文雅的做法是，把历代各种碑帖、字帖摆在孩子面前，让他们自己感觉哪种美就选择哪种，这既是尊重他们的选择权，又是启迪他们的美感。他们一边学习，还一边创作作品，把写的字装裱成礼品，让孩子有一种成就感。

少儿是天真烂漫的，是想象力最丰富的时期，因此开启他们的想象力是头等重要的，是培养他们创造性的前提。为此，文雅每个学期都要用英语排演音乐剧，例如他们排演了《穿靴子的猫》，收到了很好的效果。想象力是作文的生命力，从从用30分钟写了《我想变》的作文，这是他自己选定的题目，说明在他脑子里萌动着想象，也想改变自己，这是孩子的觉醒，非常值得肯定。此外，他们常常到郊外采集动植物标本，用孩子们的想象力制作粘贴画，既培养了想象力又训练了他们动手能力，可谓一举两得。

自学是我一贯强调的方法，不善于自学的学生，是难于成为杰出人才的。自学是建立在阅读的基础上，只有具备了理解和从整体与细节上把握的能力，自学才是有效的。自学需要恒心，世上无难事，只要专心致志，就没有学不会的东西。在这方面，文雅进行了持久的尝试，收到了很好的效果。她的儿子养成了爱读书的习惯，他现在能够自学初中一年级的数学课程。但是，虽然孩子懂得内容，做习题却总是出错。这是男孩普遍存在的问题，需要培养他们细致和认真的学习态度来克服。

在我们的通信中，文雅提出这样一个问题："当孩子提出一些古怪问题时，我是绕过去，还是给他一点初步的解释？"我回答说："既然孩子提出了问题，说明他是希望得到答案的，我们不应当让他失望，否则会挫伤他提问的积极性。"一个具体的例子是，从从看到烟火时会问：为什么烟火是五光十色的？他自己上网查询得知是因为不同金属燃烧发出不同的颜色。孩子进一步又问：金属为什么会燃烧？自家的锅为什么不燃烧？通过启发，他知道了不同的金属有不同的燃点，只有达到燃点的温度，金属才会燃烧。

在教育孩子时，发现他的缺点应当怎样对待？是生气，或是训斥？对此，文雅也摸索出了良好的方法。她说："如果孩子有了缺点，用幽默的方式说出，也许给他的警觉更深刻，我要尝试用幽默解决问题。在睡觉前，我会给儿子讲几个笑话，我要经常尝试用幽默解决问题。"文雅的教育实验才进行了一年的时间，但她的儿子和她教授的一些孩子都有了惊人的变化，这是非常可喜的成绩，我分享了她实验成功的喜悦。

今年元宵是我们认识一周年，文雅带着儿子从从来见我，认识我这个他有印象但还未曾谋面的爷爷。我热情地接待这位小客人，带他在大学校园里散步，让他感受大学文化的氛围，与他进行跨代际的交流，希望给他以积极的影响。孩子成长的未来路还很长，我们将继续实验和探索。我们相信，只要是播种、耕耘和精心管理了，肯定是会获得丰收的！

（本文发表于2015年3月12日《新校长传媒》）

科技双刃剑

阿尔弗雷德·诺贝尔说："我不是为了制造武器才发明炸药，而是希望炸药能够捍卫和平。"

俄罗斯米哈伊尔·卡拉什尼科夫被称为世界枪王，由他发明的AK—47突击步枪曾导致几百万人丧生，他在逝世前忏悔说："我宁愿发明的是割草机而不是突击步枪。"

科学技术没有善恶之分，但应用科学技术的人，他们追求的目的不同，从而导致两种截然不同的结果：既可以为人类造福，也可能给人类带来灾难。

500年难逢的天象奇观

日全食是无数的天象变化之一，它是地球和月球运动过程中发生的一种周期现象，当太阳、月球和地球处于一条直线上的时候，就出现了日全食。据天文学家推算，地球上每年发生日食2到5次，包括日全食、日偏食、日环食，所以日食是一种很普遍的天文现象。可是，2009年7月22日发生在中国境内的日全食，为什么会引起媒体和人们极大的兴趣呢？因为这一次日全食，是自1814年到2009年在中国发生的唯一一次日全食，所以被称为我国长江流域城乡观察日全食500（实际上是495年）年难逢的机遇。

地球上平均一年半发生一次日全食，但对于地球上某一地区的人来说，平均450年才可能观察到一次。为什么观察日全食的机会如此可贵呢？因为只有处在日食带内的人，才能观察到日全食，而日食带往往只有几十公里到几百公里宽，再加上日全食只有几分钟的时间，而且还要受到天气的影响，所以实际上能够看到日全食的人是不多的。然而，今年的日全食之所以被称为旷世奇观，是因为这一次与以往不同，日食带长约1万公里，宽有250公里。当天，日全食由印度的西海岸经过孟加拉国、尼泊尔进入我国西藏南部，继而由西向东推进，从四川省甘孜藏族自治州的康定到浙江省的舟山市，我国44个城市都有机会看到日全食。这次日全食经历亚洲几个人口大国，有20多亿人可以看到日全食。在我国，日食带经历了我国人口最稠密的长江流域地区，包括了3亿多人，所以这次日全食被国际称为“长江大日食”。

早在3天以前，各种媒体不惜篇幅，每天以3到5个版面，大量报道这次日全食的发生区域、特点，请天文学家介绍日食的科普知识，以及观察日全食的方法和注意事项。各城市的天文台、科协和青少年宫也都纷纷组织活动，宣传和介绍有关日全食的知识。其时正处在暑假，中小学生们更是翘首企盼这一天的到来，学校的老师们也提前踩点，组织学生观看。商家们也瞄准了这个商机，陆续推销各种日全食观测镜、护目镜、太阳镜、旅游物品、防暑降温物品。由于武汉是长江流域中游城市，是最适合观测的城市之一，所以德国、法国和日本等国观测日食的爱好者，纷纷来到武汉，这也给武汉带来了商机。

20 世纪在我国境内共发生过 7 次日全食，在湖北地区唯一观测到的是民国三十年（1941 年），那年我只有 8 岁，跟着大人们观看了被叫作“天狗吃日”的奇观，但并不知道为什么会出现这种现象。今年我已是 70 有 6 的老人了，虽然不像青少年们那么亢奋，但也不想错过 21 世纪唯一在本地观看日全食的机会。我心想生前的 500 年已悠悠逝去，而未来的 500 年我已不可能再期待，因此我也绝不放弃当天观看日全食奇观的机会。

我本想去商店购买一副正规的日食观测镜，可是连日 38 度的高温，我无法出门。于是，我就利用旧的 X 射线底片，把它折成 3 层，观看的时候再戴上防紫外线的太阳镜，这样就万无一失了。报上介绍说，有眼疾的人要注意保护眼睛，不要直接对着太阳观看，更不能长时间地观看。我有厌光症、飞蚊症，所以我比较小心行事，以防止对眼睛造成的伤害，对一个知识分子来说，没有什么比眼睛更重要了。

清晨一大早，我去菜场把菜买回来，就等待着神圣的一刻到来。8 时左右，在我们楼前空旷的通道上和幼儿园围栏的周围，已经站着数百位观看日全食的人。大多都是住在附近的教职工，且多为老年人，他们的心情与我一样，都想目睹这一天象奇观。

我住在一栋楼房的三层，有宽阔的阳台，打开纱窗就可以观看日全食，所以武汉人真是很幸运，不出门就可以看到日全食。根据专家提示的时刻表，我于 8 时 14 分，借助 3 层的底片从阳台上观望，在太阳的左上方出现一个很小的缺口，这就是初亏。这时月球由西继续向东移动，陆续地出现了食既、食甚、全食终（生光）和复圆的过程。遗憾的是，由于我既没有特殊设备，又不能出门攀高，所以诸如贝利珠、钻石环等奇观，就没有一饱眼福的机会。

根据媒体提供的时间表，我用一块怀表，对照观察日全食的 5 个主要过程，基本上都是吻合的。就在 9 点 24 分，天突然黑了，表明日全食已经开始。这时我家的两只博美犬突然惊叫了起来，并且围在我身边不肯离去。我意识到这是动物对突然出现的黑夜的反应，我立即打开了客厅里的吊灯，它们见到了光，慢慢地安静了。我们家的博美犬甚是可爱，一只叫多多，已经 8 岁，另一只叫叮当，也已 7 岁。它们都很可爱，有记忆、有感情、知羞耻，能听懂我们很多的话，只是不能以语言表达而已。

9点29分天又突然明亮了，表明日全食已结束，太阳复圆了。在室外观察日全食的人们又欢呼起来了，欢迎太阳光芒又重新普照大地！激情与欢乐过后，一切又恢复到往日的平静！

魔术变幻与创造

魔术在中国具有悠久的历史，与埃及、印度并称为世界魔术三大发源地。据记载，为汉武帝举办的“百戏盛会”中，就有传统的魔术表演。魔术的英语叫 magic，对于不知其奥秘的人们来说，他们常常把魔术视为魔力、巫术或不可能解释的一种神秘力量。我国通常称魔术为变戏法，实际上都是手上的功夫，在英语中叫 sleight of hand。长期以来，我国的魔术都是停留在民间艺术层面上，表演诸如报纸盛水、火苗穿巾、口吐烈火、纸屑变鸽子、锯人、戳不破的气球等，因此我国魔术长期停留在“小把戏”或“杂耍”的阶段，所以一直进步不大。自 2000 年我国参加世界魔术联盟以后，我国的魔术有了很大的进步，但与国际相比，我国魔术的水平仍然有很大的差距。近十多年以来，欧美国家魔术发展迅速，涌现出来像奥玛·帕夏、乔哥斯、皮特·马韦、拉斯维佳、杰夫·麦克白等魔术大师。他们发挥无限的想象力，将高科技、舞台设计和音乐巧妙地组合在一起，让人们难于想象的人间梦幻奇迹一再出现，并创造出了众多的魔术项目，如一般魔术、手彩类魔术、舞台幻术、精神魔术、喜剧魔术、黑色魔术、空中飞行魔术、微型魔术、沙龙魔术、近台魔术等。

为了学习国际魔术的新技术和新经验，我国北京市决定申办第 24 届国际魔术大会。经过激烈的竞争，2006 年 8 月 4 日，在瑞典斯德哥尔摩第 23 届魔术大会上，北京战胜了奥地利的维也纳和西班牙的格兰纳达，从而成功地获得了第 24 届世界魔术大会的举办权。

经过精心筹备，第 24 届世界魔术大会于 2009 年 7 月 26 日在北京开幕，来自世界 66 个国家的 2500 名魔术师和嘉宾参加了大会。经过 6 天的精彩表演，最后决出 8 个单项的前三名，我国魔术表演者获得了一般魔术和舞台幻术两个项目的第二名，这是我国在历次国际魔术大会上获得的最好成绩。但是，这个成绩与具有悠久历史的魔术大国相比，显然是极不相称的。本来，这次大会在中国召开，我们占据了天时、地利和人和的优势，应该有更佳的表现，可惜的是未能实现金牌零的突破。在大会前，中国杂技协会副主席、此次世界魔术大会执行主席林建曾夸下海口："单项冲金不是妄言。"遗憾的是并未被他言中。此次大会评奖是极为严格的，精神魔术、喜剧魔术和微型魔术三个单项的第一名都是空缺，体现了宁缺毋滥的严格标准。

7月31日晚，举行了颁奖和闭幕式，基本上实现了"力争把本届世界魔术大会办成国际魔术联盟历史上一届高水准、有特色、令人难忘的世界魔术盛会"的承诺。为了让观众欣赏到真正的世界一流魔术大师的精彩表演，按照惯例，在世界魔术大会之后，将安排大师系列的唯一一次对外公演，而《至尊魔幻》就是世界魔术大会的保留节目。从8月1日到8日，在北展剧场举办的著名魔术大师展演，就是来自美国、法国、德国、西班牙、意大利、瑞士、希腊、乌克兰和韩国等9个国家的10位顶尖魔术大师组成的独特表演。

我国魔术师获得了奖项，当然是高兴，欣赏到国际顶尖魔术大师的精彩表演，无疑是最大的精神享受。然而，在喜悦和享受之后，我们应当思考些什么呢？应该向国际魔术界学习什么呢？有人问道：中国是世界魔术发源地之一，可堪为魔术大国，为什么没有获得金牌？中国为什么出不了天才的大卫·科波菲尔，甚至连台湾刘谦这样的魔术大师也没有？其实，这些问题并不是孤立的，正像我国在其他领域里也出现不了天才一样，如中国为什么迄今仍然没有实现诺贝尔奖零的突破？为什么在世界所有的科学技术一级学科领域内没有获得一项大奖？为什么我国没有重大的原创性的科研成果？为什么出现不了足球天才贝利和马纳多纳？为什么没有天才的"八冠王"迈克尔·菲尔普斯？为什么没有22次打破世界撑竿跳纪录的伊辛巴耶娃？为什么出现不了"飞人"博尔特？

从表面上看，这些问题好像是互不相干的，魔术与科学技术和体育有什么关系呢？可是，从本质上说问题的根源都是相同的，即中国人缺乏个性、好奇心、想象力和冒险精神，因而导致中国绝大多数人缺乏创造性。冰冻三尺非一日之寒，导致我国人民创造性丧失的原因是多方面的，如追求统一性的泯灭学生个性的思想工作，灌输知识而忽视思维方法的教学方式，扼杀想象力的标准考试和标准答案，盲目追求高分、高学历、高学位的教育价值体系，从而窒息了广大青少年的创造能力。

无论是魔术演员、运动员或是中学生各科奥林匹克竞赛的培训，都是采用的应试教育的一套做法。一般是从小由父母或是教练员包办，在功名思想的诱惑下，采用大体量刻苦地训练。少有像科波菲尔、菲尔普斯、博尔特那样，玩魔术、游泳、跑步简直就成了他们的至爱，所以他们的天才能够发挥到极致。菲尔普斯幼年曾患有多动症，如果按照中国学校正襟危坐的规范要求，他肯定被划入“差生”之列，他的游泳天才就会被扼杀。科波菲尔出生于美国的俄罗斯移民家庭，从小腼腆害羞，他喜爱魔术，11 岁在社区举办的派对上演出魔术大获成功，12 岁踏入职业魔术界，成为美国魔术师协会最年轻的会员。他 16 岁时，虽然还是中学生，却成了纽约大学魔术教授，教授《魔术艺术》课程。如果科波菲尔在中国，按照中国教育价值体系，他很可能被逼迫上名校，从名师，拿高学位，从而会毁掉一个魔术天才。

世界魔术大会之后，我们最需要反思的是我国的教育体制、培养人才的制度和方法，特别是整个教育价值体系。我们只有改革政治体制，营造独立、民主、自由的文化氛围，大力推行创造教育，尊重每个人的个性、志趣、好奇心和选择权，充分发挥人们无限的想象力，培植人们发挥创造性的沃土，这样我国各个领域里的天才才会涌现出来！

最伟大的科学实验

根据推测，人类生存的地球已经有46亿年了，8000万年以前出现了最早的人科动物，60万年以前开始进入到人类的纪元。但是，地球是怎么形成的？宇宙是怎样演变而来的？地球以外的其他星球是否还有生命？人又是怎样进化而来的？这些本源问题一直困惑着人们，千百年以来，科学家们也不停地致力企图揭开这些秘密。到目前为止，关于宇宙的起源主要有三种观点：一是大爆炸理论，二是稳态理论，三是虫洞喷发说。由于没有直接找到科学实验的根据，所以它们也仅仅只是假说。

在科学上，由假设到公认的真理，必须经过科学实验来证明。人类历史上的每一个发现、发明，都是经过了这样的检验过程。同样的，关于宇宙起源的假设，也必须经过这样的验证。为此，天文学家、宇宙学家们设想建造一座强子对撞机，以便模拟宇宙大爆炸的情景，希望能够找到宇宙起源的直接证据。

一个雄心勃勃的计划开始了，建造迄今为止最大的强子对撞机，这是科学家们创造性智慧的体现。强子对撞机简称LHC，它是Large Hadron Collider的缩写。这个实验方案是1980年代初提出的，由欧洲20个国家的物理学家于1984年在洛桑召开了讨论会，1994年正式设计建造。世界上80多个国家和地区的近8000多名科学家和工程师参加了建设与研究，总投资是60到100亿美元。经过20年的努力，最终于2008年9月10日在瑞士日内瓦建成和启动。可是，仅仅运行了9天，由于发生了液氦严重泄漏，导致冷却不良，使超导体脱离了超导状态。于是立即停工检修，经过半年的抢修、调试，又于2009年3月30日正式复工。经过一年的试运行，从3月29日晚上开始，经过20个小时的努力，两道离子束于30日下午1点零6分相撞，每一道离子束包含了200亿个中子，它们以接近光速的速度，环绕27公里的加湿器运行，实现了总能量达到7万亿电子伏特的质子束流的对撞，仅仅达到设计14万亿电子伏特的一半。美国亚利桑那大学物理学家沃尔特·兰普（Walter Lamp）在对撞发生后立即评论说："第一批对撞在仅仅几分钟前发生了。这里已经陷入疯狂，实在是太棒了。这是正在创造中的物理，是一个新纪元的开始。"

这次强子对撞实验，创造了许多世界之最。例如：

强子对撞机不仅是世界上最大的粒子加湿器，而且也是世界上最大的机器。它建在瑞士和法国边境地区地下 100 米深处，隧道全长 26.659 公里。整个建筑有 12 层楼房高，走完全程需要 4 个小时，它的范围可以容纳百慕大、摩纳哥和 4 个梵蒂冈。

世界上最大的制冷机；

世界上最快的跑道，每秒以 1.1245 万次频率的速度运行；

太阳系中最空的空间；

银河系中最热的热点，所产生的温度是太阳中心温度的 10 万倍；

拥有有史以来最大最先进的探测器；

世界上最强大的超级计算机系统，连接全球 6 万台计算机全球网。可以把它想象成有着 1.5 亿像素，每秒可以拍摄 6 亿次的巨大数码相机，可以填满 200 万张 DVD。数据通过高速线路传送到欧洲、北美、亚洲 11 个顶尖的研究中心，再从那里分散到世界各地 150 个研究中心的网络。

当然，通过对撞实验待揭开的诸多谜团，更是史无前例的。

那么，这次庞大的实验工程，究竟有望揭开哪些科学之谜呢?

据强子对撞机项目主任利恩·伊万斯（Lun Evans）介绍说："目前来说，人们对大型强子对撞机的期待程度不言而喻，但究竟要破解哪些难题呢？所有这些难题无外乎以下几个方面：质量、粒子问题；宇宙构成及起源；是否存在反物质；宇宙大爆炸的谜团；是否存在空间额外唯独？

在这五大谜团中，宇宙的起源及构成无疑是最激动人心的，为了揭开这个秘密，理论物理学家设计出了"标准模型"理论，但这个模型有一个缺陷，即无法解释物质质量的来源。为了修补这个缺陷，20 世纪 60 年代末，英国著名物理学家希格斯提出了所谓的希格斯机制和希格斯粒子。他认为，希格斯粒子（Higgs boson）是宇宙中物质之源，人们以上帝创造世界的神话，比喻希格斯粒子为"上帝粒子"。按照这个模型的预言，宇宙中共有 62 种基本粒子存在，其他粒子基本都已被实验所证实，唯有神秘的"上帝粒子"尚没有现身。

1935 年比利时天文学家勒梅特提出，宇宙是在 137 亿年前的一次大爆炸后形成的。这次强子对撞机实验，就是模拟出137亿年前宇宙大爆炸后万亿分之一秒内的情况，并希望搜索到所谓的“上帝粒子”。但是，是否存在“上帝粒子”呢？科学界一直存在着激烈的争论，赞成者和反对者中都有许多重量级的物理学家。2004年英国先锋科学期刊《新科学家》（*New Scientis*）上，发表了由全球34名科学家和工程师的《致科学界的公开信》，后来在网上又征得了185名科学家的签名，他们一致抗议大爆炸理论对超越大爆炸理论的自由探索的压制。世界两位著名理论物理学家斯蒂芬·霍金（Stephen William Hawking，1942—）和希格斯甚至发生争吵，霍金还就寻找“上帝粒子”问题与美国密歇根大学高迪·凯恩以100美元打赌。霍金不相信存在“上帝粒子”，而凯恩却说“人们很快就会找到它”。这个打赌意义非同一般，无论是谁获得了胜利，他们都可能问鼎诺贝尔物理学奖。

纵观人类科学发展的历史，任何重大的科学发现，都不可能是一帆风顺的，在其探索的过程中，失败或争论也是不可避免的。只要本着科学的实事求是的态度，以坚忍不拔的毅力，通过假设、探索、失败，总会有所发现、有所发明、有所前进的。我深信，这次巨大的强子对撞实验，如果能够找到“上帝粒子”，那当然是世界最伟大的成就，有益于揭开宇宙形成之谜；即使找不到“上帝粒子”，也一定会获得丰富的科学资料，导致许多科学新的发现，将会对科学发展起到巨大的推动作用！

2012年7月4日，欧洲核子中心对外宣布：他们发现了“上帝粒子”，准确性是99.9999%，这一结果也获得了世界物理学界的承认。因此，比利时的弗朗索瓦·恩格勒和英国的彼得·希格斯共同获得了2013年的诺贝尔物理学奖。这是20世纪后半叶最重大发现，将有助于解开宇宙形成之谜。

创造生命的奇迹

宇宙的变化是无穷无尽的，人的认识能力也是无穷无尽的，尽管对于宇宙起源和生命起源等奥秘尚没有揭开，但科学家们一旦找到了新的方法或手段，这些秘密终有一天是能够解开的。那么，人类无穷无尽的认识能力来自哪里呢？毫无疑问，它是来自于人类无穷无尽的创造力。

只要回顾一下人类的发展历史就会发现，我们现今的一切科技成就和物质文明，都是依赖于人的创造力而取得的。有人曾经断言，20 世纪所有的物质文明都是 20 世纪不曾有过的。其中，最重要的有汽车、飞机、半导体、青霉素、尼龙、原子能、激光、人造卫星、航天飞机、计算机、因特网等，从而相继掀起了微电子时代、原子能时代、太空时代和网络时代的革命。应当说，人类在认识和改造物质世界方面，已取得非凡的成就。遗憾的是，在认识人类自身方面，尚没有取得长足的进步。例如，人的生命是怎样进化而来的，人为什么会有思维，人的记忆是怎么回事，人为什么会衰老，人的寿命到底有多长，天才的秘密是什么，等等。但是，科学家们一直没有放弃，一代又一代前赴后继地探索在这些秘密的道路上，而且不断地取得阶段性的成果。

1953 年 4 月 25 日，弗朗西斯·克拉克和詹姆斯·沃森在《自然》杂志上发表的一封不足千字的短信中正式宣布：他们发现了 DNA 的双螺旋结构。这是一个激动人心的时刻，是划时代的日子，从此加快了人们认识自己的进程。在双螺旋结构发现后的 50 多年里，生命科学领域里发生了巨大的变化，先后发明了基因克隆、基因测序、转基因作物、基因药物、基因亲子鉴定、试管婴儿、基因诊断、基因分离、基因移植、基因治疗……

进入到新旧世纪之交，国际开展了大规模的基因测序合作研究，耗资 30 亿历时 10 年的人类基因测序研究，于 2000 年 6 月 26 日正式宣布完成，这就为开展生命科学领域广泛地研究奠定了科学基础。合成生命的一个重要标志，无疑是美国私立克雷格·文特尔研究所的一项研究成果。2010 年 5 月 20 日，该所的一个科学家小组在美国《科学》杂志上撰文，宣布世界首例人造生命的诞生。这就意味着，新的生命不一定要从大自然中进化而来，也可以在实验室里“被创造”出来。该项成果宣布后，在世界范围内引起了强烈的反响，惊叹者、质疑者和反对者都不乏其人。

什么是人造生命？该项目负责人文特尔把这个人造生命叫作“辛西娅”（synthia，即“人造儿”之意）。其实，这个人造儿并不是一个真正的婴儿，而是由人工合成的基因组产生的一些最简单的生命。但它的意义是伟大的，这正如41年前第一个太空人阿姆斯特朗登上月球时说的一句话：“这是我个人的一小步，但却是人类的一大步。”同样的，合成“辛西娅”只是人造生命的一小步，但却是人们认识生命本质的一大步。

那么，辛西娅究竟是怎样合成的呢？文特尔研究所的三个研究小组，历时两年多终于合成出的简单的生命——辛西娅，其诞生经历了三部曲，它是由三个研究小组分头并互相协调完成的。三个小组的任务是：一个是由文特尔和诺贝尔生理或医学奖获得者密尔顿·史密斯领导的，其任务是在破译了生殖体基因组之后，试图在实验室完全彻底合成生殖支原体基因组，但这是一项极其艰巨的任务，因为DNA的长链非常容易断裂。科学家们在实验室里将核酸碱基逐个增加，制造出含有6000个碱基的基因片段，然后他们用一种酶把DNA变得越来越长，直到其长度达到整个基因组的1/4。最后，他们将这些1/4基因长度的DNA链插入酵母，再通过复制和组合，使这些片段成为一个完整的染色体。科学家们对这条人工合成的染色体进行了测序，结果表明，这个人工合成的基因组与自然的生殖支原体一模一样。这是人工合成生命的前奏，为第二步奠定实验方法做好了准备。

第二个小组是由丹尼尔·吉布斯领导的，他们的任务是按照史密斯先前提供的方法，对只有108万个碱基对的丝状支原体细菌（供体细菌）染色体的DNA解码，然后用化学方法一点一滴重新排列这种支原体的DNA序列。他们将合成的DNA片段装入4个盛有化学液的瓶子中，再把这4瓶DNA装进一盘酵母菌中，依靠酵母菌把4条DNA链聚合起来。

第三个小组是由约翰·道格拉斯领导的，他们的任务是将人造的丝状体基因组植入山羊支原体（受体细胞）中，目的是检验人造的基因组是否具有产生新生命的功能。他们将人工合成的丝状体与山羊支原体混合在一起，并用抗菌素杀死前者（天然的），以保留后者（人工的）。这样，存活的人造的丝状体基因组就会指令细胞不断复制，从而产生更多的细胞。至此，文特尔等人设计合成生命的三部曲得以完全实现，一种人工合成简单的生物首次在世界上获得了成功。这是一个历史性的突破，它最大的特点就是，仅仅用了 4 瓶没有生物活性的化学试剂合成了首个“人造单细胞生物”。这标志着合成生物学这门新兴学科的诞生，是对人类基因测序完成 10 周年最好的纪念。

随着人造生命的成功，争议也就迅速展开了。赞成者们认为，这一技术为人类提供了前所未有的能力，使得科学家们对一个基因大范围的改变成为可能，借此可以生产生物燃料和治疗某些疾病等。但是，反对者认为将会引起伦理争议，尽管这种技术尚不涉及重新设计人类，但可以重新设计生物，那么人是否可以扮演造物主的角色？同时，这种设计的新生命是否会危及人类的安全？是否会被恐怖分子利用作为进行破坏的工具？如果出现这些情况，那将预示着人类的噩梦。

作为一名从事创造教育的研究者，我对于人造生命的成功，表示由衷的高兴，因为它毕竟使人们对认识自己跨出了关键的一步。因此，我不赞成悲观的论调，人们应当为文特尔研究所获得的成功而欢欣鼓舞，并展望更加美好和灿烂的未来！

回顾科学发明的历史，任何一项重大的发明都是一把双刃剑，它们既可以为人类造福，也有可能对人类造成破坏或是伤害。但是，我们应该相信，人类既然能够创造出科学奇迹，也一定能够凭借着人类的智慧和理智，使得每一项科学发明朝着有利于人类的方向发展。例如，科学家发明了原子弹，除了在第二次世界大战那种极其特殊的情况下，向日本广岛和长崎各投掷了一枚原子弹外，迄今再也没有任何国家敢于使用原子弹。又如，1997 年成功地克隆出了“多莉”绵羊，随后克隆出了各种各样的动物。从原理上说，克隆人不再存在技术上的问题，但至今没有人敢于闯入这个禁区，这就是人类的理智和世界普遍认同的伦理所起到的制约作用。因此，人们不必悲观，创造力只能不断地推动科学技术向前发展，使世界的未来更加美好！

极端天气灾难是怎样造成的

无论是对中国或是对世界而言，2010年都是一个灾难年，用世界处于“水深火热”之中来形容恐怕是最形象不过的了。谓予不信，请看1月至7月发生在国内外的重大气候灾难：

1月13日凌晨，加比勒海岛国海地发生了7.3级强烈地震，是该国200年未曾发生过的强烈地震。由于地震发生在人口密集的太子港，故伤亡惨重，死亡11.3万人，受伤者达19.6万人，甚至连总统府和联合国救援团总部也坍塌了。初步估计经济损失达10亿美元，使这个世界上最贫穷国家的经济建设至少倒退20年。

3月22日，中国河西走廊爆发了17年未见的强烈沙尘暴，影响到中国北方的5个省市。

4月3日，冰岛火山爆发，造成欧洲各国关闭机场一个月之久，致使世界各国往返欧洲的1.7万个航班被取消，经济损失总共达10亿欧元。与此同时，随着火山大雾降下了75年未遇的酸雨，对土壤和生物将造成持久的损害。

4月15日凌晨2点25分，中国青海省玉树藏族自治州发生了7.1级强烈地震，造成589人死亡，8000多人受伤，1.5万户房屋倒塌，10万户灾民需要安置，经济损失达8000多亿元。

4月20日，墨西哥海湾海底发生漏油，持续三四个月之久，对海洋生物和环境造成极大的破坏，经济损失高达800亿欧元。

4月23日，中国新疆发生30年未遇的强风暴，风力达到12级，真是地动山摇，造成了极大的破坏。

入夏以来，俄罗斯出现了近10个世纪未有的高温，莫斯科气温高达39℃，1100万莫斯科人受炙烤，平均日死亡700人。7月29日俄罗斯发生森林大火，26个泥岩着火点，554个森林被烧毁，过火面积达50多万公顷，1020万公顷粮食绝收，17个地区7000多人痛失家园，仅农业损失就达10亿美元。大火持续了一个多月，各国纷纷援救，莫斯科附近一个海军基地的200多架飞机被烧毁。据统计，经济损失将占全国GDP的1%。9月4日，森林大火死灰复燃，又有多人丧生。

5月3日，美国田纳西州、北达科他州和亚利桑那州先后发生洪灾，工厂被淹没，道路被冲毁，经济损失巨大。

今年的极端气候，导致北半球炎热，而南半球出现严寒。7月下旬以来，南美的秘鲁、阿根廷、巴拉圭、玻利维亚等国，出现了几十年未见的寒冬。自7月26日起，秘鲁出现了50多年未曾有过的严寒天气，气温达到零下23℃，几百人被冻死，秘鲁政府宣布全国进入紧急状态。

7月31日，巴基斯坦连降大雨，全国大部分地区洪水泛滥，30多万人受困，1540多人死亡，2088人受伤，全国2000多万人受灾，经济损失巨大。

8月7日23时许，甘肃省舟曲藏族自治县发生巨大泥石流，一个小时的大暴雨，降雨量达90多毫米。城关镇月圆村5公里长的区域被夷为平地，300多户村民被掩埋，近1500人死亡，经济损失达4亿人民币。9月2日，云南省保山又发生泥石流，已造成24人死亡，24人失踪，损失巨大。

据气象部门统计，我国今年的极端气候是百年不遇的。入夏以来，南方十余省市遭受暴雨袭击，而北方十余省市的高温炙烤，部分地区气温高达35℃～37℃，局部温度达到38℃～40℃。7月5日北京地表温度达到68.3℃，有人把鸡蛋磕破放在窨井盖上，3分钟后鸡蛋居然被煎熟了，真是骇人听闻。

9月4日，新西兰第二大城市克赖斯特彻奇发生7.4级强烈地震，使这个拥有40万人口的城市遭到了严重的破坏，经济损失高达10多亿美元。

仅仅从今年上半年发生在全球的灾害，足以说明极端天气发生越来越频繁，强度也越来越大，造成的危害性也越来越严重。据此，设在日内瓦的国际气象组织于8月20日发表声明指出："极端气候是全球变暖所致，未来会出现更多的极端气候事件，导致多灾多难。"

那么，是什么因素造成全球气候异常呢？也许，现在要准确回答这个问题为时过早，需要世界各国政府和科学家、气象工作者共同努力，采取切实有效的措施，揭开极端气候形成的原因，并遏制极端气候的发生，尽可能地减少人民生命财产的损失。

不过，从现有的资料来看，之所以有极端气候的频发，既有人类自身的问题，也有宇宙变化的影响。人是万物之灵，有着巨大的创造力量，但是人类如果不遏制自己的某些行为，使其创造力向着造福人类的方向发展，就可能对环境生态造成极大的破坏。例如，一些国家追求经济利益，过度开发，无节制地填海和填湖，导致湿地面积锐减，破坏了自然生态的平衡；各国高耗能工业，排放出大量的二氧化碳，造成了温室效应；某些国家搞地下核试验，发射各类导弹试验，开展各种军事演习等，都在不同程度上破坏了环境生态，进而导致气候异常。总之，人类正在因为自己的愚蠢行为遭到报复，从某种意义上说，人类也是导致极端气候的罪魁祸首之一。

从宇宙的变化来看，有的研究者提出："喷射气流异常是罪魁祸首。"喷射气流是离地球7到12万公里的一种由西向东绕地球急速进行的气流，但7月中旬就停止了，于是造成了极端气候。也有的科学家认为："有一些暂时的证据表明：太阳可能在其中（指极端气候）发挥了作用。"最近，葡萄牙里斯本大学的研究人员分析了自1948年到2008年威尼斯海平面的数据，他们发现，当太阳黑子增多，即太阳释放出更多能量时，威尼斯发生洪水的次数就会翻一番。这项研究非常重要，不仅揭开了威尼斯水患之谜，而且有助于控制暴发洪水的风险。

很显然，太阳也是一把双刃剑，它既可以造福人类，所谓的"万物生长靠太阳"就是最集中的反映。同时，太阳的黑子、磁暴、太阳风和紫外线等，对地球上的生物也会造成破坏。因此，太阳究竟是不是极端气候的罪魁祸首，它在极端天气灾难中扮演什么角色，是非常值得观察和探究的。正是基于这种推论，中国、加拿大、美国和欧洲航天局准备联手研究和发射"夸父追日"卫星，我的长子刘维宁博士是加拿大航天局的首席科学家，他年初受中国科学院的邀请，将担任中国"夸父追日"卫星的首席科学家。据他介绍，夸父卫星的目的之一就是考察太阳活动及对地球的影响，这可能被认为是人类应对极端气候的重要对策之一。

霍金是著名的天文物理学家和宇宙学家，曾提出了黑洞辐射理论、奇性定理和无边界宇宙论，1988年荣获沃尔夫物理学奖。他先后在牛津和剑桥大学学习，于1965年获得博士学位。他在读书期间，21岁就患了肌肉萎缩侧性硬化症，医生断言活不过24岁，但他现在已经73岁了，虽然只能坐在轮椅上靠语言合成器发音，但他仍然在思考着宇宙的起源问题，真堪为一个颇具传奇的人物。2010 年 8 月 10 日，他接受《大思考网站》访谈时说：“我看到人类有极大的危险，人类正进入到历史上越来越危险的时代……地球上人口与有限资源的使用正在飞速地增长，而我们把整体环境变好或变坏的技术也不断提升。”他甚至预测，“我们在接下来的两个世纪避免灾难，人类能够移民到太空并获得安全。”作为一位杰出的科学家，霍金正确地预见到人类正处在危险之中，这无疑是十分高明的。但是，人类是否需要或能够移民到外星上去，这涉及许多科学技术问题，可能并没有现实意义。但是，人类如果要避免更大的灾难，必须要遏制自己的行为，同时要采取切实可行的科学对策，这才是万全之策！

创造精神永不死

2011年10月5日，是一个令世界悲怆的日子。就在这一天，美国苹果公司的创始人、前首席执行官斯蒂夫·乔布斯不幸病逝，享年56岁。噩耗传出，令全世界震惊，从联合国秘书长潘基文、美国总统奥巴马、英国首相卡梅伦等政要、世界各大公司总裁到普通民众，无不沉痛地悼念这位世界的幻想家、发明家和引领技术创新的巨人。乔布斯死讯公布后，立即在网上迅速地传播，推特网以每秒约1万条微博追思，成为最大微博事件，迄今为止尚没有对任何人的悼念能够达到如此悲痛的程度。甚至在国际空间站工作和生活的3名宇航员，还使用乔布斯发明的ipod听音乐，空间站指令长迈克·福萨姆从离地面360公里的轨道上，也对乔布斯的逝世发表了谈话，他说："乔布斯无疑是稀世之才，全世界都会怀念他。"乔布斯在中国也有很多"果粉"，他逝世后，寄托哀思的网上留言就有3500万条，可见人们对他崇敬有加！

乔布斯的一生，堪为一部创业精彩的教科书。他本是一个私生子，出生一周后被生母送给一对蓝领夫妇收养，条件是要让他接受良好的教育。他自幼聪明、顽皮、任性，19岁时进入位于俄勒冈波特兰市的里德学院，它虽然不是一所著名的大学，但也是一所有100多年历史的私立文理学院。可是，六个月以后，他主动退学了，用他的话说："我看不到大学的价值所在。"他相信船到桥头自然直。在人生迷茫之际，于1974年与同学一起到印度学佛，参禅打坐，拜访禅师，寻找佛性的顿悟。他很珍惜这一段经历，自称是他一生中"迷幻的经历"。回国后，他一直信奉佛教，坚持参禅打坐，躲开尘世的喧嚣，避开事务的烦扰，感悟问题的本质，开启心灵直觉。总之，乔布斯的思想、行为方式颇受佛教的影响，他通过佛教的顿悟寻找创意的灵感。

从印度回到加州，他与高中同学斯蒂夫·盖瑞·沃兹尼亚克组织了一个"电脑兴趣俱乐部"。这个组织就犹如当年爱因斯坦的奥林匹亚研究院一样，是一个发明创造的温床。乔布斯的灵感是从哪里来的呢？原来电脑发明之初，是一个庞然大物，只能在国防和大的科研单位存放和使用。于是他突发奇想："如果电脑像电灯泡和电话机一样普及到千家万户，那么电脑就将改变世界。"1976年乔布斯刚满21岁，他勇敢地迈出了创业的第一步，与沃兹尼亚克合作创办了苹果公司，先后成功地研制出了Apple—Ⅰ和Apple—Ⅱ，Apple—Ⅰ的出现，苹果公司与IBM公司宣布了个人电脑时代已经来临，而Apple—Ⅱ则是电脑发展史上的里程碑，用乔布斯的话说是，打造21世纪人类的"自行车"。1983年乔布斯获得里根总统授予的国家级技术勋章，充分肯定了他对个人电脑开发所做的划时代的贡献。

1980年，苹果公司的股票上市，当年就轻而易举地融资到101亿美元，28岁的乔布斯成为当时美国最富有的40人中最年轻的一个，公司股票升值达到243倍。当年苹果公司造就了300个百万富翁，比世界上任何一个公司造就的富豪都多。为了公司更大的发展，他把约翰·斯卡利从百事可乐公司高管招至麾下，并担任了苹果公司的首席执行官。可是，斯卡利管束不了乔布斯，于是斯卡利通过董事会将苹果公司的创始人赶出了苹果公司，从而成为世界企业界最为荒唐的决策之一。

经过了10年的低谷，苹果公司摇摇欲坠，乔布斯重新回到了苹果公司。王者归来，受到了英雄般的欢迎，乔布斯没有赌气，而是重整苹果公司。经过他精心地打理，开发出了macintoshi、ipad、ipod、itunes store、iPhone、imac等新产品，公司迅速扭亏为盈，员工发展到12000人，到2011年，苹果公司的市值达到3370亿美元，一举超过百年老店埃克森石油公司，成为全球市值最高的公司。事业上的成功，也给乔布斯带来了一系列荣誉，如1997年《时代》周刊封面人物，2007年被《财富》杂志评为最伟大的商人，2009年被《财富》评为美国最佳的CEO，2009年被《时代》周刊评为年度风云人物之一……与此同时，各种桂冠也蜂拥而至，如"商界的贝多芬"，"IT行业的拿破仑"，"创新教父"，"创新狂人"，"理想战士"，"与癌魔抗争的角斗士"……这一切荣誉和赞颂，都是名至实归的，是他天才的创新能力的表现。就在他与癌魔作抗争期间，他自知来日不多了，还在思考苹果公司新产品的开发，他至少为苹果公司设计了未来4年新产品的开发与升级，这该是多么执着的敬业精神啊！

可惜，这位堪与亨利·福特和托马斯·爱迪生比肩的发明家仅仅活了56

个春秋，如果他能够再活 20 年，他对人类的贡献将会是多么巨大呀！在乔布斯逝世后，他早年的合作者沃兹尼亚克悲痛地说："乔布斯的去世，就好比我们失去了再也找不回来的东西。"是的，乔布斯走了，他终于永远地走了，这不仅是美国的损失，也是全世界新技术的损失。然而，他的创造精神却是不会死亡的，它是"苹果"的根基，由他培育的苹果公司的人，会将他的精神和作风传承下去。深受乔布斯精神感染的苹果公司员工，他们都很自信，用他们的话说："相信一个人，一张桌子，一台电脑，就能够改变世界！"

乔布斯的人生信条是："活着就是为了改变世界"，"如果你把每一天都当作生命的最后一天，总有一天你的假设会成为现实"。应该说，他实现了自己的诺言，个人电脑的大普及深刻地改变了人们的思维、工作和生活方式。乔布斯发明和开发出的平板电脑、数字音乐和智能手机，从而建立了这三个行业的新秩序。这些数字技术的广泛应用，使世界发生了前所未有的变化。

由乔布斯开创的时代，已经成为一种生活时尚，成为一种文化符号。我们在悼念乔布斯，就是要学习他生前创业中所体现出的宝贵精神。我是研究创造教育的，试图从创造学的角度，把他的精神归纳为以下几点：

首先是"极客"精神，其核心是好奇心。"极客"一词是来自美国俚语 geek，一般理解为性格古怪的人。在很长的时间内，西方文化对 geek 的意思一直偏向鄙意。在 20 世纪 70 年代 PC 革命初期，以 geek 来形容一些思想自由和离经叛道的计算机嬉皮士的形象。在硅谷早期，geek 特指那些有极高技术能力和对计算机以及虚拟世界无比痴迷的天才和鬼才。乔布斯正是这个时期出现的极客代表之一，正是这种极客精神，才导致了 Apple－Ⅰ和 Apple－Ⅱ的诞生。现在，geek 的意思已经发生了变化，泛指一批精英文化群，一些爱标新立异和崇尚新事物的人。很难设想，如果没有对完美的疯狂追求和忘我的执着，怎么可能有苹果公司辉煌的今天呢？因此，极客精神也就是完美主义者或理想主义者的价值观，也是从事创造所需要的一种精神。

其次是叛逆和特立独行的精神，它是苹果公司的文化滥觞。人们奇怪地问道：苹果公司的诸多新产品究竟是怎样开发出来的？有时候，发明创造并不总是决定于技术，而是来自于新奇古怪的创意。由乔布斯确立的企业文化核心是：总是要做第一的，最新潮的，做前人没有做过的，唯有如此，才能引领新技术的潮流。这正如乔布斯告诫公司员工所说的："必须找到自己钟爱的"，

“总是尝试新的东西”，“进行自己的发明创造，不在乎别人怎么说”。

再次是追求简约，专注保证成功。我们从苹果公司所创造的产品可以看到一个鲜明的特点，就是简约化。可是，简约并不简单，简约是创造性智慧的体现，简约是最美丽的。关于这一点，我们可以从第一款手机的诞生到iPhone的发明，来了解简约所带来的革命性的变化。1973年4月3日，马丁·库帕(Mading Cooper，1936—）发明了第一款手机，重量有1.13公斤，充电需要24小时，仅仅只有通话的单一功能。然而，现在的iPhone却集移动电话、触摸宽屏、网页浏览、电子邮件、照相等功能于一体，从而开创了移动设备尖端功能的新纪元。这使我想起达·芬奇的名言：“简单就是终极的美，美就是除去多余的部分。”从这个意义上说，创造力是无所不能的，它既给我们带来物质产品的享受，又使我们欣赏到创造之美！

乔布斯逝世后，中国提出了呼唤乔布斯式的创新人才，这无疑是建设创新型国家的关键。但是，中国僵化的传统文化和政治体制沉淀太深厚了，这是阻碍我国乔布斯式人才成长的根本原因。例如，文凭至上主义，名不正言不顺，反对异想天开，胜者英雄败者寇，评头论足，明哲保身，不敢冒险，不求有功但求无过……这些都是束缚中国人创造性的紧箍咒，是窒息中国人创造性的“精神鸦片”，所以中国就出不了斯蒂夫·乔布斯、比尔·盖茨、马克·朱克伯格、拉里·佩奇、谢尔盖·布林等杰出的创造性人才。

在悼念乔布斯时，我们应当深刻地反思，采取有效的措施，让创造性人才脱颖而出。当前，我认为应当从三个方面进行改革：首先是大力宣传和推行创造教育，特别是改革基础教育，要把广大的少年儿童从正襟危坐和循规蹈矩的知识灌输式教育解放出来，解放他们的好奇心和想象力；其次是摒弃意识形态教条的禁锢，营造民主、自由、宽松的研究和创业环境；再次是要改革数千年僵化传统文化的积弊，要进行一场规模宏大的启蒙教育，革除诸多阻碍从事发明创造的劣根性。我想只有在这样的前提下，经过持久不懈地努力，本具有聪明和勤劳的中国人的创造潜能才能迸发出来！

（本文发表于《学习月刊》2011年第11期）

杞人忧天天未坠

2012年是一个注定引起人们关注的年份，因为古玛雅人预言这一年12月21日是世界末日。于是，人们议论纷纷，虽然各方面的科学家们都出面澄清，世界末日纯属无稽之谈，但有些人心中未免还是有几分纠结。按常理谣言止于智者，而流行于愚者，因此相信者也大有人在，其中不乏惊恐万状的人。法国有一座山叫布加拉什山，被某些人称作是“世界末日山”，山中的外星人准备了宇宙飞船，能够把在那里避难的人带到安全地带。也有人准备打造新“诺亚方舟”，用以挽救人类毁灭。我国四川成都市，出现了哄抢火柴、蜡烛、矿泉水，以备太阳熄灭时之用；还有一些人惊慌地写遗书，捐出遗产，放末日假；美国一个开发商准备建造地下14层的“末日豪宅”，等等。

在这些所谓的应对世界末日的活动中，有愚昧无知者，有唯利是图的商人，也有邪教组织的人兴风作浪。发源于我国东北的邪教“全能神”，就是一个利用世界末日搞破坏的组织，在过去20年间，该组织由北向南方发展，居然拥有100多万的信徒。为了维护社会安定，防止好人上当受骗，我国司法部门对“全能神”组织采取了必要的措施，给予取缔和打击。

其实，关于世界末日的流传，并非始于今日，全世界出版有关世界末日的图书就有5000本，还有众多的网站开展关于世界末日的探讨。因此，传说世界末日的历史与人类的历史一样久远。杞人忧天是家喻户晓的成语，它是春秋战国时期的故事，相传已2500多年了。其实，与杞人忧天相类似的传说在世界各国也都屡见不鲜，只是说法不同而已。

世界最早关于世界末日的臆想，是中东两河流域的亚述人，通过考古发掘的泥碑上记述着：“我们的地球今后将衰落。种种迹象表明，地球将迅速走向灭亡，贿赂和腐败相当普遍。”这是2800多年以前的事，与我国杞人忧天故事发生在差不多同一时间。在过去的几个世纪中，有关世界末日的预言层出不穷，例如“上帝的审判”、“火的审判”、“冰的审判”、“千年虫的审判”、“十字连星灾难”、“黑洞灾难”等。与此同时，有关世界末日的理论也各式各样，如太阳氘核聚变耗尽说、小行星撞击地球说、瘟疫大流行说等。但是，所有关于世界末日的预言，一次又一次地不攻自破了，杞人忧的天经历了2500多年也没有坠下来。

人们记忆犹新的是最近十多年，就有两次世界末日的流传，一次是20世纪70年代日本人五岛勉写的《1999年人类大劫——诺查丹马斯恐怖大预言》，这一年的8月18日，他根据九大行星连接成十字架，地球正好处于中心，于是他断定这一天就是世界末日。可是，这一天已经过去12年了，地球上60多亿人照常生活着。十字连星是一种天体运行的自然现象，历史上曾经也有过类似的现象，上一次发生在11世纪。但是，地球一直围绕着太阳照样运转，人们生活如常，太阳没有熄灭，地球也没有毁灭。再一次，就古玛雅人预言的2012年12月21日，又是世界末日，可是古玛雅人在他们预言世界末日之前早已绝迹。以至于，现在居住在墨西哥、危地马拉的玛雅人后裔出面澄清，世界末日并不是指世界的毁灭，而是指一个新世纪的来临。有些研究玛雅文化的学者也指出，所谓玛雅历法预言的世界末日，是对玛雅文化的误解。

客观地说，关于世界末日预言的不仅仅是神学家、占星师和巫师，也有作家、科学家、气象学家和天文学家等，他们都是怀有一定的目的，用不同的方法、从不同的角度来预测宇宙的变化。邪教和巫师的臆想自然是不可信的，但是各类科学家们从宇宙变化的角度的各种预言，又不能不引起人们的重视。人们应当居安思危，在开发自然资源和征服宇宙时，千万不能破坏人类生存的环境，因为科学技术也是一把双刃剑。

为什么人类会出现关于世界末日的预言呢？这是因为宇宙的无限性与人类认识的有限性之间的矛盾，是人们对生存恐惧和对终极关怀的诉求。宇宙中万事万物无不遵循着一定的客观规律变化着，而且有生也有死，有起始也有灭亡。从这种意义上说，地球迟早是不能居住的，而且毁灭是注定的，只是那是非常非常遥远的事。英国天体物理学家斯蒂芬·霍金曾发出警告，人类如果要想生存下去，在未来的200年内，必须移民到其他星球上去。最近，美国加州理工学院研究天体行星的专家大卫·史蒂文森发表了一个惊人的想法，提出发射一艘无人飞船往返于地球和半人马座星，因为该星是离地球最近的邻居。但是，他对此又不抱任何信心，因为人们会“望钱生畏”，从而丧失了人类应对威胁自身安全的对策。

据科学家们的综合评估，太阳已经46亿岁了，还可以继续燃烧50亿年。此后，太阳内部的氢燃烧已尽，氘的核聚变将停止，太阳将失去热和光，也许那时真的将出现世界末日。但是，早期人类只存在了500万到150万年，只相当于太阳未来50亿年的千万分之一。对于一个人的一生来说，简直是可以忽略不计的，因此人们完全用不着担心天会塌下来，世界末日也许会比人类生存的历史更为遥远的将来。

但是，无论是杞人忧天或是世界末日，倒是对人类有着警示作用。从长远来看，人类应当着手研究茫茫宇宙中天体的变化，如黑洞、太阳风、磁暴、暗物质、行星撞击地球等。科学家们应当采取各种措施，以应对宇宙中一切急剧的变化，如中国空间中心准备发射的“夸父追日”卫星，就是监测太阳的各种突变对地球造成的不利影响。又如，加强对彗星和其他行星运行规律的测试，采取一切措施防止它们撞击地球的可能性。总之，有备无患，把危险降低到最小的程度，使人类的安全得到更好的保障，这也许是人们能够做得到的。从近期来看，人类在开发资源和建立厂矿企业时，一定不能破坏人类生存的环境，因为这是人类唯一栖居的家园。当今地球已经伤痕累累，我们采取各种措施，也许会起到亡羊补牢未为晚矣的作用！

一则误报的讣告催生了诺贝尔奖

阿尔弗雷德·诺贝尔是瑞典著名的化学家、发明家和资本家，他因为发明了一系列的炸药而闻名，被称为“炸药大王”。他只接受过一年的学校教育，但却成为杰出的化学家、发明家；他虽然已是成功的化学家，但他却挚爱文学，喜欢写诗，梦想成为“雪莱式”的诗人；他拥有价值连城的财富，但生活并不幸福；他渴望爱情，却终身未娶；他出生于瑞典，却长期在欧洲多个国家居住，从事研究并逝世于意大利，被称为欧洲的公民。他的人生是绚丽多彩的，从多个层面显示了他的才华，也披露出他的内心世界。他的名字举世皆知，仅就诺贝尔奖对世界科学发展的贡献和影响，就无人能够望其项背。

他是19世纪集发明家和资本家于一身的杰出人物。他致力于应用化学研究、生物、医学和机械方面的研究，一生在多国申请的专利多达355项。在瑞典、挪威、法国、俄罗斯、奥地利、意大利、英格兰、苏格兰、芬兰等国，开办了100多家公司和工厂。他到底拥有多少财富？恐怕连他自己也说不清楚，他于1896年不幸病逝。大约用了4年的时间清算，于1900年公布了他的遗产总共为3200万瑞典克朗（约合920万美元）。这不仅在当时是一笔巨额资产，即使在现在也是相当可观的财富。

1888年，正值他55岁的时候，他的哥哥路德维希·诺贝尔因心脏病逝世。可是，法国一家报纸却以为是“炸药大王”逝世了，特地发布了阿尔弗雷德·诺贝尔逝世的讣告。讣告说：“‘死亡商人’，一代军火商，诺贝尔教授昨天过世了，他因发明了更快的方法杀死更多的人而致富。他一生都在发明新式方法毁灭和灭绝生灵。”诺贝尔看到后惊呆了，方知人们如此憎恨自己。他自认为是一个理想主义者，是热爱和平、珍视荣誉和体面的人。这是一个悖论，在他追求高尚的人格与发明炸药造成的危害之间，显得多么的不协调啊！

恰在这时，投身于和平运动的法国作家伯塔·茨特娜出版了她的小说《丢掉武器》，揭露和谴责战争。诺贝尔读过这本书以后，急于要与茨特娜就和平问题进行一次谈话，他们终于在瑞士和平大会上见面了，并就和平的问题推心置腹地交换了意见。诺贝尔向苶特娜解释说："我并不是为了制造武器才去发明炸药，而是希望炸药能够捍卫和平。"从这个时候起，诺贝尔开始在内心里暗暗考虑，准备在死后把部分财产作为奖金，以奖给为促进世界和平的人们。后来，他在给苶特娜的信中又重申了这一承诺。这就是他设立诺贝尔奖最早的想法，也是他对发明炸药造成危害的一种忏悔。

诺贝尔自幼体质虚弱，经常感冒、发烧，成年以后一直为科学发明四处奔波，常年都是在实验室中度过的。再加之他孑然一身，积劳成疾，于1896年12月10日凌晨2时因脑出血逝世于意大利圣雷莫，享年63岁。

诺贝尔在生命的最后几年，自知来日不多，于是他先后立下3份遗嘱，最后确认以第三份遗嘱为准，与前两份不同之处是取消了赠送亲友的部分，将自己的全部财产用于设立奖励基金。现将他最后的遗嘱附录于后：

> 签名人阿尔弗雷德·诺贝尔，在经过成熟的考虑之后，就此宣布关于我身后可能留下的财产的最后遗嘱如下：
>
> 我所留下的全部可变换为现金的财产，将以下列方式予以处理：这份资本由我的执行者投资于安全的证券方面，并将构成一种基金：它的利息将每年以奖金的形式，分给那些在前一年里曾赋予人类最大利益的人。上述利息将平分为5份，其分配办法如下：一份给在物理方面做出最重要发现和发明的人；一份给做出过最重要的化学发现或改进的人；一份给在生理或医学领域做出过最重要发现的人；一份给在文学方面曾创作出有理想倾向的最杰出作品的人；一份给在曾为促进国家之间的友好、为废除或裁减常备军队以及为举行和平会议做出最大或最好工作的人。物理和化学奖，将由瑞典皇家科学院授予；生理学或医学奖由在斯德哥尔摩的卡罗林医学院授予；文学奖由在斯德哥尔摩的瑞典文学院授予；和平奖由挪威议会选出的一个五人委员会来授予。我的明确愿望是，在颁奖的时候，对于授奖人的国籍丝毫不予考虑，不管他是不是斯堪的纳维亚人，只要他值得，就应该授予该奖。
>
> 我在此声明，这样授奖是我迫切的愿望。

这是我唯一有效的遗嘱。在我死后，若发现以前任何有关财产处理的遗嘱，一概作废。

阿尔弗雷德·伯哈德·诺贝尔

1895 年 11 月 27 日

这份遗嘱于 1897 年 1 月由瑞典报纸公布，1898 年 5 月 21 日瑞典国王宣布诺贝尔遗嘱生效。根据诺贝尔的遗嘱，瑞典政府于 1900 年 6 月 29 日，正式批准设置诺贝尔基金会，同一天瑞典国会通过了诺贝尔基金会的章程。这就意味着设立诺贝尔奖已走完了必要的程序。但是，实际上这个程序并不是一帆风顺的，质疑、反对的声音也不绝于耳，他的亲属也要争夺这份遗产，再加之遗嘱法律上的某些缺陷，几乎就有流产的可能。

诺贝尔在逝世之前，指定了两名土木工程师索尔曼和利烈克维斯特作为遗嘱执行人，在律师卡尔·林哈根的支持下，他们坚持不懈地努力，排除了各种阻力，终于使诺贝尔奖奖金正式启动了。1901 年 12 月 10 日是诺贝尔逝世 5 周年，第一届诺贝尔奖就在这一天颁奖，他的遗愿得以实现，这是对一位毕生贡献给了科学事业的伟大科学家的最好纪念。首届获奖的五人分别是：德国物理学家威廉·伦琴因发现了 X 射线而获得物理学奖；荷兰化学家雅克布斯·范特霍夫因发明了渗透压定律而获得化学奖；德国 E. V. 贝林因发现血清治疗白喉和破伤风而获得生理或医学奖；法国作家苏利·普吕多姆的《孤独与深思》获得文学奖；瑞士的琼·亨利·杜南（创办红十字会）和法国弗里德里克·帕西（创办国际和平联盟）获得和平奖。

自 1901 年到 2014 年的 113 年中，除了因为战争被迫停止以外，总共有 886 个诺贝尔奖得主，有 22 个机构获奖。其中，有 54 个国家的人获得过诺贝尔奖，获奖的美国公民多达 365 人，这与美国重视基础研究和科研经费充足是密切相连的。获奖者年龄最大的 90 岁，最小的 17 岁，平均年龄为 59 岁。男性获奖者 817 人，女性 47 人，分别占 94.7%和 5.3%。

那么，诺贝尔奖的设立究竟有什么重大意义呢？首先是激励广大的科学家从事发明创造，以寻求万事万物的奥秘。科学研究当然不是为了获奖，但能够获得世界最高荣誉的诺贝尔奖，对于获奖者毕竟是一种荣誉和奖掖。目前，全世界颁发的各种奖项总共 6000 多种，但奖励面最广、奖金最丰厚和颁奖最隆重、影响最大的莫过于诺贝尔奖。因此，能够获得诺贝尔奖的人，是对他们首创性研究成果的认同，是一种无上的荣光。事实上，那些为数不多的获奖者，成了广大科学工作者们的榜样，激励他们在寻求科学真理的道路上勇敢地攀登。

其次，诺贝尔已经成为全世界青少年们的偶像，激励他们从小树立爱科学、学科学和献身科学的精神。在世界不少国家里，都以诺贝尔奖为典范，设立了奖励青少年的各种奖项。如美国的西屋天才奖，该奖于 1942 年由西屋电力服务公司创建，是美国影响最大的中学生发明奖。每年通过竞赛，择优奖励 10 名左右最富有创意成果的学生，涉及的学科涵盖自然科学、工程技术、社会和行为科学。1998 年开始，由英特尔公司接管，并冠名英特尔天才奖。这个奖项有“小诺贝尔奖”之称，60 多年以来，有近千人获得这个奖励，其中涌现出了不少杰出的人才，后来至少有 7 个人分别获得了三大科学领域的诺贝尔奖。

再次，诺贝尔奖极大地推动了科学技术领域“哥白尼式”的连锁革命。本来，诺贝尔奖重视的是基础科学领域的原创性的重大成果，对应用性的成果是不屑一顾的，这是纯数学被排斥在诺贝尔奖之外的原因之一。但是，科学与技术是密切相连的，基础科学的重大突破，往往在技术领域里产生“哥白尼式”的连锁革命。梁启超先生是中国近代史上的思想启蒙家，他在《学与术》一文中深刻指出：“学者也，观察事物而发明真理者也；术者也，取所发明之真理而致诸用者也。概括地说，学者术之体，术者学之用。”梁启超先生是我国分疏学与术的第一人，他的见解独到而深刻，也印证了诺贝尔奖评选的重要原则，专注于基础研究领域第一次重大突破性的发明成果。

一百多年以来，诺贝尔奖的提名、评选、公布和颁奖，都是很规范和成功的，保密制度也极其严格。但是，错评、漏评的现象也偶有发生，也有个别人对诺贝尔奖不屑一顾，拒绝去斯德哥尔摩领奖。总的来说，诺贝尔的评选虽然存在某些不足，但瑕不掩瑜，它对推动科学技术的创新，以及促进国际之间的科学技术合作，都是无可代替的。应当说，绝大多数的获奖项目，如 X 射线、青霉素、集成电路、光纤、半导体晶体管等，在后来的实践中都得到了广泛的应用，既体现学术价值又产生了巨大的经济效益。

在众多的获奖项目中，至少有三大成果都引起了技术领域的“哥白尼式”的连锁革命。首先是原子核的裂变，这是由英国著名物理学家卢瑟福发现的，为此他获得了 1908 年的诺贝尔化学奖。他是继法拉第之后最伟大的实验物理学家，不仅创建了原子结构模型，而且还培养出了 14 位诺贝尔奖的获得者。由于发现了原子核的裂变，才导致了原子弹、氢弹、中子弹、核潜艇、宇宙飞船、原子能电站，以及在医学、农业等领域的广泛应用，显示了它连锁革命的效应。

其次是基因的发现，这是一项集前人之大成的重大成果。基因最早的概念是来自于格雷格尔·孟德尔，他认为生物性状的遗传是由基因所控制的。1909 年丹麦学者 W. L. 约翰逊提出基因一词，代替了孟德尔的因子，并形成了颗粒遗传学说。然而，因研究基因而获得诺贝尔奖的第一人却是德国生物化学家 A. 科瑟尔，他因在研究核酸的化学性质和化学组成的贡献，获得了 1910 年的诺贝尔生理或医学奖。从此，掀起了研究基因遗传的热潮，截至 2003 年止，因研究基因遗传的就有 51 人获得了诺贝尔奖，其中生理或医学的 44 人，化学奖 7 人。目前，人类基因图谱已经破解，基因重组、转基因研究、干细胞移植、抗衰老基因破解，人类大脑活动剖析，人类记忆开关，基因药物的研制与应用等，都取得了长足的进展，预示着生命科学时代的到来。

再次，对科学技术变革影响最大的应当是计算机和网络。可是，迄今为止尚没有获得诺贝尔奖的计算机方面的科学家。这是一个巨大的遗憾，是因为诺贝尔的遗嘱缺陷所造成的。阿兰·图灵被称为是计算机科学之父和人工智能之父，他完全有资格获得诺贝尔奖，可是在诺贝尔的遗嘱中，既没有数学奖，也没有人工智能奖，这就使得对当今世界科学技术和经济社会影响最大的领域被排斥在外。也许是为了弥补这个遗憾，美国计算机协会于 1966 年设立了图灵奖，被称为计算机领域的诺贝尔奖，这是对这位天才的科学家的最好纪念。截至到 2013 年，共评选了 47 届图灵奖，59 人获得了计算机界的“诺贝尔奖”。如果诺贝尔当年看到计算机及其网络如此深刻地影响世界，他一定会欣然同意把计算机和人工智能增补到奖励项目之中，使得诺贝尔奖更全面和更具时代精神！

世界上没有十全十美的事物，我们没有理由以当今的科学技术水准，去研判 19 世纪末的一份遗嘱，也没有必要责备诺贝尔奖的缺憾。作为理想主义者的诺贝尔，他无畏献身科学的精神，无私捐出全部资产的伟大胸怀，已经为世人树立了一座丰碑。我们要将诺贝尔精神发扬光大，迎接当代各种危机提出的挑战，以最大的智慧和创造性的成果化解人类面临的危机，应对和避免危及人类生存事件的发生，维护自然生态和人类的安全，让人类的文明永远传承下去！

（本文发表于《领导科学论坛》2015 年第 4 期）

人类应当怎样应对奇点的迫近

许多人可能对“奇点”一词感到陌生，其实我们在教科书或是日常生活中，都接触过它的近义词临界点或者极限点。比如，哲学上宇宙演化的起点是奇点，物理学上的绝对零度、零电阻点都是奇点；化学中的冰点和沸点等也是奇点。人的体温的临界点分别是14.2℃和46.5℃，而忍耐环境温度的临界点是116℃。宇宙中的万事万物无不处于变化之中，既然有变化就有变化的临界点，所以临界点现象是普遍存在的。不过，由美国天才预言家雷·库兹韦尔提出的奇点，别有一番新的含义，这是他的首创，我们姑且称为“库兹韦尔点”。

雷·库兹韦尔是世界领先的发明家、思想家和预言家，他被美国诸多媒体誉为“永远不满足的天才”、“最终的思想机器”和爱迪生之后唯一有资格的继承人。他是美国国家技术奖章的获得者，曾先后三次获得美国总统奖，拥有十多个荣誉博士头衔。那么，他是怎样提出“奇点迫近”这个惊世骇俗的概念的呢？他用了20年的时间观测、追踪和记录历史发展的轨迹，以预测未来。2005他出版了《奇点迫近》（*The Singulairity near*）一书，立即引起了未来学界的轰动。在《纽约时报》的一个排行榜上，该书是当年被博客讨论最多的30本书之一。理论物理学家保罗·戴维斯评论说：“该书有令人欣喜的猜测，但也有一些领域所持有的大量疑点。”世界首富比尔·盖茨评价说：“他是我所认识的最优秀的人工智能预言家。”库兹韦尔于1990年出版了《灵魂机器的时代》，2006年又出版了《活得够长活得更幸福》一书，合称为他的三大代表作。

在这些书中，库兹韦尔大胆地预言：2027年电脑将全面超过人的大脑，2045年人类将进入技术奇点，生物人将不复存在，而替代的是人与机器人的结合体。21世纪人与机器难分彼此，人将不再是万物之灵，而电脑将比人脑有高一万倍的智能。机器不仅有智能，而且将具有灵魂，具有人的意识、情绪和欲望。在人的身体中，植入用生物工程和纳米技术制成的电脑芯片、人造器官，人的学习能力更强，有更灵敏的视觉和听觉，比现在的人更长寿……这一连串的预言，听起来简直是天方夜谭，是科幻小说的臆想。他还预言在技术奇点到来时，人类将进入“后人类”时代，就犹如由石器时代进入到现代的酷越一样。也许，正是因为这些非常大胆的预言，他被人们称为超级狂人，是“越界”之人。

但是，在研究了他的发明和预言的经历之后，我们又不能不佩服他的远见卓识。有人统计了他的预言准确率达到86%，这是非常了不起的。例如，他预计电脑将在1998年战胜国际象棋大师，结果提前在1997年就实现了他的预言。这一年，由美国IBM公司研制的“深蓝”，经过了8天的鏖战，以3.5∶2.5的比分，战胜了俄罗斯国际象棋超级大师卡斯帕罗夫，他曾经保持了12年国际象棋冠军的称号。这场博弈显示了电脑的高超智慧，令全世界感到震惊。这场胜利比库兹韦尔的预言还提前了一年，是他预言准确性的一个证明。

又如，20世纪最宏大的研究项目之一，是准备用15年的时间破译人类基因密码，绘出基因图谱。可是，直到1997年才有1%的被破译。于是，许多人质疑，以这样的速度根本不可能完成这项任务。然而，库兹韦尔却坚信，只要每年完成双倍的突破，从1%开始，7年之后就达到100%。结果呢？破译基因图谱完成的时间，与库兹韦尔预言的时间完全吻合。那么，他预言的准确性又是怎么来的呢？这是取决于他渊博的学识、极高的悟性和精确的判断力，这就是预言家所必须具有的特质。

进入21世纪以后，高技术的迅猛发展，给人们既带来了惊喜也增加了一些忧虑。于是，世界上不少的未来研究机构都在对未来进行预测。例如，美国英特尔公司研究院的未来学家布瑞恩曾预测：“未来的一件衣服、一张桌子和一支笔，都会成为电脑。”IBM公司与四所大学合作，致力于推动类人脑计算机时代的到来。英国牛津大学人类未来研究所（Future of Humannity Institute），是一个由数学家、科学家和哲学家组成的团队，他们来自不同的国家，研究的目标是未来人类在哪些情况下可能遭到无法抗御而整体绝灭，给人类带来灭顶之灾的最大危险有哪些？

该所所长尼克·博斯特罗姆说：“这件事情至关重要，如果决策失误，那21世纪可能就是人类在地球上存在的最后一个世纪。”英国剑桥大学天才理论物理学家史蒂芬·霍金也预言说：“除非我们能找到在宇宙中生存的方法，否则人类在1000年内终将灭绝。”这并非阴谋论，他认为地球已过于脆弱，无法再继续承受人类的摧残。2011 年，他又发出忠告："维持我们长期生存的唯一机会并非继续蹲守在地球上，而在于地球之外的宇宙探索。"

从历史发展来看，有些预言是兑现了，也有一些预言落空了。但是，在对待威胁到人类生存的预言上，我们应当抱着十分警觉的态度，宁可信其有，不可信其无。这是因为信其有就会严肃认真地对待，有备无患；如果信其无，就会麻痹大意，一旦危机到来，那就会毁于一旦，一切都无法挽回。

那么，人类应当怎样应对"技术奇点"的迫近呢？这个涉及人类共同命运的大问题，必须以全人类的智慧和力量来应对，既需要有超越传统思维的想象力，又需要把这些设想付诸实践。为此，必须从以下几个方面做起：

首先是立即行动起来，拯救人类赖以生存的地球。就目前所知，迄今地球是唯一适宜生物生存之地。但是，令人悲哀的是，人们现在已经吃不到无污染的食品，喝不到干净的水，呼吸不到清新的空气，也看不到蔚蓝色的天空。这一切都是过度工业化造成的恶果，森林遭到肆意砍伐，江河湖泊受到严重污染，矿山被过度开发，工厂排出的废物严重地恶化了环境，导致灾难性的气候频频发生。正如霍金所指出的："地球已过于脆弱，无法继续承受人类的摧残。"

面对伤痕累累的地球，濒临绝灭的动植物在哀鸣，难道我们还能无动于衷吗？近 30 多年，联合国各会员国通过谈判、拖延、妥协通过了一系列公约或协议，如《外星空间条约》《保护臭氧层维也纳公约》《联合国海洋公约》《生物多样性公约》《联合国气候变化框架公约》（即《东京议定书》），等等。但是，由于每个国家都是民族利己主义者，执行这些公约是打折扣的，致使改善环境的问题不能得到落实。因此，急需以联合国的名义制定《拯救地球宣言》，各个会员国不得讨价还价，强制执行，违抗者科以重罚。

其次是严格遵守科学伦理道德，开发新技术需要受到法律的监控。人是万物之灵，在开发新技术中，必须要限制在人的可控制范围之内，任何亵渎人的尊严的研究，都是违背人的伦理道德的，都必须予以取缔。例如关于克隆人的研究、干细胞移植的研究，都必须遵照人的伦理道德。人们最担心的是人工智能的研究，担心电脑超过人脑。在这个问题上，也必须遵循一个重要的原则，电脑只能成为人的帮手，一些威胁到人的安全的研究，是绝不允许的，这也是对人类尊严的冒犯。在杀伤武器的研制与生产上，也必须制定国际公约。

被称为世界枪王的米哈伊尔·卡拉什尼科夫于 2013 年逝世，享年 94 岁，他在临终前给莫斯科东正教大牧首写信忏悔说：“我一直备受内心痛楚的煎熬，困扰我的是一个无解的问题：我发明的 AK－47 突击式步枪令不少人丧命。这就是说，身为农民的儿子、东正教徒，我应对生命的陨落承担责任，哪怕是敌人。”这是良心的忏悔，是理智战胜了战争的狂热。现在，世界范围内各地区的冲突越来越频繁，解决这些冲突绝不能剥夺人的生存权利，哪怕他是敌人。战争的破坏性极大，不仅杀戮生灵，而且对环境造成极大的破坏。这就应当引起人们的反思，必须以和平的或非致命的手段解决冲突。各国都必须销毁一切杀伤性的武器，包括原子弹、氢弹、导弹、坦克、装甲车、大炮、轰炸机……为此，全世界必须行动起来，用一切手段结束杀戮，维护自然界环境，保障人类的安全。

再次是加快对外星空间的探索，在搜索外星生命的同时，要为人类移民外星寻找出路。霍金预言：“人类如果想一直延续下去，就必须移民到火星或其他星球，而地球迟早是会灭亡的。”从客观事物发展规律来看，宇宙万事万物有始必有终，因此地球终有一天会毁灭的，虽然我们不知道这一天何时到来，但人类必须做好准备，这才是万全之策。欣喜的是，人类在探索外星空间方面已经取得了某些进展，人类的足迹已经踏上了月球，火星车也多次登陆这个红色的星球，并进行了许多有益的探测。在移民外星方面，火星自然是第一候选者。美国宇宙探索技术公司已经制定了移民火星的计划，简称为 Space X，预计 2030 年送首批移民到达火星。该项目创始人埃隆·马斯克对外宣布，保证安全，价格低廉（约 200 万美元）。荷兰一家非营利机构，也在为移民火星做准备，已经在全球征集到 7.8 万志愿者。

但是，移民火星绝非轻而易举的事，宜居的条件是改造火星，以适应人类生存最起码的条件。这又是非一日之功，要克服气温低、氧气不足和烟雾、毒气的困扰。但是，只要回顾人类由洪荒进化到今天的文明经历了怎样的磨难，便应该对未来充满希望。他们居住洞穴，茹毛饮血，以树皮、兽皮御寒，驯化动物，筛选和种植可食用的植物；他们前赴后继，经过一代又一代地探寻，才逐步进化到现代的文明。可想而知，移民外星，实现人类一万年的梦想，需要付出更大的代价，又该会有多少殉道者？但是，只要有亿亿万分之一的可能，人类就不应该放弃，即便到达外星的只是一只“诺亚方舟”，只要人种不灭，那么就有沿袭人类文明的希望！

应当从雾霾灾害中吸取教训

雾霾一词，过去基本上没有听说过，显然是一个新词汇。出于好奇，我特地查了《现代汉语词典》《辞海》和新编权威的《汉语大词典》等工具书，都没有“雾霾”一词。由此可见，它是一个与时俱进的新词汇，由雾与霾组合而成。与此同时，一个衡量空气质量标准的PM2.5的标志，也头一次披露在国人面前。

然而，早在1987年美国就开始检测空气中的颗粒悬浮物，并于1997年制定了PM2.5标准，后被国际卫生组织（WHO）确定为国际标准，规定PM2.5＜10为安全标准，其含义是每立方米空气中直径小于25微米颗粒悬浮物的含量不得超过10微克。然而，2013年1月份，北京空气中的PM2.5竟然高达1000，超过安全值的100倍。迫于形势的压力，我国气象部门于2013年1月28日，才开始预报空气中雾霾的指数，而北京市气象局一周内先后发出了4次雾霾预警。由此可见，雾霾的危害日益严重，一个时期以来，雾霾逐步由华北几省蔓延至全国各地，人们似有雾霾恐惧症，不少儿童和老人都戴上了防霾的口罩。商人的嗅觉是十分灵敏的，乘机推销“防霾”口罩，到底有没有效果，真是天知道！

雾是常见的自然现象，人们都司空见惯了，它是由水蒸气凝聚的微小的水滴或是水晶组成的，大多发生在湿度大和气温低的秋冬季。霾也称作灰霾、烟霾、阴霾等，它的形成是由空中的水蒸气与飘浮于空中的颗粒物混合而成，雾是霾的载体，而霾纯粹是环境污染而人为造成的。一般来说，霾的成分多以灰尘、汽车排放的尾气、硫酸盐、硝酸盐等颗粒物。这些直径小于2.5微米的颗粒物，极易吸入人体肺部，对呼吸道及肺部都会造成危害，引起呼吸道的疾病。据报道，2010年北京和上海因PM2.5致死的人数分别为2349和2980人。而当年这两地因交通事故死亡的人数分别是974和1009人，后者仅为PM2.5致死人数的三分之一。可见，雾霾的危害性是十分严重的，必须引起人们的高度重视，并采取切实有效的预防措施。

那么，雾霾中的“霾”又是从哪里来的呢？这个问题与国家经济发展有着密切的关系，开发资源发展经济，造福人民，这是无可非议的。但是，资源的开发必须要与保护环境相配套，绝不能以污染环境为代价。看来，我国的问题就在于经济发展速度与保护环境之间失去了平衡，为此我国付出了沉重的代价。从雾霾的成因分析，主要有三大行业对环境破坏很大：

首先是矿山的开发，使得尘粒大量扩散。在能源方面，我国依然还是以燃煤发电为主，2012 年燃煤发电居然还占 78.6%，而且还有小幅增长的趋势。基于能源的需要，我国煤炭生产也急剧增长，例如 1985 年煤炭发掘为 8 亿吨，到 2012 年高达 39 亿吨。然而，在煤炭的挖掘、运输、粉碎和燃烧的过程中，都伴随着大量的尘埃弥散，既影响了矿工的健康，也污染了环境。据报道，美国再生能源比例大幅上升，将逐步淘汰燃煤的火力发电厂，这就是我国与发达国家存在的巨大差距，我国应当进行技术改造。除了煤炭以外，铁矿石、稀有金属矿石、石英石、大理石等矿物的挖掘，对环境的破坏也很大。

其次是汽车行业，无论是汽车生产或是汽车的使用，都会对环境产生污染。我国现在有大型汽车生产厂家 61 家，美国是 3 家，德国是 7 家，韩国是 5 家，日本有 24 家。虽然中国现在汽车的产量居世界第一，但并不是汽车生产的强国，中国汽车大多都是引进西方国家的品牌，少有自主的品牌。我国现在机动车的保有量为 16671.33 万辆，其中汽车是 6222.18 万辆，摩托车是 8886 万辆，挂车是 9.06 万辆，拖拉机是 1463.38 万辆，其他机动车是 2.08 万辆。所有这些机动车都是以汽油或柴油为燃料的，排出一氧化碳、二氧化碳、硫化氢、氮氧化物、铅等污染物，严重污染环境。

中国是一个拥有 13 亿多的人口大国，本应当大力发展公共交通工具，不宜大量发展私人汽车。例如，日本既是汽车生产的大国，又是汽车生产的强国，但是日本不提倡私人使用汽车，因为日本国土面积狭窄，如果私人大量购车，势必造成城市交通拥挤不堪。我国香港居民很富有，但香港很少人使用私家车。但是，中国人有摆阔气的风气，都以拥有私家车为排场。现在各大城市堵车十分严重，首都北京被人们戏谑为“首堵”。很多大学的中青年教师都买了汽车，校园的道路都停满了，连人行道都停满了汽车，严重影响了人们的正常生活秩序。

再次是建筑业飞速发展，对环境的破坏亦十分严重。也有人说，中国就是一个大工地，到处都是施工现场。建筑业是以灰沙石为材料进行作业的，涉及矿山的开发、岩石的爆破、水泥生产、预制件的浇筑、水泥的搅拌和运输，每个工地都是尘埃飞扬。建筑业的飞速发展，是由于房地产开发商带动起来的。值得注意的是，建筑业的带动增速的重要引擎之一，是各级政府靠出卖地皮增加的财政收入，因为土地都是共有的。实际上，房地产开发就是政府与开发商联手敛钱的手段，政府官员们要提高 GDP 的政绩，而商人们要巨大的利润。我国房地产开发商完全以营利为目的，因为楼盘售价高得令人咋舌，所以大多数无房者买不起，结果购房成了囤积居奇的牟利手段。据统计，20 年以来我国商品房建起了 10000 万套，结果空置率达 23%，而北京、上海、天津、南京、杭州、苏州、太原等 7 城市的空置率高达 50%。例如靠行贿和非法经营致富的丁书苗（丁羽心）就拥有 374 套房产。

更值得注意的是，我国各地乱拆乱建现象十分严重，几十层的高楼大厦都敢爆破，甚至连十几万平方米的中苏友谊大厦也毁于瞬间。有些城市，整条街都被拆迁，有些广场建了又拆，拆了再建，反复施工。这些盲目的施工，不仅造成了巨大的浪费，而且也严重污染了环境。这些行为既是为了“面子”，也是为了追求增加 GDP 的需要，结果付出了惨重的代价。

总之，我国在经济发展中，有过度追求 GDP 的倾向，有求量不求质和重视发展忽视环境的偏向。在经济发展中，应当加强宏观管控，既要发展又要保护环境，既要数量更要提高经济效益。经济发展是为了造福于人民，而保护和治理好环境也必须把人民的生命安全放在头等地位，如果没有了宜居的环境，即使经济再发展，那又有何益呢？

臭氧层空洞的形成与危害

氧气是一种气体的化学元素，是地球上万物必需的养分，它与阳光和水构成生命存在的三个必不可缺的基本条件。长久以来，科学家们一直在探讨外星生命存在的可能性，其首要条件是考察是否有水或冰的存在，气层中是否含有氧气。由此可见，没有这三要素，生物是难于生存的，即使勉强出现了生命的痕迹，也是难于长期生存的。

在地球上，氧气分布极广，可以说到处都存在氧气。例如，地壳中含有48.6%的氧气（以氧化物存在），在大气中含有23%，在水中含有88.8%，人体中也含有65%的氧气。空气中的氧不断用于动物的新陈代谢，植物通过光合作用使二氧化碳转换为氧气，使氧气不断地产生循环，维持着各种生物的发育与生长。因此，无论是动物还是植物，一旦失去了氧气，都不能生存下去。

臭氧是氧气的同分异形体，为表示区别以 O_3 表示，它是德国化学家舍拜恩于 1840 年发现的，因为在电解硫酸时释放出一种淡蓝色有草腥味的气体，故名为臭氧。这种气体主要存在于离地面 20 到 50 公里的大气层中，故称为臭氧层。这种气体含量极少，每立方米空气中大约只有千万分之几微克。但是，它却起着保护地球的作用，防止太阳发出的紫外线对动植物的杀伤。人们都有一种常识，在雷雨天，会感觉空气特别清新，就是因为在雷电时产生了臭氧。在医疗上使用的臭氧，是利用臭氧发生器制造的，它主要用于消毒、杀菌、治疗颈肩和腰椎间盘突出等病，具有非常好的疗效。

然而，意想不到的是，这个被称为地球保护伞的臭氧层却遭到了破坏。这个重大的发现，是美国化学家罗兰兹和穆连于 1974 年首次提出的。自 20 世纪 70 年代末，科学家们每年春天在南极考察臭氧层，于 1994 年他们发现了迄今最大的臭氧层空洞，面积为 2400 万平方公里，相当于整个欧洲的版图。2014 年，美国航天局又发现南极臭氧层空洞的面积达到 2990 万平方公里，与北美洲面积相当。也就是说，国际社会虽然采取了某些措施，但不仅没有遏制对大气中臭氧层的破坏，反而使臭氧空洞的面积还在继续扩大，情况令人们忧虑。

那么，大气中臭氧层是怎样被破坏的呢？M·莫利纳是美国麻省理工学院的化学教授，他从小就是一个富有好奇心的人，喜欢做科学游戏。他对排放到大气中的化学物质产生了好奇，想探究它们在大气中会发生什么样的变化。他把排放到大气中的氟利昂与南极臭氧空洞联系起来，结果就发现氟利昂是破坏臭氧层的罪魁祸首。为此，他与S·罗兰兹、P·克里森共同获得了1995年度的诺贝尔化学奖。

氟利昂的破坏作用有两个方面，一方面是它造成臭氧层的空洞，使紫外线长驱直入辐射到地面，对生物杀伤很大。紫外线只占太阳射线的5%，如果全部辐射到地面，那么地球的生命将毁灭殆尽，正是由于臭氧层的存在，从而挡住紫外线的辐射，所以臭氧层是地球的保护伞。实验证明，大气中的臭氧减少1%，辐射到地面的紫外线就会增加2%，从而导致皮肤癌、白内障病例的剧增。另一方面，大气中增加一个分子的氟利昂，相当于增加了9500个分子的二氧化碳，后者对增加温室效应非常大。

提起氟利昂，人们并不陌生，它是广泛应用在冰箱、冷冻柜、空调等家电中的冷冻剂。其实，氟利昂并不是一开始就是有害的化学物质，也曾经给人们带来许多好处。小托马斯·米奇利本是一名训练有素的工程师，后来他对化学工业产生了兴趣，致力于研究在工业上有实际应用的化学产品。在氟利昂冷冻剂发明以前，医院的冰柜是使用氨气、二氧化硫或是丙烷作为冷冻剂，但它们都是易燃、易爆炸的化学品。1929年，美国俄亥俄州克利夫兰一家医院的冰箱发生了氨气泄漏，导致超过100人丧生。

这一悲惨的事故激发了米奇利的创造灵感，他发誓要研制出稳定的、不易燃和无毒性的冷冻剂。为此，他遍寻了门捷列夫周期表中各个元素的特性，经过两年的努力研究，终于研制出了氟利昂系列制冷剂。氟利昂是freon的直译名称，是氟氯代甲烷和氟氯代乙烷的总称，这个系列总共有20多个产品，通常以符号“CFCl”表示。但是，其中最主要的是F－12（二氟二氯甲烷）和F－11（三氯一氟甲烷）。这些制冷剂是20世纪20年代发明的，到了80年代生产和实用达到了高峰，每年生产达到144万吨，这大概与普及家用冰箱有关。当发现F－12对臭氧的破坏作用以后，美国率先于1974年立法禁止生产和使用氟利昂冷冻剂，随后大多数国家也宣布禁止使用氟利昂，并于1988年制定了《保护臭氧层的维也纳公约》。但是，各个国家都是民族利己主义者，不少国家并没有遵守国际公约。而且，在公约颁布以前，人类已经向大气中排放了2000万吨F－12。要命的是，这种稳定性很高的氟利昂在大气中能够存在数百年，它将不断地对臭氧层进行破坏。

米奇利是一位天才的发明家，他先后发明了运用于汽油的抗爆震剂四乙基铅，运用于冰箱的制冷剂氟利昂（二氟二氯甲烷），这两种化学物质在各自的应用领域里曾经起到过划时代的作用。可是，随着社会的发展，以及它们副作用的被发现，从而揭开了它们背后隐藏着的罪恶。于是，美国于1986年禁止生产、销售和使用含有四乙基铅抗爆震剂汽油。这是米奇利始料不及的，同时也说明有不少的科技发明成果也是一把双刃剑，它们有造福于人类的一面，也可能蕴藏有害的一面。因此，科学家们在从事发明创造的时候，要尽可能地预测到其研究成果的副作用，采取必要的措施，使悲剧不再重演。

转基因作物：福兮，祸兮？

基因是英文“Gene”一词的直译，它被称为基因，是分子上具有遗传信息特定核苷酸序列的总称。有遗传效应的基因片段，是控制生物性状的基本遗传单位。1909 年，丹麦遗传学家约翰森首次提出基因概念，一个多世纪以来，围绕着基因的研究，取得了令人眼花缭乱的成就。自 1901 年诺贝尔奖建立以来，已经有 51 人因研究与基因有关的成果获得了诺贝尔奖，平均两年就有一人获奖，说明这是一个充满着新发现的生机勃勃的领域。特别是约翰·沃森和弗朗西斯·克拉克于 1953 年发现的 DNA 双螺旋结构，从微观结构上揭开了基因的奥秘，标志着分子生物学的开始。

转基因是整个基因研究中最活跃的一个领域，不仅具有重大的理论意义，而且还有着广泛的应用前景。什么叫转基因？顾名思义，所谓转基因就是用人工分离和修饰过的一种生物的基因导入另一种生物体的基因组中并且表达成功的一个过程。基因的化学本质是核酸。有遗传效应的碱基因片段，是控制生物性状的基本遗传单位。1990 年启动的人类基因组测序，是一项国际合作计划，由多个国家 20 个研究所的 2800 多名科学家参加，经过 13 年的努力，于 2003 年已经完全破解了人类基因组图谱。这是一项堪为生物科学的“登月计划”，对于揭开人体众多奥秘具有非常重要的意义。

1973 年，美国斯坦福大学斯坦利·科恩首次开始研究转基因技术。时隔 10 年，抗病毒的烟草在美国华盛顿大学种植成功，这是世界首例转基因植物，标志着转基因技术用于改良农作物的开始。1986 年，转基因农作物在美国获准进入田间试验，1994 年美国批准转基因番茄进行商业化生产，这是世界第一例转基因作物批准上市。从此，转基因作物开始在南美和亚洲一些国家大规模推广种植。到 2007 年，有 12 个发展中国家种植转基因作物，而发达国家只有 11 个，而且前者超过后者的 3 倍，这大概与这些国家食粮的匮乏有关。

美国既是最早研究转基因技术的国家，也是转基因农作物种植的第一大国。据介绍，美国已经能够生产 34 种转基因作物，如土豆、西葫芦、玉米、番茄、木瓜、大豆，并形成了可观的产业规模。美国的近邻加拿大和阿根廷，是继美国之后转基因作物种植发展迅速的国家。除了这三个国家以外，世界上应用转基因技术最多的国家还有澳大利亚、墨西哥、西班牙、法国和南非等。

那么，转基因作物究竟有什么现实意义呢？当今，全球人口急剧增长，环境严重恶化，可耕土地面积不断锐减，粮食问题已经成为许多国家面临的最棘手的问题。为了满足人类对食粮的基本需求，依靠传统的耕种方法，已经不能再提高单位面积的产量，也无法战胜洪涝和病虫灾害。未来的出路只能是依靠科学技术，于是转基因技术就应时而生了。转基因种植彻底改变了传统的育种方法，不再局限于同种之间的杂交，不仅加强了目的性、缩短了周期，而且能够在不同的植物甚至能够把动物基因导入植物中，从而培育出所需的品种。例如，把北极熊的基因植入番茄中，培育出了耐寒的番茄，还培育出抗病的马铃薯，等等。

虽然转基因作物具有许多优越性，但自转基因作物出现后，对它的争议就从没有停止过。1997—1998 年，英国发现老鼠吃了转基因土豆后出现肝癌早期现象，并出现免疫系统和神经系统萎缩。1999 年 5 月，英国《自然》刊文披露：以涂有转基因玉米花粉的叶片喂养君主斑蝶，导致 44%的幼虫死亡。美国《纽约时报》《华尔街日报》在显著位置转载，从而引起了对转基因食物安全的争议。2009 年，法国生物技术委员会宣布：转基因玉米弊大于利，这等于转基因作物在法国被永久废除。总的来说，美国对待转基因技术的应用比较开放，但他们也有一个底线，即严格防止转基因作物侵入现有的天然农业生产系统，把转基因作物限制在与世隔绝的新开垦的土地。欧盟与日本比较慎重，1998 年欧盟通过法律，把转基因农产品严格限制在实验室或封闭的区域之内。

中国转基因技术研究始于 1986 年，10 年之后中国成功地将人工合成的杀虫剂基因导入棉花主栽品种，并成功地种植出抗虫的棉花，是继美国之后第二个拥有自主研制的抗虫棉花的国家。1998 年，我国用转基因技术培育出转基因羊和基因试管牛。2009 年，中国农业部首次为两个转基因水稻颁发安全证书，它们是“华恢 1”和“Bt 汕优 63”，这是全球首次为转基因主粮发放的安全证书。为了规范对转基因技术的应用，2001 年 8 月 8 日，中国签署了《国际生物多样性公约》下属的《卡她赫纳生物安全议定书》，2001 年 5 月 9 日我国国务院制定了《农业转基因生物安全管理条例》。总的来说，我国农业部对待转基因作物所采取的政策基本是正确的，即“支持研究，谨慎推广”，并且打算实施转基因应用三步走的路线图：第一步是非食用产品，如棉花、烟草等；第二步是间接食用品，如玉米、木薯、油菜等制成的添加剂等；第三步是直接食用的产品，如小麦、稻米等。

然而，这些条例和采取的各项措施，并没有消除民间对转基因作物和食品的担忧与争议。近 20 多年以来，围绕着转基因的争议甚至是骂战，始终没有间断。2013 年 10 月，有 61 个两院院士联名上书国家高层领导人，呼吁国家大力支持转基因产业化，从而引起了一场大争论。这在国内外是极为罕见的，据一位知情的核心人士透露，信的内容是呼吁国家领导人支持转基因水稻的商业化种植，甚至认为再不采取果断的行动，就可能“误国”。然而，反转基因人士却认为，这封呼吁书是“卖国”，对这些院士们“兴师问罪”。

本来，转基因技术的研究和推广，纯粹是属于技术问题，一切应当以科学实验为准则，行政是不能干预的。很显然，那些院士们以集体上书的方式，是想借助自己显赫的学术身份影响高层的决策。我个人认为，企图把技术问题行政化或政治化，这种方式是不妥当的。在对待人的生命安全的问题上，还是持谨慎的态度为好。最重要的是不仅需要获得安全的实验依据，而且必须经过漫长的实践检验。人类发展的历史，是经过几十万年进化和演变而出现的，而人类赖以生存的食物，也是经过数万年不断地筛选、品尝，其间不免伴随中毒事故的发生。正是经过了这样漫长的探索，才寻觅到安全的可食用的作物。因此，在对待转基因食品问题上，我们必须持谨慎的态度，充分认识到转基因技术也是一把双刃剑，尽量利用有益的一面，而谨防它对人类安全的危害性。

社会广角镜

“观察事物是重要的，而观察事物的角度同样是重要的。”

——引自［日］池田大作、［意］奥锐里欧·贝恰《21世纪警钟》

“白日不照吾忠诚，杞人无事忧天倾。”

——引自唐·李白《梁甫吟》

“只有忠于事实，才能忠于真理。”

——引自周恩来对《人民日报》的批示

“打造”一词不宜滥用

近年来，每天一打开报纸，无论是大报还是小报，一个并不新鲜的老字眼，时常被文字工作者们用作标题。诸如什么“打造安全城市”“打造文化城市”“打造国际名牌医院”“打造精品小说”“打造华夏少儿板块”“打造时代精英”“打造一流航天队伍”“打造核心竞争力”“打造一流金融业”“打造中国最大的日语人才培养基地”“打造教育强区”“打造道德教育读本”……真是应有尽有。此外，还有一些抽象名词真不知道如何能够打造，诸如“打造国际传媒新形象”“打造中亚南亚经济圈重心”“打造环保产业链”“打造穿透力”，等等。更有甚者，国内某著名大学，在一篇宣传文章中，用了《8000人打造××大学信息技术研究院》的标题，真有点叫人哭笑不得。

由此我想到一个关于爱因斯坦的故事。20世纪初他创立了相对论，克服了经典力学的缺陷，建立了新的时空关系理论，对于后来物理学的发展具有重要的意义。但是，这一新的学说却遭到思想保守的物理学家们的反对。其中有个叫勒纳的人，他纠集了一批人，出版了一本《反对相对论百人集》。爱因斯坦看到这个集子后，用手掂了一下分量，讥讽地说：“如果我的理论错了，有一个人证明就够了，何必抬出一百个人来？一百个零加在一起还是零。”这就说明，科学研究机构贵在研究，最重要的是要有几个创造性的学术带头人，做出重大的发明创造性的成果，而绝不是靠人多势众能“打造”出来的。英国剑桥大学生物化学实验室，它的规模不大，而且也没有挂什么研究所或研究院的牌子，仅仅只是个实验室，可是它却涌现出了12个诺贝尔奖的获得者。这些例子足以引起我们深思，靠虚张声势的炒作是不可能创造出什么奇迹的！

笔者不是研究词汇学的，“打造”一词语出何处，当今又是何人率先炒作“打造”一词，我没有做过考究。不过，一提起“打造”，就使我想起小时候在农村看到铁匠铺打铁的情况，如打造锄头、镰刀、锅铲什么的。在汉语词典中的确有“打造”一词，引用的例句是“打造农具”。所以，“打造”一词并不新鲜，自古以来就有了。看来，现在一些青睐“打造”的人，将它古为今用了。

为什么一些人乐于使用“打造”一词呢？作者们的本意我并不知道，据我分析其用意可能是强调决心、狠心和力度，也可能觉得这个词很时髦。其实，只要了解一点人类文明发展历史，对“打造”一词稍加推敲，就会发现它不仅没有任何新意，而且不免还带有旧时代的痕迹。打者也，必定是要用力气，“造”也就是按照一个模具的样子把它制作出来。所以，“打造”也就是用人工制造的意思，明显地带有手工作坊的色彩。

每当我看到那些使用“打造”标题的文章，就觉得心里不是滋味。我认为那些以“打造”为标题的文章，大多都是炒作，除了虚张声势以外，别无任何作用。我之所以反对滥用“打造”一词，一方面从修辞学上讲，许多用法都是不恰当的。“打造”作为一个动词，跟在他后面的必须是作为宾语的物主名词，例如农具、工具、茶具、石器、木器等。而抽象名词是不能作为“打造”的宾语的，如现象、形象、重心、核心力、精英……是无论如何也“打造”不出来的。

本来，我国汉语语汇是十分丰富的，有许多词汇可以选用，而且有些词汇的搭配是已经约定俗成了的。例如，城市、医院、教育强区、基地等，都只能用建设或创建来修饰；小说、道德教育读本、文章等，只能是创作、编写或撰写；人才、队伍、干部、精英等，只能是培养、训练或造就。令人费解的是，无论人才或是队伍，都讲的是人，而打造出鲜活的人来，岂不是荒唐吗？

另一方面，从时代精神上来看，“打造”一词也是不宜使用的老字眼。美国未来学家阿尔温·托夫勒在《第三次浪潮》一书中，把人类文明分为三个时期：第一次浪潮是农业社会，第二次浪潮是工业社会，第三次浪潮是现在开始的信息社会。在汉语中，带有修饰“造”的词汇不少，如创造、制造、打造、铸造、锻造、塑造、仿造、营造、捏造，等等。但是，我觉得有三个词汇，即“打造”、“制造”和“创造”，它们分别带有农耕社会、工业社会和信息社会的鲜明特征。在农耕社会，生产的主体是小农，他们完全靠手工劳动，生产工具和生活用品都是体力打造出来的。从 18 世纪 60 年代开始的工业革命，逐步实现以机器生产代替手工劳动，出现了新兴的机器制造工业，所以“制造”是工业社会的主要特征。

可是，到了 20 世纪 70 年代，世界又出现了新的技术革命，这就是托夫勒所说的第三次浪潮。这次浪潮无论就其规模或其深刻性，都超过了历史任何一次革命，它们不仅从根本上改变了社会生产方式，而且还极大地改变了人们的思维与生活方式。随着这次浪潮出现的是知识经济时代，也被人们称为信息社会。在这样的时代，竞争比过去更加激烈，而竞争的核心是创造力。很明显，“创造”是知识经济时代的主要特征，谁掌握了创造力，谁就能赢得竞争的胜利。

总之，无论从修辞学或是时代精神上来看，“打造”一词都不宜再大肆炒用了。当然，我也不是说“打造”一词完全不能使用，当用者就用，不当用者就坚决不能使用。我们应当树立实事求是的科学学风和文风，杜绝华而不实的炒作，恢复和发扬我国丰富多彩的语言文字的优良传统！

文化是人类精神原子弹

文化是什么？提起这个问题，使我想起古罗马学者 A·奥古斯丁（354—430）关于“时间是什么”的诘问。他说：“如果不问时间是什么，我大概还知道时间是什么；一旦问起时间是什么，倒不知道时间是什么了。”其实，文化这东西也是这样，如果不问它是什么，我们兴许还知道它是什么，甚至我们天天都在与它打交道。但是，如果真正要给文化下一个定义，那就不是一个简单的问题了。文化不仅涵盖的范围十分广泛，而且关于文化的定义也是众说纷纭，真是见仁见智，莫衷一是。

如此说来，是否不好给文化下定义了呢？那倒也不是，尽管人们对文化有不同的理解，但并不等于不能给出一个获得共识的定义。那么，什么是共同意义上的文化定义呢？《辞海》的诠释是：从广义来说，指人类社会历史实践过程中所创造的物质财富和精神财富的总和。这是一个总的定义，人们可以从不同的角度理解和研究文化的内涵，但我以为最重要的不在于定义，而在于真正地认识到文化的重要作用和如何致力于文化事业的建设。

在我国现代化建设过程中，文化建设是比经济建设更硬的任务。我之所以这样说，是因为：第一，离开了文化建设，经济是不可能持续、健康和高效发展的；第二，即使经济高度发展了，如果不发展文化事业，特别是精神文明建设，我国是不可能成为现代文明发达国家的。这话我在 17 年以前就说过了，只是没有引起人们足够的重视。作为一个自然科学工作者，我甚至比许多文化人更重视文化建设，这是由于我的职业所致。因此，现在我依然要呼吁全社会重视文化建设，我们怎样强调文化的重要作用都不为过。这里，我愿意借用美国学者莫里斯的一句话，用以说明文化的重要性。他说：“观念是人类文化原子弹。”我愿意把他的话再发挥一下，文化是人类精神原子弹。这话绝不是危言耸听，只要看一看人类历史上每一次文化革新运动，我们就会看到文化力量之巨大。例如，14 到 16 世纪欧洲的文艺复兴运动；18 世纪法国的思想启蒙运动，以《人权宣言》为代表的18世纪法国资产阶级民主革命；1776年7月4日美国的《独立宣言》；19世纪中叶日本的明治维新；1919年5月4日中国的五四运动……它们都以巨大的力量推动了各自国家政治、经济、教育、科学及文化的改革和飞跃发展。

可是，当前我国文化建设的状况是十分令人忧虑的，教育质量下降，科学研究缺乏原创性，文化艺术和影视创作一直不景气，大多数企业缺少文化理念，国民购书和读书率处于世界平均水平之下……这一切充分说明，我国文化建设并没有受到足够的重视，这不能不说是一种“短视症”，这与一个具有五千年灿烂文化的文明古国是多么的不相称！

在这种形势下，湖北省社科联批准成立了民办湖北省新民文化教育研究所，这是一件很有意义的创举，是一项大胆的改革尝试。文化领域不仅是一条重要的战线，而且还是一个有待开发的巨大的产业市场。因此，我希望湖北新民文化教育研究所的青年同人们，发扬大无畏的创造精神，敢于走前人没有走过的路，研究文化教育的新理论，开发文化教育的新产业，建立与我国私营和民营经济相适应的民营文化教育的新天地。我相信这不是天方夜谭，文化教育大一统的禁区一定会被打破，一个以民营为主体的多元化的文化教育新时代迟早会到来！

走马观澳门

澳门曾经被葡萄牙占领了400多年，1999年12月20日回归祖国后，呈现出了前所未有的欣欣向荣的局面。澳门特区政府成立时，通过立法确定的区花是荷花，她源于澳门半岛最初形如一朵荷花，三个花瓣寓意澳门特区政府是由氹仔岛、路环岛和澳门半岛三个岛屿所组成，白色的荷花象征着这座冰清玉洁和没有污染的绿色城市。

的确，澳门太美了，它确实宛如一朵荷花。当你坐上汽车通过三座跨海大桥穿梭于三个岛屿的时候，就犹如行走在海洋上，这是在其他地方所不能体会到的一种惬意。

应澳门特区有关部门的邀请，2006年10月31日至11月2日，我们一行三人对澳门做了一次短暂的访问，是名副其实的走马观花，但却是一次难以忘怀的考察与参观。

澳门回归以后，经济呈现了蓬勃发展的势头。在这个仅仅只有27.5平方公里的岛屿，却创造出了107亿美元的总产值，而且以世界罕见的28%的增长率继续发展。以澳门47万居民计算，2005年人均达到了2.2万美元的水准，一举超过新加坡，成为亚洲经济的新小龙。这些成就，是澳门历史上从未有过的，令世界赞叹不已。

澳门经济是属于微型经济，在世界70多个微型经济国家和地区中，澳门排名在前几位。支撑澳门经济发展的是博彩旅游、金融保险、房地产业和出口加工制造业。那么，澳门经济是怎样搞活的呢？用澳门特首何厚铧先生的话说："没有天然资源的澳门，如果只是'塘水滚塘鱼'关起门来玩，注定死路一条，必须敞开胸襟，引进新娱乐的活水，才有机会发展。"于是，美国拉斯维加斯的博彩公司进入澳门，新成立了"永利"娱乐股份有限公司，香港投资者也进入澳门成立了"银河"娱乐股份有限公司，从而打破了何氏"葡京"娱乐公司长期一统天下的局面。每天就有2.5万人进入博彩娱乐场，比香港迪斯尼的人数多了一倍。我参观过其中一个叫“金沙”的娱乐场，真是人山人海，一个晚上就收入 2000 万美元。博彩业的开放带动了旅店、饮食、购物等一系列消费。据说，博彩业的税收，每年以 40%的速度增加，它成了澳门特区政府经济的主要支柱。

经济的发展，大大降低了澳门地区的失业率。据澳门特区财政司的一位先生告诉我，澳门的失业率在 4%以下，严格地说本阜基本上没有失业的人，因为这一部分人根本就不想工作的。赌博历来与犯罪是联系在一起的，但是作为世界三大赌城之一的澳门，与人们想象的情况完全不同，这里社会稳定，人们和谐相处，街上看不到巡警和保安人员，住宅也看不到防盗网。这就说明了一条规律：经济繁荣了，人民生活富裕了，社会就会安定。

由于澳门经济蓬勃发展，政府财政收入不断增加，这就为澳门的教育、文化、卫生和体育事业的发展奠定了雄厚的经济基础。澳门的公立医院实行免费医疗，从幼儿园到初中实行 15 年免费教育，目前正在酝酿高中也实行义务教育。在澳门回归以前，澳门只有两所私立大专院校，现在已经有了两所公立大学和 10 所私立职业学院。2005 年 10 月 28 日至 11 月 6 日，澳门成功地举办了第四届东亚运动会，不仅出色地完成了大会的各项组织工作，而且小小的澳门居然获得了 11 枚金牌、16 枚银牌和 17 枚铜牌，总奖牌数位居第五。虽然澳门特区政府为这次运动会投资了 70 亿元，但这是澳门特区政府为未来埋单，所建立的场馆在未来 30 年内不会过时，政府将无偿把这些设施提供给周边的大专院校使用。

澳门交通发达，据说拥有 16 万辆汽车，平均每 3 个人就有一辆车。虽然澳门建筑拥挤，道路狭窄，但很少遇到塞车的情况，也从没有遇到停车的困难，原因就在于科学的规划与管理。澳门人口密度之大是世界之最，平均人口密度为 2 万人每平方公里，其中澳门半岛人口密度竟然达到 5 万人每平方公里。可是，让人吃惊的是，在大街上却很少看到无所事事的闲散人，这一点与内地相比简直是天壤之别。

从 2005 年开始，中国政府把每年 6 月第二个周期六定为“中国文化遗产日”，这对于保护历史文化遗产，培养公民守望精神家园的意识将具有重要的作用。对此，澳门特区政府也开展了一系列的宣传活动，特别是这一年的 7 月 15 日，“澳门历史城区”申报世界文化遗产成功，大大地增加了澳门人民的自豪感。澳门特区政府通过立法，确定了128处建筑为重点文物保护单位。其中比较著名的有妈阁庙、大三巴牌坊、哪吒庙、观音阁、港务局大楼、郑家大屋等。在参观中，使我感受最深的一点是，澳门保护文化遗产的意识特别强。例如，在澳门拱北海关没有建立以前，原澳门海关只有100多平方米的一个平房，但澳门特区政府把它装修一新，作为历史遗产保护下来，这一点是值得内地很好学习的。近年来，特区政府和民间组织又新建了观光塔、妈祖文化村、金莲花、黑沙滩等旅游景点，把这座微型城市装点得更加美丽。

我要特别提到的是，澳门在弘扬妈祖文化方面做出了突出的贡献。我在澳门专门拜会了妈祖文化基金会主席颜延龄先生，他不仅是妈祖塑像的主要捐赠者，而且也是妈祖塑像工程建造的组织者与领导者。妈祖在中国传诵了一千多年，她是海上女神的象征。据传说，妈祖本是福建莆田湄洲的一个农家女子，她出海打鱼，不料她的船在海上出现了故障，她好不容易把船划到了岸边，但怎么也修理不好，于是她就在这个荒无人烟的海边定居下来。这个地方就是澳门半岛，所以妈祖应该是澳门人的祖先，难怪澳门人那样崇拜妈祖了。妈祖塑像建在路环岛的叠石塘山上，高19.99米，面向祖国大陆，象征着1999年澳门回归祖国。颜延龄先生告诉我，从2002年开始，澳门将每年农历九月初妈祖羽化升天的那一天定为妈祖文化节，她的意义在弘扬中华传统美德，传播现代文明。

世界发展的历史表明，一个国家或是一个地区，如果要进入世界文明的前列，既要有高度的物质文明又要有高度的精神文明，二者缺一不可。目前，澳门正走在这条文明发展的道路上，她的未来是无限美好的！

（本文发表于2006年11月12日《长江商报》七日专栏）

百年沧桑话武汉

中央电视台和中央新闻电影制片厂联合拍制“老故事”系列片，第一个选择的就是武汉，准备拍摄十集《百年武汉》。从10月上旬，曹菲一行5人来汉进行现场拍录。

《百年武汉》涉及面很广，从武汉开埠到洋务运动，从经济到文化教育等。其中专门有一集反映武汉的教育发展。摄制组准备采访我与原华中工学院院长朱九思，但由于他年过九旬且近日身体欠佳，不能接受采访，于是我就成为唯一的受访人。

摄制基地是在汉口百步亭，他们考虑到天雨气温低，为不让我舟车劳累，意欲借用武汉大学摄制中心进行采访。这本来是小事一桩，可是武汉大学得知是采访我，坚决地拒绝了摄制组的要求。

于是，采访不得不改在汉口沿江大道市人大常委会的接待大厅，记者曹菲随专车接我去录制这次采访。在我之前，是采访杂剧艺术家夏菊花，我到达时正好采访她结束。我与夏菊花虽是老朋友，且又住在同一座城市，但我们十多年没有见面了。这次意外的收获是与夏菊花见面，我们彼此询问了一些相互关心的问题。接着，摄制组的记者徐蕾对我进行了一个小时的面对面地采访，一共提出了5个问题，我一一做了回答，择要如下：

曹菲：您是一位化学家，为何最终从事了教育事业？

刘道玉：我自幼崇拜发明大王诺贝尔，希望将来能够成为像他那样的发明家。可是，正当我而立之年时，我被推上了教育领导岗位，失去了从事科学发明的舞台——化学实验室。然而，创造之梦在我思想中并没有消失，而是异化为另一个梦，那就是从事创造教育学研究，以培养出更多的创造性人才。从此，我就热爱上了教育，并义无反顾地走上了艰难的教育改革之路。

同时，化学专业对我的思维也产生了重大影响。化学是研究物质变化的科学，每一个化学反应，都会伴随新奇的变化，并导致新的化合物产生。从化学研究中，我逐步形成了一个观念，“变”是创造之源。我在担任校长时，总是希望求变，总是想尝试新的东西，这就是我厉行教育改革的动力，也是我创立许多新的教学制度的思想基础。

曹菲：武汉具有独特的历史文化氛围，这是否对您教育改革和办学思想的形成起了某些作用？您认为武汉独特的办学环境是怎样的？

刘道玉：武汉自古是“九省通衢”之地，交通便利，信息发达，这对文化教育事业的发展是极其有利的。同时，文化又是楚文化的中心地带，几千年楚文化的精髓，对于武汉地区文化教育有重要的影响。那么，楚文化的精髓有哪些呢？有人说，楚文化的精髓包括了“不服周”“首义”“求索”和“大任”等精神。应该说，这些精神对武汉文化教育的发展都起了重大的影响，当然也是我厉行教育改革的精神力量。我虽然不才，但却有一点“楚狂人”的个性，2008年12月5日《羊城晚报》曾以《“高教改革狂人”刘道玉辛辣不减当年，直言高教误区》为题发表文章，我毫不讳言，对于一个改革者来说，就应当具有这样胆大妄为的精神。

曹菲：张之洞当年在武汉创办新式学堂，它的新意有哪些？对武汉以后的教育事业有什么影响？

刘道玉：我对张之洞没有深入的研究，对创办新式学堂也谈不出什么独到的见解。不过，张之洞作为洋务运动的倡导人之一，特别是他作为洋务运动后期的主将，其历史地位基本上是应当肯定的。

张之洞创办新式学堂的意义有哪些呢？我以为主要有三点：其一在办学理念上，他认为：“盖闻经国以自强为本。自强之道，以教育人才为先。”这个认识是先进的，与我们今天提出的“百年大计，以教育为本”和“教育兴国”的意思是一致的。其二在教育的内容上，他根据“中体西用”的思想，引进了外国语、自然科学、工程技术和经济学方面的课程，如方言、格致、化学、矿物、商务等。这些措施动摇了清政府闭关锁国的政策，促使其陆续派出留学生，也邀请少数外国人来中国任教。其三是办学模式上，摒弃了中国传统书院“学不分科”的旧习，仿照西方高等教育的模式，也实行了分科和按班教学，都属开风气之先，在全国都起到了良好的示范作用。

当然，新与旧也是相对的，这就像洋务派与顽固派一样，因为张之洞毕竟是一个不彻底的改良主义者。与传统的书院相比，张之洞虽然提出布新，但他不主张除旧，如他提出的“忠君、尊孔、尚公、尚武、尚实”的办学宗旨，依然是维护封建统治阶级的。

同时，我们还应当看到，张之洞提出的“中学为体，西学为用”的方针，带有很强的实用主义。在引进新式学堂时，只重视了技术，而忽视了引进西方的科学。本来，创办新式学堂是为了图强救中国，但随着甲午战争的惨败，洋务运动没有达到“以夷之长以制夷”的目的，也未能达到救中国的目的。而且，由于实用主义占据了主导地位，使得我国在近代没有诞生科学，以至于在科学上仍长期落后于西方国家。

中国足球问题的病根在教育

过去我很少观看足球比赛，开始看世界杯赛是从 2002 年的日韩世界杯。第二次是 2006 年德国的世界杯，此后对足球的喜爱与日俱增。总的来说，我看足球比赛上瘾是因为它与我研究创造教育有关，在观看的过程中，我不仅欣赏到足球运动员的精湛球艺，而且还品赏到足球竞赛中的创造之美。

毫不夸张地说，足球之美无处不在，首先是球衣之美，每个国家都有传统化的队服，如意大利队的蓝色之美，德国队是白色之美，巴西队的黄绿色之美，荷兰队的橙色之美，阿根廷队的竖条相间淡蓝白之美，等等；其次是赛场上展示的球艺之美，如传球、盘球、接球、铲球、抢断、射门等，都给人们以美妙的感觉，特别是那些倒挂金钩的射门，或是侧身腾空鱼妖式的扑救，更是美不胜收；再次是胜利的喜悦之美，在赛场上无论是进球后的喜悦或是终场的胜利，球员们抑制不住内心的高兴，有的是连翻几个跟头，有的跪在草地上仰天大叫，有的脱下球衣投向空中，等等。最后是球迷们的脸谱、衣服和啦啦队的工具，更像是花的海洋，是五彩缤纷的世界，令人陶醉！无论哪种美，都是人们创造性的体现，也都是创造之美！据我观察，中国与西方人看足球的最大差别是，大多数中国人是看热闹，而西方人是欣赏足球所展现的创造之美，这是双方人在精神生活上的差距。

但在欣赏本届世界杯之美的同时，我不能不为我国足球的落后感到悲哀，并思考着我国足球衰败的原因。中国只有 2002 年进过一次世界杯的决赛圈，但那是因为日本和韩国作为东道主而让出了一个名额使中国捡了个便宜。此外，我国足球队再也没有参加过世界杯比赛了，这怎么不令国人感到伤心呢？

在 2008 年第 29 届世界奥运会上，中国获得了 51 块金牌，居世界第一位，显示我国已是体育大国，甚至许多项目已经进入世界体育强国之列。可是，为什么一个 13 亿人口的泱泱大国，足球居然进不了 32 强，世界排名也在 70 名以后？有人说是认识问题，或是投入不足，或是教练水平不高等。这些问题不能说没有，但绝不是关键问题。以我之见，就是“三个功夫”不足和“三个精神”的缺失。什么是三个功夫呢？据我观察，足球主要是依靠三个功夫，即脚上的功夫，腿上的功夫和头上的功夫。足球之所以称为足球，显而易见主要是靠脚上的功夫，包括带球、传球、抢断、铲球、射门等；腿上的功夫，集中反映在奔跑的速度上，一场球赛下来，一个运动员要奔跑万米以上的距离，速度就是决定的因素；头上的功夫不仅仅是顶球、用头射门，更重要的是足球运动员的每一个动作，都是由大脑来指挥的，都来源于大脑的创意灵感。

在一定程度上，足球运动所体现的是一个民族或国家的国民性，那些足球强盛的国家，无疑都具有发展足球所需要的国民优根性。我所说的优根性是指“三个精神”，即冒险精神、团队精神和创造精神。虽然足球功夫对足球队的水平有重要影响，但在竞赛中决定胜负的是这“三个精神”。

近一二十年以来，我国依靠体育训练的“举国制”，使我国乒乓球、女子排球、羽毛球、跳水、举重等项目迅速崛起，为国家赢得了很多荣誉。但是，为什么“举国制”对我国足球训练不灵，为什么拥有诸多冠军的乒乓球、跳水和举重队的训练方法对我国足球无效？很显然，我国这些强势项目对运动员的要求和训练方法与足球是完全不同的，前面那些项目主要是个人或少数几个人的竞赛，依赖的是娴熟的技巧、高强度的训练和精心调教，而这些方法对足球训练基本不适合。就拿足球与篮球和排球比较，足球队员几乎是篮排球的一倍，而且足球场是篮球场的17倍，是排球场的44倍，更不用说一个小小的乒乓球台了。因此，足球与我国强势球类比较，它是涉及人数更多、场面更大、运动更剧烈和危险更大的运动，也就是说足球运动需要冒险精神、团队精神和创造精神。仅就创造精神而言，可以说足球运动员的每一个动作都是由创造性的灵感来指挥的，如每次传球、铲球、射门和扑救，都不可能是按照计划进行的，像排球由队长背后的手势来指挥那样。

对于我国足球落后的原因，包括足球业内的专家们不止一次地从多方面进行过分析，可是几乎没有人认识到我国足球的现状是由教育造成的。为什么？因为我国传统的家庭教育和学校的应试教育，都是高度功利主义的教育。我敢说，中国的家庭教育是世界上最保守落后的，宠爱和棒喝是两种基本的教育方式，古今酿成的悲剧不计其数。这两种教育方式的共同思想基础，就是高度强化了的功利主义，把天真无邪的儿童自幼引入到功利主义的泥潭。

据说，世界上犹太人和华人是最重视家庭教育的，可是犹太人是采取“狮子育儿法”，而中国人却是把孩子噙在嘴里还怕伤着了。在父母眼里，子女就是他们的私有财产，可以打骂，包办代替，剥夺他们的童趣、志趣和应有的选择权利。在独生子女占主导的情况下，溺爱教育更是达到登峰造极的地步，父母陪读、陪考，专车接送，甚至到了研究生阶段还有家长陪读的。在这种宠溺教育理念的指导下，由于望子成龙心切，少有家长冒着风险自愿让孩子去踢足球的。要不然，为什么我国在册的足球少年运动员只有百多人，而乒乓球运动员就有1000多万人呢！我国注册的足球运动员也只有2万多人，而德国居然有2700万（占全国人口的1/3）注册足球运动员，更不用说南美达到“街上足球”那样普及了。

我国基础教育中的应试教育也是最顽固的，它沿袭了科举制教育的理念和方法，代代相传，根深蒂固。从启蒙教育开始，要求学生正襟危坐，循规蹈矩，从而抹杀了学生的天性和个性。在教学中，实行灌输和背诵，频繁地考试，以追求高分为目的，从而泯灭了学生的好奇心和灵感，导致大多数国人缺失创造精神，而且这一切从儿童时期就造成了。

尽管我国足球训练也是从少年就开始了，但由于上述原因，所以他们从小就缺失了冒险精神、团队精神和创造精神。这是我国足球运动员致命的软肋，绝不是靠请洋教练和加大经费投入可以奏效的。这三个精神的缺失，不仅仅关系到我国足球的振兴，也影响着我国未来能否跻身于世界先进科学之林。对于我国教育的现状，再不能熟视无睹了，每一个家长和教育工作者都应该猛醒了，转变教育观念，改革陈旧的教育方式，着力培育“三个精神”，必须从幼儿抓起。只有当“三个精神”占我国国民素质的主导地位时，我们才会拥有高素质的人才，我国也才能从低品质的制造大国转变为高品质的创造性大国。

对于中国足球队什么时候进入世界杯，人们不免忧心忡忡，有人说中国足球翻身至少需要20年甚至50年，有的人悲观地认为100年也没有希望。我既不乐观也不悲观，可能需要一代到两代人。在汉语里，世与代是相同的概念，一世就是一代人，一般指30年左右。中国足球的出路在哪里？肯定地说在教育改革，必须从幼儿抓起，转变教育观念，实施顺应自然和人性的自然主义教育，鼓励少年儿童敢于冒险，培养他们求异、求变的个性，充分发挥他们异想天开的好奇心，使他们的想象力得到充分的发挥。在这种教育理念的指导下，经过持久的努力，才能培育富有“三个精神”的青少年，这就是发展我国足球运动的基础，也是振兴中国足球的希望！

（本文发表于《同舟共进》2010 年第 9 期）

寻找经济社会发展的支点

中央电视台与湖北省总台合作拍摄电视政论片《支点》，全片三集16单元，预计演播150分钟。该片由著名导演夏骏先生担纲，2012年8月将完成拍摄和编辑工作，年底有望与观众见面。

根据剧本要求，该片既要拍摄大量的外景，又要采访众多的政界、文化界、教育界和企业界的人士，我是被要求接受采访的对象之一。2011年10月25日下午，我于约定时间下午3时到湖北省电视总台的摄制棚接受夏骏先生的采访。我不喜欢上电视，这是近十年第三次接受电视采访，过去曾谢绝了包括中央电视台、香港凤凰卫视、上海和深圳等电视台采访的要求。这次是破例，主要是对夏骏先生工作的支持。我与夏骏先生并不认识，但见面后似乎非常面熟，似曾见过。夏骏听后说，我们虽然没有见过面，但我们有心灵感应，是志同道合者。

我对夏骏先生说，《支点》这个片名很好，既简明又形象。它使我想起了公元2200年以前，古希腊伟大的数学家阿基米德在发明杠杆原理后说的一句话："给我一个支点，我可以撬动地球。"湖北对于全国来说，位于中国的中心地带，如果中部崛起，它无疑是我国发展经济的一个支点；而湖北和武汉要使经济和社会得到迅速的发展，也必须找到赖以支撑的支点，它就是教育和科学技术。

夏骏先生希望我谈谈湖北和武汉市的优势，我谈话的内容大致如下：

武汉基本上是处于中国的中心地带，它既是九省通衢的交通枢纽，是四面八方货物的集散地，是各地人才荟萃之地，又是各种新思想砥砺之场所，可以说是"得中独优"。

那么，武汉有哪些优势呢？我以为有四大优势：

首先是资源优势。武汉是九省通衢，湖北是千湖之省，乃鱼米之乡，矿产资源丰富，水资源用之不竭。近年来，世界气候变化异常，自然灾害越来越频繁，也越来越严重。可是，武汉没有地震、台风、海啸和泥石流，除了偶发干旱和洪水以外，基本上没有重大的自然灾害。这里可以说是物阜民丰的好地方，为发展湖北的经济提供了良好的条件。

其次是教育优势，也就是人才的优势。按照应试教育的标准看，湖北有全国最好的基础教育，由于每年高考成绩优异，全国各高校都增加在湖北的招生名额，成为全国教育资源的大省。武汉拥有位居全国第三数量的高等学校，湖北省大学的数量与北京和上海呈三足鼎立之势，列入211工程的大学有7所，仅次于北京、上海和江苏，目前在校大学生有104万人，居全国之首。这虽然是从数量上说的，但从量变到质变，相信从中会涌现出许多杰出的人才。

第三是科学技术的优势。湖北的高等学校和中国科学院武汉分院拥有众多的研究机构，有一批院士和工程院士，拥有全国十分之一国家重点实验室，特别是激光、光纤通信、测绘与遥感信息、计算机软件工程、空间科学、水稻杂交、水生生物、新型材料、水资源与水电工程等方面，在全国占有举足轻重的地位。武汉光谷是全国唯一光电子产业的重地，从国内外吸引了大量的投资，东湖新技术开发区既是新产品的孵化器，又是创新人才的孵化器。

第四是革新传统的优势，是孕育新思想的产床。这里是“唯楚有才”之地，不仅仅是指本地人才济济，而且各地人才也都能够在这里找到用武之地。例如，三国时的诸葛亮本是鲁国人，刘备三顾茅庐时，他提出的《隆中对》，为刘备重振汉室出谋献策，从而奠定了三国鼎足之势。李白长期居住湖北，写下了名动京城的《大鹏赋》和《黄鹤楼送孟浩然之广陵》的千古绝唱。苏东坡在黄州写下了《赤壁赋》，千古流传。被称为明朝第一臣的张居正，是中国封建社会的三个著名改革家之一，他为明朝万历年间建立了不朽功绩。清末张之洞任两湖总督，开改革之先风，实行“湖北新政”，开创了我国重工业和新式学堂之先声。这些人虽然都不是湖北人，但湖北却成了他们的英雄无用武之地。

20世纪80年代初，武汉率先实行了招标和投标的试点，敢于聘请洋人担任国有工厂的厂长，成立了全国第一个咨询委员会，在全国第一个创建了东湖高新技术开发区，现在是全国仅有的两个示范开发区。在高等教育改革方面，武汉大学和华中工学院的改革也备受全国瞩目。朱九思校长提出了科研要走在教学的前面，率先实行理工结合，使得各地人才聚集到华中工学院。武汉大学的改革，更是独辟蹊径，率先实行了一系列开明的教学制度，创建民主自由的校风，使一所古老的大学成为全国“高教上的深圳”。当时，国务院副总理万里曾表扬了高教改革的“四进士”，是指上海交通大学的邓旭初，华中工学院的朱九思，武汉大学的刘道玉，中国科技大学的温元凯，而武汉就占了两人，可见武汉在高教改革开放中举足轻重的作用，武汉大学率先创立的一系列开明的教学制度，至今仍被全国高校所效仿。

为什么自古到今湖北具有革新的传统呢？这是因为湖北地处长江的中游，这里含英吐翠，楚风流韵，奔流不息的滔滔江水，不仅滋润两岸肥沃的土地，而且也砥砺人们的思想。因此，自古这里就是孕育新思想的宝地，涌现出了像屈原、诸葛亮、孟浩然、陆羽、张居正、李时珍、毕昇、黄侃、闻一多等诸多的文学家、诗人、科学家、思想家和改革家。

可是，湖北所具有的这些优势，并没有或没有充分发挥出来。因此，只有把那些有能力、有事业心和富有改革创新精神的人，提拔到我省的领导岗位上，才有望振兴湖北的经济，也才能使湖北在我国现代化建设中真正起到支点作用！

中国当代的“马太效应”

凡是读过《圣经》的人，都知道马太福音的故事，它是出自《新约全书·马太福音》第26章。故事梗概说，主人要去外国远游，于是叫来了三个仆人，分别交给他们5000、2000和1000两银子。过了很久，主人回来了，那领了5000两银子的仆人来见主子说，我拿了你的银子做买卖，又赚了5000。主人赞赏了他的忠诚，并表示要把更多的事交给他管理。那领取了2000两银子的仆人说，我也赚了2000，主人亦十分高兴，也表示要重用他。那领了1000两银子的仆人，把钱埋在地里，并把银子奉还主子，但主人却恶狠狠地说，你这又恶又懒的仆人！遂收回了1000两银子，让他一无所有。从这个故事编撰了一则寓言：“凡有的，还要加给他，叫他有余；没有的，连他所有的，也要夺过来。”

罗伯特·莫顿是美国哈佛大学金融学教授，20世纪70年代末，他与费歇尔·布拉克、梅隆·斯科莱斯共同创建了金融期权数学模型，从而使他们获得了1997年的诺贝尔经济学奖。早在1968年，莫顿在观察诸多的经济现象后归纳出了马太效应。他认为，任何个体、团体或是地区，一旦在某一方面（如金钱、名誉、地位）获得成功和进步，就会产生一种积累优势，就会有更多的机会获得成功和进步。总之，马太效应是一种“赢者通吃”的现象，它不仅存在于经济的贫富差距上，而且也反映在社会生活的各个方面。例如，富裕者越富有，贫穷者越贫困；富者广厦万千，贫者上无片瓦；荣耀者越荣耀，卑贱者越卑微。这就如古人所言：富者田连阡陌，贫者无立锥之地。

我国在计划经济时代，无论是在经济领域还是社会生活中，一切都是按照所谓的计划进行的。铁饭碗和大锅饭充斥在各个部门，大多数人的思想状态是“不患寡而患不均”，所以那个时代没有太大的贫富差距，反映贫富差距的基尼系数只有0.3，这是低于世界平均系数0.44以下的安全指标。在那个时代，即使是物资匮乏，工资很低，人们也能够接受，因为平均主义主导了人们的思想和生活。当然，贫穷不是社会主义，更不是人类的理想追求。

20 世纪 80 年代初，国家实行改革开放，提出让少数人先富裕起来，以“先富带后富”。现在看来，少数人先富的目的早已达到，但先富带后富却成了黄粱美梦，反而是贫富差距越来越大。2003 年的基尼系数是 0.479，2008 年是 0.491，而2014 年居然达到0.73，而发达国家则是 0.24～0.36。据北京大学社会调查中心公布的数据，目前中国 1%最富裕的家庭，拥有的财富占全国的三分之一。面对这种情况，国家审计署前署长李金华不得不承认：“中国在一定程度上存在‘马太效应’，穷人变得越穷，富人变得越富。”

那么，这种贫富悬殊的差距是怎样造成的呢？其实，改革也是一把双刃剑，有人真心地在搞改革，就像胡耀邦同志所誓言的那样：“我不下地狱谁下地狱?”然而，有些人却利用改革谋取暴利，改革成了他们致富的手段。在改革开放之初，官倒十分猖獗，不少富家子弟就是靠倒买倒卖，使国有资产大量流失，造成了大批一夜暴发户。同时，那时权力出租也十分普遍，大家只要不是昧着良心的话，不能不承认相当多暴富的人都有权钱交易。仅就目前挖出的一批大贪官，他们的背后该有多少暴富的人，与权力没有瓜葛而走正道致富者简直是凤毛麟角。

中国当代的“马太效应”不啻于贫富差距，而且也表现在一切领域里，如分配、消费和礼尚往来中。首先是分配不公平，当今，中国收入最高的有十大行业，它们是银行、金融、保险、电讯、石油、电力、导演、证券、股票分析师、医院等。现在分配并不是以能力和贡献大小来决定，而是以职业的好坏论高低。例如，一个在银行工作的大专或是中专毕业生，如果是一个科长，月薪就可以拿到两万元；一个大医院资深的护士每月可以拿到一万元以上，然而大学里为数不多的二级教授月薪只有 9000 多元。无论是银行的职员还是医院的护士，他们的工作基本上是重复性地操作，与一个教授高级的智力工作是无法相比的，这是分配与智力倒挂的典型表现。

其次是消费不公，本来在商品消费面前应该是人人平等的，消费也应该与收入成正比。但是，在中国却有一个怪现象，收入越高的人越不消费或者消费得越少。一个普通老百姓要看专家门诊，需要花费 50 元或更多的挂号费，而高干们不仅不需要破费挂号，还可以叫专家到家里看病，足不出户就可以享受到周到的服务。

再次是送礼的马太效应，中国是一个尚礼的民族，礼是儒家文化的重要组成部分，而送礼则是其礼仪的精髓。中国人喜欢送礼，这已是世人皆知的公开的秘密。比如，托人办事要送礼，学生拜见老师要送礼，下级看望上级要送礼，病人看医生要送礼，毕业生找工作要送礼……总之，中国人是“礼品”当头，进门就是礼品，真是无礼办不成事。于是，送礼是投资，是买人情，说白了是一种变相的“贿赂”。但是，在剖析中国人送礼现象之后发现，在礼品文化中也存在马太效应。这是一种怪现象，越是有权有钱的人，越是不需要购买礼品送人；反而无权无钱的弱势群体，则需要自掏腰包购买礼品送人。我发现在中国有一个“礼品循环圈”，是指收礼品多的人，又转手把积压的礼品转送他人，并且一而再地转送。特别是那些标以“贡品”“御品”“宫廷珍品”而又没有生产厂家的茶叶，更是泛滥成灾。我推测，中国的茶叶和营养品90%以上是在“礼品圈”里流动，而不是在市场上销售，反正购礼品也是增加GDP，即使是浪费也不足惜！

中国的基尼系数已经大大地超过了警戒线，要走出“马太效应”的怪圈，下决心解决我国社会存在的不公平现象。什么叫公平？公平与公正是近义词，美国哈佛大学著名哲学家迈克尔·桑德尔在《公正》一书中定义：“要看一个社会是否公正，要看它如何分配我们所看重的物品——收入与财富、义务与权利、权力与机会、公共职务与荣耀，等等。一个公正的社会以正当的方式分配这些物品，它给予每个人应得到的东西。”这个界定是很精确的，它指出了公平的核心表现在人民最看重的物资分配，而且要以正当的方式分配这些物品。很显然，我国距离这个目标还相当遥远，我们必须进行政治体制改革，坚决、彻底地整肃官员腐败，决不允许权力进入市场。同时，要建立更为公平的分配制度，真正地做到按照贡献大小和以正当方式来分派人们所关心的物品，让正义和公平的社会早日到来！

人生五味斋

“疾风知劲草，板荡识诚臣。”

——唐·李世民《赐萧瑀》

“山重水复疑无路，柳暗花明又一村。”

——宋·陆游《游山西村》

“不畏浮云遮望眼，自缘身在最高层。”

——宋·王安石《登飞来峰》

怀念一种精神

对于一切美好的东西，无论是自然美景或英雄人物的事迹，总是不免常常引起人们对它们的怀念。怀念是一种回溯思维活动，它是人所具有的高级思维活动和情感的特征。虽然有时人们不免回忆一些不愉快的事情，但是总的来说，怀念常常给人们带来快乐，使人们在回忆中吸取历史的经验教训，从而使我们增长才干，明辨是非，使人的人格更加高尚。

本文是怀念一种精神，它是体现在一位刚刚去世的老工人身上。我撰写这篇短文，既是对他的悼念，又是对全心全意为人民服务精神的怀念。

刘传道师傅是武汉大学收发室退休老工人。他五年前患脑中风症，肢体偏瘫，但是他仍然顽强地同疾病和痛苦做斗争。近一年以来，他的病情越来越严重了，生活已完全不能自理。2004 年 4 月 12 日，终因医治无效不幸逝世，享年 83 岁。

刘师傅是湖北汉阳人，他于 1953 年随湖北文华图书专科学校并入武汉大学。从那时开始直到 1983 年退休，他在武汉大学收发室整整工作了 30 年。他的工作是平凡的，但又是十分重要的，担负着为全校各部门、下属各系和全校近万名大学生递送报刊和信件的任务。我也是这一年秋天考入这所大学的，由于我们经常从他手上得到所盼望的信件，所以对他的印象特别深刻。

那时的大学生，真是“天之骄子”，他们不仅享受每餐四菜一汤的免费伙食，而且他们的信件和所订的报刊，都由学校收发室送到各个寝室。同学们在自己的寝室门上都自制了一个精美的信箱，真是争奇斗艳，成为寝室文化一条亮丽的风景线！

他每天骑着一辆老式自行车，左右双肩各挂一个大邮包，装满了书报和信件。不管是烈日炎炎的夏季还是寒风刺骨的大雪天，他总是往返在各单位和学生各宿舍之间，把信件和报刊送到各人手上。时间久了，他甚至能够叫出许多同学的名字，在路上碰面时，他会直接把信交到同学们的手上。对此，同学们总是亲切地说着刘师傅长、刘师傅短的，甚至再问上一句："刘师傅，有没有我的信?"在大学期间，我的信不算是多的，但是我们宿舍的同学合订了一份《化学世界》，我们能够及时收到这个刊物，对我们的学习确实起到很大的帮助。每思及此，我们都十分感谢刘师傅的帮助，一致称赞他那种老黄牛的精神。

一转眼时间已经过去几十年了，现在已经进入信息社会，条件比那时不知好了多少倍。但是，现在的邮政服务实在让人寒心，教授居住楼不送信，特快专递不送达，通知本人到单位去取。前后对比，现在的教授还享受不到我们那时当学生的待遇，这如何不让人怀念那个时代的服务精神呢？同时，也使我们看到现在不少人精神的失落，社会风尚的倒退！正是怀着这种心情，我对刘传道师傅的不幸逝世表示沉痛的悼念，对体现在他身上的全心全意为人民服务的精神也十分怀念！

2004 年 4 月 14 日上午 8 时半，学校有关部门在武昌殡仪馆举行了刘传道师傅的遗体告别仪式。我请学校校长办公室代我送一个花圈，并决定去参加他的遗体告别仪式。有关部门负责人对我说，你送了花圈就行了，不必亲自去参加了。兴许这位负责人看我年岁大了，是出于对我的关心。对此，我十分感谢他的关心，并表示我还是要去参加，以表示我对刘师傅的哀思！他见我执意要去，表示要向学校领导请示报告。我说，你无论如何不要向上报告了，我是作为一个退休教师去参加的。再说，悼念逝者，完全是自愿的，不必拘泥于级别等级。

我随大多数去参加告别仪式的人，乘坐学校大交通车准备前往。就在汽车准备启动的当儿，那位负责人到交通车上找我，请我下去乘小卧车。我再一次感谢他的好意，并对他说："我已坐定了，对于老人来说，宜静不宜动，你就不要为难我了。"

刘师傅的遗体告别仪式布置得很简朴、庄重。他的亲属、生前工作单位的员工和许多退休的老工人都参加了。凡是了解他的人或受益于他的人，都高度评价他诚实的思想品德和任劳任怨的工作作风。无论是我当学生或是当教师，都受益于他太多。因此，对于他的去世我是很悲痛的，我们怀念他也就是怀念他全心全意为人民服务的精神！

刘师傅你太累了，你应当永远地休息了！

安息吧，刘师傅！

患难知忠交

——忆诤友季啸风司长几件往事

我与季啸风司长并没有共过事，在1977年4月至1979年4月期间，我任教育部党组成员兼高等教育司司长时，他在商务印书馆任第三编辑室主任。我于1979年4月正式向教育部提出辞职，获准于5月初回武汉大学工作。年初，刘西尧调离教育部，蒋南翔重新回教育部任部长。我离开以后，高教司一分为三，变成了高教一司、二司和三司。我估计就是在这时，南翔同志让原高教部和教育部的部分干部归队，以克服当时掺沙子进来的大部分干部不懂教育的状况。后来得知，中央任命黄天祥同志为高教一司司长、季啸风同志为副司长。

我回武大后，先后被任命为党委副书记，常务副校长和校长。此后，啸风司长就是我的顶头上司，工作上我们接触也多了起来。从频繁的接触中，我们彼此信任，都热爱教育，主张说真话，励志教育改革，痛恨官僚主义和腐败现象，于是我们成了知心的朋友。下面，我仅回忆几件往事，以表达我对他的深深怀念！

20世纪80年代初，改革的大潮把我推到了风口浪尖。我笃信改革，身体力行地实践改革，因为我相信唯有改革才能振兴武汉大学。于是，我们选择教学制度为改革的突破口，先后实行了一系列新的教学制度，从而营造了自由民主的校园文化。但是，一些思想守旧的人说刘道玉的改革是搞花架子，搞乱了教学秩序，学风变坏了，等等。群众中有这样那样的看法不足为奇，问题是作为教育部部长的何东昌，也对学分制进行诘难。为了澄清是非，支持教育改革，黄天祥和季啸风同志决定，于1984年5月派出5人调查组，在武汉大学进行了为期半个月的深入调查。他们写出了翔实而有说服力的报告，从而堵住了何东昌之口，也刹住了一股诋毁改革的歪风，这是对武大改革极大的支持。

在教育部啸风同志身兼二职，除了高教一司副司长的工作外，他还兼任文科教材办公室主任。他事业心强、魄力大，决定在全国建立三大文科教材出版中心，即北京中国人民大学、上海华东师范大学和武汉大学，这对于文科教材建设起了很大的作用。在他的大力支持下，武汉大学出版社承担了全国经济、财经、法律类成人教育教材的出版，不仅满足了当时成人自考的需要，而且使武大出版社获得了丰厚的利润，为武汉大学出版社成为全国先进出版社奠定了物质基础。

啸风同志给我来信，称我为“刘道或刘公”，而落款是“知名不具”。啸风同志年长于我，学高于我，所以我总是称他为“学长”或“季公”。由此可见，我们彼此肝胆相照，是亲密无间的朋友。

1994 年 3 月 8 日，在朋友和校友的支持下，经过武汉市人民银行和市教委的批准，正式创建了武汉路石教育改革基金会。1994 年 3 月 23 日，我在给啸风的信中写道：“我成立这个基金会，是我对教育改革的钟情，是我参与意识的反映，也是我十多年教育改革生涯的继续。改革的路是艰难而又漫长的，我有思想准备，也会知难而进。我愿作为教育改革的铺路石。在今后的活动中，您及其他朋友们的支持是十分重要的。卫道治受我之托，欲请您担任本会学术委员会委员，(职责谅卫已告)。如蒙应允，请赐复，随后寄上聘书。请向周一良、孟明义先生一并问候!”

周一良是教育部办公厅的主任，孟明义是中央教育科学研究所高教室主任，他们与啸风都是基金会学术委员会的委员，我们都是知心的朋友。只要我出差到北京，我们四人肯定是要聚会的，谈得最多的是教育改革问题。1994 年 5 月 4 日，借纪念五四运动 75 周年之际，在北京师范大学召开了基金会学术委员会第一次会议，师大顾明远先生也是学术委员会的委员。我们认真地讨论了基金会开展活动的计划，重点是研究、宣传和实践教育改革，奖励教育改革者和有重大创新的教育改革研究成果。

2000 年 1 月 20 日，我收到啸风的信，他在信中表达了对我国教育的关切和忧虑。他写道：“中国在腾飞，社会在进步，这是铁的事实。但许多落后、腐败现象，乃源于人的素质问题。而要从战略的高度，从根本上提高人的素质，我认为最重要的措施在于教育。张謇在他所办的南通师范学校中，留下一份题词：‘何以救贫？何以救弱？何以救愚？教育，教育!’抗战前一年，我进入该校，对此名言，深为崇敬，将终生不忘!”他继续写道：“目前，中国教育尚没有提高到‘兴国之本’的战略高度。在高楼大厦拔地而起的年代，许多地方连教师的工资都发不出来。现在人才外流，学术梯队青黄不接，都不是小事，光靠喊口号是解决不了问题的！”他的这些看法都是很深刻的。

在我与啸风交往的20多年中，我深为他忠诚教育的赤诚之心所感染，今天我之所以仍然在追求教育改革，很大程度上是与他的鼓舞与支持分不开的。可是，在啸风病重和逝世时，我竟然毫不知情，以至于我未能对诤友的不幸逝世表示悼念，这是我最大的遗憾！借写这篇短文之机，以表达对这位一身正气、两袖清风和铮铮铁骨的挚友深切的怀念！

我们都有相见恨晚之感

——记我与朱清时校长的谈话

中国科技大学创建只有51年，地处科学技术不甚发达的安徽省合肥市，但它在出人才和出成果方面，却是所有的百年老校都不能比拟的。原因何在呢？以我之见，主要是三点：选拔有治学思想的校长，树立严谨治学的学风，发扬“不要命”的做学问的精神。

在50年办学的历史中，共经历了7任校长，首任校长是中国科学院院长郭沫若先生兼任的，长达20年的时间，其次是朱清时院士任校长10年。2008年是全国大学领导班子换届的高峰，朱清时校长虽然只有62岁，但也被换了下来。俗话说，无官一身轻，卸下了校长的重担，朱校长无疑是获得了解放，他有机会到处讲学。他应武汉大学和长江大学的邀请，于2009年5月下旬来鄂讲学，行前通过科大和武大校长办公室取得联系，希望5月24日下午能够会见我，后来又改为27日下午。他于24日到达武汉，晚上在武大老图书馆的《珞珈讲坛》做了演讲，25日和26日两天在长江大学演讲和参观，27日上午返回武汉，下榻在弘毅大酒店。

朱校长本意是要到家里拜访我，但我觉得家里的条件不太安静，不便谈话和讨论问题。于是，武大校办副主任邬明建和秘书胡西维建议把我们会面的地点安排在弘毅大酒店二楼小会议室。如约，我于下午3点30分到达酒店，而朱校长已在酒店门前等候。他首先表示：“早就慕刘校长的大名，此行最主要的目的是希望会见你，向你求教高教改革的有关问题。”我接着说：“我们虽然不曾谋面，但我一直敬仰朱校长的大名和政绩，真是相见恨晚。”他插话说：“我也有相见恨晚之感！”

我们的谈话是在无拘无束的氛围中进行的。朱校长手上拿了一份5月21日的《参考消息》，其中有新加坡郑永年的一篇文章，题目是《中国的教育改革和教育泡沫》。他指着这篇文章说：“中国教育问题太多了，我拜读了你关于

《整顿高等教育十意见书》，完全同意你的看法。你离开校长职务21年了，社会没有忘记你，学生们没有忘记你，你仍然活跃在中国教育改革的舞台上，实在是难得，精神令人感佩！”

接着，我讲了一个故事，以表达我对朱校长执掌的中国科技大学的景仰。2006年4月，四川《成都商报》的记者采访我，向我提了一个始料不及的问题。他问道：“刘校长，如果再让你出任校长，你将选择哪所大学？”我说：“这是完全不可能的。”他坚持说：“我作假设问，你就作假设答好吧？”于是，我信口答道：“我将选择中国科技大学。”他问：“为什么？”我回答道：“第一，我记得《新周刊》的一个记者经过多年的调查，他用一句话给10所大学的风气做了概括，中国科技大学被称为‘不要命的大学’。由此可见，科技大学的学风最好，不浮夸、不赶时髦、不合校、不贪大求全。科大有一个恒数——1860，10年不扩招一个学生，真是难能可贵。第二，安徽人杰地灵，人文底蕴深厚，古今出现了许多思想家、军事家、开国皇帝，文人武将不计其数，如老子、庄子、管仲、项羽、曹操、周瑜、朱元璋、包拯、李鸿章、戚继光、陈独秀、胡适、杨振宁等。第三，合肥位于中国的心脏地带，古称‘淮右首都，吴楚要冲’。它既没有像政治中心北京那样浓厚的政治氛围，又没有像上海、广州等沿海城市那样的商业气息，是最适宜做学问的地方。”记者听后说了一句话：“言之有理，真是高见！”

朱校长听后也表示赞同，这正是他选择科技大学的重要原因，而且退休后依然不离开合肥，并表示今后不再承担研究课题，不再招收研究生。我对朱校长的思想、作风表示敬佩，我说把你换下来是个错误，是按照党政干部任期换届造成的，完全违背了教育规律。我国大学校长平均任期为5.2年，美国是12.2年，哈佛大学是22年，即使再让你干两届，那时你的任期也只有18年，年龄也只有70岁，仍然还没有达到哈佛大学校长的平均任期，更不用说任哈佛校长40年之久的艾略特，他卸任时已是75岁的高龄了。因此，大学校长不应当按照党政干部任期换届，不应当规定任期，只要治校有方，获得学校教授们的拥护，就可以继续任职下去，直至年老体衰退休为止。朱校长说：“你的意见是正确的，可是在中国行不通啊！”

我们的谈话已进行了两个小时，但意犹未尽。于是，邬建明副主任安排我们共进晚餐，边用餐边谈话。席间，朱校长又向我提出了一个问题，他说：

“刘校长，中国高教问题这么多，你看如何才能走出困境?”我说：“朱校长，你太客气了，我也没有什么成熟的看法，不过要解决问题必须要正视存在的问题，可怕的是我国教育部始终不敢也不愿正视我国高教存在的问题。既然你提出了这个问题，我愿抛一孔之见，似可以从以下几点入手。”这时朱校长拿出了笔记本，准备记下我的意见。我断断续续地谈了五点建议：

1. 历史经验表明，凡是教育一次大发展或是大破坏，一般都要进行整顿或调整，如1962年制定的《教育部关于直属高等学校暂行工作条例》（简称高教六十条），就是对1958年教育大革命中的冒进和浮夸进行的整顿。因此，建议中央召开专门会议，制定一个新的《高教六十条》，据此对我国近十年高教大发展中的冒进错误进行整顿，以使我国高等教育尽快走上正轨。

2. 坚决从教育部放权改起，发挥大学独立办学的积极性。为此，建议成立三大独立的机构以制约教育部集权。这三大机构，一是国家独立的考试院，负责调查研究和组织全国的高校入学考试（每年1到2次），只颁发考试成绩证书，不划录取分数线，划线和录取权交给大学，教育部只有监督权；二是独立的教育评审委员会，负责对大学办学的质量、教师的水平、学风进行客观评估；三是成立独立的教育拨款委员会，制定各级各类学校拨款的标准，以立法形式公布，依法拨款，杜绝任何人为因素和贿赂、公关等不良风气。

3. 必须尽快改革大学校长任命的体制，把遴选大学校长的权利交给大学教授委员会，按照职业校长的条件选任校长，坚决摒弃按照党政干部的选拔和任期的一套做法。

4. 制定大学功能定位的管理办法，明确各类大学的性质和任务。各类大学应各就各位，不允许相互串位，不允许相互攀比，特别是普通大学不能向研究型大学靠，因为研究型大学只能是少数的。

5. 必须整顿大学的学风，治乱世必用重典，下决心处理一些造假、抄袭、剽窃的学校、院系和个人。凡是抄袭、剽窃者，永远清除出高等学校，终身不得任教职，不允许误人子弟。

朱校长点头赞成这些意见，他说：“只是执行起来困难，冰冻三尺，非一日之寒啦!”我说是呀，看来出路还是要大力进行改革，只要坚持下去，终究是会走出困境的。当然，改革需要有带头人，我们真切地盼望在我国大学出现一批真正的改革者。

临告别时，我将刚刚出版的《创造教育书系》5 本书赠送给朱校长，他说："你对教育研究的执着精神是值得我学习的，你对中国高等教育的贡献是巨大的。我现在头上也没有乌纱帽了，可以随意发表自己的意见了。"他把名片送给了我，希望我到中国科技大学讲学，介绍我对中国高等教育研究与改革的经验。我对朱校长表示了感谢，说恐怕机会不多了，因为年龄大了，出门多有不便之处，但我不会停止研究和思考，希望今后多联系和交流。

志同道合者的聚会

著名作家野夫（原名郑世平）是武汉大学 87 级作家班的学生，他于 9 月 13 日从四川成都打来电话说："我们相约于最近到武汉来看望您，同来的有北京人民艺术剧院剧作家王梓夫，上海同济大学兼职教授张祖慰，武汉作家胡发云等。企业家茅永红做东，安排我们住在他的花园别墅，茅老板也会给您打电话告知我们住的地址和聚会的时间。"随后，茅永红也打来电话，告诉我将于 9 月 15 日上午聚会，地点在百步亭绿色安居小区的别墅花园，届时有人会来接我。

茅永红的创业故事是很感人的，他本是武汉江夏县一个挑大粪的工人，可是他后来从汽车修配到开发房地产，从武汉市征得了一万亩土地，在百步亭建成了庞大的绿色安居小区，是武汉市最大的房地产商。我与茅永红也是老熟人了，他的儿子茅亮曾是新世纪外国语学校的学生，为了教育和帮助他，我把他作为个案跟踪进行研究，在《爱的学校》一书中，还专门写了一篇关于如何帮助和教育茅亮的故事。

2009 年 9 月 15 日上午 10 点 30 分，野夫带车来接我，汽车行驶了 50 分钟到达花园别墅。那的确是像仙山琼阁一样，环境安静优雅，小桥流水，四季鲜花飘香。小区中一共有四栋这样的别墅，是茅老板专门用于接待客人的，每栋别墅共有两层，有多个卧室，会议室、会客室一应俱全。每栋别墅都有两名服务小姐，彬彬有礼，热情周到。祖慰、野夫、王梓夫、胡发云四人合住一栋别墅。

我与他们几位都是知心朋友，多年没见面，真是有情千里来相聚。我向他们每人赠送了一套《创造教育书系》，希望他们多提意见，以便今后再版时订正。我们谈话到 12 点，茅永红来了，他说："你们师生见面有说不完的话，现在我们去吃饭，边吃边谈。"

我们来到一个圆顶的大餐厅，这是茅老板专门宴请宾客的地方，装修得十分豪华。我们6个人围着一个特大的圆桌，各式名菜佳肴和酒水，一应俱全。席间，我向茅总提了一个问题："你是企业家，怎么与这些作家交上了朋友?"茅总讲了一个故事，他说当年我创办作家班，他很好奇，作家们入学考试时，他就到学校参观，想看看这些作家班的学生到底是什么样的?这时王梓夫插话说："我第一个交卷，出来后就碰到茅永红，我们交谈起来，十分投机，于是就成了朋友。那时学校没有空调，到了周末我们这些作家都到他的公司，他管吃管喝。他到北京，我们也热情地款待他，就这样，我们的友谊保持了20多年了。"茅总接着说："我与这帮作家交朋友，也受到了文学的熏陶，对我的思想水平提高有很大的帮助。"

午餐后，茅永红又带我们到一家咖啡厅去喝咖啡，它位于一个湖泊上面，设计得十分考究，真有楼台亭阁的风格。在饮咖啡的同时，还配备了西瓜、哈密瓜等水果。这种氛围是发表高论的最好场合，你一言我一语，真是无拘无束。祖慰在上海做兼职教授已有3年了，目前他参加了上海世博会的设计工作，到2010年5月就完成任务了，将不再延聘在同济大学的兼职，希望过一种比较闲逸的生活。

茅永红是一个关注社会的企业家，他自己到西藏、河南、云南和湖北很多地方做过调查，了解民间的疾苦。他说："我所到过的地方，人民生活水平确实有提高，但是有些人仍然'端起碗来吃肉，放下筷子骂娘'，对现状不满，这究竟是什么原因呢?"

不知不觉我们的谈话已到了下午4点钟了，鉴于谈话时间已经很长了，我准备告辞，希望他们继续交谈。事后我听说，他们又通宵达旦地谈天论地，体现了我国知识分子忧国忧民的传统。我自己虽然已经年迈，但也绝不置身于国事之外，当然我更希望这一批正值中年的作家们，勇敢地肩负起民族兴旺的重任，也相信他们会看到美好的未来!

迥然不同的两个 22 年

我认识武汉商场股份有限公司前董事长毛冬声，是我担任武汉市人民政府咨询委员会主任时，那时我们常常在一起开会，讨论武汉市的经济发展问题。1988 年 2 月初，我被免除了校长职务，经过市咨询委员会的商量，决定建立一个股份公司，由武商、市咨询委员会、市机械工业局、武汉大学、华中理工大学等 5 个单位共同组成，各单位出资 50 万元，共 250 万元，组建了中兴科技开发股份有限公司，我被推选为董事长。由于公司的事，我与毛冬声的联系逐渐多了起来，我也希望向他学习管理经验，于是我们成了合作共事的朋友。

后来因为彼此工作异常繁忙，我们的联系中断了。

说来也是有缘，我的小儿子刘维东与毛冬声的女婿张伟是同学，他们知道我们的关系，于是约定 10 月 15 日晚在武昌沿江大道的湖锦大酒店聚会。这是一次纯家庭式的聚会，他的女儿毛小静、女婿张伟和外孙女参加了，我的大儿子刘维宁和媳妇韩娜，小儿子刘维东和媳妇夏敏玲都参加了，他的夫人和我的夫人因为身体不好都没有参加。

老朋友 20 年没有联系，见面后自然万分高兴，好像有说不完的话。我们虽然 20 年没有联系，但我们仍然彼此关注着对方，他关注着我的教育改革，而我对他取得的每一个成就感到由衷的高兴。

席间，毛冬声回忆了他的两个 22 年的经历，给我留下了深刻的印象。我比他大一岁，都是出身于农民家庭。我们都是 48 岁出山的，我于 1981 年 48 岁时出任武汉大学校长，而他于 1982 年 48 岁时担任武汉商场的总经理。因此，我们有着同龄人的经历，不同的是他的苦难在前，而我的麻烦在后，但我们都坦然地对待人生。

毛冬声 14 岁从浙江余桃农村流浪到上海，后来又到了武汉，15 岁他被招聘到武汉百货公司当售货员。由于他聪明、勤奋、刻苦，所以很快被调到市商业局，他入了党、提了干，并当了科级团委书记，时年仅有 20 岁。组织上为了培养他，1956 年派他到市委党校学习，可是在那场反右派斗争中，他们那一届 25 个学员中，除了一个中右以外，其余 24 人都被打成了右派分子。从此，一个积极上进的青年被作为阶级敌人改造，先后在武钢工地、东西湖农场劳动，后来参加武汉商场的建筑劳动，可是谁也没有料到，就是这个参与建设武汉商场的右派分子，后来居然成为改变武汉商场命运的人。

从 1957 年戴上右派帽子到 1979 年平反，总共 22 年。这 22 年，是劳动改造的 22 年，是人生最悲惨的 22 年，其中所经历的苦难是人们难以想象的。从 1982 年，毛冬声被任命为武汉商场的总经理，到 2004 年辞去武汉商场股份有限公司董事长，其间又是 22 年，这是他创业的 22 年，是他的聪明才智得到最充分发挥的 22 年。1982 年他接手武汉商场时，年销售额刚刚超过一亿元，到他退休时，已经赚回了 350 个武商。他励志改革，勇于进取，他信奉“干则思变，不变不干”，他创造了全国百货领域的 10 个第一，被称为武汉商场的“教父”。鉴于他取得的巨大成就，他被评为全国劳动模范，获得全国五一劳动奖章，成为全国第八届、九届人大代表，2008 年获得湖北省杰出贡献奖。

但是，他又是一个开明的领导者，2004 年 69 岁时，他拒绝了领导和职工的挽留，执意辞去董事长的职务。目前，他只担任武汉市企业家协会会长和武汉宁波商会会长的职务。他有抽烟的习惯，至今不改，天气好的时候，在湖边钓鱼，享受一个退休老人的闲情逸趣。

毛冬声两个 22 年的经历，说明人的一生不可能是一帆风顺的。我为他走出人生的不幸而高兴，为他的才华得以充分发挥而高兴，为他做出的贡献而高兴！我真诚地希望，悲剧永远不再重演，这是建设民主、自由和繁荣新中国的需要！

是日晚，我们度过了一段愉快的时光，既享受了毛冬声先生款待的美味佳肴，又从他传奇的人生经历中获得了教益。

我与眭依凡校长

我认识眭依凡校长是在2000年5月，我因病在汉口协和医院住院，他专门到病房探视我。那时，他是江西师范大学副校长，目的是想对我做一次访谈，我们在病房畅谈了两个小时。告别时他对我说道："不虚此行，这次能找到你虽然不容易，但如果见不到你，那我这次到武汉就等于是白来了。"他的目的是希望写一本书，我提供的稿子，他收集在《学府之魂——中外著名大学校长教育理念》一书中（江西教育出版社2001年9月出版）。这次见面，他的形象、谈吐和学识给我留下了深刻的印象，我认定他是一位理想大学校长的人选。

那次访谈后，我们通过一两次信，他把《学府之魂》一书寄给我，此后一度中断了联系。一晃十多年过去了，但我对他无时不在思念之中。

2009年10月底，我收到他的夫人周虹寄来的一封特快专递，其中附上了他的一封信和新出版的《大学的使命与责任》一书。现将他的信摘抄如下：

刘道玉校长尊鉴：

武汉一别，10年不曾晤面，但学生眷念殊殷，长怀道玉老盛德大恩。这些年来一直未疏忽过对尊前的关注和学习，您一系列振聋发聩的呐喊，如"高校危机在10年之后"，"现在大学变成了衙门"，"中国怎样建设世界一流大学"，"大学校长素质不如80年代"，等等，既是贤者大师的良知，更是对祖国爱之深切的良心。我常常与朋友谈及中国大学之悲，悲在道玉老一步之遥未能肩负到教育部部长之重，否则中国大学不是今日之景象。……遗憾的是您退出中国大学校长舞台太早了。我们一些优秀的校长，这一生最重要的话语还没有吐出，就听到了下课的铃声。

我也一样，因为坚持按照大学规律办学，坚决不让社会之肮脏污染大学，尤其严肃法规校纪，不允许基建腐败在我任法人后的江西师大为所欲为，因此妨碍了利益集团。于是，他们利用所谓领导班子考察之际，用极其卑劣的违反党纪国法的手段，上蹿下跳、欺上瞒下、拉票串票的方法，使得我在江西省高校领导干部中得票分数最低（80分），从而获得将我这个校长调离的‘正当理由’。此时我任校长才一年半，而省委做出调离决定时，我正在德国柏林自由大学做访问研究。好在中国之大到处都有我报效祖国、为高等教育健康发展献力之地。我已经获得北京大学讨论通过，近期将赴北大教育学院任教师……

因为您一直对我信任奖掖有加，所以一口气写上了这些，也不知道您能否收到我的信。奉上在加大伯克利分校时整理的一本集子，请尊前赐教！有机会我很想去武汉拜望您。多保重，老校长！

虔请大安！

学生眭依凡叩上

2009年10月16日

由于我们近10年没有联系，我知道他正在等待我的回信，于是我通过他名片上的电子邮箱给他回了信，信文如下：

依凡教授：早上好！

你通过特快专递寄的信和书都收到了，十分感谢你还惦记着我这个老朽，其情溢于字里行间。我们10年没有见面了，但你2000年5月到协和医院的探视和谈话，至今我记忆犹新。那次见面后，我的第一印象是，你是一位大学校长最合适的人选，如果没有门第观念的阻碍，甚至可以担任像北京大学这样一些重点大学的校长。后来，你果然凭借自己的学识与能力，担任江西师大的校长、副书记。可惜，你的壮志未酬，实属遗憾之至！其实，你的遭遇正是21年前我被免职的重演，我那年是54岁，而你被免职是53岁……

你选择北大是明智的，至少可以专心致志地做学问。不过，我现在对北大的印象比较差，昔日的办学理念和校风都荡然无存。同时，你还要警惕老北大的排外思想，但也不必太介意，路毕竟是靠自己走出来的。

初次通信，随手写了以上的意见，不一定正确，仅供你参考。收信后请复，以免挂念。

刘道玉

2009年10月21日

但是，邮件发出后几天没有回复，我又按照他留的电话给他打了电话。接到电话后，他十分激动，说那个电子邮箱很少开启，所以没有看到我的信，甚是抱歉。他还说，一定找时间到武汉看望我，以了却他的夙愿。我说，你学术研究繁忙，不必拘泥于礼节，你的心意我领受了。

又过了半个多月，我接到依凡从长沙打来的电话，说他正在湖南师大讲学，这是离武汉最近的距离了，讲座完后将到武汉拜望我。11月16日，他又打来了电话，说当日下午将到武汉，希望能够见到我。是日，寒潮袭击武汉，下着中雪，气温只有1℃到3℃，当天下午4点半，他突然找到了我的家，其情令我十分感动，这才是真正的知音。我们畅谈了一个小时，我把新出版的《创造教育书系》5本书赠送给他，他说这是最珍贵的礼物，一定研读和珍藏。

雪还在继续地下着，伴着3级的西北风，依凡起身告辞，说马上赶火车回南昌，见到了心慕的老校长已足矣！但我于心不忍，没有尽地主之谊，实属遗憾之至！

七十六朵红玫瑰

老皇历说，人生七十古来稀，语出杜甫《曲江》一诗："酒债寻常行处有，人生七十古来稀。"可是，现在流行的说法是："八十不算稀，七十多来兮，六十小弟弟。"此话真的不假，随着物质生活的丰富多彩，医疗条件的改善，我国人口平均寿命为72岁，60岁以上人口有1.6亿，占总人口的12%。其中，80岁以上的人已达1805万人，占老年人口的11.29%。这说明，老龄化社会已经悄然向我们走来，我们必须从各方面应对老年人口剧增的挑战。

我们既是这一变化趋势的见证者，同时又是老龄社会中的一分子。转眼间，我已是77岁的老人了，夫人刘高伟也已76岁，而我们周围的同学和老师不少人已届耄耋之年。2010年4月22日，是夫人刘高伟76岁生日，既非逢五也非逢十之庆，我们本不打算张扬，只准备过一个简朴的生日。按照我们家的习惯，无论是我们自己或是儿子、媳妇，过生日时照例是在家备一桌菜肴，如鳜鱼、珍珠圆子、八宝饭、藕煨排骨汤等保留传统菜肴。我们都不饮酒，常以果汁代酒，有时也会订购一个蛋糕，以示对生日的庆贺。偶尔，我们也到学校的餐厅订一桌菜肴，这算是比较豪华的了。

大儿子刘维宁于1982年赴美国留学，1987年获得美国赖斯大学的哲学博士学位。1990年赴加拿大阿尔伯塔大学做博士后。先后在加拿大天体与行星物理研究所和加拿大航天署工作，直至晋升为加拿大航天署唯一的五级科学家（最高级别），也是加拿大最年轻的五级科学家。在国外28年期间，他虽然常常回国讲学或是探亲，但都没有与我们在一起过生日。2009年9月，经教育部批准，他被武汉大学聘为长江讲座教授，每年来校工作两个月，他欣然同意，希望以此回报母校的培养。今年4月上旬，他与妻子韩娜回国，他们先是到广州办理公司的业务，于15日到达北京，准备送别韩娜回英国后来武大履行讲座教授的工作计划。不料冰岛火山爆发，巨大的尘埃和烟雾影响飞行，以至于欧洲各国机场被迫关闭。这样一来，韩娜不得不与刘维宁一起来武汉，维宁开展他的研究计划，而韩娜等待回英国的飞机。这期间，正好遇上高伟的 76 岁生日，作为长子的刘维宁很高兴有为母亲祝寿的机会。

4 月 21 日，他与韩娜到商场为妈妈购买生日礼物，他从商场打电话询问妈妈的鞋子尺码，意欲给妈妈买一双皮鞋，我告诉他是 35 码。4 月 22 日一清早，维宁和韩娜送来一个硕大的花篮，其中有 76 朵红色的玫瑰花，装点得典雅、美丽。这是高伟有生以来第一次享受到如此的孝心，当然她是十分高兴的。小儿子刘维东，特地到一家台湾蛋糕店定制了一份精美的蛋糕，也配有“76”字样的生日标志。生日晚餐是在家举行的，高伟准备了大家喜欢吃的菜肴，如清蒸鳜鱼、珍珠圆子、红烧寸骨、藕煨排骨汤、八宝饭、炸藕夹、银耳汤、五香牛肉等。晚餐后，一家人在摆放着的红玫瑰花前拍了照，两个小宠物多多和叮当也凑热闹，参与了我们照相的行列。照相后，刘维宁奉上了给妈妈的生日礼物，一双精致、漂亮的黑皮鞋，妈妈试穿后十分合脚，也很喜欢这份礼物。

是日晚，我们一家人过得十分愉快，这是刘维宁出国后头一次与我们的生日聚会，使我们享受到为人父母的天伦之乐！

致杨弘远院士和夫人的一封信

弘远、周嫦先生：

你们好！

昨天，我们收到了您的信和您于9月8日“关于病情的录音整理稿”，感谢您对我们的信任，让我们详细地知道您的病情和治疗全程。当我们读了您的信文，让我们对你们肃然起敬！

癌症是一个讳莫如深的词汇，一般人患了这种病，大多是秘而不宣。然而，您用一种特殊的方式，既无保留地公开了您的病情，又充分展示了您的精神世界，这是何等宽阔的胸怀啊！我们看到的是一个著名科学家伟大的身躯，一个知名学者的坦荡胸怀，一种与癌魔做顽强抗争的无畏精神！

科学是真实的、系统的知识，只有经得起实践检验的真理才是科学。科学家是探究科学真理的人，他们的最高职责是从事创造，创造新的产品、新的技术和新的理论。同样，与疾病做斗争，也必须发扬创造精神。您提出的“与癌共存、带癌生存”的新理念，绝对是科学的，这是认识和与癌症做抗争的一种新的思想境界，凭着这种精神境界，一定能够战胜癌症，走出病痛！

我个人也有与疾病做斗争的经历和经验。在过去30年，我曾经3次被怀疑患了癌症，1978年怀疑肺癌；1982年怀疑膀胱癌，1999年怀疑前列腺癌，但我都不予置理，最后都化险为夷。另外，我不知什么时候患肺病，后来居然发现钙化了；我20多年检查乙肝澳抗都是阳性，没有经过任何治疗，5年前血检业已完全转阴；我患萎缩糜烂性胃病20多年，没有服用任何药物，现在胃炎已完全恢复，食欲犹如当初；我的泌尿系统疾病曾困扰我15年，先后5次手术，现在也完全恢复正常。我的体会是，宇宙是无限的，人的认识能力也是无限的，现在未被认识的事物，是因为人们尚没有找到认识的方法，一旦找到了，宇宙的任何奥秘都是可以揭开的。同样的，任何疾病也都是可以治愈的，目前暂时还不能治愈的，是因为尚没有找到认识这种疾病的方法，一旦找到了，某些被认为“不治之症”的疾病，也是可以被治愈的。

我研究创造教育30余年，相信创造力是无穷的，人间的一切奇迹都是被创造出来的！您一生都是从事创造性学术研究，成就与贡献无与伦比，相信您的创造精神一定可以助您战胜癌魔！

我们都是耄耋之年的老人，深知探视病人无论对自己或是对病人都是一种负担，会严重影响病人的休息。因此，我们多次打消了到家和医院探视您的初衷。现在，我们也以此信表达我们的希望：

我们衷心地为您祈福，希望听到您的一个又一个的好消息！

祝你们早日康复！

刘道玉谨呈

2010年9月11日

补记：杨弘远先生于11月18日上午8时15分，在中南医院不幸逝世，享年77岁。噩耗传来，我的心情十分悲痛，真是天夺其魂，上苍不容英才也！但是，医院已经尽到了一切努力，弘远先生毕竟与癌魔抗争了半年多，曾经几次从死亡线上挺过来，显示了一位科学家的无畏精神。弘远先生走了，他留下了遗言：“丧事从简，在家里和校内均不设灵堂，谢绝吊唁。”他的讣告只有200个字，只字未提他的简历、学历、学术成就和获得的奖励与荣誉，显示了一个淡泊名利的科学家的精神世界！他的遗体告别仪式，于2010年11月20日上午8时在武昌殡仪馆举行，我向弘远先生做了最后的诀别。他走了，永远地走了，但他的学术成就、严谨治学的学风和献身科学的精神将永垂后世！

无官一身轻，有子万事足

北宋文学家苏轼在《贺子由生第四孙》一诗中，发出了“无官一身轻，有子万事足”的感叹，这是一个怀才不遇的天才文学家的自慰。古往今来，像这样怀才不遇的文人实在太多了，他们大都抱着济世经邦的理想，但由于他们不摧眉折腰和特立独行的性格，所以终不得重用。

我一生不愿做官，先后多次辞去或谢绝了许多堪为要职的委任，抱着“生不愿封万户侯”的人生价值观念。有人曾问过我：“那你怎么当了那么长时间的武大校长呢?”我回答说：“大学是从事学术研究的机构，校长不是官，而是学术研究机构的主持人。”正因为如此，所以我这个校长没有秘书，没有专车和任何岗位津贴，无论是办公室或家里，不设任何门槛，来者不拒，事必躬亲，心甘情愿地做一个亲民的布衣校长。

1988 年 2 月 10 日，教育部以传真的方式，免除了我的校长职务。对此，我心里虽然有愤懑，但由于我并不想当官，所以很快就平静下来了。我不愿影响孩子们的学习，所以我没有把免职的事告诉在美国读博士学位的大儿子刘维宁，但消息还是不胫而走，时隔不久他还是知道了。是年 2 月中旬，我接到维宁的电话，他问道：“爸爸，您是否被免职了?”接着，他劝慰道：“爸爸，无官一身轻，有子万事足，您现在这两个条件都具备了。”我说：“是啊，我有两个儿子，非常知足了。同时，在教育改革中，我做了自己想做的事情，也很知足了。但是，我不会放弃教育改革，没有舞台自己搭建。”

一晃 3 年过去了，维东从武汉大学毕业了。20 世纪 90 年代初，青年人大都南下求职，维东应聘到深圳天元生物医药有限公司工作，专业对口，颇有发展前途。那时，我患泌尿系统的毛病经常发作，生活很不方便。1994 年 5 月，维东自动辞去了深圳的工作，回到了我们身边，一方面帮助我打理基金会的工作，一方面照顾我们的生活。他知道，哥哥远在大洋彼岸，远水救不了近火，主动肩负起孝敬父母的义务。

2002年8月26日，夫人刘高伟患了脑中风，先后多次住院治疗。我们毕竟一天一天地衰老，病痛也越来越多。本来，维东和小媳妇夏敏玲在校外买了房单独居住，2004年春节前夕，他们回家来住，与我们团聚过年。过年后，维东提出："爸妈年纪老了，身体又不好，我们就搬回来住，以便照顾你们。"我们接受了他们这片孝心，六年多以来，我们和睦相处，没有感到"空巢"的孤零！小儿不仅对我们孝顺，而且对他的同学也非常关心，如若有他同学的父母生病，都自愿去看望，或者帮助联系医院陪他们去就诊。这种怜悯之心和关爱他人，是从小就养成的。记得小时候，家里养了一只波斯猫，除夕晚被鞭炮惊吓出走了，他们兄弟俩找了一个晚上。另一次，一只杂交的波斯猫病死了，兄弟俩非常悲伤，他们二人拿着铁锹到山上挖了一个坑，把猫埋葬了，兄弟俩还合写了一篇祭文。

维东虽然是学生化专业的，但他经济头脑灵活，擅长于金融投资。这对于基金会的募捐和开展活动是十分重要的。原来以"路石"注册的教育改革基金会成立10年以来，既没有募捐到足够的基金，也没有开展过重大的公益活动。到2004年，民政部重新颁布了基金会的管理条例，规定非公募基金会的原始资金必须达到200万元人民币，而1994年注册时只需要10万元，显然我个人是没有能力筹足重新登记所需要的资金。维东主动承担了募集基金的重任，到2005年他不仅使基金会顺利登记注册，而且使基金会的基金大大地超过了民政部的规定，这就为基金会开展活动创造了必要的经济基础。

作为基金会的秘书长，在刘维东的策划下，基金会开展了多项有益的公益活动，获得了巨大的社会效益。首先，他积极支持武汉大学爱乐乐团的活动，这是由西方哲学博士周锴创办的，先后多次参加了国内和国际爱乐乐团的竞赛，三次获得了国际一等奖，为学校争取了巨大的荣誉。此外，还资助了武大学生暑假支教和社会调查活动，对大学生的成长都有重要的作用。

其次，他建议在我读书的初中和高中分别设立刘道玉创造教育奖励基金，用于奖励从事创造教学的教师和学生。这个倡议得到了襄阳市、枣阳市、襄阳五中和枣阳一中的响应和支持，基金会与两市、两校签订了协议书，三方各出资25万元，设立了刘道玉创造教育奖励基金。2010年9月13日和10月8日先后在枣阳一中和襄阳五中举行了首届颁奖大会，总共有12位教师和23位同学获得了奖励证书和不同等级的奖金，对于倡导创造性的教学与学习，弘扬创造精神，营造创造性的校园文化，都产生了广泛的影响。

再次，他与湖北新民文化研究所共同创办了湖北省学校文化研究会和《学校文化》杂志，策划创办了《枫叶教育论坛》，这些活动都获得了成功。我曾经设想，如果没有维东的帮助，我的基金会是不可能开展这些有益的活动的。

成立教育基金会，是我从事教育改革的平台，维东十分理解我的情结。由于维东的参与，有望把这个基金会长期办下去，使它成为我教育生涯的一部分。现在流行着“空巢”家庭，孤独老人的痛楚是难以言表的。所幸的是，我们不是“空巢”了，生活上有儿子和媳妇照顾，基金会有维东打理，我真是没有后顾之忧了，从这一点上说，也算是子继父业了！

书香精神是中华民族的瑰宝

湖北省《学习月刊》是1986年创办的，至今快有28年的历史了。该刊以宣传学习为宗旨，刊载各个领域理论学习作品，反映国内外形势的评论，为推动改革开放呐喊助威，也有文史札记和书评，内容丰富多彩，受到了各界人士的欢迎。我作为该刊的顾问，既是一个读者也是作者。出于对读书与学习的钟爱，我自然十分关心这个刊物的内容，也有义务宣传学习的重要性。

“自孔子圣人，其学必始于观书”，这是宋代著名文学家苏轼的一句名言。这句话已经揭示了学习与读书的关系，阐明了读书原本是人类对获取知识的追求。人们为什么要读书呢？读书要培养一种情趣，提炼读书的自觉性，掌握知识，提高思维能力，改造社会，应当成为每个读书人的终极关怀。

我自幼热爱读书，一生都在“苦学、巧学和博学”的道路上攀行。张潮是清代著名的文学家，他在随笔《幽梦影》一书中说：“少年读书如隙中窥月，中年读书如庭中望月，老年读书如台上玩月，皆以阅历之深浅为所得之深浅耳。”这是每一个读书人必须经历的阶段，现在我已经到了杖朝之年，也是处在“玩月”的时候了。所谓“玩月”，是指对知识的欣赏达到了融会贯通和运用自如的境界。自进入古稀之年以后，每年我发表10篇作品，撰写一本教育专著，这些算是我读书与思考的收获吧！

一个人年龄可以老化，但心态不能老化，保持积极向上的心态，是维护身体健康的重要因素。人生虽然有许多不能令人满意之事，但我感到最满意的是，迄今我思维清晰，记忆力仍然相当于中年人的记忆力。我依然坚持学而不倦，诲人不厌，思考不止，笔耕不辍。为了学习之需，我订阅或获赠了4份报纸和4种刊物，虽然不能做到每篇文章都阅读，但重要的篇章是一定会阅读的。此外，我每个月还要读一本新书，而且都是我到书店亲自选购的。例如，《教育在十字路口》《大师眼中的大师》《知识分子论》《培育自由》等，这些都是国外名家之作，读名著就等于是与名家对话，从中汲取智慧和力量。

读书与健康的内在联系是十分密切的。读书是一件快乐的事，能够促使大脑开发，增长知识，提高能力，开阔胸怀，滋养心性。一个热爱读书的人，一个有价值的学者，他们不认为读书是苦差事。他们只是热爱书籍，能够做到随遇而安，随遇而学，排除一切烦恼，情不自禁地一直读下去。到了这种境界，那就称得上是一个读书的人了。

同样的，读书是一种特殊的劳动，可以促进血液循环，益智健脑，化解烦恼，净化灵魂，使人的身心更健康。法国人有一句座右铭："停止学习之日，就是衰老之时。"对此我有深切的体会，从读书中获得了极大的益处。我在中年时患有多种慢性病，由于我酷爱读书，所以各种慢性病都不治而愈了。这也印证了南宋诗人陆游所云："病须书卷作良医。"

纵观古今历史，发现一个总的规律，大凡长寿者除了潜心修炼的僧人以外，主要有两类人：一是善良普通的劳动者，他们居住在山清水秀的原野，呼吸清新的空气，食用新鲜的谷物和果蔬，没有尘世功名利禄的纷争，一切顺乎其自然，这就吻合了生命的自然规律，故长寿者居多。二是以学术为终身志业的学者，他们多是理想主义者，能够做到安贫乐道，为了人类的福祉，乐不思蜀地追求其理想，求解天地人间之真谛。例如，郑集（生物化学家，110）、周有光（文字学家，108，健在）、杨敬年（经济学家，106岁，健在）、蔡尚思（史学家，103）、杨绛（文学家，102，健在）、苏步青（数学家，101）、巴金（文学家，101）、刘绪贻（美国史学家，101，健在）、马寅初（经济学家，100）、马相伯（教育家，99）、谈家桢（遗传学家，99）、韩德培（国际法学家，99）、钱学森（空气动力学家，98）、季羡林（古文字学家，98）、张培刚（经济学家，98）、于光远（经济学家，98）、钱伟长（力学家，98）、何泽慧（物理学家，97）、梁漱溟（国学家，97）、吴征镒（植物学家，97）、吴浩青（化学家，97）、申泮文（资深化学院士，97，尚在讲授精品课）……寿至90岁以上的学者，多得不胜枚举。这些都证明：大智大慧的学者长寿者居多，因为他们都是酷爱读书的人，心通自然，有理想就有希望，理想能够使他们走得更远，这就是他们能够长寿的秘密。

这些长寿的学术大师，都是20世纪初或19世纪末出生的，堪为世纪老人。他们都是手不释卷的人，即使在病中也没有停止学习和写作。巴金自1995年患病住院6年，写出了《病中集》一书。季羡林先生在生病住院期间，也写出了《病中杂记》一书，直到辞世的头一天，还在伏案为人题词作画，他题写了《臧克家故居》和《弘扬国学，世界和谐》等题词，真正体现了“活到老，学到老”的顽强精神。武汉大学著名美国史学家刘绪贻先生，已是101岁高龄了，今年中秋节那天，我专门前往他的府邸探望，他穿着背心伏案写作，正在赶写他的自传《箫声剑影》下卷，全书15章已经完成了一半。他的精神令人敬佩，是所有后生们学习的楷模！

然而，自进入到21世纪以后，老一辈学者读书与治学的风气却发生了根本的变化，学术诚信状况每况愈下。令人感到悲哀的是，一个自古被称作是“书香之邦”的国家，现在变成了世界平均读书最少的国家，每人每年读书4.35本，也有人统计只有0.7本。我们再看看世界其他国家读书的情况，韩国是11本，法国是20本，日本是40本，以色列是60本，看了这个统计，我们确实无地自容！现在，整个社会读书的风气淡化了，绝大多数人不买书、不藏书，即使是大学里的教授，也很少有人订阅报纸和期刊，家中藏书也少得可怜，更不用说青年学生和社会上各类人士了。对于这种情况，似乎国人已经麻痹了，他们视而不见，对此种情况熟视无睹。然而，外国人却看得一清二楚，甚至向我们发出了警告。

一个印度工程师写了一篇文章，题目是《令人忧虑，不阅读的中国人》。他写道：“我在飞往上海的飞机上，正是长途飞行的睡眠时间，机舱已熄灯，我吃惊地发现，不睡觉玩ipad的，基本上都是中国人，而且他们基本上都是打游戏或看电影，没见有人读书。这一幕一直停留在我的脑海里。其实，在法兰克福机场，我就注意到，德国乘客大部分都在安静地阅读或工作，而中国的旅客要么在购物，要么在大声谈笑，几乎没有人安静坐下来读书。”

日本管理学大师大前研一出版了一本书，名叫《低智商的社会》，其中写道：“在中国旅行的时候发现，城市满街都是按摩店，而书店却寥寥无几。中国人平均每天读书不足15分钟，只有日本人的十分之一，中国是典型的低智商国家，未来毫无希望成为发达国家。”俗话说，当事者迷，旁观者清。虽然这些人的言论过于偏颇甚至怀有偏见，但他们的担心却是值得我们反思的。

此类情况绝非耸人听闻，我自己就有切身的体会。谁能相信，武汉大学这样一所偌大的高等学府，校园内竟然没有一个书店，而校门口一家“大学书店”也变成了服装店，只能说明图书销售的情况非常糟糕，所以才需要改换门庭。这与20世纪80年代相比，是一个大倒退，那时校内有几个书店，而且每个路口都有个体户摆的书摊。我是一个爱上书店的人，即使已经老迈，每月还要到书店选购需要的书籍。可是，现在却非常不方便，我需要乘车到楚雄大街的图书城或是关山光谷的图书城，这也显示了我国严重的读书危机。现在虽然可以从网上购书，而且是送书上门，但是那种在书店翻阅书页的滋味，特别是扑鼻的书香是网购无法替代的。

当代中国人不读书的原因是多方面的，首先，是当今应试教育越来越猖獗，把学生们束缚在课本上，追求高分。本来，学校应该培养学生的阅读兴趣，引导他们广泛地阅读，指导他们掌握科学的读书方法，从中获得读书的乐趣。但是，应试教育使他们对读书产生了厌烦，对书本有着本能的反感。难怪高考一结束，一些考生把课本甚至被褥都焚烧掉，以发泄胸中对应试教育的愤懑。

其次，是出版的好书越来越少，现在的书报、杂志商业化非常严重，一张报纸大部分都是广告，字体越来越大，一个版面的知识含量越来越少，没有任何可读性。同时，出版界也存在着危机，码洋越来越多，书价越来越高，而销售量却越来越少。于是只能靠提高书价来获利，这又导致有人买不起书的情况，于是就产生了一个印数、价格、销售恶性循环的怪圈。我国畅销书多则只有几万册，与西方国家动辄几十万甚至几百万册相比，简直是小巫见大巫，这也彰显了中国人不买书和不读书的尴尬局面。

再次，中国人虽然少有科学好奇心，但却不乏追求时髦的猎奇心。比如，手机出现以后，中国人争相抢购，我国恐怕是手机普及率最高的国家。当智能手机出现以后，又成了中国人的时尚，马路上、地铁里、校园里、食堂里、草地上，到处都是玩弄手机的人，可就是不见安静读书的人。也许有人会说，上网也是学习呀，但是二者绝不能同日而语。很多上网的人是无目的的漫游，也有不少是寻欢作乐的。网络固然很方便，信息量也十分浩瀚，但网络上的内容多而不精，良莠不齐，杂而不专，甚至有不健康的内容，可能有误导作用。因此，上网绝不能代替读书，特别是阅读经典名著和健康的书籍。

中国人不读书的后果是十分严重的，除了智力退化以外，也将导致健康状况的下降。现在，由于人们生活中的“两多”（应酬饭局多、上网的时间多）和两少（运动少、阅读少），使得现代人两种营养失去平衡，即物质食粮和精神食粮。这种不平衡的主要表现是，物质食粮过剩，导致某些富贵病蔓延。如脂肪肝、肥胖病、高血压、高血脂和糖尿病等；而精神食粮的缺失，导致精神空虚、道德滑坡、诚信缺失，灵魂被金钱所侵蚀而变质。

一位西方哲学家说过：一个人的精神发育史，应该是一个人的阅读史；而一个民族的精神境界，在很大程度上取决于全民族的阅读水准；一个社会到底是向上提升还是向下沉沦，就看阅读能植根多深；一个国家谁在看书，看哪些书，就决定了这个国家的未来。听到这样铿锵的警世恒言，我们应该清醒了，不读书是十分危险的。你希望国家繁荣昌盛吗？那就要让读书在全社会蔚然成风！你要做一个有教养的高尚的人吗？那你就必须读书，孜孜不倦地学习，做到学而不厌；你要做一个有成就的人吗？那你必须读书，掌握最新的科学技术知识，提高你的创造能力！你想要健康长寿吗？你也必须读书，读书可以养德、养心、养性、养身，使你的身心更健康和延年益寿！

书香精神是中华民族的瑰宝，我们万万不可丢失！我们应该造成一种风气：读书高尚，不读书可耻，希望每一个同胞立即行动起来，恢复我中华民族“诗书礼乐”之邦的美誉！

（本文发表于《学习月刊》2014 年第 1 期）

我恪守的两个信条

我是一个非常普通的人，既没有超人的智慧，也没有显赫的能力。实事求是地说，我的本事不大也不多，倒是真情不淡也不少。我之所以能够走到今天，在学术与工作上取得了些微的成绩，全靠“勤”和“俭”二字，它们是我毕生恪守的两个信条，是我不懈前进的动力。

“勤”自然是勤奋、勤勉和勤劳之意。宋朝邵雍在《弄笔吟》中，有“将勤补拙总输勤”的名句，后来遂成“勤能补拙”的成语。我出生在贫穷落后的农村，是在农村私塾接受的启蒙教育，识字以后背诵的头一篇唐诗就是李绅的《悯农》，其二一首是“锄禾日当午，汗滴禾下土。谁知盘中餐，粒粒皆辛苦”。我是经历过“劳其筋骨”和“饿其体肤”的人，深知农民的艰辛，粮食的匮乏。环境的艰难，使我从小养成勤劳和俭朴的习惯。这些朴素的素质，对我日后的学习起到了很大作用。实际上，我的全部求学之路，就是贯穿由苦学到巧学再到博学的过程，这些都是建立在勤奋的基础上。

俭是俭朴、俭省、俭约之谓也。俭是一个人重要的品德之一，诸葛亮在《诫子书》中有“俭以养德”的名句，这说明俭朴不仅仅只是生活上的问题，还关乎人们德行修养的大事。同样的，由于从小经历了太多的苦难，自然养成了节约的习惯。在参加工作以后，即使经济和生活条件有极大的改善以后，我依然以俭朴严格要求自己，一把简易塑料的剃须刀使用了 40 年，一件衬衫穿 30 年，一支圆珠笔杆也使用 10 年。在日常生活中，自觉做到不浪费一瓢水和一粒米。我认为，即使是一个亿万富翁，他也没有权利浪费生产和生活资料，因为人类的资源越来越匮乏，保护和节约物资资源是人类共同的责任与美德。

参加工作以后，我被派往苏联留学，回国以后从一个普通教师一步一步地走上了大学校长的位置。一个人地位变了，但思想作风不能变，我依然恪守“勤”、“俭”二字的传统。我被任命校长以后，学校总务处给我家中送来一副藤条沙发，说在家接待客人需要，但我把它退还给了学校。学校说要给我配专车，我说不需要，我坚持走路上下班，到省府开会我骑自行车往返。我之所以坚持这样做，是为了联系群众，在上下班的路上，教师和学生随时可以拦住我反映意见，这就不会产生官僚主义。

在 20 世纪 80 年代，教授们的住房都很狭窄，即使好不容易新建几栋三室一厅的教授楼，人们都眼巴巴地等待分配。为此，我三次把分配给我的三室一厅的住房让给其他教授，并说全校比我年纪大的教授没有住上三室一厅，我就不住教授楼。在工作中，我坚持事必躬亲，所有发言稿不让人捉刀，坚持面对面的领导，尽可能的到基层解决问题。凡是教授有事找我，不能要他们劳步，我亲自去家访，当面解决他们的问题。

解放思想和改革开放是 80 年代的主旋律，我真诚地拥护改革，身体力行地投入到改革的大潮中去。我亲自到基层调查研究，在教室坐在拐手椅上开座谈会，支持教师与学生们改革的建议，大力倡导自由民主的校园文化，实行了学分制、插班生制等一系列崭新的教学制度。当时，武汉大学的改革在全国引起了强烈的反响，媒体称珞珈山（学校所在地）是“解放区”，武汉大学是中国高等教育战线上的“深圳”。

我被免职的那年春节期间，几位教师自费给我赠送了一幅玻璃镶嵌的字画。它是由一副对联和一方墨水劲竹画组成的，以行书写的对联是：“朝曦夕照得春晖，清风细雨见高洁”；几枝劲竹中间写有“高风亮节”四个字。这是一份珍贵的纪念品，是对我勤政亲民和励志改革的认可与奖赏。尽管我因免职失去了很多，但有这一份珍物，我已足矣。这份赠品，我已经保存了 26 年了，作为文物还将永远保存着！

（本文发表于上海《生活月刊》2014 年特刊第 100 期）

悠悠思念情

“悲莫悲兮生别离，乐莫乐兮新相知。”

——引自战国·屈原《九歌·少司命》

“悠悠三千里，何时复交会。”

——引自东汉·蔡琰《悲愤诗》

“天涯地角有穷时，只有相思无尽处。”

——引自北宋·晏殊《玉楼春》

沉痛悼念裘法祖院士

2008年6月14日下午，在汉口工作的侄儿刘志远打电话给我，第一时间告诉我裘法祖院士不幸逝世。我不敢相信这突如其来的噩耗，于是我立即打电话给裘法祖的大弟子龚建平教授，问他这个不幸的消息是否是真的？他说："是真的，我13日晚上还给他通了电话，可是14日上午8时46分他就突然不幸逝世了。"我问道："是什么原因夺去了裘院士的生命？"他说："裘教授年事已高，虽然他自觉精神不错，还准备去北京参加《外科杂志》的学术会议。但这几天出现过昏厥，未引起他的重视，14日早上再一次出现昏厥，并摔倒在地上，导致脑干出血而不治逝世，实在是万分可惜！"

对于裘院士的不幸逝世，我是十分悲痛的。15日上午，我去同济医学院，向设在体育馆的裘法祖院士灵堂吊唁，向他的遗像三鞠躬并敬献了三炷香，默默地祝愿他去天堂的路上一路走好！

6月18日是举行裘法祖院士的正式告别仪式，尽管我7时3刻就动身去参加追悼会，但当我到达体育馆大厅时，那里已经站满了参加追悼会的人，有数千学生列队在道路上等候向裘法祖院士告别。追悼会大厅布置得肃穆、高雅、庄重，在遗像两侧悬挂着一副挽联：院士伟业名垂千秋，裘氏风范浩气长存。在大厅的四周，悬挂着94个用白绸缎扎成的大花球，摆满了精致的花圈、花篮。追悼会于9时开始，司仪介绍了来自中央、全国各界和省市发来的唁电，送花圈的名单，然后华中科技大学校长李培根院士介绍裘法祖院士的生平。裘法祖院士被称为中国外科之父，中国的"一把刀"，他的成果累累，荣誉不计其数，学生满天下。他的逝世不仅是学校和省市的损失，也是全国医学界的巨大损失！

我与裘法祖院士既是医患者的关系，又是心心相印忘年交的挚友。无论是从学识上或是年龄上，他都是我的师辈，我与裘法祖院士相识整整30年了，在长期的往来中，我们结下了深厚的友谊。在长达25年中，我们每年都互寄新年贺卡，也时常有电话互通信息。在悼念裘法祖院士之际，我不由得回忆起与他交往中一些鲜为人知的往事。

裘法祖教授深夜为查全性先生肠梗阻第二次开刀会诊的事，令我终生难忘。1984年5月初，查全性先生严重腹泻住在学校的临时病房，虽经治疗，但仍没有一丝缓解。一天早上，他打电话要我到他病房去一趟。他对我说："道玉同志，看来需要转院，请你帮我联系一个医院。"我立即与同济医院、协和医院、人民医院联系，但他们的高干病房都没有空床，只有湖医附二医院（现在的中南医院）高干病房有一个床位。我立即派车把查先生送到湖医附二医院，经检查确诊是肠梗阻，有几寸长的肠子已坏死，情况十分严重，如果再晚来几个小时，可能就有生命危险。该院外科主任是史海安教授，我对他说："查先生是武大的知名教授，是国宝，希望你们配备最好的手术班子，万无一失地做好手术。"史教授说："我知道，我们一定会尽全力把手术做好。"可是，手术后两三天了，查先生的肠道依然不通，不停地打嗝儿，甚至频繁地呕吐。这时，查先生又找我商量，如果转院吧，手术做成了这个样子，哪个医院愿意接受呢？如果不转院，仍然在这个医院开第二刀，他又不放心。怎么办？我建议道：是否请同济医院的裘法祖教授来会诊一下，请他来定夺。查先生同意了我的意见，于是我立即与裘院长联系。裘院长是有求必应的专家，没有任何架子。一个周日的下午，裘教授在东湖宾馆宴请德国专家，他同意待宴会结束后，就到湖医附二医院来会诊。我在东湖宾馆外面等候，直到晚上9时宴会才结束。我与裘教授立即赶到医院，他详细地听取了史海安教授关于病情和手术过程的介绍，然后他又到病房对查先生的病情做了临床检查。在此基础上，裘法祖教授认为第一次手术时有些姑息，对肠坏死部分割得不彻底，术后又造成肠粘连，所以下道不通而导致胃液上涌。据此，他提出了手术方案，甚至连切割部位都画在纸上了，希望史海案教授的手术班子再实行第二次手术。裘法祖教授认为已经是万无一失了，意欲告辞，但查全性先生仍然不放心，希望裘法祖教授现场指导手术。我向裘教授提出后，他很爽快地答应了。手术进行得很顺利，待他走出手术室已经是凌晨1时20分，我亲自送裘教授回同济医院，到达医院门口时已是凌晨2时整。这时，裘教授对我说："道玉校长，你可以回去了，我还要到办公室去处理今天的文件。今日事今日毕，这已是我多年的习惯了，否则我是睡不着觉的。"我为裘法祖教授的敬业精神所感动，他是我学习的榜样。当我回到学校时，东方已泛白，晨曦已经到来了。

第二天，查全性先生的病情已经缓解了，不再呕吐，肠道排气了，说明手术成功了。我心想：不一样就是不一样，名家指点，术到病除！当然，我和查全性先生都十分感谢裘法祖教授的帮助！

第二件事是关于为我的胆结石开刀的事。1989 年是一个特殊的年份，无论是国家或是我个人，都经历了令人难忘的事件。8 月 10 日清晨，我的腹部剧烈疼痛，汗如雨注。校医院的肖文钦院长赶到家里急救，她建议立即转院检查、治疗，但是需要报校党委和省高校工委批准。从上午 8 时到下午 4 时，整整 8 个小时才等到一句话："可以到医院去检查，如果需要住院，也可以住院。"与此同时，我也电话告诉了裘法祖教授，他要我马上到医院去检查。当我到达同济医院时，裘教授已在病房等候我，并立即安排给我做 B 超检查，结果显示为填满型的胆结石症。裘教授告诉我他处置手术治疗的三原则：一是必须开刀的一定要开刀；二是可开或可不开的就不要开；三是不需要开刀的就坚决不要开刀。接着他说："像你这样的情况，就必须开刀，我一定安排最好的医生给你开刀。"

根据裘教授的意见，我做了术前的例行检查，并定于 8 月 31 日进行手术。可是，由于极左思想严重的省高校工委书记的干预，以我暂时不宜手术为名把我赶出干部病房，一个月后安排我住在普通外科病房。对此，裘教授非常生气地说："道玉同志，我对这种非人性的做法非常气愤，我虽然没有权力安排你住什么病房，但我有权力给你安排最好的手术班子，那些整人的人即使病危，我也不会给他开刀的。"裘教授的一席话体现了一个高级知识分子的高尚人格和职业道德，令我无比感动。

我于 11 月 16 日做胆囊切除手术，裘教授坐镇，普通外科的戴植本、覃修福等三位教授和麻醉科主任马自成教授都亲临第一线，手术非常成功，取出了一颗核桃大的褐色结石。虽然是全身麻醉，但计量恰到好处，当我被推出手术室的那一刻，我已经苏醒了。术后我也恢复得很快，我一直不忘裘教授对我无微不至的关怀。

21 世纪初，全国刮起了一股大学合并之风，教育界众说纷纭。教育部置大多数人的意见而不顾，强行进行大学合并。裘法祖、朱九思是武汉地区几位资深校长，我们在议论时一致不赞成大学盲目地合并。可是，省政府也跟风强行搞大学合并，并曾试图把同济医科大学合并到武汉大学来。对此，裘教授非常生气地说："我不同意与武大合并，如果上面命令我合并，我就退休回上海。"

2006年春节大年初二，龚建平教授陪我去给裘教授拜年，同时我把自己的传记《一个大学校长的自白》赠送给先生，在他家中我们谈话大约30分钟。正当我准备告辞时，他接到一个电话，说有一位要人来看望他，裘教授约他到办公室见面。先生对我说："见朋友自然是在家里，而见官员只能在办公室。"我十分感谢裘教授对我的信任，我为能够成为他的知心朋友而感到无比的荣幸！

现在裘法祖院士已经离开我们了，我会永远怀念他！

祝贺陈庆云院士80华诞

陈庆云院士是中国科学院上海有机化学研究所的研究员，他早年留学苏联，是苏联科学院元素有机化学研究所克努扬茨院士的第一个中国留学生，他以优异的学习成绩和创造性的研究成果获得了副博士学位。他给导师留下了极为良好的印象，为以后导师继续接受中国留学生奠定了很好的基础。在20世纪五六十年代，先后共有4个中国留学生在克努扬茨的实验室做研究生，他们是北京大学的陈庆云，南开大学的黎志远，中国科技大学的钟惠娟，我是最后一个。我是在中苏关系最紧张的时候去苏联留学的，由于我担任了中国留苏研究生学生会主席，领导了那场揭露苏联大国沙文主义的斗争，被苏方宣布为不受欢迎的人而辍学回国，未能完成研究生学业。

回国以后，我继续从事有机氟化学研究，与庆云先生多有联系，他对我多有帮助，时常给我寄来研究资料。因此，当我得知他80华诞的消息，我立即给他发去了贺电和赠诗，现附录于后。

贺电全文

庆云学长：

欣闻将迎来80华诞，我谨向您表示最衷心的祝贺：祝您寿比南山！福如东海！

光阴似箭，日月如梭。转眼间，您在有机氟化学领域已经辛勤耕耘了近半个世纪，真可谓桃李芬芳，硕果累累，蜚声中外，堪称我国有机氟化学界的大师。对于您取得的成就，我感到由衷的高兴，借此机会，我谨向您表示最衷心的祝贺并致以崇高的敬意！

“壮心未与年俱老，桑榆为霞尚满天”，我衷心祝愿您在学术研究和培养人才方面取得更大的成就！

在您 80 大寿之际，谨以七言古风相赠。

恭贺陈庆云院士 80 华诞

出自湘乡少俊童，
燕京园里受启蒙。
克努扬茨育高足，①
黄浦江畔庆寿翁。
四十余载勤耕耘，
笃志研究有机氟。
原子分子任剪裁，②
理论应用双丰收。

① 伊万·柳德维奇·克努扬茨是苏联科学院院士、技术中将，科学院元素有机化学研究所有机氟化学研究室主任。陈庆云先生是他的第一个中国留学生，他以优异的学习成绩和创造性的研究成果顺利地通过论文答辩，获得苏联科学副博士学位。

② “剪裁”一词是引自宋朝诗人陆游的诗句：“天机云锦用在我，剪裁妙处非刀尺。”事实上，原子分子亦是为陈庆云先生所用，他用分子设计原理，对化学分子任意进行剪裁，创造出了氟化合物和新材料。

别开生面的白寿宴

汉语是起源于象形文字，经过5000多年历史的锤炼，形成了语词、语义非常丰富的独特的文字。我国古代人造字使用了六种方法，即指事、象形、形声、会意、转注和假借，这就是汉语所具有“六书之美”的特点。基于这些特点，汉语具有多音、多意和谐音、会意的功用，并由此衍生出趣闻逸事。

关于表示年龄和祝寿，有一些称谓就是十分有意思的。比如，60称花甲寿，70是从心寿、古稀寿或中寿，77是喜寿（因为柒十柒草书像喜字），80叫耄耋寿或伞寿（因为捌十草书像伞字），88称米寿（米字的笔画组合成八十八），90称上寿，99称白寿（即百岁的百字去掉上面的一横），100岁称期颐寿（百年为期颐，出自《礼记》），108岁称茶寿（笔画组合成一百零八），等等。

2009年1月31日（己丑年初六），武汉大学法学院国际法研究所的教授们，为韩德培老先生举行了一次生日宴会。韩老先生于1911年2月6日出生在江苏省如皋县，今年应是98周岁。按照我国习俗，给老人祝寿是按虚岁，也就是给韩老庆祝99岁生日，即古人所称的“白寿”。

这是一个地地道道的民间祝寿活动，没有惊动学校和当地的官员们。参加祝寿活动的有韩老的次子韩健（环境法专家）、孙女韩平（深圳大学仲裁法青年教师），女儿韩敏和女婿，长子韩铁（国际私法教授）远在加拿大未能回来，这是一个少见的法学世家。这次祝寿活动由韩老的学生、现任法学院院长肖永平博士发起，至少有先后十几届毕业的学生参加，最早有1950年毕业的梁西教授，他是著名的国际仲裁法的权威。自韩老95岁高龄以后，每年我都会被邀请参加他的祝寿活动，这是因为我与韩老和恢复法律系有一段鲜为人知的故事。

是日，风和日丽，天气晴朗，万里无云，气温是6℃到16℃，让人感到春意盎然的温暖。“白寿宴”是1月31日中午在湘鄂情大酒店举行，它位于洪山体育馆旁边，是刚开业的遍布全国的一家大型餐饮业的连锁店之一，品位比较高雅，当然价格也不菲，据说两桌酒席花费了10090元。

在一间向阳的长方形的大包间内，布置了两个硕大的圆桌，每桌可以坐15个人。餐桌中央摆放着一个鲜花瓶，周围散撒着玫瑰色的花瓣。在右边壁墙的中央张贴一个硕大的“寿”字，它由书法家阿英书写。“寿”字两边悬挂着一副寿联，上联是：德为世重如千岩竞秀；下联是：培为人尊似万壑争流。这副寿联是由蔡兴所辑，他是武汉大学法律系首届（85级）插班生，他一再向我祝酒，感谢我首创了插班生制度，使他能够有今天的成就。这副寿联的书写者署名是肖逃官，是武汉市的一名书法家。他的名字引起了我极大的兴致，用“逃官”做名字实在罕见。蔡兴对我说，这是他的真名，他一生不愿做官。我心想，这真是一位志同道合者，与我“生不愿封万户侯”的信条是何其相似乃尔！

生日宴由肖永平院长致辞开始，他说：“我校法律系（后改院）恢复仅仅20年，我们的国际私法、国际公法和国际经济法在全国就处于领先的地位，这与韩老的贡献是分不开的。他蜚声中外，桃李满天下，硕果累累。现在，韩老已99岁高龄，他依然精神矍铄，我们衷心祝福他寿比南山，福如东海！请大家一起举杯，为韩老健康长寿干杯！”

接着，永平院长要我讲话，且话筒已经放在我的面前。我拿起话筒说道：“我十分荣幸地被邀请参加韩老的‘白寿宴’，我虽然不是韩老的学生，但作为一个晚辈，我衷心地祝韩老健康长寿！韩先生的一生是传奇的一生，他创造了很多奇迹，我希望他再创造长寿的奇迹，成为全国乃至世界最长寿的寿星！为了表达对韩老的祝福，我填写了一首词，填词的水平是小学生，但情是真切的。现在，我把这首词献给韩老，并把它朗诵一遍，请韩老和各位指正。

人月圆

贺资深教授韩德培老先生白寿[1]

香梅怒放春来早[2]，

① 今年2月6日是武大法学院名誉院长韩德培先生99大寿华诞，古称为白寿，即百岁减一之意。

② 蜡梅又叫香梅、黄梅。

喜庆白寿宴。

年年此时[①]，

举杯同欢，

人寿月圆。

珞珈山巅，

晶核烁烁[②]，

北斗映照。

桃李芬芳，

宏论巨著，

寿高德劭。

我讲完之后，韩先生的第一个博士学位获得者黄进发表了贺词，他现在是武汉大学副校长，中国私法研究会会长、中国国际法研究会副会长。梁西教授已86岁高龄，他是武汉大学50届毕业生，后长期在北京大学任教，于1983年回母校任教直到退休。他说："我在武大学习时，韩老师才30多岁，年轻英俊，风华正茂，他对我们的一生具有重要的影响，我真诚地感谢韩老师的培养！"

"白寿宴"非常丰盛，各种佳肴、名点、茅台、干红一应俱全。大家在一片欢庆的气氛中，边吃边谈，不时有学生一拨又一拨地向韩老敬酒，祝他健康长寿！席间，酒店的小姐唱着欢快的歌曲，一些年轻的教师也跟着唱了起来，气氛非常轻快，欢声笑语此起彼伏。在伴随着生日快乐的歌声中，服务小姐推来了一个大蛋糕，上面写着99字样，点燃了99根白色的小蜡烛。韩老亲自切

---

① 韩德培先生生于1911年2月6日。进入21世纪后，每年这一天，法学院和他的学生都要为他举行生日宴，大多时候我都有幸被邀请参加。

② 1957年韩德培先生被划为大右派分子，被戴上武汉大学右派"山中宰相"的帽子。随后，1958年武大的王牌学科法律系被撤销，合并到省属的湖北大学。1978年落实政策后，恢复名誉。1979年恢复法律系，被任命为首任法律系系主任，成立法学院后又任首任院长，现为终身名誉院长。我在恢复法律系的筹备会议上说，法律系是武大的王牌系，是金字招牌，并打比喻说，撤销法律系犹如把一块水晶打碎了，但韩德培教授这颗晶核尚在，用不了多久，在他这颗晶核的周围就会长出一块硕大的水晶来。今天，韩先生是全国国际法的泰斗，法学院在全国名列前茅，我们重塑了法学院这块金字招牌。

开了蛋糕和吹熄了蜡烛，全场报以热烈的掌声。每个人分享了生日蛋糕，最后再一次地向韩老祝福，祝他永远健康！

时间过得真快，不知不觉两个半小时过去了。一个 99 岁高龄的老人，能够坚持两个多小时，食欲也不错，真是令我们这些学生无比高兴。这说明，韩先生的各个器官机能完好，身体健康，大家都希望明年再为他举办一次“期颐宴”！

回忆高尚荫院士的几件往事

今年是高尚荫院士诞辰100周年和逝世20周年，武汉大学生命科学学院于2009年3月27日下午举行座谈会，缅怀这位我国病毒学的奠基人。座谈会在生命科学学院一楼一间会议室举行，约50多人参加会议。学校的副校长周创兵参加了，其他与会的有学校前任的校长和副校长，高尚荫先生早年的学生代表。高尚荫先生的长女高西玲教授也参加了会议。

按照会议的安排，我作为学校的原领导代表发了言，回忆了我与高先生交往的几件往事。我是1953年进入武大化学系学习的，那时高先生是理学院院长，年仅26岁就被聘为武汉大学的教授，讲得一口流利的英语，而且还是大学的足球运动员。于是，他成了我们学生的偶像，对我们50年代的大学生有着很大的影响。

我与高先生直接接触是在1966年4月以后，我被任命为学校的副教务长，高先生是学校的副校长。但是，没有多久“文化大革命”就开始了，他很快靠边站了，我后来也受到极大的冲击。直到1971年以后，我们先后被“解放”，高先生又恢复了副校长的职务，分管科学研究工作。

1977年4月中旬，我被借调到教育部，筹备全国教育工作会议，不久又被中央任命为教育部党组成员兼高等教育司司长。1978年3月中旬，党委书记纪辉和高先生一起到北京，向教育部汇报学校的工作，刘西尧部长和李琦副部长接待了他们。我告诉纪书记和高先生，教育部将在全教会的纪要中提出实行学分制，武大不妨先行一步。听后，高先生说：“学分制是个好的制度，有利于人才的培养，我们学校可以大胆试行。我就是学分制培养出来的，有亲身的体会，可以向大家介绍学分制的一些情况。”回校后，武大积极酝酿和筹备，1979年试行，从1981年全校推广，成为全国率先实行学分制的大学。在实行学分制的过程中，高先生是积极支持的，他功不可没。

在对外开展学术交流方面，高先生是一直走在前面的。刚开始，我们苦于不了解国外的情况，总是打不开局面。高先生先后于 1931、1935 年分别获得美国劳林斯大学、耶鲁大学的学士和博士学位。他率先提出与美国几所大学建立姊妹学校的关系，并于 1981 年应邀访问美国，与包括耶鲁大学在内的多所大学建立了友好合作关系，从而打开了我校对外交流的新局面。

按照分工，高先生分管研究生教育和外事工作。他对研究生工作十分关心，一直强调要保证研究生的质量，绝不能滥竽充数。最初学校研究生处的处长和几名干部都没有从事过教学和科研工作，有人认为他们不懂业务，难于抓好研究生工作。于是，我请高先生亲自挑选研究生处长，他十分重视，分别找了文理科几个人谈话，最后他亲自挑选经济系的李守庸教授当处长，对加强我校研究生教育起了很大的作用。

为了发展我校新兴学科，逐步改变我校学科老化的问题，并向着多学科综合大学的方向发展，我曾先后多次请教高先生，请他从方向上帮助把关。他对我说：“时代在前进，学科也要随时代不断地发展。他分析说，21 世纪新的技术革命时代，科学将向宏观和微观两个方向纵深发展，从宏观上将向无限的空间发展，从微观上讲，将向着物质微观结构方向发展。根据这个分析，结合我校的特长，应当建立空间物理学系和病毒学系。”在普遍征求意见的基础上，我校于 1982 年先后建立了这两个系，使之成为全国独一无二的特色系。果然不出所料，这两系的建立对我校的发展起了巨大的推动作用。每年招生时，这两个系成了最热门的系，高分学生大部分也都被这两个系所录取，许多优秀的学生都考取了国外的研究生，为国家培养了大批优秀的人才。

在缅怀高先生的时候，我真诚地感谢高先生对我的教育与帮助。我们现在纪念这位著名的病毒学家，就是要继承他的学术事业，发扬他用一生凝结的勤奋、严谨、开拓、创新的治学精神！

祝贺潘懋元教授90华诞

尊敬的潘懋元教授：

2010年8月4日，是您90华诞的纪念日，值此良辰吉日之际，我谨向您表示最衷心的祝福：祝您寿比南山，福如东海！

90年是一个著名教育家成长的记录。您开创了中国高等教育史上诸多奇迹，编撰了我国第一部《高等教育学》（上、下卷）；创立了第一个高等教育学研究所，现已升格为厦门大学教育科学院；组建了全国第一个高等教育学博士学位授予点，由您亲自培养的百多名硕士和博士研究生，分布在全国各个教育学研究和教学领域，他们都成为教育科学领域的骨干，真可谓桃李满天下，业绩昭苍穹。

特别是在改革开放后的30多年里，您一直是领教育革新之先锋，领衔承担和完成了多项国家教育科学研究任务，为我国教育科学学科理论建设做出了奠基性的贡献。同时，您身先士卒，积极参加教育改革的实践，发表了许多有重大影响的论著，提出了不少的重要建言，直接或间接影响着我国高等教育改革的进程。同时，您的教育思想，不仅在教育学界，而且在社会上也影响了一代又一代人。

陆游诗曰："壮心未与年俱老。"在科学和医疗技术高度发达的今天，90岁以后依然可以做到"为霞尚满天"。因此，在您90华诞之际，衷心期盼您老骥伏枥，志在千里，继续为我国高等教育学研究再做出新的和更大的贡献，为我国问题缠身的高等教育走出困境多献妙计良策！

最后，衷心祝您健康长寿！

后学　刘道玉恭贺

2010年7月10日

吊唁民主斗士谢韬先生

谢韬先生是四川省自贡市人，1944 年毕业于南京金陵大学社会学系，1946 年加入中国共产党。他先后任重庆《新华日报》记者，延安新华总社编辑，中国社会科学院《中国社会科学》编审，中国社会科学出版社副社长，中国人民大学教授、副校长，中国社会科学院研究生院第一副院长等职务。他才思敏捷，著作颇丰，是著名的思想家和教育家。他敢于说真话，率先提出民主社会主义的思想构想，是中国知识分子杰出的代表。

我认识谢韬先生是在 20 世纪 80 年代中期，那时我们常在一起开会，由于我们都立志于教育改革，所以常常交换对教育问题的看法。中国人民大学是一所综合的人文社会科学大学，师资力量雄厚，当时武大的毕业生都慕名报考人大的研究生，如曹远征、范恒山、陈章良等。我记得，1984 年秋，我借在京开会的机会，特意到中国人民大学参观学习，受到了谢韬副校长的热情接待。当日下午我召集了在人大读研究生的武大毕业生，听他们介绍人大研究生教育的经验和自己学习的体会，对我校借鉴人大的经验颇有帮助。

1985 年 7 月 14 日，中国大学校长代表团访问日本，参加在东京召开的中日第一次大学校长会议，代表团团长是北大校长丁石孙，我是副团长。代表团由我国 10 所大学的校长组成，人民大学谢韬副校长是代表团成员之一。日本参加会议的有 40 所大学，会议的主题有二：一是讨论世界高等教育发展的未来方向，二是研讨中日大学合作交流的内容和形式。在中日双方代表的共同努力下，此次会议取得了圆满成功。会后，中方代表参观了东京大学、早稻田大学和筑波大学以及筑波万国博览会。在访问期间，我与谢韬副校长交谈得最多，他极为赞赏武大进行的各项教育改革试验，我们都表示今后应加强两校的合作，充分发挥两校文科的优势。

谢韬教授卸任后，并没有退出学术研究和社会活动，他一直积极致力于中国炎黄文化研究会的组建工作。1989 年 2 月底，他从深圳到武汉，住在湖北大学招待所，此行的主要目的是组建中国炎黄文化研究会武汉分会。我们应邀到湖北大学开会，讨论成立武汉分会的有关事宜，参加会议的还有李成文、冯天瑜、王千弓和张薇之等人。

此后，我们彼此多年没有联系，但无时不在关心着对方。2007 年 2 月底，我将自己的自传《一个大学校长的自白》，恭敬地寄给谢韬先生，真心希望得到他的指正。4 月 3 日我收到了他的回信，现摘要如下：

> 道玉同志：
>
> 你的来信与文章《论中国教育之改造》已仔细拜读。今天又收到大作《一个大学校长的自白》，《自白》一书去年我已拜读，是一个老友向我介绍的。对你的改革精神，坚毅奋斗始终如一的精神，至深敬佩。关于当代教育之改造，我也有一些想法和感受，我很赞成你的看法。但困难在于，教育改造在中国不仅是教育本身的问题，更多的是涉及政治体制改革的问题，没有政治体制的民主化，教育体制的改革会阻力重重……你和钱老的创造教育思想举步艰难，天天喊素质教育，很多人实不知素质教育为何物，所有教育都在应试教育支配之下，越演越烈。大学生、研究生都是中学和小学生的学习方法和思维方法，把大学生捆绑在分数、考试不敢独立思考的学制上。大学已丧失理想、理性思考的光彩。我完全赞成你的改革大一统教育体制的思想，我认为除此之外别无出路。你树立起教改的旗帜，人们会凝聚力量的。

我心里清楚，并不是我在教育改革上做得好，而是谢韬先生对我励志教育改革的支持，因为我们志同道合。在我国，改革本来是艰难的，励志改革者更是凤毛麟角，所有我们需要互相鼓励和支持。

再后来，我听到谢韬先生不幸患脑出血，这是 2009 年 1 月 8 日发生的。当我得知这一不幸的信息后，我第一时间给他的小儿子谢小庆打了电话，衷心祝愿他早日康复。可是，谢韬先生一直没有苏醒过来，在阴阳两界苦苦支撑着。谢韬先生毕竟是历经坎坷的人，他与死神抗争了一年十个多月后，于 2010 年 8 月 25 日上午 9 点零 5 分停止了呼吸，享年 89 岁。

我在北京有很多学生，他们把谢韬先生不幸逝世的噩耗告诉了我，我立即给小庆打了电话，表示了我的悼念。后来，我从作家胡发云处知道了小庆的电子邮箱，我又发去悼念信和挽联。我写道："当我惊悉谢韬先生不幸逝世后，深感悲痛！近年，一些富有思想的老年知识分子陆续仙逝，让人感到十分沮丧。但是，他们的独立精神和自由思想是不会消失的，会继续影响中国的民主进程，这是坚信无疑的。"并随信发去一副挽联：

沉痛悼念谢韬先生

民主斗士历经坎坷铮铮铁骨垂千秋

自由思想冲破樊笼改革自有后来人

在盛蓉生教授安魂和追思会上的讲话

我们的老同学盛蓉生教授，因心脏病急性发作抢救无效，于 2010 年 9 月 30 日晚 9 时 40 分在北京不幸逝世，享年 76 岁。噩耗传来，我感到十分震惊和无比悲痛。我立即电告了在校的同学和同事，并告诉了外地的部分老同学，他们与我一样感到突然和痛心！

今天，我们在这里举行盛蓉生教授的安魂和追思会，我谨代表原化学系 57 届和 58 届毕业至今仍然健在的老同学，对盛蓉生教授的不幸逝世表示沉痛的哀悼，向其亲属表示诚挚的慰问，请节哀顺变！

我们是 1953 年秋进入武大化学系学习的，我与盛蓉生被编入 752 班。学习期间，我们一起参加了 1954 年百年不遇的防汛抗洪战斗，在长江最危险的防线上奋战了 100 个日日夜夜。1955 年，我们又一起脱产参加“肃反”运动，1956 年 3 月 8 日，我们又一同加入了中国共产党。一年后，我们又复学跟随化学系 54 级学习，于 1958 年毕业同时留校工作。在 10 个寒暑的同窗学习中，我们亲密无间，情如手足。在学校工作的 50 多年中，我们互相鼓励，互相支持，风雨同舟，为武汉大学的建设与发展做出了我们应有的贡献！

盛蓉生教授一生追求进步，勤奋学习，努力工作，一直奋战在教学和科学研究第一线，贡献了他的全部智慧和精力，他的业绩将载入武汉大学的史册。特别是他思维敏捷，不断地瞄准科学研究的前沿方向，在多个新兴的学科领域里进行了积极的探索，取得了可喜的成果。

盛蓉生出生于一个多子女的家庭。作为长子，他孝敬父母、提携弟妹、尊敬师长、友爱同学、关爱学生、乐于助人。他的这些优良品德，一直为人们所赞誉，并将对后人产生广泛的影响。

2007 年 3 月 18 日，我们在珞珈山庄举行毕业 50 周年聚会，包括来自美国的 40 多位老同学参加了聚会。虽然我们都是白发苍苍的老人，但我们犹如回到了风华正茂的青年时代，彼此言谈甚欢，大家一起度过了 3 天愉快的时光。

当时我们约定，在2013年将举行入校60周年的聚会，你也是积极的倡导者之一。可是，你却先走了，此情此景，怎么不让我们万分悲痛和惋惜呢！

蓉生啦，老同学，你走了，永远地走了！

希望你一路走好！

请安息吧！

沉痛悼念马克昌教授

去年，我听说马克昌教授生病住进医院，据说是贫血症，医嘱禁止探视，以防止交叉感染。作为一个老人，我深知探视病人，无论对探视者还是病人，都是一种负担。因此，我打消了前往医院探视的念头，委托他的女儿马重惠转达我的问候，并祝福他早日康复。

但是，经过近一年的治疗，病情不仅没有好转，反而日趋严重。6 月 23 日清晨，我突然获悉，马克昌教授于 2011 年 6 月 22 日 19 时 16 分不幸逝世于武大人民医院。听到这不幸的消息，我感到十分悲痛，他的逝世不仅使我校法学院失去了一位名师，也是我国法学界的一大损失。

6 月 24 日，在武大宋卿体育馆举行吊唁仪式，我与前党委副书记黄训腾冒着大雨前去吊唁，雨水淋湿了两只裤脚。大雨不停地下，在回家的路上，我的思绪随着雨水不停地流淌，让我回忆起了与马克昌教授交往的一些旧事。

1957 年马克昌被划为右派分子，当时我还是在校的学生，只知道他的名字，但未见过其人。马克昌先后在农村劳动改造，后又分配到学校图书馆当管理员。我头一次见到他是 1963 年秋天，我刚从苏联辍学回到学校。一天，我到图书馆书库查阅书籍，正好碰到马克昌在那里。我问他："马老师，在这里工作感觉怎么样?"他说："很好，使我在为读者服务之余，有机会读到过去读不到的书。"我说："希望你保重身体，留得青山在，不怕没柴烧。"

1979 年初，马克昌先生被摘掉了右派分子的帽子，落实了他的政策，这项工作是由党委书记纪辉亲自负责的。他是一位原则性很强的老干部，他亲自找马克昌老师谈话，对马克昌所受到的冤屈表示赔礼道歉，推翻过去强加给马老师的一切不实之词。他希望马老师放下包袱，积极参加到依法治国的行列里来，为办好我校法律系贡献自己的力量。马克昌感谢党组织的关心，决心放下包袱，不辜负党和国家的期望。

我与马克昌先生直接接触，还是在恢复法律系以后，并且在工作中我们建立了深厚的友谊。1979 年 4 月，我正式辞去了教育部党组成员兼高教司司长的职务，回到学校后又被任命为党委副书记兼副校长。凭着直觉，我意识到拨乱反正之后将迎来一个依法治国形势的到来。与此同时，为国家输送大批法律人才也就成了当务之急。但是，法律教育又是遭到破坏最严重的领域，1958 年撤销武大法律系就是突出的表现之一。因此，恢复武大法律系既是拨乱反正的措施，又是重铸武大金牌的需要。于是，我首先向党委建议，应当尽快恢复我校的法律系。倡议提出后，在党委常委会会议上引起了激烈的争论，支持恢复的人并不占多数。在关键之时，当时的党委书记纪辉同志作为一把手，旗帜鲜明地支持恢复法律系，并表示不要再争论了，他愿承为此而担一切责任。

根据学校党委恢复法律系的决定，1979 年 5 月我主持了恢复法律系的第一次筹备会议，宣布韩德培先生为法律系筹备委员会主任，马克昌为副主任。参加筹委会的有 7 个人，大家对于恢复法律系一致拥护。韩德培先生说，法律系是武大的金字招牌，我们一定要重铸这面招牌。马克昌先生说："我们一定要大干快上，要把过去耽误的时间抢回来，我主张从 1980 年就招生。"

恢复法律系后的第一任系主任是韩德培先生，1983 年他就退到二线，马克昌先生担任系主任，韩德培担任名誉系主任。1986 年，武大在全国第一个成立了法学院，马克昌担任院长，韩德培先生担任名誉院长。法律系恢复后，千头万绪，调配师资是首要任务，由于韩老年岁大，调配教师主要是马克昌和陈明义负责，他们经常到我家里谈工作，我对他们提出需要解决的问题，都是以特事特办予以支持。到 1980 年新生开学时，法律系的教师由 7 人增加到 30 多人，这为我校法律系建设争取了速度，使之很快走在了全国高校法律系的前面，马克昌先生功不可没。当时，我校法律系的声誉鹊起，连北京大学法律系系主任张国华教授也主动要求调到武大来。1986 年 9 月，马克昌亲自陪同张国华教授拜访我，他希望加盟到武大法律系的建设中来，我向张教授表示竭诚欢迎，虽经两校多次磋商，但由于北大坚决不放，所以最终没有调成。

我被免职以后，马克昌教授在第一时间到我家中表示慰问。在以后多年里，我们一直保持着密切的往来。即使我后来遇到了麻烦，他也经常来看望我。体现了一个知识分子的良知，也反映了一个法学教授的担当。

2006 年马克昌教授 80 华诞，他的助手和学生们准备为他编撰一本文集，我应邀写一篇纪念文章。我以《壮心未与年俱老》为题，这是借用陆游的诗句，希望马克昌先生老当益壮，衷心祝愿他健康长寿，为我国法学研究和法学教育再做贡献。本来，马克昌先生身体一直不错，他也自信能够再工作十几年，而且他把研究工作排到了 95 岁。但是，他没有抗争过病魔，他终于走了。噩耗传来，我无比悲痛，借此对马克昌先生的逝世表示沉痛的悼念！

他的解脱是最好的选择

应《长江商报》和湖北省慈善基金总会的邀请，2011 年 9 月 5 日我去武汉市新洲区三中参加首届“阳光班”开学典礼，并为他们做了一场《艰难困苦，玉汝于成》的演讲。所谓“阳光班”，即招收农村贫困生，由省慈善基金会资助，全省共资助了 2300 多人，而新洲三中获得资助的有 150 人。在演讲前，我对该校领导人说，今天我有两点要求：一不吃饭，二不收演讲报酬。在我的坚持下，他们满足了我的要求。我大约 12 时结束了演讲，告别了三中的书记和校长，大约中午 1 时回到家里，家人们早已吃过饭了，我简单地吃了一点残菜剩饭。

饭后，高伟告诉我一个不幸的消息，说老同学周梅初在菜场买菜时晕倒了，被 110 刑警急救送到医院。但在哪个医院，谁都说不清楚，到底是谁报的警也不知道。9 月 6 日下午，化学与分子科学学院韩静通知我与刘基万，随同她们去市三医院探视在抢救中的周梅初。脑外科的徐主任接待了我们，他介绍说：“周教授的意外事故发生在武大菜场，有人打电话报警，待 110 刑警赶到时，病人说他叫周梅初，是化学学院退休教师。110 刑警立即把病人送到市七医院，但该院救治不了，遂转到我院。经我们诊断，估计病人晕倒时是后脑着地，因为后脑骨裂，右脑出血、水肿，伴随着 39℃的体温。我们现在的救治方案是止血、消肿和退烧，并防止出现并发症。”

随后，徐主任带我们到病房探视，当时周梅初已处于深度昏迷状态，双目紧闭，没有语言，但手足尚能够轻微地抽动。我们再三感谢徐主任的救治，鉴于周梅初是个老单身，没有任何亲人，请求医院尽最大努力施救。在从七医院到三医院的转移过程中，由于没有亲属陪伴身边，所以他只是赤身裸体，衣物全部丢失。见此情景，韩静去商店给他买了一套睡衣和一些生活用品，并请了一名护理人员。我们嘱咐这名陪护，周教授没有亲属，希望他尽心照料昏迷中的老人。

周梅初究竟是怎么摔倒的？为了弄清究竟，9月7日我到菜场去做调查，他到底是怎么摔倒的？是下楼梯还是因地滑摔倒的？我走访了多人，他们告诉我是在菜场二楼摔倒的。当时他在菜场二楼通道行走，突然向后摔倒在地，如果他身后有人挡一下，兴许就不至于酿成大祸。

9月8日下午，化学院又接到医院的通知，说周梅初出现病危，已经转入急症救护室（ICU）。我们立即赶到医院，他已经由7楼的脑外科转10楼的ICU，这时他已经完全没有知觉了，仅仅靠营养液维持生命。徐主任告诉我们，他患有糖尿病，病情随时会加重，危险期大约是21天，如果能够闯得过去，还有救治的希望，否则很难有回天之力了。此后，我们时刻注意他的病情变化，希望他能够创造奇迹。

9月23日上午8点半，我突然接到电话，说周梅初生命垂危，化学学院的朱剑平副书记、刘基万和我一行人立即赶到医院，我们于9时33分赶到，可是周梅初于9时19分56秒已经停止了心脏跳动。我们到病房看了他临终的遗容，他的头偏向右边，没有太痛苦的样子。朱剑平请求医生和护士从逝者手腕的静脉抽了血样，剪下了一绺头发，以备留作与他女儿做亲子鉴定，这是罗向菲作为唯一合法继承人必须的证据。

在周梅初病危时，朱剑平到广东惠州市去寻找周梅初的前妻和女儿，几经周折，在校友的帮助下，总算见到了他的女儿罗向菲。事情来得这么突然，小罗并不知道太多情况。周梅初的前妻罗冬秀自然怨恨极大，拒不见武大来人。但是，他的女儿尚算通情达理，经过做工作后，她同意到武汉来一趟。可是，当罗向菲于24日11时30分到达的前一天，他的生父就已经去世。朱剑平亲自到火车站接她，并没有马上告诉她周梅初已经去世。当天中午，我们这些当年与周梅初同学的十多人，在酒店设宴款待小罗。为了不破坏吃饭的气氛，一直都不提起周的去世。午餐后，朱剑平约请我们几个代表，在老干处会议室与罗向菲交了底，并商量周的后事处理办法。

经过众人商议，鉴于周梅初一生简朴，为人低调，所以决定不发讣告，不正式举行遗体告别式，一切从简，罗向菲也表示赞成。会后，朱剑平陪同小罗到武昌殡仪馆去瞻仰了她生父的遗容。25日上午9时30分，我们老同学和周梅初生前教研室的同事，到武昌殡仪馆向他做最后的告别。朱剑平、罗向菲和我一直等到火化完毕，随后将他的骨灰带回存放在他生前的住所，待与他女儿商量择期将其骨灰撒到东湖。

我把自传《一个大学校长的自白》签章后送给罗向菲，并对她说："毕竟血缘关系是没有办法改变的，希望你接受这个现实，承认你的生父，继承他的遗产。你这次来武汉是明智和勇敢的，对你来说，等到你回忆往事时，不至于留下遗憾；对你生父来说，如果他在天有灵，他会因为你的到来而含笑九泉。你父亲走了，永远地走了，我们这些伯伯、叔叔和阿姨们都是你的亲人，你今后有任何需要帮助的事，尽管告诉我们，大家会尽可能地给予你帮助。"

周梅初于1978年2月与罗冬秀结婚，当年10月生下了女儿罗向菲，不久他们就离婚，女儿一直随母亲生活。此后，周梅初虽谈过几次对象，但都没有成功，以至于孤老终身。我们这些老同学看在眼里，急在心里，他老了将怎么办呢？他这次意外昏倒，当然是非常不幸的，但他被送到医院就没有苏醒过来，在其抗争的19天中，一直是在重症监护室。他不吃、不喝、不拉，也不需要人护理。他基本上没有痛苦，也没有给他人带来累赘。他这样走了，是一种解脱，是一种最好的选择。要不然，他即使苏醒过来了，或是半身不遂，或是一个植物人，又有谁能够护理他呢？

对于老同学周梅初的逝世，我们是很悲痛的，希望他安息！

祝贺与缅怀

——在黄耀曾院士百年华诞纪念会上的发言

2012年11月11日，是我国著名化学家黄耀曾先生百年华诞，在此，我谨向纪念大会表示衷心祝贺！向在天之灵的耀曾先生表示祭奠和最崇高的敬意！

黄耀曾先生是我国有机氟化学研究的先驱者，是金属有机化学的主要开拓者，他在基础理论、国防化学和应用研究领域都做出了杰出的贡献。先生集学术研究、行政管理和社会活动于一身，在国内外学术刊物发表了200多篇论著，不仅数量多，而且多有创见，实属罕见。先生在多个国家或地区获得荣誉职务，他获得的各项奖励不计其数，是名副其实的学术大师。

在20世纪50年代中期以前，我国有机氟化学与工业是一片空白，自50年代末期开始，以黄耀曾、黄维垣为首的一批化学家，率先涉足有机氟化学研究，成为这一领域的先驱者。鉴于我国有机氟化学落后的局面，我于1962年初赴苏联科学院元素有机化学研究所攻读副博士研究生，师从国际著名有机氟化学家伊·柳·克努扬茨院士。遗憾的是，由于国际风云突变，我辍学回国，后继续从事有机氟化学基础研究。

1963年12月，全国有机氟化学学术会议在上海衡山饭店召开，我有幸受邀参加了这次会议，并认识了仰慕已久的黄耀曾先生。说来也是缘分，我在出国前后都是曾昭抡先生在武大的助手，而黄耀曾先生早年也是曾昭抡先生在中央大学的学生，遂形成了三代师生关系。由于这层关系，黄先生对我特别关照，对我后来的科学研究给予了重要的指导。曾先生委托我在会议上，当面邀请黄先生参加拟于1964年底在武汉召开的全国高等学校首届元素有机化学学术研讨会，黄先生愉快地接受了邀请，他甚至说："曾先生是我的老师，他吩咐的事我一定照办。"可是，黄耀曾先生没有能够前来参加于1964年12月在武汉召开的会议，原因是先生受国务院的指派，率队赴西北考察国防工业。为此，先生亲笔写信给曾昭抡先生，说"学生分身无术，不能去武汉开会，尚祈曾先生宽恕”。曾先生向来是和蔼的长者，他也回信给黄先生说：“你是公务在身，绝无怪罪之意，国家的事比一个学术会议更重要。”

在衡山饭店会议上，曾经发生了一个小插曲，差一点给我和先生带来杀身之祸。事情的起因是，黄先生是会议的主持人，他知道我是被苏联驱逐回国的，并受到了周恩来总理的亲切接见。在学术交流之后，黄先生安排我在大会上做一个报告，介绍我们在苏联与修正主义做斗争的情况。他亲自主持会议，还认认真真地做了笔记，这是先生支持反修和爱国的表现。可是，在“文化大革命”中，怀疑和打倒一切盛行，上海有机化学所的造反派把黄先生作为特务审查。与此同时，武汉大学的造反派也把我当作苏修的特务审查，他们说苏联是以苦肉计把我派回国作为间谍。这完全是莫须有的，我与之进行了针锋相对的斗争。1967 年 5 月，上海有机化学所来人找我调查，要我交代黄耀曾是如何发展我为特务组织的成员的。我丈二和尚摸不着头脑，对方提示说：“在搜查到的黄耀曾的笔记本上，记录了你和留苏学生会干部的名字，这就是发展你们为特务组织成员的证据。”我回答说：“哎呀，这个问题我可以说清楚，黄耀曾先生和我们都是无辜的。”我把 1963 年 12 月在衡山饭店做反修报告一事，详详细细地说了一遍，来人也感到好笑。他们回到上海不久，很快解除了对黄耀曾先生特务身份的怀疑，接着先生很快被“解放”了，又全身心地投入到金属有机化学研究中。

我在苏联虽然是师从克努扬茨院士学习有机氟化学的，但当我恢复工作以后，我国科学研究与国外的差距进一步拉大了，条件已不允许我再继续研究有机氟化学了。怎么办？我写信向黄耀曾先请教，他回信说：“研究有机氟化学需要苛刻的条件，武大不具备这些条件，建议你研究过渡金属有机化学，特别是第ⅣB 族化合物，我国储量丰富，颇有工业应用前途。”我接受了先生的建议，把研究方向定为“ⅣB 族化合物的合成、催化性能和反应机理的研究”。在黄先生的支持下，我获得了国家自然科学基金的资助，后来又参加了由黄先生领衔的“高选择性金属有机化合物的合成与性能的研究”的重大项目，获得了一笔较大的经费资助，保证了科学研究的顺利进行。

黄先生学术研究成果丰硕，著作等身，同时他对开展国内外学术交流十分重视。在改革开放之初，他最早倡导召开中、日、美金属有机化学学术研讨会，1980 年 6 月初在北京友谊宾馆的科学会堂，召开了规模较大的三国学术会议。据我记忆，这是改革开放后召开的第一个大型国际会议，方毅副总理在人民大会堂接见了全体代表，表明国家高层十分重视此次会议。与此同时，先生又倡导召开全国金属有机化学学术会议，每两年召开一次，轮流由大学或研究所承担组织工作。第二次会议是1982年冬在武汉大学召开的，而后轮流在上海、大连、天津、兰州、长春、杭州、南京、广州等地召开，每次会议黄先生都亲自关心，不辞劳苦地出席，亲自做学术演讲，使与会者受益良多。

黄耀曾先生桃李满天下，许多人在国内外都成了著名的学者。我是先生未入门的学生，虽未直接受业于先生，但受先生学术思想的影响和帮助多多。本人不才，对先生业绩的回忆，只能是挂一漏万。最后，我仅以一首小诗表达对先生的缅怀！

贺黄耀曾先生百年华诞

百年华诞一纪元，
开拓新域勇当先。
身高学高堪为范，
切盼后学超前贤。

中国当代的亚里士多德

——悼念于光远先生逝世

今天上午10时，接到北京陈浩武的电话，他告知我，昨天清晨3时，著名经济学家于光远先生不幸在北京医院逝世，享年98岁。随后，我接到了于光远先生治丧委员会的讣告："于光远同志遗体告别仪式定于2013年9月30日上午9时在北京医院西门大告别厅举行。"鉴于我年事已高，不便前往凭吊，特向光远先生治丧委员会发去了一副挽联以示吊唁。

沉痛悼念于光远先生逝世

一身正气读万卷书行万里路著作等身

两袖清风学贯中西当代的亚里士多德

后生刘道玉哀挽

同时，我请浩武教授亲赴光远先生的府上，转达我对于光远先生逝世的沉痛悼念！向他的夫人孟苏女士转达我的亲切慰问，并帮我备置一个花圈献于他的灵堂。但是，我的心情依然不能平静下来，思绪把我带入与光远先生交往的岁月，特写这篇纪念文章，以进一步表达我的怀念之情。

我与光远先生相识于20世纪80年代初，是改革开放把我们紧紧地联系在一起的。他思想解放，一直走在改革的最前面，对我出任武汉大学校长表示支持，希望我真正地做一位教育改革者。论辈分，我是光远先生的学生，对他崇敬有加。我特地聘请他为武汉大学的兼职教授，邀请他给学校的教师和学生做解放思想的报告，受到了大家的热烈欢迎。

他从报道得知，武汉有一个叫小津津的智力超常的4岁孩子，他建议把这个孩子招收到武大来，对他进行特殊的超常培养试验。我接受了光远先生的建议，我与光远先生共同对小津津进行了面试，果然他的数学、语文和英语都有超常的表现，有的达到了小学三四年级的程度。于是，我们把小津津招收到学校来，但并非外界所报道的是少年大学生。我们成立了一个实验小组，制定了培养的原则和“2—3—2—3”计划。我们的原则有三条：一是必须循序渐进，可以跳跃，但大的学习阶段不能缺失；二是必须回到儿童世界中去，让孩子在接受智力开发的同时，一定要享受到儿童的乐趣；三是不能脱离集体，学会与同学和谐共处。所谓的“2—3—2—3”计划，即用两年完成小学六年的学习任务；用三年完成初中和高中六年的学习任务，用两年完成大学本科四年的学习任务，再用三年完成硕士和博士的学业。这样，14岁就可以获得博士学位，这既是超前的又是切实可行的，而且国外已有这样的先例。可是，小津津父亲反对我们的科学实验做法，他主张派教授到家中对孩子单独教授，而他动辄以拳打脚踢强迫儿子学习。我们认为他的要求不合理，其方法也是违背教育规律的。因此，在双方僵持了一年多后，不得不终止了对小津津的试验。

1988年2月10日，我被突然免职。春节过后，光远先生亲临寒舍探视。他安抚我说：“地球大也无限，小也无限，何处没有英雄用武之地呢?”接着，他告诉我准备筹备全国科学文化论坛，它是一个集多学科的学者们的园地，目的是进一步开展思想启蒙宣传，以推动我国科学和文化的发展。他希望我积极参加这项活动，特别是在教育改革方面多发表意见。

光远先生是中国自然辩证法研究会的发起和创始人，我作为常务理事，参加了每次活动。光远先生是每次会必到，而每次会上他都有精彩的报告，使与会者受益匪浅。他倡导创办了《方法》杂志，首次提出了科学方法学、聪明学，致力于开发中国少年儿童的聪明才智。

1996年6月6日，在深圳召开了《面向21世纪的师范教育》研讨会，我应邀参加了。会后，于6月9日在深圳的优雅青春世界，举办了《于光远先生从事学术研究60周年暨教育思想研讨会》，我与他的学生50多人参加了。在会上，我以《一个经济学家的教育观》做了发言，这篇讲话后发布在当年6月19日的上海《文汇报》，后《中国图书商报》也做了转载。

我的自传《一个大学校长的自白》于2005年9月出版。在学生们的建议下，于9月25日在北京举行了首发座谈会，在京校友和新闻界的100多人参加了会议。会后，我第一个要去看望的就是备受尊敬的光远先生，我的学生李为与丈夫沈洪、陈浩武和小儿子刘维东一同去拜访光远先生，那时他还住在史家胡同 8 号。我把自传亲自赠送给光远先生，真心地请他矫正。这次见到光远先生时，他明显衰老了许多，他的听力不济，坐在轮椅上谈话，我们合影作为纪念。

这是我最后一次拜访先生，以后虽然没有机会再看望他，但我无时不在关注他的情况，包括他的书著和健康情况。自从认识光远先生以后，每年都有他的贺年信，是一封介绍一年工作情况的信，20 多年从未间断过，实属难能可贵。我也以礼回赠贺卡，衷心祝他健康长寿！我本指望在光远先生期颐大寿时，再向他表示祝寿，不料他竟然以 98 岁而驾鹤西去。看来，百岁是一个关口，不少著名学者都没有闯过这道坎，如韩德培（99）、钱学森（98）、季羡林（98）、张培刚（98）、吴征镒（97）、何泽慧（97）、吴浩青（97）、梁漱溟（95）、赵朴初（93）、任继愈（93）、朱光亚（87）等。

我知道光远先生早年在清华大学是学物理学的，他是在革命的实践中成为一名知名的学者的。1955 年建立中国科学院哲学社会科学学部时，他是最年轻的学部委员之一，时年仅 40 岁，比胡绳（37）大 3 岁。他博学多才，除了经济学以外，他在哲学、政治学、管理学、自然辩证法、教育学、科学学、思维科学等领域里都有重大的建树，所以在我心目中，他是中国当代的亚里士多德——一个百科全书式的著名学者。

光远先生，您太累了，现在终于可以永远休息了！

安息吧！

渡尽劫波学问在

——纪念姚梅镇教授百年诞辰

我出生于 1933 年，对记忆在这一年发生的重大事件有特别的兴趣，如希特勒上台，美国第 32 任总统罗斯福就职和实行新政，爱因斯坦逃离德国，美国化学家卡罗瑟斯发明了尼龙，日本青年作家小林多喜二殉难，等等。也就是在这一年，鲁迅先生发表了七律诗《题三义塔》，其中有“渡尽劫波兄弟在”的诗句。我借用这句诗的构架为题，写一篇回忆我与姚梅镇先生交往的一些逸事，借以纪念先生百年华诞。

“文化大革命”以前，我与姚梅镇先生同住在一区（即珞珈山 18 栋），上下班有时同行，偶尔也互相交谈彼此的情况。他的夫人叫贾知先，是化学系药品仓库的管理员，负责发放化学药品和玻璃器皿，我经常与她打交道。由于这层关系，使我了解姚先生的情况又多了一条渠道。

姚梅镇先生出身寒微，幼年丧父，靠姚氏宗祠的资助读完了中学。他于 1940 年又以优异成绩考取了武汉大学法学院，靠奖学金完成了大学学业。毕业以后，又因为出类拔萃而留校任教，从讲师、副教授、教授一路晋升上来。可是，当他 42 岁正值风华正茂踌躇满志的时候，一场政治灾难袭来，1957 年他被打成了右派分子，下放到农村劳动改造，经历了耕田、放牛、养猪、种菜等种种农活的磨炼。1961 年右派纠正后，武大法律系已被撤销，虽然从事过短暂的学术资料工作，但“文化大革命”浩劫又来了，他被群众组织重新戴上右派分子帽子，再一次送到沙桦农场劳动改造，吃尽了苦头。直到粉碎“四人帮”以后，姚先生与其他受到迫害的右派分子和反动学术权威才得到真正的解放。

1979 年初，我辞去了教育部党组成员兼高等教育司司长的职务，本意是想回校重操旧业，从事我心仪的元素有机化学研究。不料，当我回到学校以后，教育部旋即又任命我为武汉大学党委常委、副书记和常务副校长，1981 年又任命为常务副书记和校长。那时正处于拨乱反正时期，我敏锐地预感到一个依法治国的时代即将到来，国家需要大批法律人才。于是，我向学校党委提议恢复我校被撤销的法律系，但党委常委中多数人反对恢复，认为法律系曾经是右派分子的“黑窝子”，仅仅依靠几个曾经的右派分子能够办好法律系吗？他们将培养哪个阶级的接班人？我据理力争，特别是得到党委书记纪辉同志的坚决支持。在争执不下的情况下，他斩钉截铁地说：“恢复法律系的问题不要再争了，我作为一把手表个态，恢复法律系的问题就算决定了，如果将来有问题，唯我是问就是了。”就这样，一个撤销了20多年的法律系，仅仅凭着当年留下的7个“右派分子”（俗称“七君子”），在全国重新打出武汉大学法律系的牌子，这可是武汉大学历史上一块耀眼的金字招牌啊！

1979年5月上旬，我在办公室召开了恢复法律系的筹备会议，参加会议的有韩德培、姚梅镇、马克昌、陈明义、兰远庆（后二人是做党务工作的），并任命韩德培为筹备组组长，马克昌和陈明义为副组长。我在会议上讲：“法律系曾经是武汉大学的金字招牌，历史证明1958年撤销法律系是错误的。法律系这块水晶虽然被打破了，好在晶核尚存，那就是德高望重的韩德培教授。相信只要韩德培教授登高一呼，全国法学界的优秀人才都会聚集到他的旗帜下，要不了多久这颗晶核就会生长出一个硕大的、光彩夺目的晶体！”

恢复法律系时，七君子中年龄最大的68岁，最小的54岁，他们的平均年龄已接近61岁，都已到退休年龄了。因此，时不待我，在韩德培先生的建议下，筹建工作快马加鞭，1980年本科生和研究生同时招生。次年，国际法研究所和国际法律系也相继创办，以只争朝夕的精神工作，很快我校法律系引起了全国的瞩目，杰出法学人才迅速聚集到珞珈山，优秀学子也纷纷报考武大法律系。

在法律系恢复之初，姚梅镇教授担任了副系主任和国际法研究所的副所长，是韩德培先生的得力副手。姚先生对武大法律系的建设做出了卓越贡献，成为我国国际经济法的奠基人，他创立了我国国际投资法的学科体系，他的35万字的《国际投资法》也应时出版，成为我国引进投资的及时雨。同时，姚梅镇教授勤奋治学的精神，在武汉大学也是有口皆碑的。我曾经问过姚先生：你耽误20多年，何以能够迅速做出这么多的成果呢？他回答说：“一个人对于自己喜爱的事，即使身陷困境，他也是不会放弃的。”真是这样的，姚先生一边劳动，闲余时间还在翻译国外的法学著作。他的夫人贾知先也告诉我说：“老头子除了吃饭和睡觉以外，都是看书，翻译外文资料。这正是：渡尽劫波学问在，书到用时方觉贵。”

姚先生是土生土长研究国际法的著名教授，与那些留学欧美的学者相比，更显得难能可贵。我一直有个心愿，希望姚先生能够有机会出去看看，兴许对他的学术研究有帮助。机会终于来了，1986年春我校收到了香港树仁学院钟期荣院长的邀请，我知道钟院长是法学教授，是我校1944年法学院的毕业生。于是，在组建访问香港代表团时，特意请姚先生参加，他与钟院长既是法学院先后的同学，又是湖南老乡。代表团共4人，除了我与姚先生以外，还有校长办公室主任牛太臣和总务长夏都昆。这次访问是从7月14日到7月22日，姚先生与钟院长见面时，都显得十分激动，他们旁若无人地用湖南话交流起来。姚先生1940年毕业时，钟院长刚考入武汉大学，他们相互都有些印象，只是时隔40多年，彼此都不相识了。

香港树仁学院是钟院长与其先生胡鸿列大律师共同于1971年创办的，为了造就一方人才，他们几乎是倾其家产兴学。他们都是法国巴黎大学的法学博士，既是同学又是夫妻，一个当院长，一个做总监，配合默契。为此，胡先生获得了太平绅士、勋爵和香港紫荆勋章等诸多荣誉。

我们首先参观了树仁学院的教学与设施，与师生进行了广泛的座谈。姚先生自然少不了要“吃小灶”，他与钟院长和该校法律系的师生做了详细的交流，获得了十分满意的收获。接下来，我们一行在胡鸿烈大律师的陪同下，参观了香港大学、香港中文大学、香港浸会学院等高校。此外，还游览了香港的名胜景观，观光了香江斑斓的夜景。我们此行获得了丰收，与树仁学院等校签订了校际交流协议，开辟了我校汉港教育交流的肇端。

姚先生教学认认真真，培养研究生兢兢业业，为人师表一丝不苟。我知道，1987年有一个图书馆学系的毕业生报考他的研究生，该生叫刘勇，他是在毕业3年后慕名报考姚先生国际经济法的研究生。他知道国际经济法是热门，竞争很激烈，录取门槛很高。当年共有3人报考，其中有两人都是学法律的，而他是学图书馆专业的，有传言说法律以外专业的几乎是不可能录取的。他怀着忐忑不安的心情给姚教授写了一封信，除了谈自己欲报考“国际投资法”研究生的感想外，也说出了自己的担心。信寄出一周后，刘勇收到了姚教授的亲笔回信，篇幅甚至比他的信还要长，信中详细回答了刘勇的疑问。姚先生说：

“你应当安心备考，不必分心，在录取标准中，公平公正是第一位的，绝不会顾及考生的背景与出身。”录取榜公布了，果然刘勇被录取了，他亲身感受到姚先生严谨的学风。

1991年2月底，虽然立春已过了十多天，但天气仍然料峭，学校还没有开学。一天上午，我在路上碰到姚先生拄着拐棍一跛一跛地行走，我上前搀扶着送他回家。我不解地问道：“姚先生莫不是摔过跤，为何使用拐杖?”他回答说：“唉，真是祸从天降！我春节前准备到学院与博士生讨论他的论文修改问题，谁知我刚一出门，就被扑上来的一条黄狗狠狠地把右小腿咬了一口，裤腿被撕破，鲜血直流。为了防止狂犬病，当时就到校医院打了狂犬疫苗，治疗了一个多月，打了5支狂犬疫苗，现在还没有恢复正常行走。”我听后大吃一惊，竟有这样的事，狗也太猖狂了，竟然到家门口伤人，学校应该把野狗除恶务尽，保障教师和学生们的安全。从这件事看出姚先生的敬业精神，他完全可以叫研究生到家里来讨论论文修改，不必亲自去找研究生，像这样的教授的学风，现在已不多见了。

说来也有些蹊跷，此后姚先生的健康状况日趋衰弱，沉疴也一并发作。1993年5月14日，姚先生终因病不治而逝世，享年78岁。我参加了先生的遗体告别仪式，我为武汉大学失去了一位国际经济法的名师而痛惜！先生一生勤勉，坎坷多难，但欣慰的是先生留下了丰富的学术遗产，这是一笔珍贵的财富，让后学能够从中受益，将先生的学术事业发扬光大！

勤奋严谨治学的楷模

——热烈祝贺钱长涛先生八十诞辰

2013年9月9日，是中国科学院上海有机化学研究所研究员钱长涛先生80华诞，也是他从事有机化学研究56周年。值此吉日良辰即将到来之际，我谨向他表示最衷心的祝贺：祝他生日快乐！祝先生寿比南山、福如东海！

钱长涛先生是我国金属有机化学第二代学术领导人，他肩负着承上启下的重任，他的学术成果享誉国内外，他培养的高足桃李满天下。我国拥有丰富的稀土矿藏资源，由于研究稀土金属有机化合物条件要求苛刻，不少人望而却步。但是，长涛先生以敢为天下先的精神，率先开拓了这一新兴领域的研究。他在稀土金属有机化学领域辛勤耕耘了30年，承担了许多国家级的重大科研项目，取得了众多的创新性的成果，获得了一系列荣誉和成果奖励。他是我国稀土金属有机化学研究的先行者和奠基者，是名副其实的稀土金属有机化学的权威学者。

从20世纪80年代初，我有幸与长涛先生相识，先是共同承担国家基金委的重大课题研究，后又在金属有机化学开放实验室学术委员会共事。他勤奋严谨治学的精神给我留下极为深刻的印象。在科研管理工作中，他无私奉献和以身作则的作风，获得了学术界同人们的一致称赞。他是一位杰出的金属有机化学家，是一个优秀的科研管理者，他在两方面的贡献都将载入化学史册！

1994年7月10日到15日，我与长涛先生共同参加了国际第16届金属有机化学会议，我俩都是此次会议国际顾问委员会的委员。会议是在英国南部海滨城市布莱顿（Brighton）召开，东道主是苏塞克斯大学（University of Sussex）化学与分子科学学院院长拉皮特（M・F・Lappet）教授，与会代表有560多人，是一次名副其实的大型学术会议。

在会议进行中，有一个议题是审议第19次国际金属有机化学会议的地点。我们受中国科学院和中国化学学会的委托，欲把这次会议争取到中国上海召开。7月13日13时，我俩被通知到国际会议中心开会，听取申办国的陈述和投票。与中国同时提出申请的还有西班牙的巴塞罗拉和以色列的特拉维夫。平心而论，西班牙和以色列的代表们印制了精美的宣传册，用幻灯片介绍了举办城市的概况，而我们仅仅只是做了口头介绍。可是，最后投票的结果却是上海胜出，这使我们喜出望外。我们心想，这是因为中国的国际威望和上海大都市的魅力，而并非完全是我们的功劳。我们总算没有辱没使命，终于把2000年国际第19次金属有机化学会议争取到了上海。在中国化学学会和上海市政府的领导下，在长涛等各位同人的努力下，这次会议获得了圆满的成功。

然而，就在当天晚上，长涛的胃病急性发作了。他有胃病病史，而且带了备用药物。我俩不住在一栋公寓，为了照顾他，当日晚上我没有回到自己的公寓。但是，到了夜晚12点多的时候，长涛的胃痛加剧，大汗淋漓。这时外面下着瓢泼大雨。在国外开会与我国完全不同，会议注册后就没有人管了，大学处于假期，也没有医院。怎么办？我急中生智，找出了会议指导手册，上面有布莱顿市急救中心的电话，我拨通了电话，大约40分钟来了一辆急救车停到我们的公寓门前，急救车载着我们在暴雨中急速驶向市中心。到达急诊室以后，接诊大夫为长涛进行了全面检查，随后又做了血检和X光透视，最后确诊是急性肠胃炎。根据医嘱，及时注射和服用了消炎药，并要求我们留在急诊室进一步观察。几个小时过去了，大雨也渐渐地停了。

晨曦已经到来了，一位大夫走过来对我们说："病情已经好转，你们可以回去了。"我询问道："我们应当怎么付费？"他说："不需付任何费用，因为英国是福利国家。即使你们是从国外来此开会的，也不用付费。你们只需要叫一部出租车回去就行了。"我们向大夫和有关医务人员表示了谢意，乘出租车回到了苏塞克斯大学。这时已是早上7时，朝阳已经从东方地平线上冉冉升起，这次小小的插曲并没有影响接下来的会议。

学术大会结束后，我俩又结伴而行，先后访问了剑桥大学、牛津大学、伦敦帝国理工学院等学术机构，游览了伦敦的名胜古迹，会晤了在当地的朋友和留学生。我们此行获得了圆满的成功，同时也进一步加深了我们之间的友谊。我们时常都在关注着对方，也时常互有问候，真挚友情，何以比哉！

顾炎武是明末著名的文学家和思想家，他在一首七律中说："苍龙日暮还行雨，老树春深更着花。"这是自勉老有所为之意。目前，我与长涛都已是耄耋之年的老人了，虽然都已离开了学术研究的舞台，但我们仍然心系国家的未来，关注着科技人才的成长，在条件许可的情况下，愿为科学和教育事业做一些力所能及的事！

最后，谨祝长涛先生健康长寿！

缅怀老朋友姚禄安教授

我与姚禄安教授早年相识于苏联莫斯科，那时他在苏联科学院电化学研究所攻读副博士研究生，将于1963年夏季毕业。我是1962年初被派遣到苏联科学院元素有机化学研究所攻读副博士的研究生。我初来乍到，而作为即将毕业的老大哥姚禄安，无论在学习上还是生活上，都对我多有照顾和帮助。同时，姚禄安还担任苏联科学院中国研究生学生会主席，他毕业后我又接任了留苏学生会主席这一职务。因此，我俩的关系非同一般，既是先后的同学，又是先后两任留苏学生会主席，我们的情谊形同兄弟。

禄安到武大工作，还是接受了我的建议。我知道，老姚要是学电化学的，师从苏联著名的电化学专家巴高茨基院士和弗鲁姆金通讯院士，1963年5月他以优异的成绩通过了论文答辩，获得了副博士学位。武汉大学电化学研究是学校的重点研究方向，我建议他回国以后到武大工作。禄安接受了我的建议，回国后他填写的志愿是武汉大学，结果被教育部分配到武汉大学。同一年，我由于领导留苏学生会揭露苏联大国沙文主义的行径，遭到苏联外交部驱逐，限定48小时离境。回国以后，我又与禄安成了化学系的同事。我们先后由同学到同事，前后共52年了，是真正的莫逆之交。

我于1981年被任命为武汉大学第19任校长（自1913年起），我决心不辜负历史赋予我的使命，乘着改革的浪潮，努力改变学校落后的局面。当时，武大学科设置太陈旧了，我打算创办一批新型的系科和专业，而环境科学系就是率先创办的系科之一。经验告诉我，要建设一个新兴的系科，选择一位有威望的系主任是至关重要的。1983年年底，我亲自拜访了老同学禄安，向他征求创办环境科学系的意见，并准备请他出任系主任。他对创办环境科学系极力赞成，对于担任系主任之事也没有推辞，他说："我们是老同学了，都不必客气，我们携手共同把武大环境科学系建成中国一流的系科。"

1984年春天，全国第一个环境科学系在武大诞生了。万事开头难，在禄安的主持下，从专业的设置到教师的选聘，他都全力以赴，可谓呕心沥血。武大环境科学系是真正的多学科的组合，是走在全国前列的。当时，从化学系、物理系、生物系和校外调进了几十名不同专业的教师。其中既有电化防腐研究的，又有环境分析的；既有湿地保护的，又有数理生态环境的；既有化学治理污染的，又有环境工程的；既有搞化学资源的，又有搞生物资源的。这些都反映了禄安超前的学术思想。我十分感谢禄安对学校工作的大力支持，他为武汉大学环境科学的教学与科学研究都做出了重要的贡献。

禄安是一位勤勤恳恳的学者，他严于律己，工作任劳任怨，他实现了把武大环境科学系办成全国最好系科的愿望。他给自己的人生画上了圆满的句号，为后来的青年人留下了一份值得珍惜的业绩。他还担任过全国和湖北省等多个环境科学委员会的重要领导职务，为全国和地方环境科学的发展做出了重大贡献。

20 世纪 90 年代初，禄安退休了，但他依然关注着环境科学的发展。后来，他被检查出糖尿病，但他坦然面对这种折磨人的慢性病。大约是 1996 年以后，他的糖尿病逐渐加重，眼睛视力不断下降。他先后几次住院治疗，与疾病进行抗争。但是，到了 2014 年 10 月，病情再一次加重。他的大儿子姚超良电话告诉我，父亲的病出现了不好的征兆，虽然没有下病危通知，但预后不是太乐观。在他病重期间，我曾经到医院探视他，虽然他神志清醒，但已经不能进食和言语了。我们面面相觑，似乎都有千言万语想说，但他已经力不从心了。我默默地祝福他，希望上苍保佑他。

2015 年 1 月 2 日，禄安走完了人生之路。他从农村穷孩子到大学生，从“红墙卫士”到留苏副博士，从电化学教授到环境科学权威。一路走来，非常辛苦，他太劳累了，现在终于可以永远休息了。

老朋友，你的一生是光明磊落的一生，是无私奉献的一生，无愧于知识分子的杰出代表。请安息吧！

（本文刊发于《腐蚀防护之友》2015 年第 2 期）

序跋与书评

序文是我国古老的文体之一，早在先秦时代就已经开始应用了，但他序是从西晋才开始的。序文是依附于书籍、文章和诗文之前或之后，旨在说明与该文体相关的内容。本篇收入的27篇序文，是应朋友和弟子之邀写就的，余虽不才，然实在是盛情难却啊。

会当凌绝顶，一览众山小

说来十分惭愧，直到去年7月傅东缨先生打电话采访我之前，我尚不认识这位中国当代著名的教育家，也没有读过他的许多教育论著，至今也还没有见过面，真是遗憾之至。他在电话中告诉我，他正在撰写《教育大境界》一书，它将涵盖古今中外几百位教育家思想之精髓，横跨两千多年，这真可谓一项巨大的教育研究与写作计划。我当即表示支持，愿意为他提供必要的材料，并希望他的大作早日问世。

近日，我收到他寄来的《教育大境界》的样书，读后的确让我耳目一新。我心想：这样一本洋洋40万言图文并茂的大作，概括和分析了几百位中外教育家的精辟论点，如果不是对世界教育学理论和发展历史有茹古涵今的掌握，不是对当今我国教育状况与问题有如数家珍的了解，那是决然不可能完成的。

东缨先生给我印象最深的是，他是一位热爱教育的有心人，他实践了古人“读万卷书，行万里路”的箴言。他的《教育大境界》就是实践这一箴言的最好体现，这是非常难能可贵的。陶行知先生早在80多年前曾经说过：“我们常见的教育家有三种：一种是政客教育家，他们只会运动，把持，说官话；一种是书生教育家，他们只会读书，教书，做文章；一种是经验教育家，他只会盲行，盲动，闷起头来，办……办……办。”这三种情况与我国现在教育界存在的问题是多么相似呀！

教育学既是一门理论科学，同时又是一门以人为对象的实践科学，如果没有在教育理论指导下的教育改革实践，那是绝对不可能产生拥有自己独特教育理念的教育家，就像柏拉图、卢梭、夸美纽斯、洛克、斯宾塞、罗素、洪堡、赫尔巴特、杜威、苏霍林姆斯基等教育家那样。为什么我国当代不能产生著名的教育家？最根本的原因就是，在我国的教育界没有或很少有坚持理论联系实际的教育改革实验者，而让上面那三种教育家把持了我国整个教育界。他们只知道墨守成规，写文章、提职称，而不敢改革创新，所以不能创建实施自己教育理论或观点的试验学校。东缨先生当然是属于另类，他集教师、教育领导干部和教育理论与教育改革实践研究于一身，所以他走出了一条教育学研究的新路。

我特别欣赏《教育大境界》一书中关于未来教育的分析与展望，其中阐述了未来教育发展的十个方向，这些当然都是完全正确的。那么，连接这十个教育理念的核心链条是什么呢？我以为是创造教育，这是迄今仍然被教育界和社会所忽视的大问题，大多数人都以创新教育（或教育创新）代替创造教育，这是完全不同的两个概念和两个层次的智力，绝不能混为一谈。因为只有抓住了创造教育这个核心，才能实施个性化教育、智能化教育、坚韧化教育、自悟化教育、精英化教育等，最终也才能达到马克思所提倡的培养“全面发展的人”的要求。

在纵览中外教育比较时，我发现了一个重大的差异：西方教育是主张“成长”，而中国教育则是强调“塑造”。我认为，这是教育理念源头上的误差，是造成我国杰出人才冒不出来的关键因素。在“塑造”这种理念的指导下，家长要塑造自己的孩子，学校要塑造学生，党团组织要塑造自己的成员，企业要塑造自己的员工，这样所有的人都成了“流水线”上规格相同的“产品”，于是他们失去了个性，失去了自我，失去了批判精神，失去了冒险精神，失去了求新求异的精神，最终也就丧失了创造精神。

因此，在改革我国传统教育时，一定要从教育理念源头上改起，即要坚决摒弃“塑造”的观念，树立“成长”的教育理念，从幼儿开始让我国各级各类学校的学生在独立、自由、民主、怀疑和批判的氛围中成长。唯有如此，大批创造性的杰出人才才能涌现出来，也才能做出由我国科学家首创的世界领先的原创性的研究成果。

《教育大境界》既是教育文学著作，又是一本教育理论与实践的鸿篇论著，它以诗一般的文学语言来阐述教育理念，读过它之后，可以使人们眼界开阔，就犹如攀登泰山那样，只要上了“南天门”，就能够领略到杜甫的著名诗句“会当凌绝顶，一览众山小”的意境了。认识教育问题，也需要具有居高临下的观察角度，而《教育大境界》就为我们提供了这样观察教育的视角。我相信，当读者阅览了这本书后，对教育问题的认识会与我拥有同样的感受！

（本文为《教育大境界》2014 年修订版序）

有效的学习方法
（代序）

学习是人的本能，是人的天赋，是与生俱来的一种能力。但是，人的学习能力又是逐步进化的，从最初的观察到模仿、理解、表达、综合、分析、制造直至创造，是一个由低级到高级的发展过程。

人是怎样学习成才的呢？孔子曰："我非生而知之者，好古敏以求之者也。"这说明，天地间不学而知者没有，不学而能者亦没有。这正如三国时的思想家和军事谋略家诸葛亮所说："才需学也，非学无以广才，非志无以成学。"

17世纪法国杰出的数学家、哲学家笛卡尔说："最有价值的知识是关于方法的知识。"可惜的是，现在我国各类学校都是以传授知识为目的，而基本上不开设学习方法方面的课程，大多数教师也不向学生介绍学习方法的知识。正是由于这个原因，我国不少在校学生视学习如畏途，对学习寡情少兴，学习负担超重，学得非常辛苦。他们大多都是死记硬背，不善于自学，不会独立思考，也缺乏创造性的能力。这是我国冒不出杰出人才的根本原因。

古往今来，研究学习方法的论著浩如烟海，学习方法派别林立。自20世纪60年代末，随着"知识爆炸"形势的出现，知识以前所未有的速度激增，同时又不断地被淘汰。为了应对"知识爆炸"形势的挑战，自20世纪90年代以来，有关学习方法的研究取得了重大的进展。在这些研究成果中，"自主学习""快速学习""超级学习""全脑学习""快乐学习"等方法占据了主导地位。虽然这些方法侧重点各异，但它们的共同点却是一致的，就是把学习者从"学习的奴隶"中解放出来，变为学习的主人，使学习变得更加轻松和更加有效。

令我十分高兴的是，近年来我国一些学习方法专家和教师，从长期的教学实践中总结和出版了不少学习方法的书籍。这是一件非常有益的事，是我国学术园地里盛开的绚丽奇葩。《四快高效学习法》是这些著作中比较突出的一部，是在研究和参考了许多学习方法著作的基础上编撰的，可以说是集前人之大成。

所谓“四快”，就是快速地读，快速地写，快速地算和快速地记，核心是快速，目的是提高学习效率。国外学习方法研究者认为，学好学校里各种科目，都离不开读、写、算这三个要点（三会），即所谓的 The Three R′S (Read、Write、Reckon)。实际上，“四快”与“三会”颇有异曲同工之妙。

那么，一味地强调快速学习是否有科学根据呢？现代科学已经证明，人的大脑拥有 150 种细胞，含有 40 多种化学物质，细胞总数超过 1000 亿个，这些细胞延伸的分支形成 10^{15} 对突触。也就是说，人的大脑相当于 10^{15} 个开关的超级电子计算机。然而，人的大脑神经细胞只使用了 2%～8%，即使像爱因斯坦这样旷世无匹的天才，也仅仅只使用了 12%。也就是说，人的大脑的思维能力尚有 90%没有开发，这就是人学习的巨大潜力。另一方面，人有耳、目、口、鼻、身体五官，无论是学习直接知识还是间接知识，无不是通过这五官。但是，平常人们只习惯于应用单一的感官。如果我们在学习时开动全部感官，那么学习的效率就可以增加 10～100 倍。戈登·德莱顿和珍妮特·沃斯在《学习的革命》一书中，曾经介绍了用 4～8 周掌握一门外语和一天可以阅读 4 本书并记住的例子。这些都说明只要我们找到了激活沉睡大脑的方法，就可以达到快速学习的目的。同时，实践是检验真理的唯一标准，快速学习方法，也已经得到包括陈克正先生在内的许多教师的教学实践证明。因此，《四快高效学习法》的确是一部有实用价值的学习参考书，故特向广大读者推荐。

教育学上有句约定俗成的谚语：“教无定法，学无定法。”它说明再好的教学方法，对某些人可能有用，而对另一些人可能就不太有用。因此，我们在学习《四快高效学习法》或其他任何学习方法时，只能借鉴而绝不能机械地生搬硬套。正确的态度应当是，学习、借鉴、实践、总结、再创造，从中提炼出属于自己的学习方法，这才是对自己最有效的学习方法。须知，模仿是创造的敌人，也是学习的敌人，我们要永远走创新之路！

应编撰者之求，仅写以上赘语。是以为序。

（该书由中国广播电视出版社出版）

世事洞明皆学问

（代序）

早在一年以前，陈家宽博士就向我提及他准备出版一本教育论文集，并希望我为他即将出版的这本书作序。近日，家宽又打来电话说，他的《大学教育与科学发展战略研究——理论探索与案例分析》一书即将出版，希望我尽快把“序言”写出寄给他。随后，他即用特快专递给我寄来了一封情真意切的信和这本文集的简介、篇目和出版物目录。看后令我十分惊讶，在他迄今为止30多年的经历中，出版专著、译著6部，共发表了340余篇论文，内容涵盖系统与进化植物学、生物多样性保护、河口湿地生态学和资源生物学等。另外，他的论著还广泛涉及高等教育学（包括重点学科建设、研究生教育和教资培养等）、科学发展战略与管理，以及人才社会学等多方面的问题。平均算来，他每年发表论文10多篇，特别是近三年以来，是他研究成果多产的时期，他领导的研究团队在国外重要学术刊物上每年都要发表三四十篇论文。因此，用横跨多学科高产的科学家来形容他，绝非夸张之词。

为什么作者能够取得如此之多的成就呢？我想起曹雪芹在《红楼梦》中的句名：“世事洞明皆学问，人情练达即文章”，这正是他做学问的成功之道。前句主要是对自然科学家讲的，只有悉心和透彻地观察客观事物，才能做到有所发现和有所发明；后句是对人文社会科学与管理科学家讲的，只有树立以人为本的观念，反复思考与提炼人文社会科学中的本质问题，才能写出具有独到见解的文章。30多年以来，他正是在自然科学和人文社会科学两个领域里刻苦钻研，勤于观察，认真思考，创造性地进行实验与研究，所以才写出如此丰硕的论著！

从科学发展的规律来看，绝大多数的杰出科学家都具有渊博的学识，除了自己所从事的学术领域以外，往往在其他相关学科也有重要建树。在国外，一个典型的例子是美国化学家林纳斯·鲍林（Linus pouling，1901－1994），他是20世纪科学怪杰，量子化学大师，揭开物质结构奥秘的巨匠，不屈不挠的和平斗士。除了结构化学以外，他的兴趣还广泛涉及生物化学、药物化学、教育、科学管理以及维护世界和平事业等。他一生出版了11本学术专著，发表了500多篇文章，于1954年和1962年先后获得诺贝尔化学奖与和平奖，是迄今为止唯一一个人获得两次诺贝尔奖的人。

在国内，最杰出的代表人物当属科学泰斗钱学森先生（1911—2009），他是我国火箭之父，此外，他在力学、控制论、系统工程、识别论、脑科学、教育学、科学学、思维科学、方法论、聪明学、人才学等领域亦有重要的建树。他获得了包括两弹一星奖在内的许多奖励和荣誉，出版了7部专著和300多篇论文，是迄今我国国内尚无人超越的伟大科学家。

其实，家宽正是努力走着科学前贤大师们走过的道路，这也是每个有才华和有作为的科学家应该走的道路。我认为，人的才华是相通的，一个富有创造性的科学家，他们既可以在专业学术领域里做出重大成就，也可以在相关的研究领域里做出贡献。从整体上看，我国科技队伍中，要么是书生型的，要么是知识面十分狭窄的人，这是我国当今难出学术大师的关键之所在，也是我国科学研究缺乏原创力的主要原因。为了振兴我国科学文化事业，创建世界一流水平的大学，造就杰出的创造性人才，我国需要一大批既有科学研究成就，又要对教育和科学发展战略具有研究能力的学者，他们将是我国大学和科学领导部门最佳领导者的候选人。

我与家宽既是师生关系，又是忘年交的朋友。我认为，人与人相近、相知、相亲，完全是由于他们的人生价值观、处世待人之道和个性所决定的。我之所以十分欣赏他的才华，正是因为我们在这些方面有着共同点。家宽是我任校长时毕业的优秀学生之一，他品德高尚，尊师重道，敢于说真话，对腐败和官僚主义勇于揭露和批评；他热心为社会服务，无论是兼任武汉大学青年科协会会长还是生物学系副主任、研究生院副院长，都做得非常出色，在研究生和教师中有很高的威信；在学术上，他的理论基础坚实、观察与研究能力强并富有创造能力，而且思维敏捷口才出众，因此在教学或科学研究中都是非常优秀的。

家宽是一位德、才、学、识兼备的不可多得的出类拔萃的人才，他确实是大学校长最合适的人选之一。这是我真实的想法，我甚至做好了准备，如果哪一天正常换届，我一定会鼎力推荐他为武汉大学校长。可惜，我们都没有等到这一天，我不仅没有机会推荐他，连我自己也被无端地免职了。

正是由于我怀有这个想法，所以当学校拟任命他为研究生院副院长时，我明确向他表示不太赞成他出任这个职务。生命科学是21世纪的主导学科，我希望他继续当生物学系副主任，待做出一番成就后，将来可以逐步擢升为校长。而研究生院副院长，充其量是个配角，是很难有大作为的，几乎是不可能从这个位子上晋升为校长的。但是，在“以人划线”的年代，由于我突然被免职，家宽不仅没有被委以重用，反而连他热爱的植物学重点学科植物分类学方向也得不到应有的支持。失望之下，他不得不做出一个难以割舍的痛苦决定：离开武汉大学，调回他的母校——复旦大学。

古人曰：“祸兮，福之所倚”。家宽到了复旦大学，简直就像如鱼得水。他立即受到了学校的重视，请他主持生物多样性科学研究所工作，组建了一个拥有国际学术视野的研究团队，争取到生态学国家重点学科和生物多样性与生态工程教育部重点实验室，承担了多项国家和上海市重大、重点项目，每年在国际重要学术刊物上发表40余篇论文，并引起了学术界广泛的关注。

对作者获得的成就，我感到无限欣慰。但是，在高兴之余，我仍不免有一丝遗憾，因为他至今未能被选拔到大学校长的岗位上以发挥其才华。一本40万字的《大学教育与科学发展战略研究——理论探讨与案例分析》，其中包括了他的许多先进的教育理念和科学发展战略思想。例如，在教育观上，他认为：“爱护学生要超过爱护自己的子女”，“培养出的研究生能够超过自己的导师才算是合格的导师”，“只有超过导师的研究生才算得上优秀的研究生”，“关心青年教师成长的才是有眼光的科学家”；在科学观上，他认为：“不断创新是科学研究的灵魂”，“科学的社会功能是解决人的世界观和人类面临的问题”，“学术带头人应该是科学的组织家和战略家”……这一切显示了他的远见卓识，也充分反映出他具有作为一个大学校长所需要的全面素质。可惜，正如韩愈在《马说》中发出的感叹：“世有伯乐，然后有千里马。千里马常有，而伯乐不常有。”当然，对于家宽来说，他并没有失去什么东西，但可惜的是我国大学少了一个可能成为优秀大学校长的教育家。

我历来主张说真话，怎么想就怎样写。以上赘语，是借《大学教育与科学发展战略研究——理论探讨与案例分析》出版之际，我有感而发。是以为序。

（该书于2007年11月由复旦大学出版社出版）

一本独创实用的教育工具书

——《英汉教育大辞典》读后感言

由卫道治、吕达教授领衔主编的《英汉教育大辞典》，已于2007年7月由人民教育出版社正式出版，这是我国教育学术界的一大幸事，将有助于我国教育科学研究和教学工作的开展，使众多的教育工作者从中获得益处。

《英汉教育大辞典》是全国教育科学“十五”规划教育部重点课题的研究成果，同时它也是被国家新闻出版总署批准列为“十五”国家重点图书出版规划的项目。在国内一大批著名教育学家的关心与支持下，由众多的专家学者参加编撰，年过古稀的卫道治教授竟然一人承担了全书一半以上（70万字）的撰写任务，真堪为是“工夫深处独心知”（陆游语）。

卫道治教授学富五车，通晓俄、英、日多国文字，曾经编撰过《英汉教育词典》《世界教育词典》和翻译过多卷本《普鲁斯卡雅教育文选》和《普鲁斯卡雅教育书简》等大量译著，是国内著名的教育学家和教育辞书学家。明朝顾炎武诗曰：“苍龙日暮还行雨，老树春深更著花”，《英汉教育大辞典》就是在我国教育辞书苑地里开放出的一朵绚丽多彩的奇葩！

作为工具书，它是将大量的原始文献内容和多学科的知识，经过分类、提炼、加工、重组和浓缩而编撰的一类典籍，以满足人们在学习和研究遇到疑难问题时，随时查阅知识概念、典故、人物、事实与数据。据此，《英汉教育大辞典》完全符合工具书的这些要求，堪为一部教育百科全书式的大词典。

我虽然不是教育学的科班出身，但很喜欢研究与思考教育，特别是教育改革方面的问题，也时常撰写教育方面的书籍和文章。从我的学习与研究经历中，切身感受到对教育辞书的迫切需要。作为经常使用教育工具书的工作者，借此我谨向卫道治、吕达教授和全体编撰人员为我们提供的这本巨著表示衷心的感谢！

当从道治教授手中接过这本赠书，我就被它漂亮的封面、装帧和浩浩百多万字的宏文所吸引。我爱不释手，反复查阅其中的内容，受益匪浅。据我浏览后的初步印象，这部大型工具书最鲜明的特点有两个：

第一、独创性，走出了双语词典对译的窠臼。一般说，双语词典都是对译型的，而《英汉教育大辞典》却采用了翻译和释义相结合的方法，这无疑是独辟蹊径。显然，困难之处不在译而在于释义，正如道治教授所言："我们感到最大的难处在于释义。说少了，担心说不明白；说多了，又怕越说越让人糊涂。"可是，以卫道治教授为首的编撰组，凭借他们深厚的学术功底，以"点金之笔"巧妙地解决了这些难处。他们就犹如宋朝诗人陆游诗句所形容的那样："天机云锦用在我，剪裁妙处非刀尺。"

例如，Cookbook science 一词，从字面上很难明白它的真正意思，甚至会把它译为"烹饪食谱科学"。然而，作者却用"依葫芦画瓢"这个成语，恰到好处地点到了实质，既形象又简明。又如，Apple－polishing（阿谀奉承），All－round mechanic（多面手），Banking education（存款式教育），Differential treatment in education（因人施教），Paleface and redskin（白脸和红脸）等语词，都释义得十分明白而精当。当然，独创性是以科学性和知识性为基础的，否则创造也就成了"无源之水"或"无本之木了"。

第二、实用性，尽可能满足各方使用者的需要。无论是著作者还是辞书的编撰者，都应当从读者的需要出发，这是衡量一本书是否受读者欢迎的关键之所在。当我浏览了《英汉教育大辞典》的全貌以后，发现它正好体现了"一切从使用者需要出发"这一原则。

一本《英汉大辞典》拥有 128 万多字的容量，除了涵盖教育学近 20 个分支学科的词汇以外，还收录了教育学领域的人物以及学校、教学工作、科学研究等相关领域的词汇和常识，具有广泛的包容性和实用性。

辞典还收入了不少日本外来语，像 Daigakuto（大学头，即校长），Kyoto（教头），Kyoikucyo（教育长），Yogoku（洋学），Terakoya（寺子屋），Ronin（浪人）、Kojiki（古事记）等，这些对于研究日本教育的工作者也是有帮助的。

人们在阅读文献中，常常遇到一些英语省略语，这是颇令人头痛的问题。《英汉教育大辞典》收入了 3700 多个省略语，为使用者提供了极大的方便。此外，还列出了 5 个英语国家 655 所大学的名录，不仅注明了大学的性质、地址，而且还列出了这些大学的网址，这就满足了专门研究大学教育的工作者和期望出国留学人员的需要。

总之，《英汉教育大辞典》是一部独创性、实用性和高质量的工具书，出色地完成了全国教育科学“十五”规划重点课题研究任务。当然，完美无缺的事物是没有的，《英汉教育大辞典》也一样，千虑一失的情况也在所难免，相信再版时将会日臻完善。但是瑕不掩瑜，这些美中不足之点，丝毫不影响它在教育辞书领域的领先地位和重大学术与实用价值!

（本书 2005 年 12 月由人民教育出版社出版）

不畏浮云遮望眼

（代序）

王安石是北宋著名的政治家、思想家和文学家，是积极推行变法的先驱者，被列宁称赞为中国11世纪著名的改革家。他于1050年夏路过杭州时，曾登上灵隐寺旁边的飞来峰，观望大海日出，并写下了脍炙人口的诗句："飞来山上千寻塔，闻说鸡鸣见日升。不畏浮云遮望眼，自缘身在最高层。"这是一首极富哲理的诗，不仅蕴含着作者立志改革的豪情和抱负，而且还揭示了人们认识事物的普遍的思维方法，即登高望远，不要被浮云（或假象）蒙蔽自己的眼睛，要力求探知事物的本质。

近十年来，我国以大跃进的速度发展高等教育，到2007年我国高等教育入学率已达到23%，仅用8年的时间走完了西方国家百多年走完的道路，从而跨入了高等教育大众化的阶段。目前，我国在校大学生已达2700万，研究生150万，前者居世界第一，后者仅次于美国位居世界第二。与此同时，大学合并、学院升格、专科升本科、系升格为学院；打造"航空母舰"大学、争相建设研究型大学、创建世界一流大学；大肆扩充校园用地、大建豪华楼堂馆所、大学城越建越大；博导注水、教授贬值、研究生异化、特聘教授假引进、教学假评估、学术剽窃抄袭；教育产业化或变相产业化、教授捞外快、一切向钱看、大学债台高筑等现象不一而足。总之，这10年中有关高等教育发展的各种口号充斥媒体，花样不断翻新，真是热闹非凡。

对我国10年来高等教育的发展究竟怎么看？这里确实有一个观察教育的思想方法问题。18世纪法国著名思想家泰耶尔·德·夏尔丹曾说："观察事物是重要的，而观察事物的角度同样是重要的。"因此，用什么方法和从什么角度看待我国高等教育的发展，就成了人们评论我国大学教育的不同出发点，由于观察问题的方法和角度不同，当然也就得出不同的结论。

近年来，国内外不少学者出版了多种评论大学的著作，如《大学有问题》

《谁的大学》《大学重建》《体制迷墙》《教育熊视》等，至于发表的评论文章更是多得不计其数。最近，我收到浙江师范大学周国剑先生给我的信，并附上了他的新作《大学反思与改革》的大纲，嘱咐我为其写序。他在信中说："得益于你的改革，我方能步入武汉大学学习（99级新闻学系插班生），故而对你心存感激，更尊敬你对于中国改革的执着。"虽然国剑不是我授业的学生，但毕竟是武大校友，况且插班生制度的确是我首创的，因此我对所有的插班生都怀有特别的感情。由于这一层关系，我欣然应允为国剑的大作写序。

周国剑先生的《大学反思与改革》书稿总共30多万字，从构思、收集资料到写出书稿，共用了4年时间，全书分4篇、36章和144节。他把该书的前言、目录和部分章节寄给了我，认真阅读之后，我更感到了这本书的分量。

《大学反思与改革》一书的特点是：体系结构严密，资料翔实，条分缕析，有破有立。为了读者阅读的方便，他在每一章的开头都有一段画龙点睛的核心提示，然后列举现象，分析问题产生的原因，提出改革的建议。他的这种写作方法，无疑也是一种创新。

这些年来，人们对大学教育议论纷纷，然而大多数人仅仅只是议论而已。周国剑却与众不同，他能够把人们司空见惯和耳熟能详的问题，上升到理性高度来认识，经过梳理、分析和提炼，并把它们结集成书。他在给我的信中说："在工作之余，常常思考关于大学的一些事情，并记录下来，草创了《大学思考与改革》这篇拙稿。"这是做学问十分可贵的精神，如果没有对教育事业的无限热爱，没有矢志不渝的精神，他是很难完成这样大部头的著作的。国际数学大师华罗庚先生曾说过："天才出于积累，聪明在于勤奋。"实际上，国剑的这本著作就是他勤奋与积累的结晶。可以肯定地说，每个人只要是实践了华罗庚先生的箴言，他们都是能够获得成功的。

我之所以为国剑的《大学反思与改革》写序，是因为我也一直在关注和研究高等教育中的问题，不停地呼吁高等教育改革，所以我们有着相同的教育理念、价值观和是非观。我基本上同意书中的观点，它们不仅符合教育规律，而且也有着深厚的群众基础。最近，我收到一个大公司总经理的来信，她说："我们的大学一定是出了问题，培养的人都不愿做基础工作，想一两年就当老总，拿上万元的月薪，开宝马车，什么理想，什么事业，什么艰苦奋斗，都不讲了，就是一心向钱看。"是的，我国大学确实出了问题，如著名社会学家丁学良所说："大学的问题七天七夜也说不完。""中国大学存在的问题太多了，哪一方面都存在问题，不是一方面出问题。"

几乎同时，我又收到了一个普通大学生的来信，他说现在很多大学生都不知道校长是谁？校长就像是"公司"的总裁，我们只是这个"公司"的小职员，根本无缘见到"总裁"。他又写道："给我们上课的教授、研究生，他们自己都讲不清楚，怎么能够培养合格的学生呢？教授们开着小汽车，而我们学生能从他们身上学到的就是，期末考试前泄露一些考题，背记下来，就可以拿到学分，难道这就是我们应该得到的回报吗？"此外，我还经常收到大学生们的信件，他们从不同的方面反映大学的问题，这些无疑都是对国剑先生书中观点的佐证。

目前，国家正在制定《国家中长远教育改革和发展规划纲要》，衷心希望国家邀请富有改革精神的教育家组成规划小组，走出"闭门造车"的窠臼，真正抱着"兼听则明"的态度，虚心听取民众的不同意见，并把它们付诸教育改革的实践。征求意见不能是形式上走走过场，或搞相同观点人的研讨与论证。只有打破教育改革中的禁区，发扬创造和开拓精神，遵循教育规律，才能制定符合现代化需要的纲要，也才能办好让人们满意的教育。恰逢其时，《大学反思与改革》出版，期望它能够对制定这个纲要起到某些借鉴作用。

借《大学反思与改革》出版之际，写了以上的感言。是以为序。

多重视角的莎士比亚

（代序）

当熊杰平先生首次提出，希望我为他和他的同事编写的《多重视角的莎士比亚》一书写序言时，我感到诚惶诚恐，因为我对莎士比亚戏剧不仅毫无研究，甚至是个莎剧盲，让一个外行来写序，实在是个大笑话。但杰平却说，你是搞教育的，希望你从教育的角度发表一点感想，于是我就无法再推辞，硬着头皮来写这篇序言。

提到威廉·莎士比亚（William Shakespeare，1564—1616），首先引起我对大卫·佩里（David Perry，1930—2000）教授的深切缅怀。他师从著名的Carlos Baker 教授，获得了普林斯顿大学英国文学哲学博士学位，后在波士顿西蒙斯大学英语系担任教授。他于 1983 年受中美交换学者项目的派遣，来武汉大学任客座教授，开出了英国文学、圣经、希腊罗马神话、莎士比亚等多门课程，启改革开放后我国大学高素质英文教育之先河，为国家培养了许多高质量的人才，武汉大学的一批英语师资就出自他的门下。

佩里教授在珞珈山麓耕耘的大部分岁月，正是我担任武汉大学校长的时期，我支持他的工作，他很欣赏我所进行的教育改革，于是我们成了知己。后来，他毅然放弃待遇优厚的美国教职而留在武汉大学，无疑是想把他的后半生献给中国人民。但由于我突然被免职和其后一系列事情令他失望，20 世纪 90 年代，他突然离开了工作十余年之久的武汉大学，前往海南大学任教，说是要把英文课桌摆在椰子树下。但是，江城毕竟给他留下了太多美好的回忆，对在武汉的朋友和学生也不能释怀。于是，1996 年他又回到了武汉，我与熊杰平支持他创办了武汉大卫·佩里英语培训中心，作为他终身为武汉也为中国人民服务的舞台。后来他患了癌症，直到生命垂危之际，他仍坚持给学生上课，不幸于 2000 年 7 月 25 日凌晨 5 时逝世。7 月 29 日上午在汉口殡仪馆，遵照美国的风俗为他举行了追悼会，将他的骨灰安葬在武汉石门峰文化名人陵园。一位在中国获得了永久居住权的美国友人，终于按照自己的意愿，长眠在他为之而献身的国土。悠悠绿水青山，巍巍松柏参天，将永远伴随着他的英灵。

熊杰平是佩里教授培养的研究生，是他最得意的弟子。佩里教授弥留之际，他放弃了继续深造的机会，回国接手佩里教授的工作。此后，他又放弃了晋升高级职称的机会，和我一道决心把佩里教授未竟的事业发扬光大。与此同时，他继续从事莎士比亚研究，并试图改编成中国戏剧。由于佩里教授早年夯下了坚实的基础，武汉大学外语学院上下齐心，在莎剧研究方面成绩斐然，其学生演出活动更是名扬华夏，武汉大学莎剧演出多次征服了香港和台湾的观众。由熊杰平改编的汉剧折子戏《李尔王》于2008年11月由湖北省专业剧团搬演，更是博得满堂喝彩。

由武汉大学外语学院发起，于2008年11月15至16日，在武汉大学珞珈山山庄召开了2008年莎士比亚国际学术研讨会，来自世界各地的莎剧学者，少长云集，群贤毕至，从三个方面上下求索，穷幽探微：莎士比亚戏剧批评，莎士比亚戏剧表演，莎士比亚戏剧教学、翻译与跨文化研究。会议取得了圆满的成功，其成果之一便是这本论文集。

多重视角下的莎士比亚，是这次研讨会的主题，也是这本书的书名，而且还是一个十分有创意的命题，它高度概括了莎士比亚一生创作的特点和我们研究的方法。什么是多重视角？所谓多重视角就是立体思维或称全方位的思维，也就是创造思维方法。在莎士比亚的笔下，戏剧的种类多样化，人物形象多样化，独白类型多样化，诗句的语言更是多样化，这无疑都是他应用多重视角思维方法去提炼生活而创造出来的。400多年以来，莎剧历久弥新，莎士比亚简直就是西方戏剧的代名词，成为创新的标志，演变为文化的符号。面对这样一位多产的、多向思维的创造大师，我们怎么可以不从多重视角来理解莎剧的全部真谛？一个拥有13亿人口的泱泱大国，怎么可以不用自己的独特视角为世界莎学献上具有中国特色的研究成果？

那么，一个没有上过大学，也没有读过大学教材，更遑论通过这考试拿证书的莎士比亚，怎么一跃而登神坛，为各大学顶礼膜拜，引无数学者皓首穷经的呢？我们不能不反思人类的社会制度与大学教育的体制。英国最早的大学是牛津和剑桥，迄今已有900多年的历史，它们是由意大利的博洛尼亚大学传播到法国再传到英国而建立起来的。这些大学是欧洲中世纪自发形成的，保留着大学独立、自治、民主、自由的特点，以至于成为西方大学教育的精髓。可是，中国的大学比欧洲晚了800多年，是在洋务运动的“中体西用”实用主义思想指导下从西方引进的，从一开始就打上了实用主义和集权制的深深烙印。这就是我国大学教育落后的根本原因，致使我国大学教育改革步履艰难，没有独立、自由的精神，何以能培养出杰出的人才来！

虽然威廉仅仅肄业于文法学校（相当于中学），但他却毕业于人人必读的大学——社会，精读了一本人人必读之书——人生。这所大学是所有大学的鼻祖，这本教材使所有的教材失色。威廉在社会大学里如鱼得水，用独特的多重视角读懂了人生的每一页，并创造出了人生的新篇章。其实，莎士比亚生活的年代，正是被英国哲学家怀特海（Alfred North Whitehead，1861－1948）称为“天才的17世纪”。在这个世纪中，涌现出了无数的天才，诸如费马、笛卡尔、帕斯卡、牛顿、培根、莎士比亚、哈维、胡克、波义耳、开普勒、伽利略、莱布尼兹、哥德巴赫、惠更斯、雷恩以及瑞士伯努利数学家族，等等。一个个名字如雷贯耳，一颗颗明星晶莹闪烁。毫不夸张地说，那是一个群星璀璨的时代，是科学发现与发明高度发酵的时代。

研究17世纪天才辈出的原因，也为我们培养杰出人才提供了宝贵的经验。我认为有三点最重要的经验值得吸取：

第一，一个人成才和事业上的成功，主要是决定于兴趣、理想和执着的精神，并不完全决定于学历和学位的高低。莎士比亚就是最有说服力的例证，他没有上过大学，可是他却登上了许多文学博士们所不能企及的戏剧泰斗的地位。

第二，一个人的创造性成就，主要是源于他通才（博学）的素质，而不决定于他所学的狭窄专业。例如，法国业余数学之王费马，他本是学法律的，从事律师职业，但他提出的费马大定理，曾经困扰了世界数学界几个世纪，直到358年以后的1997年才被美国普林斯顿大学的安德鲁·怀尔斯所证明。但是，费马业余数学之王的地位，至今无人能够撼动。

第三，17世纪是一个十分开明的世纪，特别是欧洲各国的学术交流十分频繁，科学家、艺术家、哲学家们，彼此相互访问，甚至是到对方国家长期工作，似乎没有国籍的限制。这充分体现了科学无国界，艺术无国界，思想无国界，这种环境正是孕育发明创造的产床。

在《多重视角的莎士比亚》出版之际，我借题发挥，是希望从包括莎士比亚在内众多的17世纪天才的成功之道，吸取某些有益的经验，遵循创造性人才成长的规律，改革我国的高等教育，大力推行创造教育，以培养建设我国创新型国家所需要的大批创造性的人才。

读《多重视角的莎士比亚》文稿有感，特写了以上赘语。是以为序。

（本书2009年11月由湖北人民出版社出版）

开启想象　呵护童年

——评童话小说《穿裙子的云》

近日，我收到从广州寄来的一个快件，是《高教探索》杂志编辑部刘第红先生的一本儿童文学作品，书名叫《穿裙子的云》。这个书名本身就极富想象力，它吸引我一连几天爱不释手地读完了这本书。

回忆儿童时代的趣事，无疑是十分有益的，它不仅可以重温儿时天真烂漫的生活，而且还可以进一步巩固自己的想象力和记忆力。第红无疑是一个非常聪颖的人，他不仅具有十分丰富的想象力，而且还有惊人的记忆力。从这本书的诞生就可以证明这一点，正如他所说："在一个不经意的午后，记忆的闸门突然开启，'童年'没来由地闯入我的生活，占据了我的思路。我感到不吐不快，欲罢不能，几乎一口气写下了一百多篇有关童年的文章。"这是一种能力，是爆发式的创作智慧，是一个高素质人的创造力量。

想象力是十分重要的，正如爱因斯坦所指出的："想象力比知识重要，因为知识是有限的，而想象力概括着世界上的一切。"想象力是人与生俱有的，特别是在少年儿童时代，是想象力最丰富的时期，这就是人们所说天真烂漫的童年。想象力的特点是：无序、非逻辑和不受约束，实际上这就是创造性灵感产生的条件。它就像一位傲慢的"绅士"，请之不易，去之又无影无踪。

第红认为："在中小学阶段，应该注重学生想象力的开发，到大学阶段，再着重思维方法的训练，尤其是创造性思维方法的培养。"这个观点是完全正确的，它与欧美国家的教育理念是吻合的，他们认为从少儿到高中阶段的教育，主要的目的在于培养学生的想象力。正是基于这种理念，欧美国家的小学是快乐教育，尊重他们的志趣，没有频繁的考试和培优、补习，不排列学生成绩的名次，让幼儿的志趣、个性得到充分的发展，让他们的想象力最充分地展示。

为什么在幼儿时期是开发想象力最佳的关键期呢？这就需要从幼儿的特点

说起，幼儿原来的思想是空白的，处于长身体、长知识的发育期，对于万事万物具有强烈的好奇心，对什么事情都要“打破砂锅问到底”。与此同时，在他们的思想中，对于许多事情并没有标准答案。教育学上有一个俗语：“思维定式”，而幼儿的思维恰恰没有定势，所以他们常常有许多怪异的想法，这正是他们发挥想象力的巨大空间。由此，我想起十多年前媒体上披露日本小学的一道考题：“雪化成了什么？”答案是各式各样的，有的说雪化成了水，有的说雪化成了泥浆，但有一个学生的回答是“雪化成了春天”。评分的结果是，教师给前两个答案评了“回答正确”，得了满分，而给后面的回答打了×，给了零分。后来，日本一名著名的科学家看到了这份答案，他感叹地说：“‘雪化成了春天’是多么有创意的答案呀！教师居然给学生判为零分，这是扼杀少儿的创造性啊！”

其实，何止是日本，中国也是有过之而无不及。为什么中国人缺乏创造性？为什么我国几乎没有原创性的重大发明成果？归根到底，因为我国的基础教育仍然深深地陷入应试教育的窠臼之中，规范的办学模式、形式主义的检查、标准化的考试、树立师范学校、追求高分、争上重点等一套传统的做法，扼杀了青少年的想象力。在这方面，教育行政部门、为数不少的中小学教师和学生家长，实际上都是应试教育的卫道士，由于各种功利的思想，使他们都置身于素质教育之外。现在，是我们应该反思和改革的时候了，尊重智力开发的规律，肩负起开发学生想象力的重任。为此，我特推荐中小学的教师、学生和家长们读一读《穿裙子的云》这本书，对于开发学生的想象力大有裨益！

（本文发表于《师道》2009 年第 10 期）

希望都来为教改而呼喊

——读《儿子的呼喊》后的感言

2012年5月下旬，武汉大学工学部土建学院范崇仁教授来访，向我赠送了清华大学孙复初教授撰写的《儿子的呼喊》一书。范教授述说了他的来之不易，他为了打听我的住址，先后向校长办公室、党委组织部询问我的住址，都说不知道。范教授生气地对党委组织部的人员发脾气诘问道："刘校长是老党员，你们组织部为什么不知道，那你们管什么？"最后，范教授还是通过离退休干部管理处打听到我的家址。范教授年长于我，他不辞劳苦由工学部走到文理学部，至少要步行1小时。因此，当我拿到这本书，既为复初教授对教育的热爱精神所折服，也为崇仁教授受托的友情所感动。

尽管我的工作很忙，但这本饱蘸着对慈母和对教育爱心的书还是一下子吸引了我，我不得不放下手头的写作任务，一口气读完这本特别的书。读后，的确受益匪浅，而且感慨万端。

首先，通过这本书我了解到什么是教育世家。在我国近现代史上，虽然不乏教育世家，但像斯霞校长这样的教育世家尚不多见。1991年9月，第三届全国优秀教育世家评选委员会评定，斯霞、霍撇征等30户榜上有名。所谓教育世家，都是一家三代以上从事教育工作，并在教育工作中有突出贡献的。孙复初教授是全国模范教师斯霞老师的长子，他的祖父在苏南创办了一所百年名校，外祖父（斯霞的父亲）在浙江省创办了一所百年名校，他就是在这两个教育世家的熏陶下成长的。他们三代直系亲属中共有10多人从事大中小学教师，而且个个都是优秀的教师。很显然，如果没有先辈们的垂范，没有他们言传身教的感染，教育的薪火是不可能代代相传的。在这个教育世家中，斯霞校长起到了承上启下的作用，实在是功不可没。我敬仰斯霞老师，我之所以在教育改革征途上跋涉不已，在某种程度上，是受到斯霞校长精神的感染。

其次，什么叫热爱教育？没有爱心，就没有成功的教育，这是人所共知的道理，但要做到真正热爱教育，并不是一件简单的事。2012 年 1 月 16 日深圳中学马小平老师因病逝世，他生前曾说过："干教育这一行，如果不十分热爱，干得不愉快，而且还十分痛苦，那就真正要赶紧改行。"这是一句大实话，是发自肺腑的真言。可是，我们现在当教师的，都要扪心自问：我们到底是把教育当作谋生的手段，抑或是挚爱的事业？据我观察，真正热爱教育工作的人并不是多数，而大多数都是为生存才干教育工作的。否则，为什么体罚学生事件禁而不绝？为什么对研究生指导不负责任？为什么把认真搞教学工作看成毁灭自己？为什么把学生当作雇工？为什么与研究生打麻将制定潜规则：只能输不能赢？

但是，从《儿子的呼喊》一书中，我看到了一个热爱教育的典范，他就是孙复初教授。他在清华大学教坛辛勤耕耘了近 50 年，受业于他的清华学子多达一万人。他虽然早已退休，但心中仍然装着教育，牢记慈母的教诲："你们这些做老师的，要去讲，要去喊，要救救在应试教育下挣扎的孩子们。"于是，他就在搜狐网上写博客，以真实姓名发表对教育的系列看法，至今已发表近 280 篇评论。这该是多么大的工作量，又需要多么大的毅力啊！如果没有对教育的挚爱，没有洞察入微的观察能力，没有大无畏的精神，就不可能对当今我国教育诸多问题分析得那样鞭辟入里。

再次，呼喊到底有什么作用？应当说，《儿子的呼喊》一书，是发自复初教授心底的声音，这既是他慈母的嘱托，又是他对当今教育的诤言。我十分赞赏"呼喊"一词，对于我国万马齐喑的教育改革来说，非常需要呼喊。因为如今我国教育当局和大多数的教育工作者，正如孟子所云："以其昏昏使人昭昭"，这实在是我国教育的悲哀呀！我们呼喊的目的，就是进行教育改革的启蒙宣传，把那些仍然置身于教育改革之外的人们唤醒，使他们变得"以其昭昭使人昭昭"。

我与复初教授有着同样的使命感，也是在呐喊不止。他说他是一只老杜鹃的啼血，而我也最喜欢宋朝王令的诗句："子规夜半欲啼血，不信东风唤不回。"去年 9 月，我的自传修订版出版，书名就是《拓荒与呐喊》。其意思是，在任职内，我就是一头拓荒牛，埋头不停地开拓创新；被免职以后，失去了改革的舞台，我就变成了一只杜鹃鸟，昼夜不停地呐喊，希望唤回教育改革的春天。

尽管我们在不停地呼喊或是呐喊，但所起的作用有限。为什么？因为能够站出来呐喊的人太少了，如果我国1200多万的教师，哪怕只有百分之一的人出来呼喊，都会汇成一股洪流。民心不可欺，在这样的情况下，当局就不可能再装聋作哑了，兴许能够推动我国教育的改革，这实乃国家和民族的大幸！

我真诚地希望《儿子的呼喊》一书尽快正式出版，相信在这本感人至深的著作的影响下，会有更多的教育工作者参加到为教育改革而呼喊的行列中来，并亲自参与教育改革的实践。我希望这一天尽快到来，在我国广阔的教育园地里，开放出绚丽的花朵，结出丰硕的果实！

是为至盼！

序 言

——为《有机建构主义教育》作序

我与席隆乾相识 20 多年了，我们是亦师亦友的关系，这种友谊是在相互关注、研究和讨论教育问题中形成的。我记得他在大三时，给我写过一封信，表明他对教育改革的兴趣，我给他回了信，这既是他思考和研究教育问题的肇端，又是建立我们之间往来的开始。

隆乾于 1990 年毕业于武汉大学图书情报学院图书发行专业，这是当时全国唯一的紧俏专业，毕业生分配或就业市场很好，几乎都是分配到各省市自治区的新华书店或大型出版社工作。大学毕业以后，隆乾先后从事过多种工作，但是他最后还是根据自己的个性与爱好，选定了以独立学者作为自己的志向。自由就是他最崇尚的，没有官僚体制的束缚，是展现个人才华巨大的空间，做他自己喜欢的工作，研究他感兴趣的问题。他是一个创意连绵的人，先后策划、编辑和出版了多套实施素质教育的参考书，如《快乐学作文》《中学神奇审美阅读》《新课标・新理念・新作文》《双向征服英语》等，发行总量超过 300 万册，每套书都受到中小学教育界的普遍欢迎。此外，他还间或发表一些教育方面的文章或评论，也多有新颖的观点。

1995 年 3 月，隆乾提出了“有机生长教育观”，并将写就的一篇 8000 余字的长文寄给了我，希望我对他提出的新观点做一些论证。我认真地阅读了这篇文字，总的来说，他的观点是能够成立的，既符合法国启蒙思想家卢梭自然主义的教育思想，也能够从马克思关于“社会有机体”的论述得到佐证。更重要的是，教育是以人为对象的实践活动，而人是活生生的有机体，确立这一命题，可以揭示教育本质，探讨符合人性的教育规律。其实，有机体这个概念应用得相当广泛，如“社会有机体”、“诗歌有机体”、“人工智能有机体”等。那么，在什么情况下才能体现有机体的生命力呢？这正如英国浪漫主义诗人柯尔津治所形容的：“诗与有机物一样，其生命始于诗人灵感的‘种子’或‘胚胎'。"教育有机体理念之所以是先进的，就在于把受教育者视为有灵、有肉的机体，而不是把受教育者当作注入知识的"器皿"。

此后，我们多次通过信件继续交流对这个问题的看法，他也致力于不断地完善自己的教育理论体系。为了在更广泛的范围征求对他的"有机生长教育观"的意见，他于2006年1月把论文寄给了哈佛大学教育学院著名教育学家霍华德·嘉纳德，他是"多元智力"理论的创立者。为此，我还给嘉纳德教授写了一封推荐信，希望在隆乾与嘉纳德之间起到一个桥梁作用。2006年2月9日，他收到了嘉纳德教授热情洋溢的回信，表示赞同他的许多学术观点。接着，他应嘉纳德教授的邀请，于2007年7月底，前往哈佛大学参加国际学术研讨会，隆乾做了《论有机主义教育》的演讲。嘉纳德教授还组织了一次专家座谈会，就有机主义教育进行了热烈的讨论。从总体上说，他们肯定了有机主义教育的基本观点，同时也提出了一些改进和提高的有益建议。哈佛大学之行，大大增强了他对自己创立的新教育理论的信心。他有意把这篇颇有创意的论文发表出来，以便在更广泛的范围进行交流。可惜，在保守思想占主导地位的中国教育界，他的教育论文终究没有能够刊登出来。

坏事变好事，论文虽然未能发表，但却催生出来一本教育学专著——《为了21世纪的教育——有机建构主义教育》。其实，隆乾关于"有机建构主义教育"从提出到今天，先后经历了几次修正，从"有机生长教育观"到"有机主义教育观"，再到"才智有机建构主义教育"，体现了他精益求精的治学精神，真是难能可贵呀，十年磨一剑！

过去，我为不少朋友和学生写过序言，一般都是浏览了他们著作的前言或大纲，或是听作者介绍书的梗概后写出的，很少通读作者的书稿。但是，对隆乾的这本书，我不仅通读了书稿，而且对重要的章节还反复地研读，目的是对他的学术观点进行仔细地推敲。经过认真研读后，我认为这的确是一本独辟蹊径的教育专著，值得引起我国教育界关注的。总的来说，关于"才智有机建构主义教育"的立论是能够成立的，是科学的。与前两次的提法相比，"才智有机建构主义教育"在两方面都有深化：第一"建构"是个动词，反映的是才智形成的动态过程，而且是学习主体人的能动和创造的过程，这是传统教育无法比拟的。第二，"建构主义教育"是目前西方教育界流行的观点，隆乾有意与这种趋势融合，但又不雷同，因为他强调的是"有机建构"，是学习者自己建构，而不是他人来为学习者构建，这正是有机主义教育的核心理念。

本书不仅从四个方面论证了“有机建构主义教育”原理，而且已经构建了才智有机建构主义教育的体系，包括论智力、智力激活教学法和教学七步骤等。在这些论述中，也多有创造性的见解，如智力激活教学法、深层智力迁移论、强调自我驱动等，都有言他人之未言的新颖性，是颇值得教育界重视的。教育理论是指导人们实践的科学，创立新理论的目的是应用。这正如创新理论之父熊彼特临终遗言所说：“行动——光有理想和理论是不够的，只有行动起来，努力改变现状才是真正对理想的拓荒。”本着这个思想，作者在书中专门有一章“有机建构主义教育对教育改革的建议”，总共提出了5点建议，有着重大的现实意义，是颇值得国内教育界深思和参考的。

然而，《有机建构主义教育》与任何新生事物一样，最初总会有不完善之处，书中也确有值得商榷的地方，某些概念的叙述也缺乏连贯一致性。但瑕不掩瑜，这些仍不影响《有机建构主义教育》成为一本创新之作。我相信，作者在听取了教育界学者们的评议之后，一定会采纳他们有益的建言，使自己创立的教育理论日臻完善。教育是一块伟大的试验场地，我国拥有任何国家都无可比拟的丰富教育资源，衷心希望我国广大的教育工作者，积极投身到这个伟大的试验场中去，发扬创造精神，积极改革，勇于开拓、创新，为创建新的教育理论、进而建立我国教育学派而贡献自己的智慧！

读《有机建构主义教育》有感，写了以上赘言，对本书的出版予以推荐。

（本书于2013年6月由社会科学文献出版社出版）

《阳光心态看世界》序言

陆华新是1984年9月跨入武汉大学化学系学习的，是非授业于我的学生。他的名字我是知道的，因为他在读书期间就是个小有名气的学生。他曾担任过化学系学生会副主席，是当时《武汉大学学生学刊》（自然科学版）主编。1987年他的一篇科研论文发表在《武汉大学学报》（自然科学版）上，这是罕见的，因为这份学报只是面向校内外专家学者的。同年，这篇论文获得了湖北省大学生优秀科研成果一等奖。可是，在校期间，除了在集体场合以外，我们并没有直接见过面。

我第一次见到他，是20世纪90年代中期，我到武汉东湖医院参观，他那时是这个医院的党委副书记，此后我们联系得比较频繁，逢年过节我们都互赠贺卡。我记得是2009年秋，他带着《阳光心态看世界》的书稿来家里征求我的意见，我极力支持他写作这本书，并建议他把内容扩充宽一些，在思想观点上做到精益求精，使得这本书具有思想性、可读性和趣味性，也使读者从中受到启迪。他接受了我的建议，表示将继续修改和打磨，力争奉献一部好的作品出来。

此后，有好几年时间没有见到华新了，后来才知道他在工作之余，全部精力都沉浸在书稿的修订之中。他在4年之中曾修改了8次，做到了精益求精，实在是难能可贵呀！当我拿到他的打印书稿《阳光心态看世界》时，我感到非常欣慰，真是功夫不负有心人啦！此书从华新构思、写作到反复修改，历时十多个寒暑，是真正的十年磨一剑！华新还是一个业余摄影爱好者，书中插排了他拍摄的100余幅照片，是真正的图文并茂！

这是一本非常特别的书，内容涵盖人生、文化、教育、科技、艺术、体育、卫生保健、经济生活、商业活动、旅游等十个方面99个篇章。他对周围世事观察之细，对问题揣摩之深，辩证分析问题之透，是这本著作最大的特点。从图书分类上，似乎很难把它划归某一个类别，但我宁愿把它归纳到人生札记之中。当我浏览了《阳光心态看世界》的书稿后，我立即想到了赵朴初先的《宽心谣》，他是著名的佛学家、诗人、作家、书法家和社会活动家。《宽心谣》是他于92岁写的歌谣，总共10行150个字，概括了他对苦乐、贫富、金钱、饮食、衣着、忙闲、心体、起居等方面的体悟。很显然，如果没有大彻大悟的思想境界，没有超越一切功名利禄的心态，是绝对写不出这样的醒世恒言的。

华新的《阳光心态看世界》一书，有点像赵朴初先生《宽心谣》写作的心态。他们两人写出这样的好作品，是因为他们都有一颗阳光的心态。何谓阳光心态呢？不仅生命需要阳光，心态也更需要阳光，阳光心态是一种宽容、宽厚、仁爱、感恩、积极、乐观、自信、自乐的心智模式。总之，阳光心态是一种平和、超然和辩证的心理状态。这种心态不是靠传授而来的，也不可能是从书本上学到的，而是需要通过长期的观察、细细体味、反躬自省和静心修炼方可养成的。

这本书是出自一个理科出身的人之手，是一位技术部门基层领导工作者奉献的一部作品，如果没有深厚的学养和文字功底，是不可能企及的。华新是如何创作出这部佳作呢？这使我想起了《红楼梦》第五回中的一副对联，它悬挂在宁国府上房《燃藜图》的两旁。这副对联是："世事洞明皆学问，人情练达即文章。"我的理解是，洞明就是观察，一切真知都是始于观察；人情练达就是体验人世中的各种关系，并通过由表及里、由此及彼地加工，从而得出自己的理性认识。实际上，华新的这部书稿，就是对世界"洞明"和"练达"的结果。

在2500多年以前，古希腊哲学家赫拉克利特说过一句名言："除却变化，别无永恒之物。"宇宙大也无限，小也无限，世界万事万物无时无刻不处于变化之中。因此，学无止境，对世界的观察也无穷尽，人类的思想永远不会停留在一个水平上。西方有一个"追赶太阳"的故事，讲的是英国《英语词典》主编约翰森的治学精神。他说："追求十全十美，就像阿卡狄亚原始居民逐日一样，当他们追到似乎是太阳栖息的山顶时，却发现太阳依然遥不可及。"是的，《阳光心态看世界》只是一个良好的开端，大千世界千姿百态，可以说是美不胜收，百看不厌。因此，希望作者做一个追赶太阳的人，继续观察和思考，写出《阳光看世界》的续集甚至是三部曲来！

爱生之心切切，读书稿有感，故写了一点感慨和希望，是以为序。

（本书于2013年7月由武汉大学出版社出版）

人是要有一点精神的

（代序）

齐润庭同志出生于河北省井陉县大尖山村，于1938年参加抗日儿童团，年仅13岁，1944年18岁时参加八路军。1950年被征召为中国人民志愿军，是45师135团二营副教导员。他参加了抗美援朝战争中最著名的上甘岭战役。他身处战斗第一线，亲历了这场举世闻名的最惨烈的战役，目睹了特级战斗英雄黄继光同志牺牲的全过程。在这次战斗中，他5次负伤，并荣立了三等功，是全军获得三等功以上30万名受奖者之一。

在为时两年多的抗美援朝战争中，中国人民志愿军与朝鲜人民军一起，面对以美国为首的21个国家组成的联合国部队，在敌人拥有现代化军事装备的情况下，经过殊死的浴血奋斗，中朝人民军队终于战胜了敌人。在这场史无前例的战争中，孕育出了“抗美援朝精神”，我国辽宁省丹东市还专门成立了“抗美援朝精神研究会”，说明这种精神的影响深远，是无比珍贵的财富。什么是抗美援朝精神？归结起来就是：为了祖国和民族的尊严而奋不顾身的爱国主义精神；英勇顽强、舍生忘死的革命英雄主义精神；不畏艰难困苦，始终保持高昂士气的革命乐观主义精神；为完成祖国人民赋予的使命，慷慨奉献自己一切的革命忠诚精神；为了人类和平与正义而奋斗的国际主义精神。残酷的战争培育了这种精神，而这些精神又保证了整个战争的胜利！毛泽东同志曾高度赞扬上甘岭战役，他说：“历史上没有攻不破的防线，上甘岭防线没有被攻破，这就是奇迹。”

齐润庭同志接受了战争的洗礼，在他的身上充分体现了这些精神。我与老齐相识已经40多年了，我们既是校友又是朋友。我们相识是在“文化大革命”中，说是偶然性，但却又有其必然性，这是由当时极左的阶级斗争形势发展决定的。1966年8月5日，毛泽东主席发表了《炮打司令部——我的一张大字报》，从而揭开了“文化大革命”的序幕。根据当时形势的需要，毛泽东同志决定成立中央“文革”领导小组，时任中南局第一书记兼湖北省委第一书记的王任重被任命为“文革”小组的副组长。毛泽东委托王任重同志抓北京二校（北京大学和清华大学）的“文化革命”。为此，王任重同志从湖北省抽调了6位干部给他当联络员，经湖北省委的考察，最后抽调了吕乃强（湖北省委秘书长）、傅明贤（湖北省委宣传部干部）、张生谈（湖北团省委干部）、齐润庭（湖北省高等检察院办公室副主任）、刘道玉（武汉大学副教务长、化学系讲师）、王桂英（武汉大学组织部干部）。根据王任重同志的安排，吕乃强、傅明贤、张生谈负责联系清华大学，齐润庭同志联络清华附中；刘道玉负责联络北京大学，王桂英负责联络北大附中。

王任重同志在钓鱼台国宾馆16号楼办公，我们这些联络员也都住在16号楼，有时也住在各大学。其实，当时大学的“文化大革命”已处在大串联阶段，学校派别林立，联络组基本上只是看大字报，听取各派的意见，不表态、不支派、不干预运动。到了9月底，各大学完全瘫痪，有鉴于联络组已无事可做了。于是，王任重同志宣布联络组撤出学校，遂让大家回武汉过国庆节。这次联络组的使命只有40天，这也是我与老齐第一次合作共事，他勤奋、朴素和谦虚的作风给我留下了深刻的印象。

此后，我们联系就很多了，特别是我出任武汉大学校长以后，他常常到武大看望我，关心武汉大学的教育改革。从我与老齐的交往中，我感受到凝聚在他身上的抗美援朝精神无处不在，这是他学习、工作和健身的不竭力量。

首先是表现在学习中。在参加革命部队前，齐润庭同志只有小学文化程度，1954年复员后，曾先后被安排到中央政法干校和湖北省文化干校学习，毕业时达到初中文化程度。1959年他作为调干生到武汉大学哲学系学习，对于一个仅有初中文化程度的人，要完成大学的学习任务，可想而知是极其艰巨的任务。在同学们的帮助下，齐润庭同志凭着精神力量，战胜了学习中的种种困难，胜利地完成了大学的学习任务。

其次是表现在工作中。老齐先后从事过公安厅看守所所长、省高等检察院监察员、办公厅副主任、办公楼与宿舍拆迁和建设工作。他对所经手的所有工作都一丝不苟，出色地完成了各项任务，先后多次获得上级组织的表扬。

再次是在进入老年以后，在健身中，他仍然保持着抗美援朝中顽强的精神，永不言弃。他真有点像孔子所说的“不知老之将至云尔”。他喜爱门球，长期坚持锻炼，风雨无阻。1999 年代表省检察院门球队，一举夺得了全省冠军，后参加在广东省清远县举行的全国门球百队比赛，进入全国前 16 名。今年，老齐已经 88 岁了，俗称是米寿。他仍然坚持参加门球比赛，这是他精神力量支撑的表现。令我十分感动的是，今年 3 月 29 日上午和下午，他先后两次来到我家中，分两次送来了有关上甘岭战役的资料。他恳切地对我说："你过去一直鼓励我写一本回忆录，现在终于整理出了《风雨征程》一书，希望你写个序言。"盛情难却，我答应了老齐的要求，以尽朋友之谊。

令我十分欣慰的是，齐润庭同志身体硬朗，精神矍铄，思维清晰，行动自如。俗话说：无病就是福。年近九旬的老齐有如此健康的身体，真是人生之大幸也！我衷心祝福他健康长寿，幸福地安度晚年！

"人是要有一点精神的"，这是毛泽东同志于 1956 年八届二中全会上说的话，对此我是深信不疑和笃行不移的。今年我也已到 80 岁的年龄，但我时刻牢记毛泽东同志这句箴言，以齐润庭同志为榜样，做到"学而不厌，诲人不倦，思考不止，笔耕不辍"。借为《风雨征程》写序之际，我愿意把毛泽东同志这句箴言赠送给广大的读者朋友们，希望我们彼此互勉。是以为序。

诗情画意的人生

（代序）

夏顺荫（笔名禾火）是湖北省襄阳人，于1950年春季入读襄阳五中，1952年因当时高中毕业生缺乏生源，所以她所在那个班，被允许提前半年参加夏秋之季的全国统一高考，于1952秋进入武汉大学历史系。但由于她患肺结核病而休学一年，故于1957年夏季才从武大毕业。

我是襄阳五中53届毕业生，通过统一高考被录取到武汉大学化学系学习。因此，我与顺荫既是中学的校友，又是武汉大学的校友。只是，无论在中学或在大学里，我与顺荫都没有直接见过面，因为她是一个文艺积极参与者，而我是一个没有任何文艺细胞的人，所以那时我们各人都忙于自己的专业学习，而且各有自己的交友圈子。

1957年毕业的时候，适逢那场反右派运动，顺荫遭到了席卷，但当时我并不知情。坦率地说，即使知情，我也爱莫能助啊！在后来的十多年里，可想而知，她当然吃尽了苦头。但是，苦难也是一把双刃剑，它可以把一个人击倒，也能够使人更坚强，而顺荫属于后者。

据了解，当年划右针对的是受高等教育的知识分子，以大学生为起线，随后形成所谓的“南北对持”——北方以北京大学，南方以武汉大学为学生划右最多的两所大学。就我对当年被划右的条件以及右派们的观点和言论看来，被划为右派分子的学生，大多都是有才华、有个性者，从学生会以下的各级干部，学习上的尖子，运动场上的健将，文艺圈内的骨干，多以“拔尖”的形式，摧毁殆尽。教师层里，其中不乏著名的学者、教授、有名望的专业人才及民主党派高级领导人。众所周知，唯这些人属于高智商，头脑清醒，有社会责任感的人群，他们经过深思熟虑，看准了社会的种种弊端，在党号召“鸣放”的前提下，虽胆战心惊，终于敢于表现自我，敢于提出批评或发表一些具有建设性的意见。

这场反右派运动，致使全国55万左右的知识分子受到迫害。从此，造成了我国知识分子万马齐喑的状态，也使得我国几千万知识分子丧失了独立性和正义感。

顺荫是一个有个性的人，在多年困境中没有沉沦，勇敢地走出了人生的低谷，成为重点中学的教师，我为她能逃出一条活命及日后的成功感到十分欣慰。

我第一次见到顺荫，大概是1983年秋天，是在参加武汉市十四中的校庆会上，因为自1959到1963年，该校曾是武汉大学的附属中学，由于这层原因，我被邀请参加了十四中的校庆，并为我与老同学顺荫见面提供了机会。

大概是1985年的春季，顺荫找到我，她提出希望调到武汉大学附中任教，为办好附中尽一份校友之责，以报答母校培养之恩。对她的要求我是支持的，因为武汉市十四中是省级重点中学，而武大附中则不是，我想调入一些骨干教师充实武大附中的师资力量。可是，武大附中却说不缺历史教师，而人事处也以没有编制为由而未能调成。对此，我感到非常遗憾，使武大附中失去了一个骨干教师，但顺荫却坦然对待之。

此后，顺荫与我的联系多了起来，逢年过节我们互赠贺卡，有时也相互探望。1992年12月26日，1993年12月27日，顺荫连续两年都在贺年卡上分别赠送了七律诗，兹抄录于下：

七律二首

——赠同乡同学武大前校长刘道玉教授——

（一）寒　浸

斜雨惊风处士林，霜华犹畏早寒浸。

文章满纸书生泪，字画盈篇墨客罥。

龙虎榜高招鬼怨，英雄气盛惹神明。

人间但得公平在，一笑一颦总关情。

1992年12月26日

（二）壁　松

择选生存立于斯，提悬倒挂两由之。

千寻峭壁扎根底，万仞危岩展秀枝。

不乞神灵播恩惠，何求佛陀布泽施。

严寒历尽风霜苦，来岁虬枝绕风池。

1993年12月27日

1992和1993年，正是我在省委派驻的工作组领导下遭受清查的时期，顺荫的诗无疑是对我的理解、肯定和支持。我本不会写律诗，但为了感谢她的一片真心，也学着给她回复了一首习作，后经过她的修改，现在也附录于下：

冬 梅

——回赠顺荫学友——

惊风骤雨尚峻寻，蜡梅傲霜不畏浸。

一纸呐喊匹夫责，两番抗节盖权倾。

时彦皆具新见地，只眼洞察世人心。

但留豪情正义在，狂沙吹尽拾到金。

古谚曰：路遥知马力，患难知忠交。我与顺荫先后都受过政治打击，所以我们能够相互理解和支持。光阴荏苒，很快我们都到了退休的年龄，作为一名知识分子，往往是退而不休的，一定要有所追求。顺荫自幼受外祖父的熏陶，喜爱诗词书画，再加上她是文科出身，在诗词、绘画和书法等方面都拥有较深的造诣。她频繁参加国家级的各种学术活动，出版小说，举办画展，过得非常充实，真正享受着诗情画意的人生，这是何等美好的境界？人生是一本书，一本读不完的书。古人曰："字是无形画，画是有形诗"，而顺荫集诗词、字画为一隅，实在难得！我本人对诗词、绘画和书法都无甚爱好，也没有经过任何修炼，是一个枯燥无味的人。但是，我挚爱教育，钟情于教育改革，及至到了耄耋之年，我仍然在为中国的教育改革而呐喊。

我真的很羡慕顺荫现在的生活状态，目前，她思维清晰而敏捷，身体健康，精神矍铄，学而不厌，创作不止。今年暑假期间，她在子女的陪同下，到东北10个省市做了一次壮游，历时一个多月，既饱赏到北国的风光，又获得了子女们爱心的回报，真是其乐无穷！

顺荫过去发表过许多散文，为怕散失起见，有意集结成册，命名《禾火散文集》(第三集)。过去，她的几个集子或小说都是署名“禾火”，我有点好奇，笔名“禾火”有何蕴意?她说：“我生于1934年双秋节，故乳名‘秋秋’，我的笔名‘禾火’即秋字的自拆，无深意。”其实，顺荫是自谦，我觉得她的笔名恰好反映了她那风风火火的个性，体现了她那“浴火重生”的人生道路。实践证明，她对人生道路的选择是正确的，其生活虽充满坎坷，却也孕育着成功的契机!

顺荫的《禾火散文集》(第三集)即将出版，我特回忆和写了以上一段文字，借以抒发我们同学同乡之谊，以及我们志同道合的价值理念。是以为序。

可贵的教育探索精神

（代序）

今年元宵节过后，河北石家庄一位英语教师杨文雅女士通过基金会联系到我，希望我能拨冗接待她，就小儿教育问题与我进行交流。在征得我的同意后，她在元宵节过后两天来到武汉，下榻在武大附近的汉庭大酒店，说准备在此等候一周，目的就是“望素心之诚，祈得一缘”。作为终生都在关注教育问题的人，对于一个千里迢迢赶来的交流者，我怎能忍心让她周旋一周呢？于是，按照约定的时间，我们交流了一个下午和一个上午，看似意犹未尽，但她说不忍心再多占用一个耄耋老人的时间，更何况还处在春寒料峭的时节呢！我们约定，以后可以通过邮件经常交流，愿意与她讨论任何问题。临别时，我把自己的几本教育著作赠送给她，其中包括一本精装英文原版书《The Way to Happiness》。

过了一周，基金会又以邮件形式转给我一封信，写信的是湖南的李建勋先生，他自称是一位由教师转为公务员的学生家长。同时，随信还附上了电子版的一本书稿，书名是《成才主道是家庭》。这两件在短时间内出现的事看似偶然，但偶然寓于必然之中，说明家庭教育正困惑着众多的学生家长，也受到了广大学生家长的重视。直觉告诉我，家庭教育是当前教育中一个非常值得关注的问题。

正是由于这个原因，我对李建勋先生的这本书颇感兴趣，特别是他的醒目书名：《成才主道是家庭》，立即得到了我的认可与共鸣。因此，我同意为这本书写一篇序言，以抒发我的读后感想。我历来不喜欢由人捉刀，为了写这篇序言，我认真阅读了书稿的内容，包括作者前言、书稿的目录、孩子成长中最常见的 17 个问题、解决办法以及书稿的章节。虽然阅读书稿需要花费不少时间，但是阅读的过程也是我进一步学习的过程，从中受到了许多启发。对于作者个别欠妥的提法，后来我们在面谈时，也坦诚地进行了交流，我提出了个人的一己之见。

与众多书著不同的是，这是一部教育自己女儿的完整记录，而且历时 18 年，是多么的难能可贵呀！总的来说，我认为这是一部有学术和使用价值的著作，非常愿意向广大读者推荐，特别是广大学生家长们有必要研读这本书，从中汲取有益的经验，学习他可贵的教育探索精神。

概括起来，这部书有五个方面值得我们注意：

一、为人父母者，必须担负起教育子女的神圣职责。中外教育史均表明，一个国家的人才素质和文明的程度，在很大程度上取决于家庭教育的成效。一个不为人们所察觉的现象是，为什么同一批分数段进入到同一所名校的学生，后来才智和成就却表现出了巨大的差异？其中就有家庭教育的区别。用法国启蒙思想家卢梭的话来说，最好的教育是在个人发展的前期，也就是家庭教育，它是奠定一个人一生的基础。《欧孟仪型》是清末画家吴嘉猷的一幅名画，展现的是欧阳修和孟轲母亲教子的画卷。像这样的例子在西方国家也屡见不鲜，如大发明家爱迪生，瑞士天才的数学家欧拉，英国数学家、物理学家麦克斯韦，德国 19 世纪的天才卡尔·威特，瑞士伯努利数学家族等，在他们获得巨大成功的背后，家庭教育的贡献功不可没。

可惜的是，我国当今在经济转型的过程中，却没有把握住教育的正确方向，教育产业化就是明显的误导。一个时期以来，教育广告、各类教学辅导班、奥数班、教学辅导资料、高考“秘籍”、家长学校等肆意泛滥，把教育的非市场价值准则统统排斥出局，这是导致我国教育问题丛生的根本原因。许多学生家长宁肯送孩子上培训班或请家庭教师，却不肯花时间研究教育，肩负起教育孩子的责任。但是，李建勋先生是个例外，他坚持长期跟踪对女儿教育的试验，并写下了全程记录，其精神实在令人敬佩！

二、家庭教育不是率性而为，必须自觉地以科学的教育理论和方法为指导。李建勋先生有着先天的有利条件，因为他是师范毕业生，受过教育学和心理学的熏陶，又有从事 6 年教师工作的经历，这些都为他以女儿为对象进行教育试验提供了良好的条件。不止于此，在长期的试验过程中，他还参阅了大量的教育论著，实现了理论与实践的有机结合。看得出，作者深受弗洛姆和华生心理学的影响，也借鉴了戴尔·卡内基励志教育的经验，所以他的试验获得了成功。

三、教育是一块伟大的试验场地，最是需要躬耕的人。苏联教育学家阿·波瓦利阿耶夫曾说："教育是一块伟大的试验场地，发展个性、教育技术需随之改变。"纵观世界著名的教育家，他们既是哲学家又是教育改革的实践家，为了推行其教育理念，大多亲自创办了新型的学校。例如柏拉图学园、夸美纽斯试验学校、杜威实验中学、洪堡的柏林大学、罗素的比肯山学校、苏霍姆林斯基的帕夫雷什农村中学等。在现代的中国，除了陶行知创办晓庄师范外，既没有开展教育试验的教育学家，也没有躬耕教育试验园地的校长。虽然我国现在有众多民办（或私立）学校，但实事求是地说，它们基本上没有办学的新思路，也不是为了试验某个特定的教育理念而创办的。正是由于这些原因，中国没有世界级的著名教育家，这与一个拥有最多教育试验资源大国的地位极不相称，应当引起我国教育界的深刻反思！

教育领域的确是一块伟大的、广阔的场地，试验的对象是多种多样的，可以是一所学校，或一个班级，或一门课程，或一个学生，或一个子女。我之所以赞赏《成才主道是家庭》这本书，是因为我很佩服李建勋先生进行教育试验的精神。西方一位哲人说过："国家的命运与其说操纵在掌权者的手中，不如说掌握在父母的手里。"我真诚地希望，我国的学生家长们，各级学校的领导者们，广大的教师们，以及教育理论研究者们，积极地投入到这个伟大的试验场地里来，由此而涌现出大批的著名教育家来。

四、异见当尊重，创造最可贵。人类历史的不断发展，不是源于赞同或赞美，而是因为人们有"不从"的行为，有"不从"才会有创造，才能不断地前进。教育的根本目的是培育自由的人，只有对人云亦云的世俗观点、对权势人物说"不"，人才能成为自由的人。我高兴地看到，在李建勋先生的书中，多有异见或"不从"的观点，例如他提出的"外因主导内因"的观点，就与传统的内因决定论相悖。其实，外因与内因在一定的条件下，是能够互相转化的。我们不难为他的观点找到佐证，例如孟母三迁的故事，母爱使爱迪生成为大发明家；荷兰凡·高在画店打工的经历，激发了他对画画的兴趣，虽然他 27 岁才开始学画，但执着的追求使他成为世界后印象派画作的代表人物。这些事例不都说明了外因的主导作用吗？又如，他提出"爱子及嗜"，看起来似乎是不可理喻的。嗜好有好有坏，难道孩子的不良嗜好父母也要喜欢吗？其实，这不是作者的本意。作者的意思是家长们应当抓住孩子的兴趣爱好，把它作为培养孩子理想、增进孩子快乐、训练孩子才能的重要平台；而对于孩子的不良嗜好，应当给以逐步限制、合理引导。如果你抱着与孩子对立的态度，动辄呵斥，甚至是冷眼或是打骂，你不仅不能改变孩子的不良嗜好，最终还会毁掉这个孩子。爱是一种伟大的力量，只要有爱子的深情、充分的耐心和良好的方法，就一定能够转变孩子的不良嗜好，从而培养出优秀的人才来。

五、理论联系实际，创新是为了应用。教育既是一门理论学科，又是实践性很强的学科。创新理论创始人约瑟夫·熊彼特在弥留之际留下遗嘱："行动——光有理论是不够的，只有行动起来，努力改变现状，才是真正对理想的拓荒。"《成才主道是家庭》这部书正好体现了这个特点，具有普遍的实用性。他提出的关于孩子成长中常见的17个问题的解决方法，就是非常有实用价值的，值得广大学生家长们在实践中参考。

这部书的亮点远不止我以上所谈的五方面，相信读者从中可以找到自己感兴趣的内容。更重要的是，希望更多的家长们积极投身到教育实验的伟大场地中来，通过辛勤的耕耘，总结出你们自己教育子女的心得体会，以此催生出我国教育学园地里百花盛开的景象！

受作者嘱托，却之不恭；读书稿有感，谨以为序。

（本书于2014年6月由湖南科技出版社出版）

一幅山水农庄的画卷

（代序）

《山水村童》是陆华新先生的第二部作品，它既是一本记叙童年的回忆录，也是一部以村童为主题的文学创作。根据主题，书中着墨最多的当然是与儿童有关的劳作、读书与童趣。此外，书中还广泛地涉猎这片山水农庄的民风、民俗和民间传统手艺，堪为一部了解农村常识的大全，展现的是一幅山水农庄的画卷。

生活无疑是文学创作的源头，创作则是源于生活而又高于生活的艺术产品。曹雪芹在《红楼梦》第五回中撰写了一副对联，上联是“世事洞明皆学问”，下联是“人情练达即文章”。这副对联被装裱悬挂在王熙凤的办公室，显然是对大观园总管家凤姐的才华和精明的写照。她在协理宁国府时，把纷繁的事务打理得井井有条，使贾府上下心悦诚服，可谓成绩斐然。那么，凤姐靠的是什么呢？她有精明的头脑、渊博的知识、开阔的视野、泼辣凌厉的个性、圆滑干练的手段等，既造就了贾府的兴盛，又力挽风雨飘摇的大观园。

我认为，这副对联不仅仅是描绘凤姐的才干，而且也是作者借以告诫每一个做学问的人的座右铭。观察事物的重要性是自不待言的，伊凡·彼得洛维奇·巴甫洛夫是俄罗斯杰出的生理学学家，是1904年第一个获得诺贝尔生理学奖的人，他的整个研究成果都是基于观察而获得的。因此，他在实验室的墙壁上悬挂着自己的座右铭：“观察、观察、再观察”。我从年轻时就把巴甫洛夫的座右铭牢记在心，也记住了曹雪芹的这副对联，并且时时锻炼自己观察周围事物的能力，及至到了耄耋之年我依然保持着这个习惯。

发现和创造都是始于观察。我记得法国著名雕塑家罗丹说过一句名言：“所谓大师，就是这样的人，他们用自己的眼睛去看别人见过的东西，在别人司空见惯的东西上能够发现出美来。”这就是大师与常人的区别，大师之所以能够从常人司空见惯的东西上发现出美来，那是一种洞察入微的审美力，也是最宝贵的创造力；而常人则是司空见惯、习以为常、见怪不怪，因而他们只能成为维持现状的守旧者。

无论是过去还是现在，出生于农村的大学毕业生为数不少，为什么陆华新能够写出《山水村童》，而别人却不能呢？这是一种思乡的情结，也是对生于斯长于斯的故土的感恩。这部书稿也是始于观察，作者出生于江南洞庭湖畔的水乡，他对农村的生活与劳作自然是耳濡目染，亲历过劳其筋骨的滋味。在书稿中，他对于“少小活儿”、“帮衬大人”、“村童游戏”、“儿时美味”的叙述，都是有滋有味的，令人回味无穷。难能可贵的是，这些童年的往事，时隔三四十年，他依然记忆犹新，这是一种博闻强识能力的表现。

人有眼、耳、鼻、口和身体等五官，它们构成了人们的视觉、听觉、嗅觉、味觉和触觉，人们的一切感性认识都离不开这些感官。人的认识一般是从观察开始的，但视觉只是五官功能之一，必须辅之以其他感官的配合，才能得到对外界全部的感性认识。《山水村童》所记叙的事件，无疑都是通过这五官而获得的。但是，仅仅只有感性认识还是不够的，还必须把由感性获得的材料通过理性和悟性的加工，方能更深刻和更准确地反映山水农庄的全貌。

从思维科学来说，人们的思维方式有感性、理性和悟性三种，它们是人的思维能力相互联系不可分割的组成部分。感性就是敏锐的观察力、感知力和洞察力；理性是把感性转化为理性，把具体转化为抽象，从而获得普遍的和规律性的认识；而悟性是冥思、静想和顿悟的能力。如果用一个字来概括它们的特点，那么感性是“知”，理性是“真”，而悟性是“通”。人们大多对感性和理性的功能都有一定的了解，而对悟性知之不多。实际上，悟性在认识上是最重要的，悟性是学习的最高境界，一个学习优秀的学生与学习差的学生，他们的差别就在悟性上。什么是悟性？它与感官没有直接关系，它是一种由此及彼，由表及里，由现象到本质的认知能力，我把它称为“穿透力”，也是我们通常所说的“天赋”。我归纳悟性的特点是“通”，所谓的“触类旁通”、“融会贯通”、“贯通古今”、“一通百通”和“心有灵犀一点通”等，都体现在“通”字上。与“通”连缀的词汇有通晓、精通、通窍等，其内涵是与自由相联系的，表明人的认识由“必然王国”进入到“自由王国”了。

《山水村童》的作者陆华新，原本是武汉大学化学系的毕业生，以优异的成绩获得学士学位。他在大学读本科时，就开展了多项研究，表现出了较高的悟性。后来，他又获得了经济学硕士和博士学位，而他的工作单位先后都是在医疗卫生战线，跨越了多个学科领域。但是，他近年又在文学创作上接二连三地发表作品。这是一种什么魔力呢？其实，这魔力就是他的悟性较高，这是他在不同的领域都能够做出重要成就的原因。他现在尚不到天命之年，相信未来他会创作出更多的好作品来。

我在担任武汉大学校长时，提出了一个口号："每个管理部门的干部，都要学习教育学、行政学和管理学，以工作带动研究，以研究促进工作，实现管理干部的学者化。"在我的号召下，业余时间里没有人打牌，也没有吃喝的现象，所有的干部都在学习、研究和写作。由于大家的努力，我们撰写和出版了全国首部《高等教育改革的理论与实践》，在全国开创了干部著书立说的先风。

可是，在"一切向钱看"的歪风影响下，这种好的传统却被丢弃了。然而，我高兴地看到，在陆华新的身上又再现了这种学习与研究的好风尚。他作为一名公务员，没有沉浸在官场的各种应酬中，他清正廉明，敬业守纪，几乎把所有的业余时间都用在了学习与创作上。这种精神是非常值得发扬的，我为他的精神所感动，故写了以上一段文字，谨以为序。

（本书于2012年7月由武汉大学出版社出版）

游走于学商界的成功之道

（代序）

我与王启松教授是师生关系，但我既没有授课于他，也未能指导过他的科学研究，是一个名不副实的老师。他自 1960 年至 1965 年在武汉大学化学系学习，而我于 1962 年赴苏联攻读副博士研究生，1963 年因中苏关系恶化而辍学回国。我们虽然没有在一起相处过，但他在中国上海、加拿大和印度期间，我们有过通信联系。我们有很多相同的性格和价值观，彼此心心相印。爱才是教师的职业天性，我从任课教师那里得知，他是一位特别聪明的学生，有时在校园也能看到他与同班的女朋友闵永洁的身影，我感叹道：真是男才女貌天仙配的一对啊！

大学毕业时，他被分配到中国科学院上海生物化学研究所，不言而喻他是出类拔萃的，因为只有最优秀的毕业生才能进科学院。我于 1981 年出任武汉大学校长，记得 1983 年他想离开上海生化所，想寻觅一片更大、更宽松和更有作为的学术舞台。他曾经给我写信，表示有回母校工作的愿望。那时我正想筹建生物化学系，表示欢迎他回母校工作，并欲聘请他为教授。他比较了几所大学的研究条件，最后选择了谈家祯院士领导的复旦大学遗传研究所，这当然是“取其上”的正确选择。改革开放后的 30 多年里，启松就在研究所、大学、中国、印度、加拿大、美国等多个不同的领域里频繁流动，他的目光就犹如雷达在搜寻需要的目标，那就是成功的事业、辉煌的业绩和最大的人生价值。

人的才华是相通的，有些人既是成功的学者、发明家，又能够成为创造财富的巨贾。瑞典化学家、发明家阿尔弗雷德·诺贝尔一生拥有 255 项发明专利，是 19 世纪集发明家与资本家于一身的杰出成功人士。此外，他还是一位诗人、作家和精通五种文字的翻译家，他的诗体自传《谜》《赋与梦》《兄弟们》等都是佳作，他完全有资格被称为桂冠诗人。约翰·斯珀林原是美国圣何塞大学历史和人类学的终身教授，53 岁放弃教职下海，于 1976 年创办了私立营利性的凤凰城大学，专事成人职业网络学位教育，招生非常火爆。现在已有美国、波多黎各和加拿大200多个校区，在校学生达到33万多人。2013年学校收入37亿美元，年盈利5.25—5.5亿元，而斯珀林个人也拥有17亿的财富，堪为世界教育领域的首富。

启松是中国当代游走于学商界的成功人士之一，他的人生是成功的和辉煌的。作为学者，在不太长的时间里，发表了近百篇学术论文，获得了20多项国家各种级别的大奖。他有着诸多耀眼的光环，如研究员、教授、863专家、联合国工业发展组织顾问、国际遗传工程和生物技术研究中心（印度）高级研究员等。作为一个儒商，他先后在加拿大、美国和中国创办了生物基础公司（Biobasic Inc.），开发高技术产业，一直担任股份有限公司董事长。最近，公司成功在香港上市，具有较高的市值和信誉。

启松无论在学术界还是商界，其业绩都是显赫的，令人刮目相看。那么，他的成功经验是什么呢？归纳起来主要有三点：

首先是天道酬勤，勤奋铸就了辉煌。华罗庚先生曾说过：“勤能补拙是良训，一分辛苦一分才。”如果一个聪明的人再加上勤奋，那就如虎添翼，而启松就是这样虎虎生威的人。无论是在学习、学术研究和创业之中，他都比别人付出得更多，因而他也比他人收获得更多。他以“勤奋铸就辉煌”为题，到百多所大学和研究所做过精彩的演讲，感动了无数的人，也激励了无数的青年。

其次是多谋善断，择其善而行之。在启松的经历中，他工作过的任何一个单位和职务，都是令人羡慕的，如果换一个人谁都不会轻易放弃的。然而，他却没有囿于眼前的利益，而是审时度势，做到当断即断，以追求更高的目标，争取更大的成功。这一切都源于他有一颗智慧的头脑。

再次是巧妙结合，相得益彰。启松是学化学的，科学研究方向是以生化为基础的基因合成，而公司也是开发生化和基因产品。这是非常巧妙的结合，能够做到产学研结合，相互促进。对于启松来说，他完全是内行，故能如此得心应手和应对自如，这就是启松成功的秘诀。我为启松取得的成就而感到骄傲！

有幸阅读三篇演讲稿，先睹为快，特写了以上赘言，是以为序。

七八十年代“天才少年”现象的启示

（代序）

为了实现我国在2020年建成创新型国家的战略目标，中央于2008年12月制定了《关于海外高层次人才引进计划意见》。在未来5～10年内，从海外引进2000名左右的高端人才，简称为“千人计划”，享受国家特聘专家的荣誉与待遇。

刘维宁原是加拿大国家航天局五级科学家（最高级），是加国占3%～5%的五级科学家中最年轻的之一。他于2010年12月被评定为中国千人计划特聘专家，受聘于中国科学院空间中心，主持由该中心与欧洲航天局共同发射的“夸父卫星”项目，于2012年7月回国正式履职。他去国已整整30年，回到生于斯长于斯的祖国，自然是感慨万千。于是，就萌发了撰写《第一个中国》的念头。这本书记叙了他从记事起到1982年去美国之前对中国的印象，把个人的经历与评事、评人、评诗、评科学糅合在一起，书中不乏插科打诨的趣语，这大概就是情无景不发吧！作为他的父母，我们在第一时间读到了他的初稿，除了支持和肯定外，也提出了某些补充和修改的建议。

中国对外翻译出版公司得到了这本书稿，计划先后推出刘维宁用中文和英文写作的两个版本。李虹女士是该书的责任编辑，她提出希望我为该书写一篇序言。起初我有点犹豫，老子给儿子的书写序言是否合适？但我转念一想，古人不是说“内举不避亲”吗？我作为一个毕生挚爱教育的老者，爱才是职业的本能，因此我同意写这篇序言，借机阐述对七八十年代“天才少年”现象的看法，希望正面总结出某些有益的教育规律。

刘维宁是属于80年代的，是那个时代众多所谓的“天才少年”之一。提起“天才少年”现象，其首功应当属于中国科技大学，他们根据美籍华裔物理学家、诺贝尔物理学奖获得者李政道先生早先的建议，率先创办了少年班。少年班的出现有其时代背景，十年“文化大革命”对教育造成了灾难性的破坏，使国家少培养了100多万大学毕业生，10多万研究生和200多万中专毕业生。其严重后果是，人才青黄不接，学科出现断层，知识严重匮乏。于是，在全国范围喊出了抢救人才，多出人才、快出人才和出好人才的口号。可以这样说，少年班是“文化大革命”危机后的伟大创举，反映出绝处必有生机的社会发展规律。

20世纪70年代末，正值解放思想和拨乱反正时期，推翻了“两个凡是”，否定了教育战线上的“两个基本估计”，恢复了全国统一高考，从而出现了“大干快上”催人奋进的局面。在快出人才思想的指导下，除了应届高中毕业生以外，还允许高二、高一甚至初三的学生参加高考，考试合格者允许录取到大学学习。中国科技大学少年班率先开始了招生工作，从全国范围招收11至16岁的少年，接受超常教育试验，首届招收了江西赣州八中高二学生宁铂等21人。少年班的招生，在全国出现了推荐“天才少年”的热潮。于是，1985年教育部决定扩大少年班的试验，又批准了北京大学、清华大学、复旦大学、武汉大学、南京大学、上海交通大学、西安交通大学等12所大学招收少年班，从而把少年班超常教育试验推向了高潮。

1978年初，我在教育部担任党组成员兼高等教育司司长，曾写信给夫人，要她征询刘维宁的意见，问他是否愿意参加1978年的统一高考？儿子向来是一个不循规蹈矩的孩子，他表示愿意尝试。于是，他在盛夏仅仅用了40天的时间，把高中三年的课程自学了一遍。他以初三的学历参加当年全国统一高考，取得了优异的成绩。当年中国科大在汉的招生人员曾找上门来，希望录取刘维宁到该校少年班学习。他妈妈以孩子独立生活能力差为由，婉拒了其要求。最后，他被武汉大学录取到新创办的空间物理系。此外，他在初一写了一首18段72句《怀念周总理》的长诗，概括了周总理一生的革命功绩，该诗不仅在中学而且在大学部也引起了不小的反响。他曾在初二参加了重点中学扎堆的武昌区高中数学竞赛，获得第三名，再加上这次三级跳考取大学，因而在武大和当地产生了不小影响，被称为“刘维宁现象”。但是，我们一直保持低调，没有对他做任何宣传，否则他也许就被媒体“捧杀”了。

1981年5月，他又以大三的学历，参加李政道先生主持的中美联合研究生考试，成为被录取的128名准留学生之一，于1982年9月6日赴美国留学。美国莱斯大学素有“南方哈佛”之称，依据休斯敦航天中心（NASA）的地利，该校的空间物理和天文学系颇有特色。获得博士学位后，他赴加拿大阿尔伯塔大学地球与行星物理研究所读博士后，毕业后谢绝了美国宇航局哥达德空间飞行中心的聘请，而留在阿尔伯塔大学的空间网络研究中心做研究工作。从2000年起，他赴加拿大航天局总部担任空间环境科学学科主持科学家，成为该局空间物理学科实际的领导者。自2000到2010年的10年间，他担任了十多个国际主要学术组织的重要职务，发表学术论文及报告100余篇，代表国际地磁和高空大气学会主编了权威专著《动力磁层》。他为提升加拿大空间物理学术水平和国际地位做出了自己的重要贡献，赢得了学术界的好评。

“天才少年”现象，不仅仅出现于七八十年代，在历史上和现在都屡见不鲜。例如，2006年清华大学录取了13岁的刘昕，攻读工商管理专业；2007年北京大学数学专业录取了13岁的刘兆楠，元培班录取了13岁的张雨萌（女）；2009年中山大学计算机专业录取了年仅11岁的龚民；2011年武汉大学软件工程专业录取了14岁的“数学王子”谭华哲；2012年武汉大学工学部水电专业录取了年仅14岁被称为记忆神童的吴博文，他从小四直接跳到初一；2014年武汉大学工程力学专业又录取了13岁的汪逸凡。他从小痴迷读书，从小学到高中一而再地跳级，总共只读了5年书，是典型的智力超常少年。

但是，自科大少年班招生开始，对少年班的争议一直没有停止过。其原因是，在这些“天才少年”中，虽然也出现了许多杰出的人才，如美国科学院院士骆利群和庄小威（女），有不少人在国际著名大学、金融机构和高新技术产业担任要职，还有多人被聘请为“千人计划”的特聘专家等。但是，从入大学的“天才少年”中，也有出家的、心理失常的、考试不及格的、患自闭症的、被退学的……那么，到底怎样看待“天才少年”现象？是培养人才，抑或摧残人才？是“天才之路”抑或揠苗助长？直到今天，这些争论依然没有停息，赞成者有之，反对者亦不乏其人。

我认为，“天才少年”现象是客观存在的，对“天才少年”的成才或夭折，人们都应该抱着平常的心态。为什么有人总是拿“天才少年”中出现的某些问题说事呢？这是因为中西文化差异所致，在西方国家一个天才的出现或夭折，都不会形成强大的舆论。然而在中国就不同了，因为中国是官本位主导的单一文化，往往是舆论一律，缺乏包容性，只许成功不许失败，所谓的“胜者英雄败者寇”就是这种文化魔咒的反映。赞扬一个人可以捧上天，贬斥一个人又把他说得一无是处，这些年幼的学童，怎么能经得起如此的吹捧或者打压呢？

我国的智力超常教育试验应该回归到常态，过去13所大学办少年班确实太多了。著名数学家苏步青先生说过一句名言：“一哄而起研究哥德巴赫猜想没有必要，一两个人研究足矣！”同样的，智力超常教育一两所大学进行试验足矣，现在中国科大和西安交大依然在坚持，逐渐走上常态。实际上，某些重点大学也招收了一些“天才少年”，这种交叉是必要的，可以相互借鉴与促进。我认为，对“天才少年”的培养，贵在走改革创新之路，只要持之以恒，必将有所回报！

根据教育学家们的研究，智力超常的少年儿童，大概占这个年龄段人数的3%，这是不容忽视的宝贵教育资源，应当在关键期实施早期教育。早在1901年，美国马萨诸塞州的沃斯特就创办了第一所天才学校，1973年又颁布了《天才教育法》，从而促进了天才教育的发展。据美国资优儿童协会估计，在被鉴定的资优学生中，只有35%的学生接受了资优教育，说明“天才少年”资源并没有充分开发。

根据国内外“天才少年”表现出来的主要特征，以及各界某些著名人士成长的经验，我认为以下五个素质对于青少年成才是至关重要的。

1. 酷爱读书，立学以读书为本。大凡智力超常的少年，生理和智力发育都比较超前，他们共同的特点就是酷爱读书，读书是他们生命的一部分。北宋欧阳修4岁丧父，家境贫寒，母亲四处借书供他抄读，通过自学成为“唐宋八大家”之首的大文豪，他曾说：“立身以学习为先，立学以读书为本。”因此，一个厌学的人，不爱书、不爱读书和不会读书的人是不可能成才的。刘维宁自识字后，就养成了酷爱读书的习惯，雷打不动，而且是跨学科地广泛阅读。就像林语堂先生所说：“一个人有读书的心境时，随便什么地方都可以读书。如果他知道读书的乐趣，他无论在学校内或学校外，都会读书。”武大2014年录取13岁的汪逸凡，从两岁就开始阅读简版的中国四大名著，正是超强的阅读能力使他连连跳级，只用了5年的时间，就完成了小学和中学12年的学校教育。

2. 善于自学是成才的关键。人类文明的传承就是从自学开始的，就大学而言，必将由现在的课堂讲授再回归到自学的将来。因此，一个没有很强自学动力和能力的人，是不可能成为杰出的人才。自学是建立在高度自觉的基础上，有些人有天生的自学能力，而大部分人则需要开发和引导。不少“天才少年”都有较强的自学能力，例如刘维宁在大学期间，基本上不听课，每学期教科书和教材发下来以后，他快速地自学一遍，然后就是广泛阅读自己感兴趣的书籍。作为他的父母，我们对其成长，并不比别人的父母做得更多。我认为重要的是培育他爱读书的习惯，为他提供丰富的书刊资料，以开明的思想对待他逃课、自学、淡待分数、特立独行的个性等，尊重他的志趣和选择权。

一直被传为佳话的典型例子，是英国大博物学家托马斯·赫胥黎，因家境贫寒8岁才开始启蒙教育，而且只读了两年书。他完全靠独立自学成为精通动物学、植物学、矿物学、医学的博物学家，精通法文、德文、意大利文、希腊文和拉丁文，曾当选为皇家学会会员，获得皇家奖章，还担任过伦敦大学的校长。华中师范大学张舜徽教授，一天校门未进过，完全靠自学成为学贯博通的一代通儒。他曾颇有感触地说：“才赋于天，成学于己。”

大量实例证明，充其量只有小学的文化程度，都已具备了自学的能力。可是，迄今自学仍然不能在大学普遍推广，原因在于学习者思想懒散、意志薄弱、迷信教师。同时，僵化的课堂考核管理制度也限制了学生们的自学。面对大数据时代，在线学习使得获取教育信息更便捷，为无师自通提供了广阔的空间。当今大学的理念、以知识为中心的课程体系和教学方法都已经过时了，必须改变教育的游戏规则，从玩“知识游戏”向玩“思维游戏”转变，迎接以“大智慧之光”为理念的教育新时代。与此同时，必须重新定位大学教师的功能，他们将不再是灌输知识，而是开启学生的智慧和指导科学研究。

3. 超强的记忆力是成才的基础。对待记忆力似乎存在误解，以为批评死记硬背就是反对加强记忆力。这是模糊了死记硬背与加强科学记忆力之间的区别，世界绝对没有记忆力迟钝的卓越科学家。例如，武大水电专业的吴博文被称为记忆神童，他从小学四年级跳到初一，他认为就是得益于记忆力。刘维宁以初三学历参加高考，他跳过了最困难的高中三年，而且只用40天自学高中三年近10门课程，如果没有快速阅读能力和超强的记忆力，那只能是读天书而已，奢望赢得仅有4%录取率的高考竞争是不可能的。

4. 文理兼修，以博取胜。我原本是一个理科至上主义者，30岁以前没有读过一本小说，认为那是浪费时间。但是，到了不惑之年，因工作的需要，才不得不恶补人文社科知识，教训极为深刻。台湾国学大师钱穆先生没有上过大学，是从一个中学毕业生成为无争议的国学大师。他曾经深刻指出：“今日国家社会所需者，通人尤重于专家。而今日大学教育之智识传授，则只望人为专家，而不望人为通人。夫通方之与专门，为智识之两途，本难轩轾。”

1951年，毛泽东提出“一边倒向苏联”，全面向“老大哥”学习。大学也全搬苏联的一套，采用了苏联的专业化教学，完全否定了新中国成立以前的通才教育。自20世纪60年代初开始，为了追求高升学率，各高中陆续实行文理科分科教学，大学也随之实行按文理分科考试与录取，又进一步强化了实用主义的教育目的。从70年代末，包括周培源先生在内的众多教育家呼吁恢复通才教育，但60多年来依然没有清除苏联专业化教育的弊端。

经验表明，文科单科独进和“学会数理化、走遍天下不害怕”的成才道路都是行不通的。试问：一个科盲怎么能够成为穷究宇宙真理的哲学家？又怎么能够出现博古通今的学术大师？我们再看看，80年代的“天才少年”们，他们大多都是文理并重，如刘维宁既是科学家又是业余作家，他写了一部50万字的长篇小说，用英文写作了十多篇中短篇小说，为英国著名的时尚杂志《Richmond》写了十多篇评论。因此，无论是学校、家长或是少年本人，都不要太在意专业的选择，走出专业化教育的误区，打好厚实的文理知识基本功。

5. 悟性是学习的最高境界，是开启智慧的根本途径。什么是悟性？我国大多数人可能比较陌生，所谓悟性是一种感悟的思维能力，它具有偶发性、跳跃性和创造性的特点。一般说，它的表现形式有：未卜先知、举一反三、去伪存真、触类旁通和心有灵犀等。例如，9岁的高斯，利用等差级数瞬间就算出了1＋2＋3＋4＋5＋……＋100垒加数值为101×50＝5050，这就是悟性；7岁曹冲脱口说出称象的办法，震惊了满朝文武大臣，也是悟性；7岁司马光破缸放水救童伴还是悟性；目不识丁的僧人慧能，悟出一副偈语从众僧中胜出，成为五祖弘忍衣钵的传承人，创立了佛教顿悟学派，这些都是他的大智慧表现。

1994年，刘维宁心血来潮，尝试性地参加了一次美国GMAT考试，结果得了740分（满分是800），同时被哈佛大学、斯坦福大学、芝加哥大学等5所顶级大学录取为工商博士研究生，但他并没有弃理学商。740分是什么概念？从概率上说，大约99.5%的考生低于这个分数，也就是说只有0.5%的考生才能达到这个分数。对于一个已过而立之年的科学家来说，他能够考出如此高的成绩，靠的也正是悟性。其实，学生们学习优劣的区别，不在于分数之高低，而在于悟性之有无。悟性与知识多寡无关，与学历、学位无关。一个人无学历而有悟性，能够更有效地获取有用的知识，甚至创造新知识。反之，有学历甚至高学位而没有悟性者，是绝对不能成为杰出人才的。

每一个生理发育正常的人，都有潜在的悟性，只是需要开启方能够显现出来，但僵化的教育制度把大多数人的悟性窒息了。那么，怎么开启悟性呢？古人曰："学必悟，悟而生慧。"人的认知能力有感性、理性和悟性之分，感性是感官的集合，其目的是达到"知"；理性是经验的集合，其目的是求"真"；而悟性是智慧的集合，其最高境界在于"通"。人们通常所说的触类旁通、融会贯通、一通百通和心有灵犀一点通等，都反映在一个"通"字上。学习的本质是悟道，悟通天下，悟得智慧。所谓悟道就是获取隐藏于知识背后的智慧。悟性重在悟，它是在无功利、无压力、无恐惧的心境下，通过自学、自问、自疑、自答、自赏、自娱等一连串的顿悟过程而获得的。因此，无论是"天才少年"还是适龄青年，也无论是大学生还是没有机会读大学的人，只要具备了上面五个重要的素质，都是能够成为杰出人才的！

回望20世纪七八十年代"天才少年"现象有感，特写了以上赘言，是以为序。

教育管理者必须加强自身修养

（代序）

2014年12月下旬，武大历史学院党委书记刘礼堂教授和陆晗昱女士来拜访我，介绍了他们编著的《高等教育理论与实践研究（探索集）》的情况，意欲请我为该书写一篇序言。我浏览了书稿的大纲，它是一部包括有50多位作者论文的汇编，全书有38万字左右，内容广泛涉及理论研究、教学改革与实践、思想教育、管理探索等。我的第一感觉是，历史学院的教育管理者们热爱学习，人人关心教学改革，大家都重视教育管理研究，这无疑是非常好的风尚，值得在高校大力发扬。

现代大学肩负着培养人才、从事科学研究和社会服务三大功能，而要办好一所大学，又必须建设三支队伍，即教师队伍、管理干部队伍和后勤服务队伍。他们犹如大学建设的三个方面军，缺少任何一个方面军的配合，是绝对不能办好一所高水平的大学的。

何谓教育管理者？所谓教育管理者，有狭义和广义之分，从广义上说，上面三支队伍都属于教育管理者，因为他们都是为大学的中心任务服务的；从狭义上说，教育管理者是指包括校长在内的各级别的行政管理干部，他们在大学的管理工作中起着至关重要的作用。这是因为他们分别掌握着各级行政工作的决策权、资源分配权和管理权，他们的管理能力和工作作风将决定学校工作的效率甚至成败。因此，教育管理者的素质就是非常重要的，唯有不断地加强自身的修养，方能满足现代大学管理的需要。

坦率地说，目前在某些大学的教育管理者中，有不少人的素质是不能适应工作需要的，这与他们不重视学习和不注意自身修养不无关系。我从媒体上得知，有些大学领导人提出，大学应当培养顶天立地的人才。看后令我感到惊讶，这既不是规范的教育术语，也是不实事求是的。什么叫顶天立地的人才？古今中外有哪些大学培养出过顶天立地的人才？现在有一种“流行病”，似乎口号喊得越响亮，学校的机构设置的规格越高，越能显示出大学的水平。南方某大学党委书记提出，大学需要培养既能进得厅堂又能下得厨房的人才。这完全是信口开河，经不起推敲，也是违背教育原则的。什么叫进得厅堂？那不就是酒店的大堂礼仪小姐吗？再说下得厨房，不就是当厨师吗？这是一个烹饪中专毕业生就能够胜任的，何须培养大学生呢？类似的不当言论，媒体上可谓比比皆是，应当引起我们教育主管部门的高度重视，加强对教育管理者的教育和自身修养。

那么，怎样加强管理者的自我修养呢？首先是加强学习，学习教育学是每一个教育管理者的必修课。教育管理者有别于政府的公务员，不懂教育学怎么能够按照教育规律办事呢？人们似乎有一种误解，以为担任大学领导的人，自然就懂得教育了，当教师的人也是天生就懂得教育了。从我的大量观察中发现，为数不少的大学领导人，根本就没有研读过教育经典著作，也从来写不出一篇教育的论著。他们只是满足于阅读上级的文件、报告，仅仅起着上传下达的作用，这样怎么能够成为教育家型的大学领导者呢？

陶行知先生 90 多年以前，在《第一流教育家》一文中指出："我们常见的教育家有三种：一种是政客教育家，他只会运动，把持，说官话；一种是书生教育家，他只会读书，教书，做文章；一种是经验教育家，他只会盲行，盲动，闷起头来，办……办……办。第一种不必说了，第二第三种也都不是高尚的。依我看来，今日的教育家，必定要在下列两种要素当中得了一种，方才可以算为第一流的人物。"他所说的两种人就是，敢探未发明的新理，敢入未开化的边疆。唯有符合这个条件，才能够称为第一流的教育家。看来，我国大学问题丛生，目前我国没有世界高水平的大学，主要的问题是我们缺少一批教育家型的大学校长。

一个优秀的大学教师，应该是教育家，但他们不是天生的教育家，必须通过学习教育名著，自觉地进行教育改革实践，从理论和实践两方面都得到提高，方可以成为教育家。可惜，现在有不少的大学教授，都未能按照教育学的理论指导自己的教学工作。有不少教授也在为子女择校而奔波，宁肯请家教，也不肯承担教育子女的应尽之责。某师范大学的一位副教授，她教育自己儿子的方法，就是让他一遍又一遍写字、做作业，稍有不顺，就责骂儿子脑子笨，轻则拧耳朵，重则打骂。这哪像一个受过高等教育的人的作为？这说明她虽然身为副教授，但她基本不懂教育学和心理学，这样的教师既不能教育好自己的孩子，也不可能教育好学生。像这个副教授的教师可能不多，但不懂教育学的大学教师却是非常普遍的。因此，包括学校校长、教师在内的所有教育管理者，都必须学习教育学、心理学，方能够做好大学的教学和教育管理工作。

其次必须密切联系群众，克服衙门作风。群众是一个多义词，包含党群关系、干群关系中与之对立的部分人群。在哲学意义上的群众，是指与英雄人物相区别的一部分人群。总之，在某种意义上群众是泛指人民大众，它与人民是同义语。从职能上说，群众是政府或职能部门服务的对象。有没有群众观点，是否坚持走群众路线，这是衡量我们是否执政为民的头等大事。

就教育领域来说，群众就是广大受教育者，教育管理者是为受教育者服务的。因此每一个教育管理者，都必须深入到群众中去，了解他们的需要，关心他们的疾苦，解决他们最急迫的问题。近几年，舆论界不断呼吁大学要“去行政化”，这就说明大学中的官本位现象是非常严重的。大学行政化仅仅只是表面现象，实质是官本位化、官僚主义化和大学衙门化。一个教育管理者，无论其职务高低，都是为受教育者服务的，绝不能有任何特殊化的思想，应当老老实实地做一名人民的公仆。能否做到这一点，涉及每一个教育管理者的自身修养问题。我们必须不断地磨砺自己的思想品质，方能尽到一个管理者应尽的职责。

再次要树立效益观念，做一个有效的教育管理者。管理既是服务，又是解决问题，必须把效益放在首要的位置。当今，经济和技术领域里的竞争异常激烈，效益将决定事业的成败。因此，每一个教育管理者必须牢固地树立效益意识，做一个有效的教育管理者。为此，必须做到以下几点：

第一，必须树立时间观念，时间就是效益。古人教导：今日事，今日毕。这说明古人也是非常讲究办事的效率的，更何况在激烈竞争的信息时代呢？办事拖拖拉拉，这既是不负责任的表现，而且也是产生官僚主义的根源。

第二，必须树立改革与创新的意识，做改革试验的躬耕者。如果讲效益，那么改革和创新就是最大的红利，也是最高的效益。当前，为什么教育改革止步不前，是因为怕冒失败的风险，教育管理者应当做改革的带头人。

第三，每一个教育管理者，都应当敢于承担责任。我们不能以“研究、研究”为借口，这是推卸责任的表现。每一个教育管理者，应当敢作敢为，正确的必须坚持，做错了也要敢于承担责任。对于错误的倾向，绝不能随波逐流，让正气和正能量成为主导我们工作的主流。

总之，教育管理者的自身修养是一个长期的任务，既不能有畏难情绪，也不能抱着一蹴而就的思想。我们应当树立严于律己的态度，时时反省自己的工作，勇于开展批评与自我批评，不断总结工作的经验与教训，努力提高工作的效率。一所大学如果有了这样一支高质量的教育管理队伍，那么建设高水平大学就有了可靠的保障，我们应当为此而不懈地努力！

《师恩浩瀚》的序言

2012年12月3日，我收到由校长办公室转来的一封特快专递邮件，是由湖南省益阳市寄来的，随信附上了刘炳延教授和陈文和先生主编的《中国管理学》一书及《师恩浩瀚》打印书稿。由于信件没有具体地址，几经转手，到我手上已有一周多的时间，真是快件不快呀！

打开邮件后，其中有湘潭大学管理学院退休教授刘炳延先生的手书，他自称是我的学生。从年龄上来看，我们的学历相差10年，从广义上说勉强可以算是师生关系。但是，从严格意义上说，我们当属校友关系，先后同为武汉大学的学子。信中炳延说在校听过我的报告，我想大概是1963年秋天，他是刚入校的新生，而我是被当时苏联驱赶回国的"返修战士"。按照学校的安排，我在全校做过"返修报告"，兴许这次报告使他对我有些印象。再后来，我出任武汉大学校长，而他也于1983年被调到湘潭大学任教，我们又同在大学工作，遂又成了高等教育战线上的同行。

岁月蹉跎，转眼我已是耄耋之年的老人，而炳延教授也逾古稀之年。但是，知识分子大多是退而不休的人，他们都仍然量力而行地做一些自己感兴趣的学术研究工作。这不，炳延教授的新作《师恩浩瀚》，就是他退休后以一种新的方式为教书育人所做贡献的表现。

在来信中，炳延教授提出："不知能否抽暇为学生拙作写一序言？"我是一个有求必应的人，更何况我们既是校友又是刘氏宗族的子孙呢！近一个多月以来，由于各地校友都在为我的80岁生日进行张罗，我不得不先后到广州、北京和上海等地参加他们的联谊活动，深感疲倦。尽管如此，我还是愿意为炳延教授的新作写一篇感言。

为了写这篇序言，我认真阅读了《师恩浩瀚》书稿的内容简介、前言、后记和部分篇章，特别是有关武汉大学的第五篇。浏览以后，感觉到这是一本值得出版的传记，故愿意向广大读者推荐。从教书育人和成才的规律看，我认为该书有三大特点：

首先是立志永远不嫌晚。炳延教授本是学图书馆学系的，该系在“文革”以前全国仅有两所大学设有，北有北京大学，南有武汉大学，因而师资力量雄厚，培养的学生素质较高。炳延大学毕业后，由于尚处在“文化大革命”中，他先在部队农场接受锻炼，后又在广西玉林地区工作了10年，直到1983年才调到湖南湘潭大学任教。这时炳延已是42岁的人了，大学毕业也已有16年，早已过了“而立之年”了。但是，炳延先生凭着厚实的业务功底，转入到大学管理学的学术领域，而且获得了丰硕的成果。在30年的时间里。他在管理学领域完成了多项研究课题，发表学术论文120多篇计300万字，实属难能可贵！这就证明了人才学上的一条规律：只要胸怀大志，立志永远不会嫌晚。这种事例在科学、文学和艺术领域不胜枚举，例如齐白石先生27岁开始拜师学绘画，37岁拜硕儒王闿运为师学诗文，57岁当“北漂”（到北京闯荡），结果却成了集书法、绘画、诗词和金石于一身的世界级的艺术大师。又如荷兰文森特·凡·高，幼时遵父命准备做一名传教士，从27岁开始学画，37岁逝世，在短短10年的生涯中创作了800多幅油画，成为后印象派画家的代表人物。在世界拍卖价格最高的14幅画作中，凡·高就占了4幅，实属罕见。这些成功的经验，是值得每一个有志成才的青年学习借鉴的。

其次，学会感恩是美德。在我浏览了炳延先生的《师恩浩瀚》书稿以后，给我印象最深刻的是，他是一位感情丰富和知恩图报的人，这一点贯穿在书的始终。他从人生的第一个蒙师——父母开始，到小学的缪菊初、孙曼苏，初中的班主任石珉、丁南，高中校长吴晓霞和岳阳一中的刘大杰、刘大年、刘大栋三名师，大学图书馆学系的孙冰炎、邹鸿斌等，都成了他笔下感恩的对象。我也从实践中体会到：一个人要永远记住别人对你的恩德，感恩是一种美德；同时要忘记别人欠你什么。你为他人所做的一切，那都是自觉自愿的，爱是奉献，不是交换，更不是索取。只有这样的人才算得上一个高尚的人！

再次，博闻强识最重要。所谓博闻强识，就是见闻广博，记忆力强。我阅读了炳延先生的书稿，不能不为他广博的知识和极强的记忆力而叹服。他的回忆录，时间跨越百年，从小学到大学及至今日，时间也有50多年，可是他对所经历的事件和人物，都记忆得清清楚楚。这是一种能力，是成才和做学问的基础。科学史表明，绝没有记忆力迟钝的天才，任何发明创造成果都是建立在大脑存储信息加工的基础上而完成的。因此，每个青年都要划清增强科学的记忆力与死记硬背的区别，博闻强识是成才的基础，这是炳延教授的经验，也是每一个杰出人才成功的共同规律。

我们每个人都是从历史中走过来的，既是历史的参与者，也是历史的见证者。如果条件允许的话，每一个人都有必要把自己的经历写出来，目的是总结自己人生的经验与教训，告诫后人，少走弯路。写传记的大多是老年人，而读传记的可能多为青年人。作为阅读传记的青少年，你们应当抱着独立思考和分析批评的态度，千万不可对老人有盲目迷信的思想。中国的未来和科学事业的未来，是属于青年人的。清朝郑板桥在《新竹》一诗中说得好："新竹高于旧竹枝，全凭老干为扶持。明年再有新生者，十丈龙孙绕凤池。"因此，我们这些老人都要成为开明人士，要自觉成为扶持青年人的"老干枝"！

读《师恩浩瀚》有感，特写了以上一段文字。是以为序。

（本书于2013年8月由武汉大学出版社出版）

《大学通识学科综合化》序言

2011 年 11 月中旬，武汉大学出版社的聂勇军编辑转交给我一封信和一部书稿的清样。写信者是周治南教授，书稿是《大学通识学科综合化》。治南教授在信中写道："15 年以前，我曾陪同《人民日报》龚达发来到您的身边，聆听高论，深受教益。围绕您的一些想法，我们逐渐形成了有利于学生创造性品质培养的课题思想——'大学通识学科综合化'，意在打造一个厚实的多学科交融的平台，为素质教育加码，给专业课程让路，以利于传播普世价值，推动全球认同，培养学生的科学世界观和创造精神，开发学生的知识创新能力……"

这部书稿立即引起了我的浓厚兴趣，我为治南教授的开创精神所感动。这部书稿是他历时 10 年心血的结晶，真堪为是十年磨一剑啊！无论是从书名、体系结构或是书中的观点，多有创新之处，这是他创造精神的体现，是他为在我国推行通识教育所做的一份贡献！

"大学通识学科综合化"这个命题是完全能够成立的，是符合现代科学发展规律的。当今，科学发展的一个重要特点是，各学科纵横交错，既不断分化，又不断高度地综合，但系统综合却是主要的趋势。科学上的这种分化与综合，致使在原来一些学科的交叉点或是边界处，孕育或诞生出一批新兴学科，而"大学通识学科综合化"就是这个学苑中的一朵奇葩。

通识教育（General education），有时也译成通才教育或普通教育。这种教育理念，最早可以追溯到古希腊的博雅教育（Liberal education），它是源于亚里士多德的自由教育思想，其实质是对自由和人文传统的学习与继承。它的指导思想是"旨在解放思想和精神，避免专门化和做就业准备的教育，其目的不是谋生，而是准备生存"。

在 19 世纪初，美国博德学院的帕卡德教授，第一次提到通识教育，但它真正的起源还是哈佛大学的选课制。1865 年美国南北战争结束后，在哈佛大学校长查尔斯·艾略特亲自倡导下，哈佛大学率先实行了选课制，到19世纪末20世纪初，美国绝大多数大学都或多或少地实行了选课制。

从选课制到通识教育，经历了40多年的时间，带头的还是哈佛大学，它几乎是美国甚至是世界高等教育改革的引擎。1943年，哈佛大学第23任校长詹姆斯·科南特任命了一个由13个教授组成的委员会，研究“自由社会中的通识教育目标”。1945年，该委员会发表了《自由社会中的通识教育》报告书，即美国高等教育史上著名的《红书》，它被称为通识教育的“圣经”。其中阐述了哈佛大学实施通识教育的指导思想和总体构想，从而揭开了哈佛大学全面实施通识教育的序幕。通识教育的主要目的是培养完整的人，他们需要具备四种能力：有效的思考能力，清晰的沟通思想能力，做出适当明确判断能力，辨别一般性价值的能力。

哈佛大学实施通识教育的成功，使得他们的经验迅速地被传播。但是，美国是一个大学高度自治的国家，各大学彼此很少相互模仿，遂形成了不同的模式。目前，通识教育在美国主要有四种模式，即哈佛大学模式，哥伦比亚大学模式，芝加哥大学模式，斯坦福大学模式。这些模式既有共性又有个性，既相互彼此借鉴又互相竞争。例如，哈佛大学强调核心课程的全面性，哥伦比亚大学则侧重“文”与“经”的构架，芝加哥大学重视“整合课程”，斯坦福大学开设出“各种文化、各种观念和各种价值”的通识课程。

其实，通识教育在中国并不陌生，新中国成立前我国大学基本上是按照美国大学的模式办学。当年，蔡元培先生领导北京大学时就反对专才教育，主张“沟通文理”的通才教育。清华大学校长梅贻琦先生在《大学一解》中明确指出：“通识之用，不止润身而已，亦所以自通于人也。信如此论，则通识为本，而专识为末。”可是，1951年我国进行院系大调整时，提出“一边倒向苏联”，高等教育全盘苏化，以培养专门化的人才代替了通才教育。关于通才与专才之争，几起几落，历时60年，至今仍然扭转不过来。由此可见，那次院系调整的副作用是多么深远，以至于大学专业越分越细，培养人才的知识面越来越窄。至今，专业化教育仍然在我国大学占主导地位，其根源就是实用主义的办学思想，致使我国高等学校基础理论研究严重落后的局面。

近年来，我国高等教育界也不断呼吁实施通识教育，某些大学也开展了通识教育的改革试验。这是十分可喜的现象，值得探索和支持，希望更多的教育工作者参与到这项重要的改革实践中来。通过改革实践，进一步端正对通识教育的思想认识，同时解决实施通识教育中的课程设置、教材和师资培训等问题。值得称道的是，周治南先生率先编撰出了《大学通识学科综合化》一书，填补了这个学科领域的空白点。《大学通识学科综合化》一书，可以作为某些大学开设通识课程的教科书，通过试用使之日臻完善。

《大学通识学科综合化》从我国国情出发，以中国大学生为对象，以世界文明发展为主线，熔中西文化精髓为一炉。概括起来，该书的重要价值主要表现在以下三点：

首先是传播普世价值，补救我国大学人文教育的虚脱现状。自 20 世纪 90 年代以来，随着高等教育大跃进式的发展，“左”倾思潮的抬头，心躁浮夸充斥校园，道德沦丧，抄袭和剽窃屡禁不绝，诚信丧失殆尽。针对这种状况，无论是说教式思想灌输也好，还是尊孔读经也好，都解决不了当代青年人的精神虚脱问题。为了拯救大学人文教育的虚脱，唯有开展以诚信为核心的伦理教育，用以实践证明了的人类文明精髓教化学生，方能够医治这种虚脱症。以培养大学生成为一个有理想的人，一个有高尚道德的人，一个有利于人民的人。

其次是在全球经济大潮中，提高大学生对跨文化价值的辨别、判断和交流的能力。当今的世界，可能是自二战以来最不稳定的时期，经济危机四伏，文化冲突不断，局部战事时有发生。作为生存在这个时代的大学生，如果要适应这个世界的环境，必须通过通识教育，了解不同地域、国家、民族的文化，包括政治制度、经济发展模式、文化特征、宗教信仰等，这是他们必须掌握的生存之道。

再次是实现学科综合化，培养大学生的创造性能力。今天，人们处于知识爆炸的时代，知识急剧增加，同时又不断迅速地更新和淘汰。面对这样的形势，大学应当怎样教，学生们又将如何学习？治南教授曾形象地说：“知识大爆炸，课堂撑不下，学业咋减负，学科综合化。”实践证明，方法比知识重要，智力比分数重要，能力比文凭重要。通识课程的目的，就是以学科综合化的方式，从知识的整体上进行教学，开阔眼界，传授方法，启迪智慧。创造学的理论揭示，广博的知识让学生更富有创造性，而狭窄的知识是不利于创造的。

《大学通识学科综合化》是一种创新的尝试，但只是通识教育的一门课程，还需要有多门课程相配合。例如，哈佛大学有名的通识课程有《正义论》《文化与信仰》《审美和诠释》《伦理推理》《生命系统科学》《物理世界科学》等。又如，台湾傅佩荣先生讲授的《哲学与人生》，就是台湾大学最受欢迎的最佳通识课。需要指出的是，通识课程不是一成不变的，随着时代的前进，需要不断更新课程和内容。根据国际经验，通识教育课程一般是几年一小改，几十年一大改。因此，我国大学必须紧跟时代前进的步伐，不断更新通识课程，编撰出有新意的教科书，以满足大学通识教育的需要。

我是通识教育的倡导者和支持者，出于这种情怀，故写了以上的赘言。是以为序。

序 言

——为文学作品《红肚兜》作序

1984年3月，武汉大学向教育部递呈了关于请求试行插班生改革的试点报告，为此事，我三次进京并有了结果。1985年秋，首届92名插班生意气风发地走进了珞珈山校园，其中就有周元镐。他当时刚过而立之年，是中文系首届插班生的班长，同时也是当年武汉大学"白校徽"文学社的重要成员之一。

后来，我听说元镐的处女作《风筝飘飘》发表在1977年第4期《人民文学》上。1977年是一个非常值得纪念的年份，说这一年值得纪念，不仅仅是因为刚刚结束十年"文革"，思想文化上的拨乱反正刚刚开始，主要是因为这一年恢复了高考，这对全国人民都是一件大事。它告诉人们，冬天过去了，我国文化、教育、科技的又一个春天就要来了。虽然我一直在教育战线工作，但我也十分关注文化、关注文学，所以对我们的"国刊"《人民文学》并不陌生，并且认为凡是能在《人民文学》发表作品的人都是不得了的人，都是满腹经纶，才华横溢的大才子、大作家。可惜《人民文学》在"文革"时期停刊10年，直到1976年1月才复刊。复刊后的《人民文学》曾在几年间发表了巴金、曹禺、丁玲、魏巍、徐迟、姚雪垠等名家的作品。元镐的《风筝飘飘》居然和中国许多文坛老宿的文章共同发表在一个刊物上，自然是一件可喜可贺的事情。记得那个短篇小说写的是抗日战争时期，乡野儿童利用放风筝帮助新四军、民兵发放传单参加抗日的故事，很有想象力，很有趣。我还听说，《风筝飘飘》后来被全国几乎所有省市的美术出版社改编成了连环画册出版。1979年，仅上海人民美术出版社出版的连环画册，就由新华书店上海发行所在全国发行了一百多万册。想一想，在那个文化生活还相对贫乏的年代，数千百万册《风筝飘飘》连环画肯定陪伴了一代人的童年，成为一代人关于童年的美好回忆。我想，这就是元镐的幸运。

元镐是有才华的，他的中篇小说《襄河一片月》获得过武汉市芳草文学奖，中篇小说《这里真有过风流》获得武汉大学文学创作成果一等奖。元镐的创作是勤奋的，他从武大毕业后，创作出版了长篇小说《天下》、中篇小说集《无字的花圈》。这次送来的反映海峡两岸亲情、友情、爱情的长篇小说《红肚兜》书稿，洋洋洒洒，纵横捭阖，近40万字，更是元镐将近40年文学创作经验积累的成果，是他关注海峡两岸关系、思索中华民族前途命运的心血结晶。

中国自古以来就是一个统一的多民族国家，大陆与台湾原本同根，但60年前那场兄弟之间互相厮杀的战争却使父兄分离、母子分别、夫妻分散、兄弟相隔。60年过去了，子恋母、母望子，兄盼弟、弟思兄，乡音依旧却华发两鬓。不奇怪余光中的《乡愁》："小时候，乡愁是一枚小小的邮票，我在这头，母亲在那头；长大以后，乡愁是一张狭窄的船票，我在这头，新娘在那头；后来啊，乡愁是一方矮矮的坟墓，我在这头，母亲在里头；而现在，乡愁是一湾浅浅的海峡，我在这头，大陆在那头。"更不奇怪大陆领导对黄公望《富春山居图》发出的感慨，这幅元代的名画命运本已多舛，差一点被全焚为吴洪裕殉葬，抢出来的两段还不能合璧，而现在的《剩山图》在浙江省博物馆，《吴用师卷》却在台北故宫博物院。我们把祖国喊作母亲，当她看到兄弟因相残而分离，看到大家庭不能团聚，心中该是何等痛苦！

"春江水暖鸭先知"，作为一个作家，一个对历史、对民族、对社会负有强烈责任感的作家，元镐一直深入地思索着中华民族的团结问题，思索着海峡两岸的统一问题。当然，这也是上至国家领导人、下至平头百姓都在关心、思考的问题。以文艺形式表现中华儿女对海峡两岸统一的渴望与呼喊，元镐不是第一个，但以长篇小说形式，以《红肚兜》这个既具中华民族特色又具文学意象的服饰为载体，以一家人的悲欢离合为切口，大视角、大跨度地表现国共两党几十年的恩恩怨怨，展示从抗战胜利到改革开放初期中国大地波澜壮阔的历史画卷，表现海峡两岸血水相融、同根同源、"分则两害，合则两利"的宏大主题，还不多见。

如同爱情是文学创作的永恒主题一样，母亲也是文学创作的永恒主题。每每提到母亲，我就会想起那位出身贫寒的美国总统亚伯拉罕关于母亲的一段话："无论我现在怎样，还是希望以后会怎样，都应当归功于我天使般的母亲。我记得母亲的那些祷告，它们一直伴随而且已经伴随了我一生。"是的，母爱是人间最伟大的爱。阅读《红肚兜》这部书稿时，我经常被书中那个美丽、善良、温和、隐忍、博大而又韧性万分的母亲“韩孝年”感动，有时甚至老泪纵横、唏嘘不已。应该说，塑造出“韩孝年”这个伟大母亲的形象，是这部小说最成功之处。这个母亲的形象，在某种意义上也是祖国“母亲”的伟大形象。在母亲那里，在伟大的母爱那里，没有阶级，没有仇恨，没有政治分割，没有政见分歧，所有的儿女都是母亲用血肉亲情关心、呵护的对象，所有的儿女都能够沐浴母亲的光辉。子女之间的任何不团结乃至仇恨与分离都会让母亲流泪、心滴血。由此想到，海峡两岸同属于一个中国、一个中华民族，无论共产党、国民党，无论是大陆人、台湾人，都是中华儿女。为了母亲的心愿和微笑，为了母亲不再流泪流血，兄弟间应最大限度地消除分歧，增进共识；以最大的诚意、最大的努力，尽快携手，实现祖国的和平统一。这既是每一位有良知的中国人心中的期盼，也是《红肚兜》这部小说的主题追求。

秋风渐凉，东湖听雨。师生情笃，秉烛而读。亦读亦思，随感而发。是为序。

（本书于2013年4月由长江文艺出版社出版）

《曾昭抡日记》序言

曾昭抡先生是我国化学界的大师，是中国化学学会和《中国化学会会志》的创始人之一。他毕生从事科学、教育和进步社会活动，堪称我国学术界学高、德高的一代宗师。

可是，这位学富五车的大学者，却因为参与起草《对于有关我国科学体制问题几点意见》和《我们对高等学校领导制度的建议》的进言，遭到公开的批判，曾昭抡等六位教授都被错划为右派分子。

嗣后，曾先生被免除了一切职务，以近乎流放的形式下放到武汉大学接受“改造”。这真是天赐良机，使得我与基万学兄等一批青年教师成为先生的科研助手，在这位学术大师的指导下从事科学研究。我们对先生尊重有加，虚心向他学习，生活上关心他，从没有把他当作“阶级敌人”看待。

明朝思想家顾炎武有诗曰：“苍龙日暮还行雨，老树春深更著花。”曾先生下放到武大时，已是年过花甲，这棵“老树”确实在珞珈山开出了绚丽的花朵，结出了丰硕的果实。曾先生在武大的9年时间，是他在教学和科学研究上出成果最多的时期，也是他心情最愉快的一段岁月。

然而，天有不测风云，就在他与疾病作顽强抗争时，“文化大革命”开始了。正是这场“横扫一切……”的“革命”，最终残酷地把一个孤独的（夫人俞大絪是北大西语系著名教授，“文革”初受到冲击自缢，先他而去，无子女）、体弱多病的老人推向了生命的终点。一代宗师就这样无声无息地走了，使我们这些受益于他的学生，甚至未能与先生做最后的诀别，因为那时我们也失去了人身自由。

“青山遮不住，毕竟东流去”，“文化大革命”终于结束了。经过拨乱反正，中央纠正了历史上的冤案、假案和错案，恢复了一大批受到不公正待遇的科学家的名誉。1981年3月，经中央批准，教育部在北京八宝山革命公墓为曾昭抡先生举行了隆重的追悼会，为他平反和恢复了名誉。1999年12月11日，由教育部、民盟中央、中国化学学会等多个单位发起，在北京大学举行了曾昭抡先生诞生100周年纪念大会。如果先生在九泉之下有知，他一定会感到欣慰，先生为之奋斗一生所树立的爱国精神、献身科学和开拓精神，正在后辈中发扬光大！

这次大会组织委员会决定出版曾昭抡先生的日记，这也是这次纪念活动的一个组成部分。古今大学者，大多有记日记、写随笔的嗜好，曾先生也不例外。据我与先生9年多的交往，曾师留给我最深刻的印象就是博闻强识，他不仅博古通今，而且能熟练地驾驭英、德、法、俄、日多国文字。他的记忆力尤为惊人，对阅览过的化学文献几乎达到过目不忘的程度。当我们向他请教学术问题时，他可以准确地告诉所需文献的出处。我常常说，聪明的人，了不得；而聪明加勤奋的人，如虎添翼，更是不得了，曾先生就是这样一位了不起的大学者。

提到曾先生的文稿和日记，我们不能不深感遗憾。由于历经沧桑，特别是“文化大革命”中的几次抄家，不少重要文稿丢失了，有的被某些人据为己有，有的被拍卖。曾先生有不少日记、文稿丢失了，这对研究他的学术思想是不可弥补的缺憾。现在仅存的《访苏日记》和《武大日记》，也是万劫之后侥幸流传下来的，可谓珍贵的史料。

我的学兄基万教授，既是曾先生从前的科研助手，又是当年化学系党总支书记，他对曾先生的工作、生活给予了无微不至的关心。1999年5月25日，在武汉大学纪念曾昭抡先生诞生100周年大会上，他做了《缅怀曾昭抡先生在武汉大学的杰出贡献》的发言，后刊载于《化学通报》1999年第11期上。这篇文章充分体现了基万兄对曾先生的崇敬和爱戴之心。

5年以前，基万教授受武汉大学化学与分子科学学院领导之托，着手整理曾先生日记。这是一件十分艰难、细致的工作，不仅涉及字迹的辨认、历史事件和典故的考证，而且还牵涉英文和俄文的翻译问题。基万兄怀着对先师的缅怀之情，全身心地投入到这项工作中。经过7个多月的研读和勘正，这本30万字的日记终于整理出来了。其间，为了获得出版的授权和核实某些史料，他曾经与先生的亲属、朋友和学生进行联系，体现了他的严谨治学与认真负责的态度。

本来出版这本日记是由各方共同决定的，但由于各种原因，一拖就是4年多的时间。好在我的学兄基万是一位既有耐心又非常执着的人，他不断地做各部门的工作，才使得这本日记最后付梓，着实令我辈高兴！

当基万兄嘱我为曾先生的日记写个序言时，我甚感惶恐，觉得自己力不胜任。我建议请位德高望重的大佬来撰写。可是，基万兄执意不肯。我本着对先师的怀念和感恩之情，才不揣冒昧，写了以上的赘言。是以为序。

（本书于2007年9月由武汉大学出版社出版）

创意是作文的生命力

（代序）

凡是上过正规学校的人，大概都有写作文的体验，只不过作文的水平有高低之分。那么，什么叫作文呢？通俗地说，作文就是写文章或叫做文章，是以文字的形式把通过观察与思考后，对某个主题得到的推理、依据和结论写成一定的文体。应当说，我国各级普通教育都是很重视作文课的。自小学开始到高中，语文课都被作为重点，而作文课时大约占三分之一。在全国统一高考时，语文满分是150分，而作文占40%左右。从20世纪80年代初开始，各大学也都开设了《大学语文》课，其中写作课占有较大的比重，以提高大学生写作论文的水平。可是，我不无遗憾地说，我国学校培养出来的学生写作水平并不高，以至于某些公务员不会起草文件，当了官员的不会写文章，只能依靠秘书捉刀，也有些身为教授的人不会写论文，以至于走上抄袭之路。当然，不会写作并不是抄袭的主要原因，但大段大段一字不落地抄袭，那一定是不会写作笨拙的抄袭者了。

文章到底是怎样写出来的呢？文章的水平高低，究竟是由文字能力还是思想水平高低决定的呢？汉语言文字博大精深，有许多成语是用来形容写文章的，如“文贵天成”、“文从字顺”、“文采风流”、“文炳雕龙”、“文不加点”、“文成于思”、“文江学海”、“文韬武略”、“文以载道”、“文搜丁甲”、“文如其人”、“文不对题”、“文理不通”等。写文章要有灵感，灵感到来了，就会下笔如有神；如果没有灵感，即使是冥思苦想，或是抓耳挠腮，也只能是望文兴叹了。

为了说明写作与创造灵感的关系，我不妨介绍一下既是卓越的画家又是伟大的发明家达·芬奇的故事，这对于我们提高写作水平是很有启发意义的。人们都知道莱昂纳多·达·芬奇是意大利文艺复兴时期的“美术三杰”之一，他画的人物肖像蒙娜丽莎，是享有500多年盛名的杰作。但是，少有人知道他还是一名伟大的发明家，他被称为是地球上最后一位通才。除了绘画以外，他在天文学、物理学、生物学、地质学、机械工程、水利工程等领域都有卓越的建树。他是直升机设计的鼻祖，设计出了最初的机器人，还设计出了降落伞、机关枪、手榴弹、坦克车、潜水艇、起重机、双层船挖河机、照相机、加热机、温度计……他总共留下了10000多页的科学发明手稿，其中大多涉及复杂的工程和解剖学的技术，被称为15世纪科学技术的百科全书，至今仍不失参考价值。

儒勒·凡尔纳是法国一位天才的预言家，他受父母之命学法律，但繁华的巴黎激发了他对戏剧和写作的狂热，他最后没有成为律师而成了小说家、博物学家和预言家。自1854年到1904年的50年内，他创作了80多部科幻小说。在这些小说中，他预言了人造卫星、直升机、大型潜艇、电视机和塑料等。

作家是从事文学创作的，而科学家是从事科学发明创造的。乍看起来，他们似乎风马牛不相及。那么，写作与科学发明之间有什么关系呢？从本质上说，科学家、作家、画家、诗人、作曲家等，都是创造性的职业，没有创造性的灵感，就无法进行工作。其实，科学上的许多预言和发明，并不完全决定于专业知识，而来自创造性的灵感和想象力。

什么是创造性的灵感，它又是来自哪里呢？灵感也就是所说的创意，它是一位高傲的“客人”，请之不易，遁之又无影无踪。但是，灵感偏爱坚贞不渝的淑女，它是属于“有准备的头脑”的。这说明灵感并不是虚无缥缈的东西，而是以客观物质为载体的意识流。虽然我们看不见、摸不着，但我们却能够感受到它，它无时无刻不存在我们的周围。人们怎样才能获得灵感呢？创意无处不在，灵感就在人们的心中。“心有灵犀一点通”的灵犀就是灵感。问题是人们怎样才能找到接通“灵犀”的那个“点”。不同职业的人获得灵感的途径和场合可能是不同的，如画家需要观察，诗人需要激情，作家需要静思，科学家需要实验，发明家需要好奇，等等。但是，这些并不是绝对的，有时甚至需要诸多因素的协同作用。对于一个生理和智力发育正常的人，每个人都有可能获得创意灵感，问题是我们必须有一个“有准备的头脑”。人们一旦捕捉到创意灵感，通过艰苦的实践操作，就能够把创意变成具体的发明或创造性的成果。

我们再回到开头的话题上来，为什么我国学校培养不出高水准写作的人才呢？如果再进一步追问，为什么中国没有达·芬奇、凡尔纳、牛顿、爱因斯坦、爱迪生，也没有诺贝尔三项科学奖的获得者呢？这些问题都与我国教育有关，是根深蒂固的应试教育窒息了广大青少年的创造性。教育学和心理学家们认为，少年儿童是开发创造思维的敏感期和关键期，一旦青少年的想象力被扼杀，必然导致我国国民创造性的缺失。古谚说："三岁看到老"，这也是说少年儿童的好奇心和想象力，直接关系到我国作家和科学家们的创造性素质。我国至今没有获得包括诺贝尔科学奖在内的所有世界级的大奖，其根本原因也在于此。

那么，怎样提高我国中小学生的写作水平呢？首先必须坚决改革应试教育，下大决心推行素质教育。所谓应试教育，也就是一切为了考试的教育。在考试这个指挥棒的胁迫下，学生们成了考试的"机器"，一切为分数而奋斗，目的就是为了考上一所名牌大学。为此，他们失去了志趣、自由和选择权，没有质疑、反思和批判精神，更不敢挑战权威，他们的好奇心和想象力也被窒息了。因此，必须把广大学生从应试教育的桎梏下解放出来，让他们的想象力自由飞翔，这是提高写作水平至关重要的条件。

其次，语文和作文教学必须体现人本位思想。写作者是人，而人的自由、民主、尊严、人权和选择权等，都必须得到尊重和保障。这些是解放思想的前提。只有打开思想禁区，写作者才能尽情地发挥，写其所想，也才能写出真实的作品。网上流传2011年高考的一篇作文，据说是安徽考生江小鱼的考卷，题目是"时间在流失——上还是不上大学?"作文最后写道："在这个操蛋的年代，看着这操蛋的时间在流失，我还在苦苦地思索：上还是不上，这个操蛋的大学？……当当当，该交卷了！我一脸稚气地问老师：我还没有考虑好呢，能不能再给一点时间呀。得到的答复是冷冰冰的一句话：这么长的时间干什么去了？没写完，0分!"据网上说，这篇作文果真得了零分，但广大网友却说应该得满分。到底有没有这个考生，有没有这篇得零分的作文，没有人证实或否定。不过，有一点是肯定的，即文章中涉及的所谓敏感或禁忌的问题，兴许就是得零分的原因。此类情况在现实的作文中并不少见，要么以政治标准评判作文，要么以老师的好恶评分，从而压抑了学生的想象力。

再次，学生生活范围狭窄，少有社会实践和交往的机会，教师少有指导学生查资料。因此，中国学生写作缺乏素材，大多限于家、学校和从日常生活所见所闻的琐碎小事。因此，我国学生的作文不少是套作、模仿，或者存在格式化的倾向。据说，美国中小学生善于写作，这得益于他们学校的作文教学。概括起来，美国中学作文有三个特点：一是不限时间，鼓励学生到图书馆查找资料，到社区访问和调查，这是写作的基础；二是重视想象力的发挥，以故事展现自己的想象力，通过逻辑推理，以达到“知其所言，明其所达”；三是注重学生展示自我，不强迫学生歌颂他们并不信仰的东西，不诱导学生说假话。因此，他们的作文充分表现出了个性化，没有雷同，更少套作。对比中美学生作文的区别，我们应当吸取他们当中的一些好的做法，以改革我们的语文教学。

我的这篇文字，是应湖北省重点中学荆门龙泉中学之邀，为该校学生作文集《让作文飞》写的序言。该校是一所百年老校，培育了无数的英才俊士。特别是近年来，该校秉承“以人为本、和而不同、质量立校”的治校理念，大力推行素质教育，取得了可喜的成就。值得一提的是，该校有一个在全国叫得响的校园文学社——岚光文学社，有一位全国知名的校园文学创作指导教师——邓济舟先生。文学社创立十多年来，社员在邓济舟先生的指导下，先后在国家级、省级校园文学刊物发表习作1000多篇。邓济舟先生是个有心人，他将这些作品收集、筛选，于2007年出版了第一本文集。时隔4年，第二本文集《让作文飞》又要出炉了。作为姊妹篇，这本文集收集各类别100多篇作文。这些作文全是在国家级、省级刊物公开发表过的，并且有部分作品获得过各级奖励。毫无疑问，收入这本文集的作文，都是优秀之作。邓济舟先生作为岚光文学社的首席导师给予了精心的指导。可以这样说，这本作文集是一所具有悠久办学历史的湖北省重点高中作文教学丰硕成果的展示，也是该校大力实施素质教育的缩影，能够为这本书写序，我感到莫大的荣幸！这本书名叫《让作文飞》，我的理解就是让广大青少年的想象力飞翔，让青少年们在写作时文思飞扬！借本书出版之际，我有感而发，写了以上的赘言。是以为序。

（该书于2011年10月由华中师范大学出版社出版）

风骨凛然的杜鹃精神

（代序）

刘绪贻先生是武汉大学历史系美国史和社会学著名的学术大家，他虽然已离休快30年了，可是他一直笔耕不辍，晚年的学术成果累累，经常发出振聋发聩的声音，成为一代有良知的知识分子的典范。他的论著和他追求真理的精神，获得了国内外学术界高度的赞誉，也鼓舞着许多有理想的青年人。

先生出生于1913年5月13日，比我年长20岁，是我的师辈。我们同是湖北人，他是黄陂县人，我出生在湖北枣阳县。我虽然没有受业于先生，但他却是我心目中的楷模，是我永远的精神导师。今年是先生的白寿之喜，古人以汉语语词的蕴意，或以汉字的笔画或是拆字法，来形象地寓意各个年龄段的寿庆，如喜寿（77）、米寿（88）、白寿（99）、期颐（100）、茶寿（108）等。按照传统的习俗，给老人祝寿是祝九不祝十，因此先生在校内外的学生和朋友们，准备出版一本《庆祝刘绪贻教授百年华诞纪念文集》，以此作为献给绪贻先生百年华诞的寿礼。该书编辑委员会来信约我写篇序言，我感到诚惶诚恐。但是，为了表达我对绪贻先生的崇敬之情，尽管我才疏学浅，还是不揣冒昧，以拙笔叙述我与先生交往的一些逸事。

我是1953年秋进入武汉大学学习的，当时绪贻先生已不在学校，但他新中国成立前后在武大的逸事还是在学生中广为流传。先生1947年9月于美国芝加哥大学获得硕士学位后，旋即受聘到武汉大学任教。他思想进步，新中国成立前被吸收入中共武汉地下市委的外围组织武汉市新民主主义教育协会，任武汉大学分会教授支部书记，并被选为武汉大学教授会主席；武汉解放后，他被选为“协助（中共军代表）接管委员会”主席，协助军代表做了一些工作。后来，由于各种原因，他不无遗憾地离开了学校，曾在武汉市（当时是直辖市）和湖北省担任过多种职务。但先生无意留恋官场，在追求学术真理的驱使下，于1964年重返武汉大学执教。根据国务院的指示，武汉大学和南开大学分别成立了全国最早的美国史研究室，在美国史学界素有南刘（绪贻）北杨（生茂）之誉。

那时先生正值天命之年，是学校比较活跃的教授之一。我于 1963 年由苏联辍学回国，与先生同住在武大珞珈山 18 栋。它们位于山南半麓，掩映在青松翠柏和香樟林中，是 20 世纪 20 年代末 30 年代初专为教授建造的别墅式住宅。先生住在 14 号，我住在 6 号。我们上下班时常相遇，先生也偶尔询问我关于苏联国内形势的问题。

我第一次与先生接触是 1981 年 7 月出任校长之后，他是我利用暑假拜访和求教的 60 多位教授之一。我主要是向他了解芝加哥大学的情况，也询问他关于武大解放前后的历史，听取他对办好学校的有益建议。

20 世纪 80 年代，武汉大学教育改革热情很高。当时历史学系是学校实行学分制的试点单位之一，曾得到绪贻先生的大力支持。那时，大学生的思想也十分活跃，成立了各式各样的学生社团组织。有一个叫快乐学院的社团，历史系 77 级学生赵林是一个活跃分子，常常提出极有创意的问题。《中国青年》杂志 1980 年第 5 期发表了署名“潘晓”致编辑部的信（作者是潘祎和黄晓菊二人的合名），标题是《人生的路啊，为什么越走越窄?》，由此发起一场关于人生意义的大讨论。一个星期日的上午，赵林去系资料室看书，突然看到“潘晓”的那封信，他的思想就像触电一样激动，立即给《中国青年》杂志写了一封致潘晓的信。编辑部根据他的观点，发表了署名赵林的公开信，题目是《只有自我才是绝对的》，发表在该刊第 8 期上。文章刊出后，立即引起了一场轩然大波，赞成者有之，反对者也不乏其人。批评者说：赵林是一个赤裸裸的个人主义者，是丑陋灵魂的大暴露。当时正在开展清理所谓的“精神污染”，中央的一位主要负责人指示把柏华的《苦恋》、王若水的《人性异化》和赵林的《只有自我才是绝对的》作为全国批判的重点。一瞬间，赵林遭到了巨大的压力，但在校内，我们却采取了“大事化小小事化了”的低调处理方法，事实上保护了赵林。

赵林自幼喜欢哲学，1981 年，他报考了我校哲学系的研究生，虽然他的考试成绩达到了录取标准，但哲学系以他的政治表现不合格为由拒绝录取他。在这个困难的时刻，赵林就读的历史系伸出了援助之手，曹绍濂教授录取了赵林，但他对导师的研究方向不感兴趣。经学校与刘绪贻先生沟通后，很快转到刘绪贻教授的名下做研究生，研究方向是美国现代史。真是名师出高足，刘绪贻先生不仅保护了赵林，而且为赵林成为一名杰出的学者奠定了基础。20 多年后，赵林在回忆往事时写道："当年，若非刘绪贻先生慷慨同意接纳我到他的门下，我的学业就会半途而废。同样，1985 年我毕业之时，若非刘校长的保护、热心关怀和亲自安排，我至今还不知流落在何方。二位刘姓前辈，一位是我授业之恩，另一位对我有我知遇之恩，大恩大德，难以为报，唯有兢兢业业地投身于学术事业，以微薄的成绩还报恩师。"

在我出任校长之初，曾经把 3—9 世纪中国传统文化、国际问题、数学、空间物理、功能材料、病毒学等作为学校的重点研究方向。在国际研究方面，包括国际法、美加经济、世界史、西方哲学等，在这些学科方面，我校拥有雄厚的师资力量，其中包括刘绪贻先生领导的美国史研究室。他在美国史研究方面著述甚丰，特别是研究罗斯福新政的权威，提出了一系列有创新的学术观点。

《中国的儒学统治——既得利益抵制社会变革的典型事例》一书，是先生早年在芝加哥大学的硕士论文，后来由他的两位私淑弟子翻译成中文，于 2006 年出版。我十分想读到这本书，可是不知何处购买。2008 年 10 月，我与夫人散步经过先生门前的小径，正巧遇先生由外面回家。故人相见，自是情切无比，我们站着谈话 15 分钟，先生已是 95 岁高龄，但思维清晰，精神矍铄，身板硬朗，这是人生之大幸。我们的谈话广泛地涉及改革开放，还谈到了当今国学热的问题。他说："纵观历史，凡是改革者都是批孔的，如孙中山、鲁迅、胡适、陈独秀等，而历朝历代的统治者都是尊孔的。"最后，先生说要送我一本书，于是我随他到家中得到了我一直想看的这本书。令我吃惊的是，绪贻先生写这本书时年仅 34 岁，对儒学透视得如此之深刻，实乃一家独到之言。

我怀着新奇的心情，一口气读完这本书，的确受益匪浅。这部 18 万字的论文，是在芝加哥大学著名社会学家威廉·奥格本和路易斯·沃思的指导下写就的。由于见解独特新颖而获得了一笔奖学金，他也因此被列为芝加哥大学"杰出的中国校友"。在论文中，首次提出了诸如"中国儒学统治"、"儒学既得利益集团"、"儒化社会"等观点，令人耳目一新。

什么叫"儒学既得利益集团"？绪贻先生解释说："儒学既得利益集团主要是由'皇家和儒生阶层'组成。两千多年以来，中国的朝代一变再变，但那只是换了皇室的姓氏，而建立在基于儒家思想之上的社会总结构，特别是它的政治和宗法制度及其经济基础小农经济，一直是不变而且日益强化的。”他进而分析道：“这种统治阶级各组成部分既得利益一致的社会分层模式，使得统治阶级既得利益成为一种非常强大的、抵制社会变革的力量。”儒化社会就是以儒家思想来治理的社会，统治者以儒家的思想维护其统治，而儒生又从统治者那里得到擢升和利益，是一个由独裁者与儒生相互勾结和利益均沾的社会。正如绪贻先生所云：“儒化社会的弊端在于必然形成帝王控制儒生，儒生治理百姓的自上而下专制独裁——一个社会只有皇帝与儒生极少数人成为儒学既得利益集团，社会既得利益如此单一而非多元化，这个社会必然是不公平的，必然难于改革，必然危机四伏。”

学习了绪贻先生的论著，对于一个长久困惑我的问题，忽然茅塞顿开。是什么问题呢？就是为什么我国大学的教育改革难于进行，也正是当今的“儒学既得利益集团”所致。这个集团是当今靠任命（而非民主选举）的领导者和新生的“儒士”组合而成。古今对比，何其相似乃尔！美国哥伦比亚大学文学评论家爱德华·萨义德（Edward W·Said，1935－2003）曾说：“真正的知识分子在受到形而上的热情以及正义、真理的超然无私的原则感召时，叱责腐败、保护弱者、反抗不完美的或压迫的权威，这才是他们的本色。”可是，中国现在有这样的知识分子吗？不能说完全没有，但绝大多数的知识分子都是趋炎附势的人，很少有人敢于站出来批评强权的统治者。现在体制内有权势的人，包括教育部官员和大学的领导人，他们虽然也拥有高级的学位和学术职称，但为了维护既得利益，仅仅只是把“改革”、“创新”、“和谐”等口号挂在嘴边上，几乎没有一个在位的领导者敢于打破掣肘教育改革的禁区。试问：如果没有“敢于下地狱”的殉道精神，怎么可能有教育和政治体制改革的根本突破呢？

2011年4月25日是清华大学百年校庆，北京《看历史》杂志准备约请10个文化人，各给清华大学写一封信。我问他们有哪些人，回答说有李泽厚、刘心武、周有光、易中天等。我又问有什么要求和限制，回答说体裁不限、观点不限、长短不限。鉴于观点不限，所以我就接受了约稿，并信手写了一篇致清华大学百年校庆筹备委员会的信，题目是《大学需要有反思精神》，字数有五千多字。绪贻先生是我崇敬的前辈，又是清华老校友。于是，脱稿以后我第一个送先生审查是否有不妥之处，请先生为我把关。

我的信文如下：

绪贻先生：早上好！

今年4月25日是清华大学百年校庆，《看历史》杂志邀请10个文化界的人士各给清华写一封信，我是其中之一。现把我写的信发给您审查，您是清华的老校友，是最有发言权的。如有不当，请赐教为盼。

学生　刘道玉

2011年3月21日

绪贻先生看了我的信后，立即给我回了信，他写道：

道玉同志：

我仔细读了你给清华的信，真是金玉良言，苦口婆心。我敢断言，这样的信，恐怕只有你能写、敢写，其他9个人是不能、不敢写的。只有这样的信，才对清华有用，才是对症下药。我担心的是，他们不一定听得进，即使他们听得进，教育部也不会让他们听。作为清华校友，我感谢你。顺颂

时绥！

刘绪贻

2011年3月22日

得到了绪贻先生的首肯，我心里踏实多了，相信不会有太多的谬误。于是，我就把这封公开信发给了《看历史》杂志编辑部。《看历史》于4月初正式出版，遗憾的是编辑部删去了其中关于当今大学以及教育部没有反思精神原因的分析。这当然引起我的不快，遂向该刊声明保留以适当方式说明的权利。编辑部还算恪守信誉，他们随后在网上发表了公开信的未删减版。让我所料不及的是，这封公开信在各网站予以转载，英国《金融时报》（中文版）、《东方早报》等许多报刊也都予以转载，各大学的教师也以电子邮件相互传播这封信，一时成了人们谈话的主题。我感到很欣慰，毕竟说出了很多人想说而没有

说出的话。时任北京华通房地产有限公司董事长的任志强先生在网上评论道："刘道玉的公开信，比清华百年庆祝大会上任何一个人的发言都要好，应当送到中央电视台播发，在全国展开讨论。"我在国外的不少学生，也纷纷发来邮件表示："您的信真是太棒了！我们为是您的学生而感到骄傲！"

绪贻先生进入高龄后，我不敢轻易造访，唯恐打扰他的静思与写作。但每逢春节，我都会打电话向他表示节日的祝贺。今年是先生的白寿之喜，我特地去府上给先生拜年，并赠送了一盆盛开着128朵的鲜红杜鹃花。那是一个精致蓝瓷花盆，由于盆体太大，我的小儿子刘维东开车送到先生家的路边，再帮助搬到先生的家里。我喜欢杜鹃花，更喜爱古代和近代诗人以杜鹃吟咏的脍炙人口的诗句。清末黄遵宪在《赠梁任父同年》诗中的后两句是："杜鹃再拜忧天泪，精卫无穷填海心。"难道不是吗？当今我国一批有良知的知识分子，不正是像杜鹃忧天一样地在忧国忧民吗？不正是像精卫鸟希望填平东海那样，在不知疲倦地为改革而呐喊吗？宋朝诗人王令在《送春》中的两句诗是："子规夜半欲啼血，不信东风唤不回。"诗中的子规，也就是杜鹃。这是一种情结，是我国当今一批追求改革的知识分子喊出的心声。无论时势如何艰险，他们都没有放弃，更不言退却。他们就像杜鹃一样，昼夜不停地啼鸣，直到啼出鲜血而死去，不正是为了唤回改革的春天，呼唤民主、自由、宪政和富强的现代文明中国吗？

刘绪贻先生的道德文章，正是体现了这种风骨凛然的杜鹃精神。我们晚辈后生应当以刘先生为榜样，为追求真理而不懈努力。

（本书于2012年5月由湖北人民出版社出版）

《新闻教育改革论》序言

今年教师节时，华中科技大学新闻与信息学院院长张昆携子张开来来访（开来是武汉大学数学与统计学院 08 级学生）。张昆一开口就说：“我是行弟子之礼，以当年的学生，向自己的校长表示节日的祝贺！”张昆的名字我是记得的，只是 20 多年没见，如果他不是自我介绍，我真的不能辨认了。

通过交谈，往事历历在目，我们回忆了当年创办新闻系的逸事。在“文革”以前，国内仅有两所大学设有新闻学系，即中国人民大学和复旦大学，那时学新闻学专业的学生堪为“稀有元素”。1978 年经过拨乱反正，在改革开放总方针的指导下，国家各项事业发展迅速，对新闻传播人才的需要剧增，创办新的新闻系已是迫在眉睫的事了。

当时的华中工学院（现为华中科技大学）院长朱九思同志，最早提出理工结合的理念，决心把华中工学院办成综合性大学。实施这个战略的第一步，就是于 1983 年创办新闻学系，它是全国工科院校中的第一个新闻学系。这是有远见的，也是合乎逻辑的决策，因为九思校长是办报人出身，在新中国成立前后曾担任多家报社的总编辑，他是从办报人转换为著名教育家的成功典范。

这事对我触动很大，一所工科院校居然办起了新闻学系，而武汉大学是一所以文科为优势的综合大学，我们岂能落后于人？于是，我们也于 1983 年向教育部申请创办新闻学系。说来也很巧，1983 年教育部在同一个文件上，批复了华中工学院和武汉大学等 10 所大学成立新闻学系，并于 1984 年招收首届本科生。但是，华中工学院还是走在了武汉大学的前面，他们早武汉大学半年举办了新闻学干训班，为本科招生和教学积累了经验。

武汉大学成立新闻学系，也是我准备开拓新兴学科，把武汉大学办成一所多科综合性大学的一个步骤。为了办好新闻学系，我们采取了以下三个措施：

第一，千方百计把陕西社会科学院的何微先生调入武大，作为武汉大学新闻学的学术带头人，这是一位关心我校新闻学建设的人士的建议。在全国新闻学界，素有北甘（（中国人民大学的甘惜分教授）、南王（复旦大学的王中）和西北何（陕西省社会科学院的何微）三足鼎立之说，他们堪为新闻学界的巨擘。很显然，如果我们能够邀请到何微教授的加盟，就能够迅速地提升我校新闻学系的地位。但是，在申请调动何微教授的问题上，我们遇到了重重困难。当时，何微先生已经退休，年届 68 岁，而且又是副省级干部，必须经过省委常委批准方可调入。我们先后多次到省人事厅和省委组织部汇报，但他们都以何微教授年龄大和级别高为由予以拒绝。最后，我亲自找到省委常委兼组织部部长刘奇志同志，向他说明何微先生身体硬朗，思维敏捷，每日仍能坚持 18 小时的工作，而且在这个年龄段，担当大任和创大业者也不胜枚举。例如，唐朝武则天 68 岁登基，成为中国历史上第一个女皇帝，称帝后在位 15 年。英国丘吉尔当选首相时，已年届 70 岁，连任两届，是二战时欧洲战区最高统帅，对确保二战胜利做出了卓越的贡献。刘奇志同志被我说服了，加之他又是武大校友，最后同意把何微教授调入武大。这一步非常重要，使我校新闻学系迅速进入全国先进行列。

第二，想方设法从社会上或新闻单位调入一批既受过良好新闻教育又有新闻实践经验的专业人才，充实到我校新闻学系的教师队伍中。例如，罗以澄、胡武、苏成雪（3 人均毕业于中国人民大学新闻学系），桑义林、夏琼先后毕业于复旦大学新闻学系。这项措施对于保证专业教学顺利进行、提高教学质量起到了重要的作用。学校决定从 1984 年毕业生中选几名优秀的毕业生，主要是从历史系、哲学系、中文系和经济系选拔，以发挥我校文科的优势，体现新闻学是交叉学科的特点。张昆是历史系 1980 级学生，他本有志于攻读世界史的研究生，但却被选拔到新闻学系当教师。这一决定改变了他的命运，他虽然没有成为世界史的教授，却成长为一位著名的新闻学学者和领导管理者。新闻学系的领导颇有眼光，1984 年张昆到新闻学系报到后，没有马上安排他的教学工作，而是动员他报考人民大学新闻学系的研究生。虽然他仓促应考，但他的专业功底比较厚实，仍以优秀的成绩被录取为人民大学 84 级研究生。

1986 年学成以后他回到学校，讲授外国新闻传播史。在武汉大学工作的 20 年间，他的学术职称由助教、讲师、副教授到教授，行政工作也由教研室主任、系主任直到院长。他学成于武汉大学，成长于武汉大学，为武大新闻教育做出了巨大的贡献。

2006年，他受华中科技大学李培根校长之邀，调到该校任新闻与信息传播学院院长。从传统观点看，有人对他这一转变可能不甚理解，似乎有负于母校的栽培。其实这是开明的举措，无论是对于个人还是两所大学，都是有益的事。俗话不是说“树挪死，人挪活”吗？对于他个人来说，需要面对一个新的环境，必须去适应，需要重新学习，迎接新的挑战；对于两所大学来说，他可以起到相互交流的桥梁作用。

摆在我面前的《新闻教育改革论》书稿，就是张昆教授先后在两所大学教学与研究的成果，再次见证了校际交流的必要性。当我看到这部著作的电子版书稿时，立即产生了浓厚的兴趣，我的眼球被“改革论”三个字抓住了。新闻媒体历来是敏感的，对“改革”二字也常常是回避的。但是，他敢为人先，奉献了一部体现改革精神的专著。该书共分为三编，即人才培养论、教学改革论和学科建设论，每编都有许多闪光的思想。当我浏览了书稿，特别是进一步与张昆教授交流以后，我认为这部书稿名副其实，书中确实在诸多方面体现了改革和创新精神。

例如，在人才培养论中，他提出了新闻教育的目标应该是培养什么人的问题，他的回答是：“应当是培养独立思考、具有批判精神的报道者。传媒工作者是作为社会哨兵和引领社会前行的力量，必须具备批判精神。”同时，他进一步指出：“批判的必要条件是评判者的思想、人格和精神的独立，一个思想贫瘠者，不可能萌生挑战传统的思想火花……”在我国大学精神虚脱的今天，他提出的这个目标，的确是大胆而开明的。在教学改革论中，他以自己讲授的外国新闻传播史为试点，提出把原来的新闻事业史拓展为“新闻事业、新闻制度和新闻观念”三位一体的新闻传播史体系。在新闻传播教学中，他还提出了三个转变：由以教师为中心向以学生为中心转变，由传统的“流水线培养模式”向“订单式”的模式转变，由教师以科研为中心向以教学为中心转变。在学科建设论中，他认为新闻传播学本身就是学科交叉的结果。据此，他提出了“抓交叉、促融合、求创新”的学科建设方向。总之，《新闻教育改革论》一书，是教学改革的产物，是值得推荐的一本佳作。

张昆教授能够写出这部书，绝非偶然，这是由于他心怀强烈的改革意识。正如他所说：“当前中国新闻教育到了非改不可的地步了。”为什么张昆有如此强烈的改革情结呢？我认为主要有以下两个原因。

首先，他直接经历了武汉大学20世纪80年代的教育改革，沐浴了那个黄金年代的改革春风。他自己是教育改革的受益者，所以他又励志推进新闻传播教育的改革，让更多的青年学子受益，使他们成为新时代的新闻传播创新人才。

其次，张昆教授是一位思想型的学者，他无时无刻不在思考我国新闻传播教育中的问题，可以说他满脑子装的都是问题。例如，他曾提出：新闻传播教育应坚持什么样的培养模式？应当构建什么样的课程体系？应当怎样认识和理解学生在教育过程中的地位？应当如何发挥学生的积极性、主动性和创造性？我国新闻传播教育中存在诸多问题的症结何在？如此，等等。教学和科研实践都证明，一切研究始于问题，一切新的发现始于问题，一切改革也始于问题。一个人脑子里没有了问题，思考就会停止，创造力就会枯竭。张昆教授之所以有旺盛的创造力，正因为他是一个理想主义者，追求完美的新闻传播教育。

我很高兴地看到，张昆教授的思考没有白费，他的这部著作就是对他自己所提出的问题的解答。改革的道路是艰难曲折的，新闻传播教育更是如此，更不用说新闻媒体了。张昆教授尚不到“天命”之年，正处于精力充沛的黄金年龄。因此，我希望他再接再厉，继续发扬改革精神，撰写出更富有创意的学术著作，为我国新闻传播教育的改革与发展做出更大的贡献！

读张昆教授《新闻教育改革论》书稿有感，特写了以上心得。是为序

（该书于2012年9月由华中科技大学出版社出版）

营造自由开放的育人环境

（代序）

2011年7月，李英强先生在家乡蕲春县青石镇创办了立人大学暑期培训班，它实际上是一所既没有主管部门批准，又是一所“四无”（无校舍、无专任教师、无资金和无校长）的学校。当看到这所大学诞生的消息时，我立即想到了欧洲中世纪草创期自发诞生的大学，它们也几乎没有任何物质属性的学术共同体。我很高兴看到900多年以后，这样草创性的大学在中国诞生，它毕竟是一个新生事物，对改革我国大一统的教育体制，也许会起到促进作用。

立人大学创办快两年了，创办者们一直在创业的道路上踽踽前行。今年春节过后，立人大学筹备组成员欧阳艳琴专程来汉访问我，我们就立人大学的筹备和未来大学的变革等问题，畅所欲言地交换了意见。艳琴把我的谈话整理成了一份文稿，她告诉我准备出版一本《大学在人间》的文集，包括教师的演讲、学员写的文章和媒体的报道。这是一件很有意义的工作，既是历史的记载又对未来的学生有参考作用，我愿意把这份谈话作为《大学在人间》的序言，以寄托我对这所襁褓中大学的期望。

未来大学将更加开放

人类已经跨过了21世纪的头10年，这是一个以创造性为特征的世纪，一切都处于急剧的变革之中，大学将变得越来越多元化，越来越开放，用比尔·盖茨的话说，将来大学将变得面目全非。我们应当认识到这种变化的趋势，跟上时代的步伐，应对这些变化。

第一个趋势是，我设计了一个叫教育仓储式的大学模式，它的英文是：Stockroom-style Supermarket of Education，简称为SSSE模式。我想了很久，认为是可行的，它是一种全新的教育理念。按照这个模式，一个大学就相当一个大型的仓储超市，顾客就是学生，没有考试、没有录取分数线。学生就像顾客一样，进入超市选择自己想要的东西，完全由自己的兴趣和需要而定。在这个教育超市中开设各种各样的课程，举办多种多样的讲座，成立各种学术社团，自由演讲不拘形式，图书馆和实验室全天候开放。在教师的指导下，成立各种科学研究小组。教师犹如超市的导购，负责解答学生的疑问，担负各种活动和研究的指导。校长就如总经理，负责制定各种游戏规则，组织对员工的培训，组织各种教育资源，对教育超市进行有效的管理。这个教育超市模式，充分体现了自由开放的原则，是建立在尊重学生志趣和选择权的基础之上的。要理解和实践这种模式，必须转变教育观念，问题是要有敢于率先吃螃蟹者，把理想变为现实。

立人大学是否可以试验教育仓储超市模式？我想是可以的，你们要敢于尝试别人不敢或不想做的事情。试验教育仓储超市模式，可以由浅入深，由小到大。立人大学就是一个仓储超市嘛，学生来者不拒，去者不究，来去自由！

第二趋势是重新认识和定位马丁·特罗的“教育三段论”。20 世纪 70 年代中期，美国教育社会学家马丁·特罗提出了高等教育精英化、大众化和普及化，这个理论已普遍被世界各国所接受。但是，怎么理解？可能又是一个众说纷纭的问题。大学毛入学率在 15％以下，被认为是精英教育；15％到 50％是大众化；超过 50％是普及化阶段。我们不能机械地理解三个阶段，他们不是相互割裂的，也不是齐步前进的。

因此，我要做一点更正，21 世纪的高等教育三阶段要重新划分，重新洗牌。我的意思是说，三个阶段同时存在，各有各的功能，各有各的定位。也就是说，即使在大众化或是普及化以后，依然不能忽视精英教育，大众化是普及，而精英教育是提高，所以不能用大众化替代精英教育。我国现在大学毛入学率已达到 30％，有部分省市已经实现了高等教育普及化了。但大学不能是一个模式，我国应该有精英大学，这类大学不能扩招。精英大学是小而精的，实行一对一的教学，因此可以高收费。

第三种趋势是网络大学，是现在非常流行的教育模式。2011 年 11 月，美国斯坦福大学终身教授瑟巴蒂安·斯朗宣布辞职，在教育界引起了震撼。他将人工智能改在网上授课，结果修习这门课程的学生竟有 16 万名学生，其中有 248 名学生获得了十分优异的成绩，但却没有一个斯坦福大学的学生。该课在在网上授课大获成功后，他创办了网络大学（Udacity），网上授课一律免费，而且还颁发计算机科学课程的学位证书。2012年，美国顶尖大学又陆续设立了网络教学平台，除了Udacity以外，又出现了穆克（massive open online coursesas，简称为MOOC）和edx等三大课程提供商。评论界认为，网络大学的兴起，将会打破传统大学的模式，或改变未来的教育，使大学国际化变为现实。

创造性教育要有自由空间

我研究创造教育30多年了，出版了一套创造教育书系，总共5本计140万字。中国最缺少的是创造性，国家提出要将制造大国转向创造大国，在中国来说，这近乎是奢侈。如果不转变僵化的教育模式，没有创造性的人才，是不可能实现这种转变的。为何这样说呢？因为政治体制限制了人们的自由进而扼杀了人们的创造性。我们的教育只培养听话的孩子，而不培养追求真理的孩子。

创造性就是要有个性，要有自由空间。自由是教育的核心理念，是教育的灵魂，没有自由就没有教育。自由教育最早是柏拉图提出的，liberal education一词，既可以翻译为“人文”，也可以翻译为“博雅”，但其本意是自由。英国约翰·纽曼是都柏林天主教大学首任校长，是第一个撰写《大学理念》的人。他目前提出，大学教育应为自由而设。没有自由，就没有创造；没有自由就没有创造性的人才；没有自由，就没有大师。这是肯定无疑的，因为创造性的果实，只能生长在自由的园地里。

创造，是一个沉重的话题，不营造自由的环境，就没法成为创造大国。前段时间，我国建筑师王澍先生荣获了普利兹克奖，它相当于建筑界的诺贝尔奖。在谈到我国创造性成果时，王澍先生感叹道：“中国除了土特产，还有什么是纯中国的？”除了“四大发明”以外，我国再也没有什么称得上是世界发明了，而且“四大发明”也仅仅是技术而不是科学。在现代的重大发明成果中，只要是涉及电子仪器、机械设备、交通工具、测试技术和医疗设备等，都是西方人发明的。例如，洗衣机、电视机、空调、电脑、飞机、汽车……如宇宙飞船、基因图谱、超导、纳米技术、人脑活动绘图等，我们也是尾随国外的研究，虽然我国可以做得很大，但都不是中国发明的。因此，除了王澍先生所说的以外，我还要补充一点，那就是还有锅碗瓢盆嘛！中国没有夜郎自大的理由，应该深刻地反省了，痛下决心改革僵化的和扼杀青少年想象力的教育。

坚定地走创新办学之路

立人大学从诞生的那一天起，就显示出与众不同的个性。这使我想起了法国思想启蒙家卢梭的一句名言："我生下来便和我见到的任何人都不同，甚至我敢自信全世界也找不到一个生来像我这样的人。虽然我不比别人好，至少和他们不一样。大自然塑造了我，然后把模子打碎了……"

在我的眼里，立人大学就是一所与众不同的大学。两年以来，已经实施了不少的创新举措，例如游学班、研修班等都是值得称道的。我正在撰写《理想大学》一书，其中就设计了游学制度。在中国大学里，最坏的制度就是学生在一个学校学到底，而西方大学生是可以转学的，陈寅恪和朱光潜先生就是"游学"最典型的代表。这种方式最大的好处就是取各家之长，取各师之长，开阔眼界，以获取真知，而非学历和学位。

中国大学另一个最坏的制度，就是一个教师在一个大学工作一辈子，而西方国家大学则不然。我国这种制度导致教授们都不敢超越自己，不敢挑战自我，因循守旧，倚老卖老。现在我国大学里的教师不少是"三代同堂"，甚至是"四代同堂"的，这种情况在重点大学里尤为严重。在这种僵化的制度下，怎么能够树立民主学风？学生怎么能够向教师提出挑战？这对于开展学术争鸣，鼓励创新是非常不利的，必须打破教师中一潭死水的局面。

立人大学一定要走自己的路，绝不能模仿现在大学的一套做法，营造民主、自由和开放的学习环境。来到立人大学学习的人，不能以获取文凭和学位为目的，而是为了获取真知，为了追求真理。什么叫学习和读书？我记得民国时期杨玉清先生在《论读书》一文中说："以读书混文凭的人，不是读书人；以读书混官的人，不是读书人；以读书为时髦，为装饰品的人更不是读书人。"什么是读书人呢？林语堂先生说："有价值的学者不知道什么叫磨炼，也不知道什么叫苦学，他们只是爱书籍，情不自禁地一直读下去……"

因此，立人大学应当拒绝招收混文凭的人，为混官的人、为装饰门面的人。我立人大学没有文凭，也没有官给你做，也不许你装门面。我们没有什么资源给你装门面，我立人大学是草根大学。草根没有什么不好，草根有生命力。唐朝大诗人白居易诗曰："野火烧不尽，春风吹又生。"我们立人大学扎根于群众之中，根植于神州大地，一定会星火燎原的！

那么，怎么保持立人大学独特的个性呢？为此，我们决不能模仿其他大学，也决不能与他们攀比，走自己的路。我们要做别人不愿意做或是不敢做的事情，或者他们瞧不起的事。凡是来到立人大学的人，都要有理想，有终极关怀的情结，并以此为终身的志业。我觉得素质比文凭重要，思维能力比分数重要。来立人大学是为了获得真知，为了训练、提高人文素质，为了训练创造思维方法。追求真理是无止境的，当然真理是很广泛的，有各式各样的，应当打破对真理的迷信。

立人大学应该创造自由、开放的空间，立人大学没有包袱，也没有禁区，没有任何限制。创造的关键是营造自由环境，培养学生的好奇心，善于发现和培养异想天开和标新立异的人。对这些异想天开的人，必须进行指导，并为实现他们的好奇心创造条件。

我一生不喜欢担任兼职，也不担任任何名誉职务，但对你们立人大学，做一次破例，同意担任你们的义务名誉校长。我今年 80 岁了，精力有限，能力也有限，尽力而为吧，做一个老年的义工。我没有任何要求，完全是自愿的，无报酬的、无怨无悔的。考虑到年龄和身体的原因，以及你们是分散办学，我可能没有办法到现场与你们讨论和参加活动，更多的是通过邮件，或者你们出差顺路来交换意见，我会热情地接待你们，也会无保留地贡献个人的一孔之见。

（该书于 2013 年 5 月由立人大学出版社出版）

管理干部学者化的正确方向

（代序）

武汉大学文学院党委书记刘礼堂、副院长刘会胜和《长江学术》杂志社编辑部主任任瑞婷3人，应约于2012年2月28日下午来访，我们进行了愉快的交谈。刘礼堂教授向我介绍了他们写作与编辑的《高等教育理论与实践研究探索（二）》书稿的情况，遂递给了一份书稿的目录，意欲邀请我为这本即将出版的文集写篇序言。他们的盛情难于谢绝，我同意为该书作序。

听完了他们的介绍，立即引起了我对20世纪80年代武汉大学教育改革黄金岁月的回忆。那时，人们思想解放，广大师生们改革的热情高，工作干劲大，人们自发地喊出"要甩开膀子大干，把'文革'耽误的时间抢回来"。

办好一所大学必须建设三支队伍：一是高水平的教师队伍，二是高效率的干部管理队伍，三是任劳任怨的后勤服务队伍。在80年代，人们的思想状况与现在有很大的不同。那时，人们都愿意当教师而不愿意当干部；而现在的情况却相反，即使有了教授职称的人，也十分乐意竞争行政部门的领导职务。这里的区别是，现在大学的官本位比过去严重了，权力成了一种重要的资源。由于这个原因，80年代干部管理队伍不太稳定，特别是由教师转向管理干部的，需要反复做思想工作。为了稳定管理干部队伍，也是根据新形势的需要，我提出了"管理干部学者化"的口号，要求各部门的管理干部要"以工作带动研究，以研究促进工作"，以提高管理水平和工作效率。这一号召得到了广大管理干部的热情支持，在全校兴起了学习教育学和管理学的新风。他们白天上班努力工作，下班后都自觉地进行学习。那时，干部中没有吃喝风，也没有串门和打麻将的，都兢兢业业地努力做好本职工作。

良好的学习之风，必然结出丰硕的研究之果。那时，许多干部都在各类报刊上发表文章，在《人民日报》《光明日报》《中国青年报》《长江日报》等报上经常有我校干部发表的文章，令其他大学羡慕。此外，我校各类干部还出版了两部教育学的专著，其一是《高等教育改革的理论与实践》，由武汉大学出版社出版，署名是刘道玉等著，我的文章占了三分之一。这本书全面反映了我校教育改革的成果，包括教育改革的理论、人才培养、导师制、学分制、思想工作以及外国教育研究等方面的内容。另一本是《高等学校管理学》，由湖北人民出版社出版，我为这本书写了一篇代序，题目是《自觉地认识与应用管理学的规律》，后来被收入由中国人事出版社出版的《中国大学校长论教育》一书。它是国内最早的一本大学校长论教育的著作。

我校各类干部由于坚持了管理干部学者化的方向，所以他们的水平提高很快，也极大地促进了工作。那时，教育部召开的各种会议，我校各部处的处长们，大多被指定或被推举为各片（组）的召集人，他们深深感到自己得到同行的认可是与学校改革的成就密切相关的。同时，他们的水平与能力，也获得了教育部有关司局的好评，对提高我校的形象也发挥了重要的作用。

我从文学院的这本文集中高兴地看到我校 20 世纪 80 年代的好风尚得到了发扬。刘礼堂教授沐浴了 80 年代教育改革的风雨，在他担任文学院党委书记期间，与副院长刘会胜一起，组织干部学习管理学，注重调查研究，把从实践获得的经验上升到理论高度。这本文集总结了文学院教学和思想教育改革的经验，它包括四个篇章，共 99 篇文章，涵盖了理论研究、思想教育、教学改革和实践，可谓集全院集体智慧之大成。文集的作者共有 65 人，既有教学第一线的教师，又有管理干部，值得称道的是文学院的管理干部只有 15 人，每个人都写出了文章，最多的是该书主编刘会胜副院长，竟多达 8 篇。这些成绩的取得，的确是难能可贵的。

我国享誉世界的数学大师华罗庚先生，是自学成才的，他从实践中总结出了自己的成功经验："聪明在于学习，天才在于勤奋。"这的确是至理名言，相信每个人只要遵循了这条箴言，都是有望获得成功的。人类正面临第六次技术革命，新的技术日新月异，陈旧的知识将被新知识替代，这就需要人们不断地学习，否则我们将跟不上时代前进的步伐。

一个学院是大学肌体的重要组成部分，如果每一个学院都有这样良好的学习之风和调查研究之风，那么中兴武汉大学就有了坚实的基础，借此机会，我希望学校的管理干部，加强自身的学习，掌握科学的工作方法，提高管理水平，沿着管理干部学者化的方向前进。教育是一项值得热爱和为之献身的事业，我们应当为此而奋斗终身！同时，我也衷心地期盼武汉大学在教学改革中不断前进，为把学校建设成为世界一流学术水平的大学而不懈地努力！

教育的境界决定教育的高度

——评傅东缨力作《教育大境界》

境界一词最早出现在《诗经》，但归根则要溯源到佛教，因为佛陀修行必须达到一个超越尘世的极致的境界。清代鸿儒王国维创立了“境界说”，他曾经精辟地说道：“言气质，言神韵，不如言境界，有境界，本也。气质、神韵，末也，有境界二者随之。”他把境界提升到“本”的高度，从而阐明了境界的极端重要性。他在《人间词话》一书中说：“古之成大事业、大学问者，必经过三种境界。第一境界：昨夜西风凋碧树。独上高楼，望断天涯路；第二境界：衣带渐宽终不悔，为伊消得人憔悴；第三境界：众里寻他千百度，蓦然回首，那人却在，灯火阑珊处”。其中，“独上高楼，望断天涯路”应当是点金之笔，是学者们做学问的最高境界。

人们无论做任何事情，都必须营造一种超然的境界，从事教育工作也必须要有一种极致的境界。著名的教育文学家、教育评论家傅东缨先生，于2007年由北京大学出版社出版了他的代表作《教育大境界》，在教育界引起了不小的反响。2007年11月16日，当天秋雨绵绵，略有几分深秋的寒意。傅东缨先生在河南焦作许衡中学校长张壁宏的陪同下，不远千里驱车前来访问我，我们就教育改革和实施创造教育问题，做了一个多小时的交流。东缨把他刚刚出版的新著《教育大境界》赠送给我。无论是这本书的书名，或是诗一般的行文，都极大地吸引了我。我爱不释手地读完了全书，随即写下了《会当凌绝顶，一览众山小》的读后感言。

时隔7年，2014年11月，《教育大境界》又由教育科学出版社出了修订版，东缨先生又以快递寄来了赠书。作者以大境界为主线，从高师到家庭教育，从星汉灿烂到未来教育，都有精辟的论述。我又一次浏览了这本书的重点章节，虽然7年前曾经写过一篇读后感言，但似乎意犹未尽，故再抒发一些读后的心得，并借以向读者推荐。

教育中最没有人怀疑的教条是，教育就等于学校，要接受教育就必须按部就班地逐级进入到学校读书。那么，我不禁要问：在学校出现以前，人类的文化知识是怎样传承的呢？我国古代的诸子百家，比中国孔孟更早的古希腊以泰勒斯为首的七贤，都是怎样成才的呢？那些没有机会进入大学的著名发明家、科学家、作家等，他们又是怎样获得成功的呢？因此，我们必须重新认识教育，站在一个新的高度看待教育，破除传统教育理念的束缚，克服教育的保守性、公式化、标准化、功利化和形式化，树立教育的大境界和宏伟的教育观。

什么是教育的大境界？我认为，教育大境界就是超越现实、超越时空、超越功利的境界。这使我想起了哈佛大学第28任女校长德鲁·福斯特，她在就职典礼上说："一所大学的精神所在，是它要特别对历史和未来负责——而不完全或哪怕是主要对现在负责。大学关乎学问，影响终身的学问，将传统传承千年的学问，创造未来的学问。"这就是大境界，哈佛大学高就高在这里，中国没有一所大学有如此境界，也没有一个校长能够发出这样掷地有声的宏论，所以我们就没有大师，也没有科学领域的诺贝尔奖，当代也没有出现过国际公认的科学学派。

说到底，教育大境界就是面向未来，一所大学唯有培养出仰望天空的人，而不是眼睛盯着脚尖下蝇头小利的人，那才是国家未来的希望。大学校长是大学灵魂式的人物，唯有他们树立大境界，大学才会有杰出的人才，才会有传承千年、百年的学问诞生。

除了校长以外，教师和学生是大学的主人，他们也必须树立大境界的理念。作为教师，必须首先解放自己，然后才能解放学生。法国一个教育家预言："21世纪最重要也是最艰巨的任务是让教师闭上他们的嘴。"这就是说，讲说章句式的教学方法已经完全过时了，大学教师必须转变其职能。自学成才的著名文学家、教育家叶圣陶先生曾说："教，是为了不教。"那么，如果教师们真的都闭上了嘴，那他们又都干什么呢？如果用一个字来概括教师的大境界，我认为是"启"，也就是启蒙、启迪和启发，这是教师最神圣的职责，而不再是满堂灌输知识。教师怎样进行启迪呢？他们应以智慧启迪学生们的心灵、创造力和想象力，这些才是决定学生们未来成功与否最关键的素质。

那么，学生学习的大境界又是什么呢？我也想用一个字来概括学习的最高境界，这个字就是"悟"。古人曰："学必悟，悟而生慧。"智慧与知识是完全不同的属性。其实，大学生学习的优劣不在于分数和学历之高低，而在于悟性之有无。一个人即使有高学历和高学位，如果没有悟性，那是绝对不可能成为杰出的人才的；反之，一个人即使没有大学学历，如果有悟性，那么他们也能够成为杰出的人才，这类例子多得不胜枚举。我国教育的失败，就在于“分数万岁”，“学历至上”，相当多的人心态被虚荣所扭曲。教育的本质是启蒙和解放，我们必须把广大青少年们从应试教育中解放出来，解放他们的个性、想象力和创造力。

重温《教育大境界》有感，借以呼吁我国教育界同人们，冲破应试教育的樊笼，树立教育大境界的胸怀，只有大境界才能提升教育的高度。可以肯定地说，有什么样的教育高度，就会有与这样高度相当的人才。

大师在高处，传承百年、千年的学问在高处。唯有以教育大境界的理念办教育，才能把教育提升到高处，方可能收获杰出的人才和传世经典的成果，也才能有智慧应对当今危机四伏的世界形势！

后记

这本文集将由四川人民出版社出版，为什么在富庶的“天府之国”出版呢？起因还有一个小插曲。2012 年 11 月 24 日，是我 79 岁的生日，按照给老人祝寿“祝九不祝十”的习俗，我的学生们将在这一年为我举行 80 生日的庆祝活动。著名作家野莽是毕业于武大作家班的学生，他特撰写了《教育诗》一书，记载了我与大学生和亲朋们的故事，作为献给我生日的礼物。这本书由四川文艺出版社出版，责任编辑是春晓女士，她为了收集插入书中的照片曾经联系过我，我们配合默契，《教育诗》一书在我生日前顺利地出版了，为我的生日增添了不少光彩。对此，我非常感谢野莽的佳作，也感谢春晓女士的大力支持！

嗣后，我与春晓之间有比较频繁的联系，节日都互有祝贺，我还发过一些教育资料，供她教育女儿参考，这大概是一种书缘吧。春晓告诉我巴金的侄儿李致曾任四川出版总社社长、四川人民出版社总编辑，而我出于对巴金先生的崇敬，希望有机会也能在四川出版一本书。编辑出于职业的敏感性，也希望约到好的书稿，她也很乐意为我的书做责任编辑。

这事一晃两年过去了，期间我正在写《我的理想大学》一书，无暇为春晓提供书稿。2015 年元旦前，我终于完成了《我的理想大学》这本书稿，并立即转入我的一本随笔的收尾工作。这时我又联系春晓，询问她是否对出版我的文集还有兴趣？她回复说：“我当然有兴趣，我一直在等待您的书稿呢！”同时，春晓告诉我她将调到四川人民出版社担任总编务室主任，她仍然可以做我的书的责任编辑，只是出版社要易名为四川人民出版社。为了慎重起见，她还向黄立新社长汇报了此事，而黄立新社长说：“这样的书一定要签下来，难得的机会。”

我很珍惜这种缘分，也十分感谢四川人民出版社对拙著的垂青。特别是，春晓将担任责任编辑，对拙著的编辑、订正都要做大量、细致的工作，故谨向她表示诚挚的谢意！

在本文集编辑过程中，著名作家野夫、胡发云和野莽等都十分关注，为本书的定名都贡献过不少意见，故特向他们表示谢忱！

书中涉及不少人，包括我的朋友和学生，有关的文稿曾得到他们的阅改。还有部分发表的文章，曾得到有关报刊编辑的指正和润色，在此也一并向他们表示深深的谢意！

刘道玉

2015 年 3 月 8 日

于寒宬斋